Theologica

Theologica

Publicações de Teologia, sob a responsabilidade
do Departamento de Teologia
FAJE – Faculdade Jesuíta de Filosofia e Teologia
Av. Dr. Cristiano Guimarães, 2127 – Planalto
31720-300 Belo Horizonte, MG
Telefone 55 31 3115 7000 / Fax 55 31 3115 7086
www.faculdadejesuita.edu.br

MICHAEL
SEEWALD

O DOGMA EM EVOLUÇÃO

*Como se desenvolvem
as doutrinas da fé*

Tradução
Beatriz Luiz Gomez
(por acordo com Lucerna,
uma chancela da Principia Editora),
com adaptação ao português brasileiro
por Monise Martinez e Carolina Rubira

Edições Loyola

Título original:
Michel Seewald, *Dogma im Wandel. Wie Glaubenslehren sich entwickeln*
© 2018 Verlag Herder GmbH, Freiburg im Breisgau
Hermann-Herder-Strasse 4, 79104 Freiburg, Germany
ISBN 978-3-451-37917-8

Dados Internacionais de Catalogação na Publicação (CIP)
(Câmara Brasileira do Livro, SP, Brasil)

Seewald, Michael
  O dogma em evolução : como se desenvolvem as doutrinas da fé / Michael Seewald ; tradução Beatriz Luiz Gomez. -- São Paulo : Edições Loyola, 2024. -- (Coleção theologica)

  Título original: Dogma im wandel : wie glaubenslehren sich entwickeln.
  Bibliografia.
  ISBN 978-65-5504-321-1

  1. Dogma - Cristianismo 2. Doutrina cristã 3. Fé 4. Teologia I. Título. II. Série.

23-182350   CDD-230

Índices para catálogo sistemático:
1. Teologia dogmática : Cristianismo   230

Tábata Alves da Silva - Bibliotecária - CRB-8/9253

Conselho Editorial
Álvaro Mendonça Pimentel (UFMG, Belo Horizonte)
Danilo Mondoni (PUG, Roma)
Élio Gasda (Univ. Comillas, Madrid)
Gabriel Frade (FAU-USP, São Paulo)
Geraldo Luiz De Mori (Centre Sèvres, Paris)
Lúcia Pedrosa-Pádua (PUC-Rio, Rio de Janeiro)
Raniéri Araújo Gonçalves (Loyola University Chicago)

Capa: Ronaldo Hideo Inoue
    (execução a partir do projeto gráfico
    original de Mauro C. Naxara)
Diagramação: Sowai Tam

Edições Loyola Jesuítas
Rua 1822 nº 341 – Ipiranga
04216-000 São Paulo, SP
T 55 11 3385 8500/8501, 2063 4275
editorial@loyola.com.br
vendas@loyola.com.br
www.loyola.com.br

Todos os direitos reservados. Nenhuma parte desta obra pode ser reproduzida ou transmitida por qualquer forma e/ou quaisquer meios (eletrônico ou mecânico, incluindo fotocópia e gravação) ou arquivada em qualquer sistema ou banco de dados sem permissão escrita da Editora.

ISBN 978-65-5504-321-1

© EDIÇÕES LOYOLA, São Paulo, Brasil, 2024

Sumário

Agradecimentos 9

Abreviaturas 11

Prólogo   Um "elogio fúnebre" à Igreja 13

Capítulo 1   Introdução: de que se trata? 15

Capítulo 2   Definições conceituais: dogma e evolução 25

    2.1. O que significa "dogma"? 25
        2.1.1. Os antecedentes do conceito 27
        2.1.2. Um novo termo técnico 33
        2.1.3. Pio IX: inovação com intuito anti-inovador 38
        2.1.4. O conceito atual de "dogma": o que se transformou a se transformar 43

    2.2. O que significa "evolução"? 51
        2.2.1. Uma primeira tentativa de definição 51
        2.2.2. A evolução do dogma como resposta à história dos dogmas 53
        2.2.3. Os primeiros enfoques no início do século XIX: um esboço   60
        2.2.4. A teologia à sombra de Charles Darwin 63

Capítulo 3   A Bíblia como resultado e fio condutor da evolução dogmática 71

    3.1. As Escrituras: por que só agora? 71

3.2. A Bíblia como resultado da evolução 74
    3.2.1. Cristo – encontrado no texto, confirmador do texto? 74
    3.2.2. Do cânone da verdade ao cânone do Novo Testamento 81

3.3. A Bíblia como fio condutor da evolução 91
    3.3.1. Jesus Cristo na "condição divina" e na "condição de servo" 91
    3.3.2. "Guarda o depósito precioso" 94
    3.3.3. Paráclito e Espírito – mestres de toda a verdade 96

Capítulo 4   Continuidade e mudança da doutrina da fé na reflexão da Igreja antiga 101

4.1. Um primeiro olhar sobre a época 101

4.2. Crescimento natural, pedagogia divina e linguagem humana 102

4.3. "Em qualquer lugar, sempre e por todos", a regra de Vicente de Lérins 115
    4.3.1. Os critérios do *canon vicentianus* e os seus problemas 116
    4.3.2. Propriedades, crítica e reabilitação de Vicente – uma perspectiva 128

Capítulo 5   Debates medievais sobre o crescimento da fé que se mantém 133

5.1. Não se pode criar nada de novo? 133

5.2. Pensamento dedutivo e evolução doutrinal na polêmica sobre o *filioque* 135

5.3. Fé implícita, fé explícita e "fé do carvoeiro" 143

5.4. Progresso do conhecimento e da autoridade – Santo Tomás de Aquino 153

5.5. A Reforma existiu realmente? 158

Capítulo 6   A fase quente das teorias da evolução do dogma: século XIX e princípio do século XX 163

6.1. A denominada Escola de Tübingen: espírito romântico e conceitualização idealista 163
    6.1.1. Johann Sebastian Drey: "Não se deve temer o crescimento dos dogmas cristãos" 165
    6.1.2. Johann Adam Möhler: conceitos mortos e vida divina 172

6.2. John Henry Newman: "Aqui embaixo, viver é mudar, e ser completo é sinônimo de ter mudado muitas vezes" 180

6.3. O problema da evolução do dogma na neoescolástica 188
    6.3.1. Tradição: dom divino e limitação humana 190
    6.3.2. Lógica e progresso dogmático 195

6.4. Ponto alto e fim provisório das teorias da evolução do dogma: a crise do modernismo 200

Capítulo 7   O século XX: da influência do antimodernismo à assimilação do Concílio Vaticano II 209

7.1. A necessidade de um novo começo: Maria, o Papa e um "neomodernismo" eclesiástico? 209

7.2. Karl Rahner: estática da revelação proposicional e dinâmica da autorrevelação 215

7.3. Joseph Ratzinger: um teórico da continuidade? 224

7.4. Walter Kasper: dogma como serviço de amor à profissão de fé comum 237

Capítulo 8   Visão de conjunto e perspectiva: um alcance maior do que se esperava 245

8.1. O possível, o impossível e o necessário 245

8.2. Cinco acepções de "dogma", duas formas de evolução do dogma   246

8.3. Tipologia das teorias da evolução do dogma: onze diferenças 250

8.4. Um olhar à frente 254
    8.4.1. Meios e fins, o penúltimo e o último 255
    8.4.2. A continuidade: uma questão eclesial e não só doutrinal 258
    8.4.3. A evolução do dogma entre a contingência histórica e a esperança do fiel 262

Epílogo   Um "elogio fúnebre" à Igreja? 267

Bibliografia 269

Agradecimentos

A ideia de escrever este livro tem me acompanhado há vários anos. Durante a chamada fase de qualificação acadêmica, em que tive que me concentrar no doutorado e no pós-doutorado, não tinha tempo para compor este opúsculo, nem era o momento para isso. As funções de docência que me foram oferecidas pela Universidade de Münster alteraram as circunstâncias. Embora, no caso de um principiante como eu, a preparação das aulas requeresse muitas horas, agora tenho liberdade interior e exterior para me ocupar de temas de cuja urgência acabei, nos últimos tempos, por tomar uma consciência cada vez mais esclarecida.

Tenho uma grande dívida de gratidão para com as pessoas que, em quatro lugares diferentes, acompanharam o meu percurso: o Professor Dr. Bertram Stubenrauch, pelo clima estimulante e aberto que reina na cátedra de Teologia Dogmática e Ecumênica da Universidade Ludwig Maximilian de Munique, na qual adquiri as minhas ferramentas acadêmicas; e o Dr. Gerhard Schneider, pelas muitas e frutíferas conversas que mantivemos no Ambrosianum de Tübingen, que foi a minha casa durante quatro anos. Durante o período em que fui catedrático interno na Universidade de Bonn, Matthias Tigges, como assistente de investigação no Seminário de Teologia Dogmática e Propedêutica Teológica, Pia Rohloff, Felix von Kolke e Florian Wagner, como bolseiros, e Iris Hanita, na secretaria, facultaram-me bibliografia e corrigiram textos. Na Universidade de Münster, a minha assistente de investigação, o Dr. Johannes Elberskirch, os bolsistas Maximilian Mattner e Philip Sonntag e a minha secretária Agnes Wiedemeier continuaram essas tarefas e as realizaram com grande empenho. Florian Schwarz, como leitor externo, confirmou as citações de fontes patrísticas e me fez muitas sugestões. A todos eles agradeço de coração as suas indicações formais e as suas perguntas sobre o conteúdo, assim como as fecundas conversas que tivemos.

Gostaria também de agradecer ao dr. Stephen Weber, da Editora Herder, pelo seu acompanhamento e a sua paciência. Teve de esperar pelo manuscrito mais tempo do que estava previsto; com o sistema de Bolonha, têm de lutar com o seu *workload*, como se diz hoje mesmo em alemão, não só os estudantes, mas também os docentes novatos.

Abreviaturas

AAS — *Acta Apostolicae Sedis*, Roma 1909 ss.
AhdlMA — *Archive d'Histoire Doctrinale et Littéraire du Moyen Âge*, Paris, 1926 ss.
AL — Papa Francisco, exortação apostólica pós-sinodal *Amoris Laetitia* (2016)
Cath (M) — *Catholica. Vierteljahresschrift für Ökumenische Theologie*, Paderborn/Münster, 1932 ss.
CCCM — *Corpus Christianorum Continuatio Mediaevalis*, Turnhout, 1966 ss.
CCE — *Catechismus Catholicae Ecclesiae*, Roma, 1992
CCSL — *Corpus Christianorum Series Latina*, 194 vols., Turnhout, 1953 ss.
CIC — *Codex Iuris Canonici*, Roma, 1983 ou *Catecismo da Igreja Católica*
CSEL — *Corpus Scriptorum Ecclesiasticorum Latinorum*, 95 vols., Salzburgo, 1866 ss.
DH — H. Denzinger e P. Hünermann, *Enchiridion symbolorum, definitionum et declarationum de rebus fidei et morum*, edição latino-alemã, Friburgo, 2017[47]
DV — *Dei Verbum*, constituição dogmática do Vaticano II sobre a Revelação Divina
FranzSt — *Franziscanische Studien*, Werl, 1914-1993 (a partir de 1994, inserido em *Wissenschaft und Weisheit*)

Greg	*Gregorianum*, Roma, 1920 ss.
GSC	*Die griechischen christlichen Schriftsteller der ersten Jahrhunderten*, Berlim, 1897 ss.
HerKorr	*Herder Korrespondenz*, Friburgo, 1946 ss.
HJ	*Historisches Jahrbuch der Görres-Gesellschaft*, 1880 ss.
IkaZ	*Internationale katholische Zeitschrift "Communio"*
LThK2	*Lexikon für Theologie und Kirche*, 2ª ed., 10 vols. e índices, J. Höfer e K. Rahner (dir.), Friburgo, 1957-1967
MThZ	*Münchner theologische Zeitschrift*, Munique, 1950 ss.
NZSThR	*Neue Zeitschrift für systematische Theologie und Religionsphilosophie*, Berlim, 1959 ss. (até o número 5, apenas *Neue Zeitschrift für systematische Theologie*)
OCWK	*Obra Completa de Walter Kasper*
OT	*Optatam Totius*, decreto do Vaticano II sobre a formação sacerdotal
PatMed	*Patristica et Medievalia*, Buenos Aires, 1975 ss.
PL	*Patrologia Latina*, ed. por J. P. Migne, 217 volumes, Paris, 1878-1890
RHPhR	*Revue d'Histoire et de Philosophie Religieuses*, Paris, 1921 ss.
RSPhTh	*Revue des Sciences Philosophiques et Théologiques*, Paris, 1907 ss.
RSR	*Recherches de Science Religieuse*, Paris, 1910 ss.
Sal	*Salesianum*, Roma, 1939 ss.
Schol	*Scholastik*, Friburgo, 1926-1965 (a partir do vol. 41, *Theologie und Philosophie*)
StdZ	*Stimmen der Zeit*, Friburgo, 1871 ss.
ThLZ	*Theologische Literaturzeitung*, Leipzig, 1878 ss.
ThPh	*Theologie und Philosophie. Vierteljahresschrift für Theologie und Philosophie*, Friburgo, 1966 ss. (a partir do vol. 41, antes *Scholastik*)
TRE	*Theologische Realenzyklopädie*, 36 vols. e índices, H. Balz, G. Krause e G. Müller (dir.), Berlim, 1974-2004 (índices em 2010)
TThZ	*Trierer Theologische Zeitschrift*, Trier, 1941 ss.
UR	*Unitatis Redintegratio*, decreto do Vaticano II sobre ecumenismo
WA	Martinho Lutero, *Werke. Kritische Gesamtausgabe*, Weimar, 1883 ss.
ZKg	*Zeitschrift für Kirchengeschichte*, Bonn, 1932 ss.
ZKTh	*Zeitschrift für Katholische Theologie*, Innsbruck, 1877 ss.
ZThK	*Zeitschrift für Theologie und Kirche*, Tübingen, 1891 ss.

Prólogo
Um "elogio fúnebre" à Igreja

"Ao ler agora o livro, percebi que estava ali algo que não correspondia de todo à minha intenção original. Eu tinha escrito um elogio fúnebre à Igreja Católica Romana na Inglaterra, daqueles que existiram durante séculos. No entanto, os rituais e muitas das opiniões nele descritos estão há muito desatualizados. Em *Reviver o Passado em Brideshead* concebi deliberadamente um elogio fúnebre à classe alta inglesa condenada ao declínio. Mas quando escrevi *A Espada de Honra*, nunca me ocorreu que também a Igreja poderia estar sujeita à mudança. Foi um erro e, naquela altura, considerei ser temporário algo que viria a ser uma revolução com consequências duradouras."

Evelyn Waugh, prefácio do autor (1964)
em *A Espada de Honra*, romance,
Zurique, 2016, p. 9 s.

CAPÍTULO 1

Introdução: de que se trata?

Algumas linhas escritas por um artista que seja talentoso descrevem um problema de modo mais preciso do que muitas páginas de um autor que não é certamente um artista e talvez até não tenha talento nenhum. Waugh vê a mudança, sente a decadência e pensa ter escrito um elogio fúnebre. Se tiver razão, este livro é um elogio fúnebre. Mas será que ele tem razão?

Um outro artista que, como Waugh, também tem talento, vê a coisa de outra forma. Nicola Samorì pinta quadros de estilo barroco em que opta preferencialmente por cenas de santos e mártires. Mas, quando as testemunhas da fé nos surgem esplendorosas e a cores, prontas para serem admiradas em museus ou veneradas piedosamente, ele as submete a um tratamento irritante. "Samorì compõe os seus quadros com a precisão técnica de um velho mestre. As intervenções a que ele depois sujeita as pinturas são por isso ainda mais dolorosas: ele as deforma, manchando-as com a mão, decompondo-as com diluente, maltratando-as com a espátula, pintando por cima delas, sujando-as ou, assim como um torturador, remove com o bisturi a camada de tinta fresca."[1] Um quadro do ciclo *Giardino verticale*[2] de 2014, mostra um santo cuja parte inferior do corpo está coberta por uma massa que em termos plásticos se destaca do quadro.

---

1. Daniel J. Schreiber, "Purgatório", *in* Nicola Samorì, *Purgatório – Purgatory*, publicado por Daniel J. Schreiber, Tübingen, 2012, 7-10, aqui: 7 e s.

2. Nicola Samorì, *Giardino verticale*, 2014, óleo sobre madeira, 45 x 34 x 4 cm. Disponível em: <https://selected-artists.com/wp-content/uploads/2020/12/samorigiardino-ver-

A temática do livro e a do quadro estão interligadas, não apenas no sentido de que a imagem sirva de "representação ou ilustração" de um problema teológico, mas no sentido de ela ser uma "imaginação analógica autônoma"[3] de perguntas que também possuem um significado teológico. Mas como esse significado poderá ser descrito de modo a permitir que a arte possa, simultaneamente, permanecer arte e – enquanto arte – proporcionar acesso claro aos desafios teológicos? Etienne Maurice Falconet, o "escultor-filósofo"[4] do século XVIII, foi quem estabeleceu entre três perspectivas sobre a mesma obra uma distinção hoje amplamente esquecida, mas que pela sua exatidão é útil. Na sua análise dos estudos de Winckelmann sobre a arte da Antiguidade – um debate que também marcou Goethe – Falconet distinguiu três perspectivas que o observador poderia ter sobre uma obra de arte[5]. O amador *(l'homme de goût)* quer saber que impressão lhe deixa uma representação: perturba, agrada, aborrece? O artista *(l'artiste)* olha para o trabalho manual: com que meios, técnicas, competências foi realizada uma obra? O erudito *(le connaisseur)* vê em um artefato um "documento"[6] que interpreta tal como faz em relação a outros documentos – poemas, certificados, livros. Em relação à este quadro, pode-se dizer que, do ponto de vista do trabalho manual, Nicola Samorì recupera para o presente motivos e técnicas do passado, não só porque os copia ou cita no presente, mas também porque os transforma em arte contemporânea.

---

ticale.png>. Acesso em 08 nov. 2023 (Selected Artists Collection, <https://selected-artists.com/selected-artists-collection>).

3. Acresce, assim, às obras de arte de Samorì a advertência de não estabelecer uma relação teologicamente monopolizadora entre a pintura e a religião apresentada em Gerhard Larcher, "Religion aus Malerei? Spurensuche in Moderne und Gegenwart", *in* Reinhard Hoeps (ed.), *Religion aus Malerei? Kunst der Gegenwart als theologische Aufgabe*, Paderborn *et al.*, 2005, 49-73, aqui: 72.

4. Cf. Martial Guédron, "Le 'beau réel' selon Etienne-Maurice Falconet. Les idées esthétiques d'un sculpteur-philosophe", *Dix-Huitième Siècle*, 38 (2006), 629-641.

5. Cf. Etienne Maurice Falconet, *Réflexions sur la Sculpture (Œuvres Complètes d'Étienne Falconet*, 3), Paris 1808, 14. A propósito da adoção dos pensamentos de Falconet por Goethe, ver Johann Wolfgang von Goethe, *Nach Falconet und über Falconet (Poetische Werke. Kunsttheoretische Schriften und Übersetzungen* 19), Berlim *et al.* 1979, 65-70.

6. Udo Kultermann, *Geschichte der Kunstgeschichte. Der Weg einer Wissenschaftscraft*, Munique, 1996, 44: "Falconet, tal como Diderot, ousou pôr em questão certos axiomas da Antiguidade. Ele distinguiu três visões fundamentais: pode-se contemplar a arte: 1. Do ponto de vista do erudito, para quem a obra de arte é um documento; 2. Do ponto de vista do amador, que aprecia o espírito da obra e a sua expressão; e 3. Do ponto de vista do artista, que dá atenção à técnica, à execução da obra".

Samorì "quer preservar o imaginário da sua cultura e disponibilizá-lo para o presente através das suas reinterpretações. 'Se acontecer de eu também apagar vestígios, é apenas para com ainda mais força os trazer de novo à luz', explica"[7]. O amador pode interrogar-se: as obras de arte barrocas são salvas ou destruídas, redescobertas ou deturpadas? Há razões que justificam os dois pontos de vista. Por um lado, quem contempla obras de arte barrocas vê como cada pormenor faz parte de um todo que manteve a sua capacidade de comunicação apesar da distância temporal. Samorì intervém nessa composição. Na tentativa de permitir que o velho se torne novo, há também elementos velhos que são destruídos. Por outro lado, justamente um *homme de goût* que se encontra perante uma pintura barroca deveria saber que hoje já não é possível pintar como então, com uma tal ambição artística. Aquele que no presente se limitasse simplesmente a reproduzir a pintura barroca sem qualquer ruptura seria considerado um artífice talentoso, mas não um artista interessante. A pintura barroca fascina, mas fascina como elemento do passado. Se ela pretende se tornar contemporânea, tem de se poder encontrar nela vestígios do presente. Essa problemática também deveria dar o que pensar ao *connaisseur*, sobretudo tratando-se de um teólogo.

A fé fascina, se é que fascina, como uma relíquia do passado que chega ao presente de forma musealizada ou pode se tornar contemporânea? Se ela consegue se atualizar, põe-se a questão de saber qual é o preço dessa contemporaneidade que só pode ser bem-sucedida se a fé também tiver vestígios do presente que não incorporem de forma inalterada – tenhamos presente a técnica de Samorì – os elementos do passado?

A identidade do cristianismo, cujo fundamento é uma revelação histórica ocorrida em um determinado momento e em um determinado lugar, deriva em grande medida da retrospecção. Que a identidade, isto é, saber quem somos, tem algo a ver com olharmos para trás, ou seja, com sabermos de onde viemos, não é nenhuma ideia religiosa. Já em Plotino, a *epistrophe*, o retorno do procedente a sua origem, é um ato de "autoconstituição daquele que quer ver"[8], porque a identidade daquele que procede só

---

7. Daniel J. Schreiber, "Die Kunst der sozialen Erinnerung", sobre Nicola Samorì, *in* Nicola Samorì, *Purgatório – Purgatory*, publicado por Daniel J. Schreiber, Tübingen, 2012, 13-39, aqui: 26.

8. Verena Olejniczak Lobsien, "Retractatio als Transparenz. Rekursive Strukturen in Spensers 'Fowre Hymnes'", *in* Verena Olejniczak Lobsien, Claudia Olk (ed.), *Neuplatonis-*

se revela quando vê a origem da qual procede. Com as religiões reveladas, em especial o cristianismo, que acredita que Deus não só se dirigiu ao homem, mas também falou como homem, essa figura deixa de ser metafísica e passa a ser histórica. O cristão se torna- cristão pela sua relação com Jesus Cristo, *remetendo* essa relação antes de mais para um tempo que passou, porque Jesus viveu em um determinado período situado no passado. Assim sendo, a fé cristã não consegue prescindir da história. Por outras palavras, o Evangelho[9] enquanto Boa-nova da "demonstração do amor incondicional e inabalável de Deus pelos homens" manifestou-se, assim o declara a Igreja, na "história de Jesus", cujo sentido permanente consiste em "ser a autorrevelação de Deus"[10]. O contexto de descoberta do Evangelho que na figura de Jesus é, do ponto de vista histórico, extremamente concreto contrasta, no entanto, com a pretensão de validade universal com que a Igreja procura anunciar o Evangelho. O que aconteceu com Jesus é proclamado como uma mensagem de salvação de relevância universal. O reverso da medalha dessa ilimitação geográfica, étnica e temporal da Boa-nova de Jesus, a qual resulta do fato de não se verificar a sua segunda vinda eminente e da decisão da Igreja primitiva de estender a sua ação para lá de Israel, consiste no desafio de conduzir o Evangelho, que surge na vida de Jesus, a uma atualidade e uma vivacidade sempre novas, para em todos os momentos torná-lo credível – digno da adesão de fé – nessa atualidade. Dito de outra forma, compete à Igreja, que se vê no cumprimento dessa missão como um instrumento do Espírito Santo, proteger o Evangelho da musealização e, de forma sempre nova e renovada, anunciá-lo como Boa-nova[11].

---

mus und Ästhetik. Zur Transformationsgeschichte des Schönen (*Transformationen der Antike*, 2), Berlim, 2007, 117-138, aqui: 124.

9. "Evangelho" é utilizado aqui não no sentido exegético, mas em um sentido dogmático – o que naturalmente pode ser posto em causa pela exegese bíblica – como um "conceito doutrinário concebido e desenvolvido teologicamente", de acordo com a terminologia de Ferdinand Christian Baur (Ferdinand Christian Baur, *Vorlesungen über neutestamentliche Theologie*, Ferdinand Friedrich Baur (ed.), Leipzig, 1864, 124).

10. Thomas Pröpper, "Freiheit als philosophisches Prinzip theologischer Hermeneutik", Ders., *Evangelium und freie Vernunft. Konturen einer theologischen Hermeneutik*, Friburgo, 2001, 5-22, aqui: 6.

11. Por isso, Pröpper chama a atenção para o fato de o discurso da autorrevelação de Deus "na vida e no destino de Jesus" ainda não ser suficiente para desenvolver "um conceito exaustivo da autorrevelação de Deus, na medida em que, segundo a convicção cristã, para essa autorrevelação estar completa é também necessária a missão do Espírito, através do qual Deus está interiormente próximo das pessoas e se comunica com elas, dispõe-nas à compreensão da sua autodeterminação definitiva em Jesus Cristo e as incita à fé, sustenta os fiéis na sua fé, também os une e os conduz à verdade plena. A autorrevelação de Deus

O dogma é simultaneamente um instrumento indispensável para o cumprimento intelectualmente honesto dessa missão e um obstáculo que por vezes ameaça dificultar o sucesso da mesma. Por "dogma" – assim definido provisoriamente – entende-se ou *uma* doutrina da fé ou, como substantivo coletivo no singular, *a* doutrina da fé no sentido de tudo o que a Igreja anuncia com a pretensão de ser verdade. O dogma está relacionado com o Evangelho, na medida em que em termos proposicionais procura compreender o Evangelho de forma cada vez mais exata. Por um lado, "o Evangelho não representa nenhuma dimensão passível de ser separada de outras dimensões do processo de tradição dogmática"; por outro, como sugere Walter Kasper, "historicamente o Evangelho não pode ser separado do processo de tradição, e em termos dogmáticos tampouco é idêntico a esse mesmo processo. O Evangelho é antes o poder do Senhor exaltado na e sobre a Igreja através da sua Palavra viva. O Evangelho não é, portanto, uma dimensão histórica, mas um poder atual que consegue sempre encontrar expressão na confissão de fé e no testemunho da Igreja, sem nunca se desvanecer nessa confissão de fé"[12]. Kasper declara explicitamente que o Evangelho e o dogma estão interligados, dos pontos de vista tanto relacional como dissociativo. Do ponto de vista relacional, eles estão ligados entre si pelo fato de as doutrinas da Igreja divulgarem o Evangelho com uma certeza proposicional. Uma "proposição é algo que é afirmado no ato de afirmação e enunciado no ato de enunciação. Ou, dito de forma inversa, uma afirmação é um (tipo muito especial) de reconhecimento da verdade de uma proposição"[13]. A Igreja formula doutrinas que declara serem verdadeiras porque – assim o afirma – transmitem adequadamente o conteúdo do Evangelho baseado em acontecimentos. O fato de por vezes, no discurso da atualidade, se lançar a suspeita generalizada de intolerância sobre as pretensões de verdade religiosa é problemático. Não faz sentido que a crítica que justificadamente é feita ao modo intolerante como é defendida uma pretensão de verdade implique exigir que se renuncie por princípio à formulação de pretensões de verdade em matéria de religião.

---

só seria adequadamente compreendida através da combinação entre a autodeterminação de Deus, para nós na história de Jesus, e a autopresença de Deus no Espírito" (Pröpper, *Freiheit als philosophisches Prinzip theologischer Hermeneutik*, 7).

12. Walter Kasper, "Dogma unter dem Wort Gottes", Ders., *Gesammelte Schriften*, 7: *Evangelium und Dogma. Grundlegung der Dogmatik*, Friburgo, 2015, 43-150, aqui: 57.

13. John R. Searle, *Sprechakte. Ein sprachphilosophischer Essay*, Frankfurt, 1983, 48. [Nota da tradutora: Na edição original da obra, *Speech Acts: An Essay in the Philosophy of Language* (1969)].

Tal renúncia impossibilitaria todo e qualquer diálogo. A formulação de uma pretensão de verdade sob a forma de uma proposição assertórica (a qual pretende mostrar a outrem do que se trata) é a condição prévia de qualquer conversação cujo propósito seja adquirir conhecimentos, porque só então os interlocutores podem esclarecer se a pretensão de verdade contida em um enunciado é ou não justificada, e se aquilo que uma proposição afirma é verdadeiro ou falso[14]. Para que o Evangelho possa de fato ser compreendido, criticamente debatido, rejeitado ou aceito fielmente é, portanto, imprescindível que seja transformado em uma certeza proposicional, designada no seu conjunto por "dogma".

A tese de Kasper, no entanto, também comporta uma definição de relação dissociativa: apesar de "conseguir sempre encontrar expressão na confissão de fé e no testemunho da Igreja", o Evangelho é mais do que o dogma, e é por isso que nunca se esgota "nessa profissão de fé"[15]. Dado que o significante e o significado não se fundem um no outro e o conhecimento humano é sempre finito e limitado, o dogma nunca consegue dar plenamente expressão ao Evangelho. Tal tese não é relativismo teológico, mas apenas realismo histórico. Na sua pretensão de dar uma forma proposicional ao Evangelho, que foi anunciado por Cristo e nele foi revelado, o dogma contém

> sem dúvida uma verdade "essencial", mas essa verdade só pode ser entendida *historicamente*. A dogmática se transforma assim em uma descrição de ações e a verdade em história da salvação. Visto que a Cristandade crê em um Deus que, enquanto homem, *fez* isto e aquilo com a história e, portanto, *viveu* a verdade, a memória da sua existência histórica continua

---

14. Cf. Ernst Tugendhat, Ursula Wolf, *Logisch-semantische Propädeutik*, Stuttgart, 1989, 23 e s.: "No 'De interpretatione', cap. 4, depois de ter dado a sua definição de 'frase', [Aristóteles] distingue diferentes tipos de frases: 'Todas as frases têm um significado *[semantikós]* [...], mas nem todas são declarativas *[apophantikós]*; apenas aquelas que podem ser verdadeiras ou falsas, o que não acontece em todos os casos. Assim, embora uma prece seja uma frase, ela não é nem verdadeira, nem falsa'. Essa distinção se tornou clássica e também pode ser encontrada nos lógicos de hoje: há um tipo de frases – Aristóteles as denomina frases apofânticas –, cuja função de dar a conhecer consiste especialmente em mostrar (poderia ser explicado dizendo que algo é um fato), e para elas há o critério segundo o qual se pode sempre perguntar com pertinência se são verdadeiras ou falsas. Esse critério permite, portanto, distinguir frases declarativas de frases optativas, imperativas e interrogativas. Também é possível completar o que foi dito do seguinte modo: aquele que usa uma frase declarativa quando diz, por exemplo, 'Teeteto está sentado' sustenta sempre uma pretensão de verdade, e é por isso que os seus interlocutores podem perguntar se essa pretensão de verdade é ou não justificada, ou seja, se o que ele diz é verdadeiro ou falso".

15. Kasper, *Dogma unter dem Wort Gottes*, 57.

presente, porque "preservada", no seu credo. Está escondida no discurso narrativo ou, melhor dizendo, em um conjunto de histórias, as quais, cada uma por si, são incompletas e precisam ser complementadas, mas que também na relação de umas com as outras são sempre apenas aproximativas. [...] É uma expressão de humildade [por parte de Deus; ms.] ter se revelado historicamente, na limitação, mas também na densidade incomparável de um encontro. Do mesmo modo, ele não quer a recitação de dogmas, mas a adesão a sua Epifania[16].

O dogma é, portanto, um meio para atingir um fim e não um fim em si mesmo. Como meio, ele é imprescindível, mas, ao mesmo tempo, tem de permitir a pergunta sobre se também em relação à passagem do tempo continua a cumprir o seu propósito – a descrição proposicional do Evangelho –, que só funcionará se o Evangelho enquanto Evangelho for não apenas enunciado, mas também compreendido. Caso se verifique que ele já não cumpre o seu propósito, o dogma não passa por isso a ser falso; contudo, considerando toda a impossibilidade de reforma, provavelmente se torna irrelevante e, por conseguinte, inútil para o fim a que se destina.

O dogma é assim pressionado de dois lados: em um discurso de pendor mais religioso, que pretende saber se ele traduz adequadamente o Evangelho, e em um discurso de pendor mais secular, que trata fundamentalmente das pretensões de verdade da fé cristã, as quais o dogma tem de formular (além da questão de saber em que medida é que o dogma corresponde ao Evangelho; este é, aliás, um assunto genuinamente eclesial). É evidente que os dois discursos não podem ser separados, embora haja diferentes tipos de argumentos que desempenham um papel neles e são considerados convincentes. Razão pela qual também seria demasiado fácil se limitar a distinguir um discurso interno eclesial de um diálogo com "o mundo exterior". Assim como aquilo que é considerado conforme o Evangelho depende de concepções não religiosas de natureza cultural, social ou filosófica, do mesmo modo, inversamente, as concepções genuinamente religiosas também penetram, por vezes, em contextos sociais e culturais ou em argumentações filosóficas.

As duas perguntas passíveis de serem distinguidas, mas impossíveis de serem claramente separadas, que o dogma tem de colocar – se a pretensão

---

16. Bertram Stubenrauch, *Dialogisches Dogma. Der christliche Auftrag zur interreligiösen Begegnung* (Quaestiones Disputatae, 158), Friburgo, 1995, 52-54. Destaques em itálico no original.

de verdade do cristianismo, que o dogma enuncia por proposição, é justificada; e se o dogma dá adequada expressão ao Evangelho –, criam uma dinâmica que, no passado, permitiu avanços e que, presumivelmente, também poderá os permiti no futuro. Cabe à história dos dogmas descrever concretamente os avanços alcançados. A um discurso especializado, que varia em função da questão que esteja em causa, compete discutir os avanços desejáveis. Mas interpretar a mudança enquanto mudança em relação ao que permanece inalterado é tarefa de uma teoria do desenvolvimento dogmático, a qual, segundo a definição utilizada adiante no texto, tem de refletir sobre a simultaneidade instável de continuidade e descontinuidade.

Este livro se dedica a essa última questão (e apenas a ela). Ele aborda uma situação paradoxal. Raras vezes na história do cristianismo se terá discutido tanto como hoje a mudança. No entanto, raras vezes também se terá refletido de modo exaustivo sobre como se deve interpretar o desenvolvimento no sentido teológico. Nem sempre foi assim. Após a dogmatização da doutrina da Assunção corporal de Maria ao Céu, proclamada *ex cathedra* pelo Papa Pio XII em 1950 (DH, 3903), assim como no contexto e na sequência do Concílio Vaticano II, foram apresentadas teorias elaboradas de desenvolvimento dogmático. Poderia ser dito que aqueles que, na altura, tinham posição e nome no domínio da teologia – pensemos, no espaço alemão, em Karl Rahner, Joseph Ratzinger e Walter Kasper – tiveram de se pronunciar sobre essa questão, porque o discurso teológico o exigia, tendo em conta as mudanças radicais que careciam de ser interpretadas. A discussão em torno da necessidade ou da ilegitimidade das mudanças, hoje, não abrandou, muito pelo contrário. Mas só raramente aparece associada a uma reflexão sobre o fenômeno do desenvolvimento dogmático, a qual vai muito além das questões específicas, embora esse problema de fundo esteja sempre presente.

Isso é palpável, por exemplo, na carta que quatro cardeais dirigiram ao Papa Francisco em 19 de setembro de 2016, pedindo-lhe que respondesse a algumas questões que lhes foram suscitadas pela leitura da exortação apostólica pós-sinodal *Amoris Laetitia* (AL, 300-305). Seguindo a "grande Tradição da Igreja", segundo a qual todas as "dúvidas que são causa de desorientação e de confusão" são resolvidas consultando Roma, os quatro cardeais pretendiam saber se a *Amoris Laetitia* traduzia "uma mudança na disciplina da Igreja" ou se o documento podia ser lido em "continuidade com o magistério anterior"[17]. A relação entre "mudança" e "continuidade",

---

17. *Full Text and Explanatory Notes of Cardinals' Questions on "Amoris Laetitia"*: "The great Tradition of the Church teaches us that the way out of situations like this is recourse

o tema de uma teoria do desenvolvimento dogmático, está, assim, na base das cinco questões específicas apresentadas pelos purpurados ao Papa – e não apenas dos *dubia* dos cardeais, mas de todas as disputas em torno da necessidade ou da impossibilidade de reformas na Igreja.

As reflexões que se seguem pretendem contribuir para essas discussões. Elas não contêm uma lista de coisas que devam mudar e que por isso se deseja que mudem. Contudo, inserem os discursos sobre reformas em um contexto histórico-dogmático e teológico que mostra que a margem para mudança é maior do que alguns pensam. Afinal, a Igreja só é o que é hoje porque soube conjugar continuidade e descontinuidade; por outras palavras, porque se desenvolveu para trazer sempre de novo para a atualidade – lugar e destino da sua missão – o Evangelho que foi confiado a ela. O fato de ela ter sido capaz de o fazer no passado não significa necessariamente que também será capaz de o fazer no futuro. Nas suas considerações extemporâneas *Sobre a utilidade e a desvantagem da história para a Vida*, Friedrich Nietzsche previne, e bem, que a partir do grande "que existiu uma vez ou que, em todo o caso, foi *possível* uma vez" não se pode sem mais concluir que "por isso mesmo poderá ser novamente possível"[18]. A história dos dogmas e as teorias de desenvolvimento dogmático têm de evitar esse equívoco. Podem, porém, mostrar que o passado foi muito menos estreito do que alguns afirmam e, a partir dessa ambivalência, alimentar a esperança de que aquilo que já foi possível uma vez, no mínimo, não será *impossível* no futuro. Este livro não pretende nem mais, nem menos do que isso.

---

to the Holy Father, asking the Apostolic See to solve those doubts, which are the cause of disorientation and confusion. [...] For many – bishops, priests, faithful – these paragraphs allude to or even explicitly teach a change in the discipline of the Church with respect to the divorced who are living in a new union, while others, admitting the lack of clarity or even the ambiguity of the passages in question, nonetheless argue that these same pages can be read in continuity with the previous magisterium and do not contain a modification in the Church's practice and teaching", de acordo com uma versão em língua inglesa disponibilizada pelos próprios cardeais signatários ("Translation provided by the Cardinal Signatories") – podendo, por conseguinte, ser considerada autêntica – e publicada pelo National Catholic Register. Em contrapartida, a proveniência da redação das versões em língua alemã dos *dubia*, que circulam sobretudo na Internet, continua a não ser clara.

18. Friedrich Nietzsche, *Unzeitgemäße Betrachtungen II: Vom Nutzen und Nachtheil der Historie für das Leben*, in: Ders., *Die Geburt der Tragödie. Unzeitgemäße Betrachtungen*, I-III (1872-1874) (*Kritische Gesamtausgabe*, III.1), Berlim *et al.* 1972, 256. Destaque no original.

CAPÍTULO 2
Definições conceituais: dogma e evolução

2.1. O que significa "dogma"?

Onde os termos empregados não são claros, qualquer hipótese de diálogo se assemelha a um limbo. Essa é uma observação trivial. Difícil de responder, no entanto, é a pergunta sobre que papel corresponde à história de um termo na sua definição, dado que a meta de qualquer definição é conseguir a maior univocidade possível, enquanto as investigações na perspectiva da história conceitual (*Begriffsgeschichte*) relativizam, quando não minam, essa univocidade. De modo concreto, "dogma" pode ser definido intencionalmente, indicando as características que um objeto deve reunir para que possa ser designado como tal; ou, em alternativa, é também possível questionar, por extensão, sobre o conjunto de todos os objetos que ostentam o nome "dogma". O resultado dessa tarefa seria, no melhor dos casos, uma univocidade sincrônica, que oculta uma univocidade diacrônica, a qual resulta da circunstância de que, no contexto teológico, a palavra "dogma" nem sempre foi empregada como atualmente. Essa observação é válida para a maioria dos termos que hoje empregamos e, nessa medida, de novo trivial, mas no caso do "dogma" também reveladora, porque esse termo, que na sua acepção mais rigorosa designa uma doutrina de fé definitiva, "irreformável" (DH, 3074), é o resultado de um processo de mudança. A perspectiva da história conceitual complica, portanto, a reflexão teológica, mas também a impede de abordar os seus temas de forma simplista.

Regra geral, os teólogos não estão dispostos à radicalidade da (auto)-historização, porque, sempre que levado a sério, historizar nos coloca em confronto com a inelutável relatividade do próprio "ponto de vista". Daí que os teólogos tenham dedicado poucos esforços à investigação correspondente e continuem a operar com termos cuja historicidade ocultam[1].

A crítica de Friedrich Wilhelm Graf é, por um lado, certa e, por outro, exagerada. A tese de que a teologia dedicou pouco esforço à investigação histórico-conceitual ignora quão detalhadamente se conhece a evolução de inúmeros conceitos teológicos, algo que também pode ser afirmado acerca do termo "dogma". Mas a observação de Graf está correta na medida em que os estudos de história conceitual existentes desempenham um papel marginal na teologia sistemática. Não se impõem aos que pensam sempre unicamente na imagem global como um todo. A teologia seria mais beneficiada se tais estudos se servissem – para usar, em sentido um pouco diferente, uma expressão encontrada em Ignaz von Döllinger[2] – dos seus

---

1. F. W. Graf, *Missbrauchte Götter. Zum Menschenbilderstreit in der Moderne (Reden über den Humanismus 1)*, Munique, 2009, 68.

2. Cf. Ignaz von Döllinger, "Rede über Vergangenheit und Gegenwart der katholischen Theologie", in *Verhandlungen der Versammlung katolischer Gelehrten [sic] in München vom 28, September bis 1. Oktober 1863*, Pius Bonifacius Gams, Regensburg (ed.), 1863, 25-29, aqui: 47 s. – Döllinger fala "da história e da filosofia" como "os dois olhos da teologia". Apesar da sua relevância, essa tese, que hoje não é menos importante e correta do que no tempo de Döllinger, não pode ser assumida sem importantes modificações. Em primeiro lugar, é problemático o fato de Döllinger, não sendo imune ao nacionalismo do século XIX, partir do pressuposto de que "nenhum povo cultivou" esses dois olhos da teologia "com tanto esmero, amor e minúcia como o alemão", pelo que "no futuro" terá de ser procurada na Alemanha "a pátria da teologia católica" (47 s.). O contexto histórico dessa afirmação consiste em que a neoescolástica, contra a qual está Döllinger, gozava nos países latinos – na sua maioria católicos e com centros de formação teológica impregnados por seminários do rito tridentino – de maior predominância do que na Alemanha. Dada a sua característica confessional majoritariamente não católica, as regiões do Norte da Europa e da Europa Oriental, assim como o espaço ocupado pelos países de língua inglesa, apenas no tempo de Döllinger tinham desenvolvido uma teologia católica autônoma. Na Alemanha, contudo, a heterogeneidade confessional da população, a proteção dada pelo Estado a um catolicismo de orientação reformista, a autonomia relativa da teologia universitária e o encontro da teologia católica com o pensamento protestante tinham favorecido o aparecimento de alternativas à neoescolástica. No entanto, não é legítimo fazer uma leitura nacionalista dessa circunstância socioculturalmente explicável. Em segundo lugar, com o intuito de evitar mal-entendidos, seria conveniente caracterizar aquilo a que Döllinger chama "filosofia" como perspectiva sistemática da teologia, porque o termo *systema* (em grego *sýstema*) é utilizado desde o século XVII para se referir à apresentação global de estruturas doutrinais teológicas orientadas para a unidade e a ordem. A filosofia é, no entanto, uma

dois olhares: um olhar sistemático, que tem necessariamente um interesse sintetizador, e a perspectiva histórica, que questiona as grandes sínteses mediante análises detalhadas, sem poder, no entanto, autoabsolutizar-se com a pretensão de encontrar "a essência de um conceito na sua história" e só nela[3]. Comprometido com essa coexistência e essa mútua imbricação entre sistemática e história, o presente capítulo não deve ser entendido como uma exposição enfadonha de prolegômenos terminológicos, mas sim como um esboço genuinamente teológico de certos problemas. Quem se confronta com a história do termo "dogma" não pode deixar de constatar até que ponto a própria compreensão hoje habitual do mesmo resulta da evolução do dogma e até que ponto a própria ideia de definições imutáveis se deve a mudanças que chegam até os tempos mais recentes.

2.1.1. Os antecedentes do conceito

O termo "dogma" procede do uso linguístico antigo, grego, mas só no decurso da Idade Moderna adquiriu o significado que tem hoje na teologia cristã[4].

O termo grego *dógma*, que deriva de *dokéō* ("eu pareço") ou do impessoal *dokeí* ("parece bom"), tinha já no âmbito extrarreligioso um duplo sentido. Empregado no sentido de meio transitivo, significava "crer" ou "opinar"; empregado no sentido intransitivo, foi a ele atribuído, a partir de "parecer bom", o significado de "decidir". Na filosofia, na medicina e na jurisprudência, o substantivo foi traduzido por "opinião doutrinal" e, por vezes, em

---

reflexão autônoma sobre o verdadeiro e o bom que não se deixa acaparar teologicamente e que, portanto, não se pode converter em um "olho" teológico.

3. Georg Grupp, "Die Glaubenswissenschat als Wissenschaft", in *Theologische Quartalschrift* 80 (1898), 618-628, aqui: 624.

4. Para a história dos conceitos, cf. Hubert Filser, *Dogma, Dogmen, Dogmatik. Eine Untersuchung zur Begründung und zur Entstehungsgeschichte einer teologischen Disziplin von der Reformation bis zur Spätaufklärung (Studien zur systematischen Theologie und Ethik* 28), Münster, 2001; Karl J. Becker, "Dogma. Zur Bedeutungsgeschichte des lateinischen Wortes in der christlichen Literatur bis 1500", *in Gregorianum* 57 (1976), 307-350, 658-701; Georg Söll, *Dogma und Dogmenentwicklung (Handbuch der Dogmengeschichte 1.5)*, Friburgo, 1971; Kasper, *Dogma under dem Wort Gottes*, 60-84; Karl Rahner e Karl Lehmann, "Kerygma und Dogma", *in* Johannes Feiner, Magnus Löhrer (eds.), *Mysterium Salutis. Grundriss heilsgeschichtlicher Dogmatik I (Die Grundlagen heilsgeschichtlicher Dogmatik)*, Einsiedeln, 1965, 622-707; Martin Elze, "Der Begriff des Dogmas in der Alten Kirche", in *Zeitschrift für Theologie und Kirche 61 (1964)*, 421-438; August Deneffe, "Dogma. Wort und Begriff", in *Scholastik* 6 (1931), 381-400.

"enunciado doutrinal"; em política e na linguagem jurídica, "decisão", decreto ou sentença. Por consequência, *dogmatísein* quer dizer "formar uma opinião", "formular um enunciado doutrinal", "promulgar um decreto". O adjetivo *dogmatikós* significava, aplicado a coisas, "o que contém enunciados doutrinais" e, aplicado a pessoas, "que formula enunciados doutrinais" ou "que daí extrai consequências"[5].

O termo também é empregado no Novo Testamento no sentido profano e divino. Aparece nele cinco vezes. A "ordem" para a inscrição no censo (cf. Lc 2,1) – que, na concepção teológica do evangelista Lucas, explica o fato de José e Maria terem se deslocado a Belém, onde nasceu Jesus – é, segundo o texto grego, um *dógma*, ou seja, um decreto do imperador Augusto. Isso também vale para os Atos dos Apóstolos, obra do mesmo autor que o do Evangelho citado, quando se narra que Paulo e Silas são acusados em Tessalônica de violar os *dógmata* do imperador por anunciarem Jesus – e, consequentemente, não o imperador – como rei (cf. At 17,7). Nas cartas de São Paulo pseudoepigráficas, *dógma* é entendido como uma exigência econômica de ordem vinculante. A remissão dessa dívida deve ilustrar o perdão que Cristo conquistou para nós, porque "anulou a lei, que contém os mandamentos em forma de prescrições (*dógmata*)" (Ef 2,15). Do mesmo modo, o autor da Carta aos Colossenses afirma que Cristo anulou e cravou com ele na cruz o documento da nossa dívida, baseado na prescrição (*dógma*) que pesava sobre o ser humano (cf. Cl 2,14). Enquanto nenhum desses quatro usos permitisse intuir que *dógma* terminaria sendo usado no cristianismo como termo técnico teológico, uma observação dos Atos dos Apóstolos constitui quase um caso-limite (cf. At 16,4): São Paulo e Timóteo levam às comunidades as decisões (*dógmata*) tomadas pelos apóstolos e pelos presbíteros em Jerusalém na assembleia que, no decurso do tempo, foi apelidada de "concílio apostólico". Segundo esse *dógma*, os pagãos convertidos ao cristianismo não devem observar na sua vida diária os regulamentos concretos da lei transmitida – como, por exemplo, as prescrições alimentares – nem tampouco estão os varões obrigados à circuncisão; antes, os não judeus seguidores de Cristo devem se abster unicamente "de carnes imoladas a ídolos, do sangue, de carnes sufocadas e da imoralidade" (At 15,29).

Até à década de 1960 sustentava-se na teologia católica a opinião de que a formulação mencionada (cf. At 16,4) representava o "protótipo do

---

5. Söll, *Dogma und Dogmenentwicklung*, 3.

dogma"[6]. Essa tendência podia ser descoberta sobretudo, mas não somente, na chamada neoescolástica, corrente que no século XIX teve o predomínio metodológico na teologia que foi mantido até às vésperas do Concílio Vaticano II. Foi no contexto da neoescolástica que apareceu magisterialmente o conceito de "dogma", iniciando-se com ele uma deslocação terminológica que pareceu tão mais verossímil quanto mais vulneráveis eram os testemunhos pelos quais se podia recorrer. Franz Diekamp, autor de um influente manual que é considerado "a mais importante dogmática rigorosamente tomista"[7] e que – revisto por Klaudius Jüssen – foi reeditado 13 vezes até 1962, observa já mencionada na Bíblia a compreensão de "dogma" habitual na sua época, na medida em que também a Sagrada Escritura entende por dogmas "enunciados de fé ou leis morais como manifestações diretamente divinas, vinculantes para todos e com plena virtualidade unificadora"[8]. As últimas décadas de investigação agudizaram a consciência de que tal interpretação deforma a Escritura com sistematizações posteriores que a ela são estranhas[9]. Quem entende os *dógmata* (cf. At 16,4) de que se fala em relação com o denominado concílio apostólico meramente como decisões ou disposições (e nada mais) propõe uma tradução suficientemente precisa, que aliás vem na continuidade das outras duas menções de *dógma* e do díptico de Lucas (cf. Lc 2,1; At 17,7). A negativa que irá preencher o texto bíblico com acepções do termo *dógma* desenvolvidas posteriormente não tem nada a ver com "relutância pelo conceito de dogma"[10] – conforme a acusação feita por Georg Söll. De forma contrária, a projeção de "dogma" na Bíblia não só não faz justiça a ele como tampouco a faz com o significado ulterior do termo. Porque as decisões do chamado concílio apostólico não são exatamente definições claras, vinculativas e irrevogáveis de doutrinas de fé, mas simples soluções provisórias de compromisso, cujo conteúdo se apresenta difuso – Lucas (cf. At 15,1-29) refere-se aos resultados de forma diferente da de São Paulo (cf. Gl 2,1-10) – e que não tardaria muito a ser questionada. Porque Pedro não segue as decisões de Jerusalém ao se negar

---

6. Josef Rupert Geiselmann, "Art. Dogma", *in* Heinrich Fries (ed.), *Handbuch theologischer Grundbegriffe 1*, Munique, 1962, 225-241, aqui: 226.
7. Thomas Freyer, "Art. Katholische Dogmatik nach den Grundsätzen des heiligen Thomas", *in* Michael Eckert, Eilert Herms, Bernd Jochen Hilberath, Eberhard Jüngel (ed.), *Lexikon der theologischen Werke*, Stuttgart, 2003, 432 s., aqui: 432.
8. Franz Diekamp, *Katholische Dogmatik nach den Grundsätzen des heiligen Thomas 1 (Lehrbücher zum Gebrauch beim theologischen Studium)*, Munique, 1930, 11.
9. Cf. Kasper, *Dogma unter dem Wort Gottes*, 60 s.
10. Söll, *Dogma und Dogmenentwicklung*, 4.

a comer com os pagãos em Antioquia (cf. Gl 2,11-21), enquanto Paulo vai além delas – pelo menos segundo o relato de Lucas –, na medida em que permite na prática o consumo de carnes imoladas aos ídolos (cf. 1Cor 10,14-33). Por último, o *dógma* do concílio apostólico não se impôs nem no ensinamento nem na prática da Igreja. Karl Rahner e Karl Lehmann afirmam sinteticamente: "Assim, portanto, o Novo Testamento não conhece, de modo algum, o sentido ulterior de 'dogma'"[11].

O mesmo vale para os autores cristãos dos quatro primeiros séculos. Eles refletem a diversidade que o seu ambiente pagão tinha dado ao termo *dógma* e não o utilizam de modo especificamente enfático nem como termo técnico propriamente cristão. Alguns dos escritos dos chamados Padres apostólicos falam dos "dogmas do Senhor e dos apóstolos", como faz Inácio de Antioquia[12]; ou de esperança, justiça e amor, como o autor da Carta de Barnabé[13]. A *Didaqué*, um regulamento anterior comunitário que provém eventualmente do espaço sírio-palestino, remete para o "dogma do Evangelho"[14]. Para compreender essas três citações, basta o conhecimento das acepções profanas do termo, assim como viemos a analisá-las anteriormente. Inácio e a *Carta de Barnabé* falam das doutrinas de Jesus ou dos apóstolos em analogia com as doutrinas de outros filósofos antigos: a *Didaqué*, com o intuito de solucionar um problema prático – o tratamento que devia ser dispensado aos missionários itinerantes, que abusavam da hospitalidade das comunidades –, recorre a uma regra que apresenta como sendo ensinamento do Evangelho: aos missionários itinerantes deve ser dispensado acolhimento durante um dia, no caso de necessidade durante dois, mas não três, e deve ser dado a eles de comer, mas não dinheiro.

No entanto, os autores patrísticos são um espelho do seu ambiente quando atribuem ao termo *dógma* um elemento subjetivo de opinião ou conjectura que não coincide exatamente com a fé ou com a doutrina fiável da Igreja, mas que manifesta, inclusive, uma perigosa proximidade da heresia. Orígenes se refere a sua opinião pessoal, assim como às opiniões

---

11. K. Rahner e K. Lehmann, *Kerygma und Dogma*, 641.

12. Inácio de Antioquia, *An die Magnesier 13,1 (Die Apostolischen Väter. Neuarbeitung der Funkschen Ausgabe von Karl Bihlmeyer. Erster Teil: Didache, Barnabas, Klemens I und II, Ignatius, Polykarp, Papias, Quadratus, Diognetbrief (Sammlung ausgewählter kirchen- und dogmengeschichtlicher Quellenschriften 2/1)*, Tübingen, 1924, 92, 4 s).

13. *Barnabasbrief* [Carta de Barnabé], 1, 6 (Ed. Funk/Bihlmeyer 10, 18 s.).

14. *Didaqué* 11, 3 – *La Doctrine des Douze Apôtres (Didachè). Introduction texte, traduction, notes, appendice et index par Willy Rordorf et André Tuilier* ("Sources Chrétiennes", 248), Paris, 1978, 184, 6 s.

doutrinais de outros, incluindo as de Celso, contra quem escreve, como *dógmata*[15]. Esse significado subjetivamente marcado do termo "dogma" foi resumido de modo conciso e eloquente por Markell von Ankyra, ao esclarecer: "O que chamamos 'dogma' pertence à vontade e ao conhecimento humanos"[16]. Adolf von Harnack considerava essa frase tão associada programaticamente a sua intenção que a colocou como epígrafe no início do seu *Lehrbuch der Dogmengeschichte* [Manual de história dos dogmas][17].

No Ocidente Latino, no entanto, o termo "dogma", tomado do grego, conheceu uma reviravolta a partir do século V. Por um lado, Santo Agostinho continuou a empregar *dogmata* "para designar doutrinas especiais heréticas"[18]. Por outro, Vicente de Lérins, para caracterizar a verdadeira doutrina cristã da fé, fala, na sua obra *Conmonitorio*, composta em 434, três anos depois do Concílio de Éfeso, de dogma divino (*dogma divinum*), dogma celestial (*dogma caeleste*), dogma eclesiástico (*dogma ecclesiasticum*) e dogma católico (*dogma catholicum*)[19]. É certo que em Vicente de Lérins o termo "dogma" também é aplicado a heresias; mas só na medida em que se trata de "dogmas novos"[20] que se contrapõem aos "dogmas do tempo anterior sagrado"[21]. É significativo o fato de que, na terminologia do monge lerinense, "dogma" designa normalmente, enquanto substantivo coletivo, a totalidade das doutrinas eclesiásticas da fé; certamente aparece também, embora com menos frequência, no plural e, nesse caso, descreve – pelo menos potencialmente – não só a totalidade da doutrina, mas também os enunciados doutrinais concretos[22]. Assim, só na Gália do século V – não

---

15. Cf. Orígenes de Alexandria, *Contra Celsum*, IV, 39.85 – *Contre Celse* 2, Livres III et IV. Introduction, texte critique, traduction et notes par Marcel Borret ("Sources Chrétiennes", 136), Paris, 1968 (286, 49.394, 2).

16. Reprodução da frase de Markell von Ankyra em *Eusebius von Caesarea*, "Contra Marcellum 1, 4" – "Eusebius Werke 4: Gegen Marcell. Über die kirchliche Theologie. Die Fragmente Marcells", editado por Erich Klostermann, *Die Griechischen Christlichen Schriftsteller*, Berlim, 1991, 20, 18 s.

17. Cf. A. Von Harnack, *Lehrbuch der Dogmengeschichte 1: Die Entstehung des kircklichen Dogmas (Sammlung theologischer Lehrbücher)*, Friburgo, 1888, 2.

18. G. Söll, *Dogma und Dogmenentwicklung*, 9.

19. Cf. Vicente de Lérins, *Conmonitorium*, 29,10. 4,7. 25,9. 18,5, ed. Fiedrowicz/Barthold, 2011, 300, 194, 282, 252.

20. *Ibid.*, 10, 2 (ed. Fiedrowicz/Barthold, 214).

21. *Ibid.*, 10, 2 (ed. Fiedrowicz/Barthold, 304).

22. Para "dogma" como substantivo coletivo, cf. por exemplo *ibid.*, 25, 9 (ed. Fiedrowicz/Barthold, 282); para "dogma" no plural (*dogmata, dogmatum*) e, portanto, como designação possível de enunciados doutrinais particulares, cf. *ibid.*, 31, 5 (ed. Fiedrowicz/Barthold, 304).

na época bíblica nem nos primeiros tempos do cristianismo – aparece uma conotação de *dogma* que corresponde em grande medida ao significado moderno do termo.

> O termo *dogma* teve pela primeira vez uma deslocação do seu uso linguístico com Vicente de Lérins, tendo em conta a diferença do uso reservado que dele tinham feito os Padres latinos da Igreja (cujas posições a esse respeito são aqui entendidas frequentemente como opiniões doutrinais filosóficas ou heréticas), e designa preferencialmente a doutrina católica da fé... O termo é sinónimo da verdade divina revelada... que foi confiada à Igreja como *depositum fidei*. A distinção traçada posteriormente pelo Concílio Vaticano I entre *depositum fidei* e *dogma*, ou seja, entre a quinta-essência do depósito revelado que foi confiado à Igreja, por um lado, e o anúncio ou a determinação de sentido autorizado-autêntico e infalível de uma verdade revelada, por outro, não se encontra, de qualquer forma, em Vicente de Lérins[23].

O modo como Vicente de Lérins utiliza o termo *dogma* abriu novos horizontes à terminologia moderna; mas, a princípio, supôs, a partir de um ponto de vista da história da recepção, um beco sem saída. A Idade Média ignorou Vicente de Lérins, talvez porque as suas obras eram interpretadas como dirigidas contra Santo Agostinho e impregnadas de simpatia por Pelágio, uma censura que Joseph Ratzinger fez sua quando estigmatizou Vicente de Lérins ao referi-lo como "semipelagiano", caracterizando a sua teologia como "antítese do Agostinho tardio"[24]. "Entre a última menção nos finais da Antiguidade por Gennadius (470/480) e a primeira edição impressa (1528), o *Conmonitorio* esteve envolvido em um silêncio de séculos. Até à data não foi possível documentar opiniões sobre a obra nem tampouco contribuições concretas."[25]

---

23. M. Fiedrowicz, "Kommentar", *in* Vinzenz von Lérins, *Commonitorium*, Mülheim/Mosel 2011, 192, nota 2.

24. J. Ratzinger, *Das Problem der Dogmengeschichte in der Sicht der katholischen Theologie (Arbeitsgemeinschaft für Forschung des Landes Nordrhein-Westfalen, 139)*, Colônia, 1966, 9.

25. M. Fiedrowicz, "Einleitung", *in* Vinzenz von Lérins, *Conmonitorium*, Mühlheim/Mosel, 2011, 7-177, aqui: 125.

2.1.2. Um novo termo técnico

A redescoberta de Vicente de Lérins no início da Idade Moderna implica uma revivificação – embora com movimentos importantes – do termo "dogma", que na Idade Média tinha desempenhado um papel subordinado. Na discussão entre católicos e protestantes, "dogma" serviu então para distinguir as posições que têm "apenas uma variedade de pontos de vista de escola" do que "as partes consideravam doutrina oficial, dogma ou credo"[26]. Essa compreensão do termo se torna palpável, provavelmente pela primeira vez, com o teólogo jesuíta François Véron, que congrega os enunciados que ele denomina *dogmes certains de foi*[27]. Com isso se coloca em continuidade terminológica com Vicente de Lérins, mas atribui ao termo "dogma" uma função teológica que não estava presente nele; na Idade Moderna, "dogma" é uma palavra que não só é utilizada para designar a totalidade da doutrina da fé ou uma parte muito determinada dela, mas que também se torna um elemento estruturador no sistema global da doutrina da fé. Dito de outra forma, um dogma já não designa unicamente *materialiter* ora *uma* doutrina da fé, ora *a* doutrina da fé, mas também *formaliter* a índole dos enunciados da fé cujo grau de certeza e de obrigatoriedade é máximo, ou seja, aquelas doutrinas que, enquanto parte da revelação, são tomadas como verdadeiras com certeza absoluta e anunciadas como tais com autoridade suprema, pelo que devem também ser acreditadas com obrigatoriedade suprema.

Como se explica essa mudança que, por um lado, se baseia no conceito antigo e, por outro, o amplia? As discussões medievais, consideradas na Idade Moderna como necessárias à precisão complementar, impregnaram talvez fortemente a função ampliada que foi atribuída à palavra "dogma" ao ser reintroduzida mais tarde. Santo Tomás de Aquino, por exemplo, evita o termo. O fato de no seu hino *Lauda Sion salvatorem* se cantar que *dogma datur christianis*, que aos cristãos é dado um dogma, é caracterizado por Martin Elze, face ao uso linguístico habitual na realidade no Aquinate e na sua época, "quase como uma liberdade poética"[28]; ainda assim, seria exagerado afirmar uma completa ausência do termo "dogma" no século

---

26. W. Kasper, *Dogma unter dem Wort Gottes*, 66. Cf. Johannes Beumer, "Die Anfänge der neuzeitlichen Kontroverstheologie. Die Regula fidei catholicae des Franciscus Veronius", in *Catholica* (M) 17 (1963), 25-43.
27. Cf. F. Véron, *Règle Générale de la Foy Catholique*, Lyon, 1674, 23, 125.
28. M. Elze, *Der Begriff des Dogmas in der Alten Kirche*, 437.

XVIII[29]. Maior proeminência tem em Santo Tomás de Aquino a expressão *articulus fidei*, embora continue sendo polêmico o que se devia entender exatamente por "artigo". Na opinião de Santo Tomás de Aquino, o termo latino *articulos* parece derivar do grego *árthron*, "articulação" (anatômica). As articulações têm, segundo Santo Tomás de Aquino, o objetivo de garantir uma *coaptatio*[30], palavra esta que poderia ser traduzida de forma quase pouco elegante, mas exata, por "ação de ajustar". Uma articulação faz com que partes distintas se encaixem entre si (se adaptem ou ajustem umas às outras) e fiquem de tal forma unidas que a partir delas passe a existir um todo. Consequentemente, segundo o Aquinate, a doutrina cristã da fé contém também artigos distintos, porque nela se encontram simultaneamente diversidade e unidade: unidade, na medida em que a "verdade divina" é uma só; diversidade, porque ela "se multiplica no nosso intelecto"[31]. Assim, a realidade divina única só é intelectualmente acessível ao ser humano em uma diversidade de doutrinas da fé como uma e de uma vez formada por doutrinas diversas. Esse conceito implica uma dinamização, porque o seu ponto de partida é a realidade divina única que se volta para o ser humano na história de Israel e na vida de Jesus. Contudo, essa realidade divina, para ser compreendida, deve se dividir em doutrinas diferentes, que, contudo, permanecem unidas, como articulações, a um só corpo.

Nisso se coloca a pergunta: que doutrinas dessas são tão centrais que sem elas a integridade do corpo global sofre danos e quais são as que, por mais verdadeiras que sejam, têm uma importância secundária? Eis uma pergunta polêmica nos debates da Idade Média tardia e na época da Reforma, para cujo esclarecimento contribuiria o conceito de dogma do início da Idade Moderna. Um exemplo: nos finais da Idade Média, existiu um debate aceso sobre a doutrina da Imaculada Conceição de Maria, isto é, a ideia de que Maria esteve isenta do pecado original desde o princípio da sua vida. Esta disputa de opiniões entre teólogos de característica escotista e teólogos de orientação tomista alcançou o seu ponto alto em 1439 no Concílio de Basileia, quando o sínodo dos bispos que tinha permanecido em Basileia, negando a sua transferência para Ferrara ordenada pelo Papa, definiu como universalmente vinculativa a doutrina (*doctrina*)

---

29. Cf. J.-M. Parent, "La notion de dogme au XIIIe siècle", in *Études d'Histoire Littéraire et Doctrinale du XIIIe Siècle*, première série, Paris, 1932, 141-163.

30. Cf. Santo Tomás de Aquino, *Summa Theologiae*, II-II, q. 1, a. 6. (*Summa Theologiae*, II-II, q. 1-56 (*Opera Omnia*, Editio Leonina, 8), Roma, 1895, 18).

31. *Ibidem*.

de que Maria nunca esteve submetida ao pecado original e, consequentemente, se manteve "imune" a toda a culpa[32]. Com isso se tentou elevar a doutrina universalmente vinculativa a uma posição teológica, a dos imaculistas, que até então era tida como uma mera "opinião piedosa"[33]. Essa elevação de uma opinião particular de escola à doutrina vinculativa não foi recebida a princípio em toda a Igreja, porque, segundo a versão papal da teoria conciliar, um concílio ecumênico não se pode reunir sem a presidência do Papa, de maneira que o sínodo de Basileia, após a transferência por Eugênio IV, primeiro para a cidade de Ferrara e, mais tarde, para Florença e Roma, deixou de ser considerado uma assembleia com forma de concílio legítimo. Na parte que chega ao século XV, o debate sobre a Immaculata Conceptio mostra até que ponto era controverso na rede das opiniões de escola que essa posição devesse passar a ser considerada universalmente vinculativa. Uma posição que, para uns (neste caso, os maculistas), representava uma opinião particular divergente era, na opinião de alguns representantes do outro grupo (os imaculistas), uma verdade de fé irrevogável. Não surpreende que pouco depois, perante a Reforma e as suas interpelações à doutrina da Igreja tardomedieval, essa problemática tenha começado a se agudizar, transpondo os limites da Immaculata Conceptio, imprimindo a sua marca na teologia de controvérsia do século XVI.

Neste ponto – não antes[34] – entra em jogo o conceito de dogma na sua versão especificamente moderna. Já não designa unicamente uma doutrina concreta (*um* dogma) nem a totalidade da doutrina da fé (*o* dogma), mas também uma qualidade específica da doutrina da fé, a saber, citando de novo o que foi dito por Walter Kasper sobre Veronio, aquilo que se entende por "ensinamento oficial" e "credo" vinculante, diferente da legítima diversidade de posições que podiam reclamar "somente a gama de

---

32. Cf. Concilium Basiliense, "Sessio 36" (1949), in *Sacrorum Conciliorum Nova et Amplissima Collectio*, 29, ed. Johannes Dominicus Mansi, Paris, 1904, 183.

33. Cf. U. Horst, *Die Diskussion um die Immaculata Conceptio im Dominikanenorden. Ein Beitrag zur Geschichte der theologischen Methode (Veröffentlichungen des Grabmann Institutes zur Erforschung der mitelalterlichen Theologie und Philosophie. Neue Folge 34)*, Paderborn, 1987, 17.

34. No entanto, o sínodo que permaneceu em Basileia não se refere à Immaculata Conceptio como *dogma*, indicando antes que uma doutrina (*doctrina*) está sendo definida e promulgada. Por causa disso, será anacrônico falar, relativamente à decisão de Basileia, de uma "definição dogmática", como por vezes se lê. Cf. Uta Fromherz, *Johannes von Segovia als Geschichtsschreiber des Konzils von Basel (Baseler Beiträge zur Geschichtswissenschaft*, 81*)*, Basel, 1960, 170.

opiniões de escola"³⁵. Recorrendo ao jesuíta Francisco Veronio, o conceito de dogma será sistematizado no século XVIII pelo franciscano Philipp Neri Chrismann de um modo que teve projeção no futuro no que diz respeito ao uso linguístico eclesial. Chrismann assinala três características que deve ter um dogma de fé (*dogma fidei*): segundo a definição que oferece, trata-se, em primeiro lugar, de uma doutrina e verdade revelada por Deus; em segundo lugar, que seja proposto publicamente pela Igreja para que seja aceito com fé divina (*fide divina*); em terceiro lugar, as posições que o contradigam devem ser condenadas como heresia³⁶. Tem capital importância em tudo isso a distinção que Chrismann faz entre a "fundamentação interna" e as "condições formais" de um dogma³⁷. O dogma é acreditado única e exclusivamente "em virtude da autoridade do Deus que se revela"³⁸, ou seja, *fide divina*. Mas nem tudo o que é revelado ou consignado na Bíblia tem característica de dogma. Para Chrismann, o que é revelado não se torna formalmente vinculativo até que seja proposto pela Igreja para que seja acreditado. Portanto, um dogma possui, por um lado, o maior grau possível de certeza e de obrigatoriedade; mas com esse caráter tão forte se circunscreve, por outro lado, a muito poucas doutrinas, o que abre espaços de liberdade para a especulação muito além do dogma. Sendo assim, o franciscano põe em prática, em grande medida, uma "redução do que deve ser acreditado de modo vinculativo ao que está definido sob a ameaça de anátema"³⁹.

Na perspectiva da teologia atual, o conceito de dogma de Chrismann poderia ser criticado como um estreitamento ilegítimo da doutrina cristã de fé, algo que os contemporâneos de Chrismann e, sobretudo, a teologia neoescolástica do século XIX também teriam considerado da mesma forma, só que com base em premissas distintas das que hoje presumivelmente guiariam a formulação de tal juízo. Joseph Kleigten, por exemplo, não critica a referência quase positivista à autoridade que caracteriza o conceito de dogma de Chrismann, mas a infra-avaliação da autoridade

---

35. W. Kasper, *Dogma unter Dem Wort Gotes*, 66. Cf. Johannes Beumer, "Die Anfänge der neuzeitlichen Kontroverstheologie. Die Regula fidei catholicae des Franciscus Veronius", in *Catholica* (M), 17 (1963), 25-43.

36. Cf. Ph. N. Chrismann, *Regula Fidei Catholicae et Collectio Dogmatum Credendorum*, Kempten, 1792, § 5 (2).

37. Hans-Joachim Schulz, *Bekenntnis statt Dogma. Kriterien der Verbindlicheit kirchlicher Lehre (Quaestiones disputatae, 163)*, Friburgo, 1996, 164.

38. Chrismann, *Regula Fidei Catholicae et Collectio Dogmatum Credendorum*, § 4 (2).

39. H. J. Schulz, *Bekenntnis statt Dogma*, 164.

eclesiástica e o excesso de liberdade intelectual que Veronio e Chrismann concedem ao fiel individual:

> O que antecede lança uma luz também sobre um mal-entendido de que são sinal obras como a *Regula Fidei* de Veronio. Os autores de tais obras se esforçam por mostrar que muito do que é aceito e ensinado pelos católicos não pertence ao dogma propriamente dito. Seguramente, nada tem de repreensível que se procure delimitar da forma mais precisa possível o território do dogma; mas por ele não se pode falar como se onde termina esse território começasse de imediato o território da livre opinião e como se tudo o que é enunciado de fé pudesse ser considerado opinião de escola ou, como acontece em Chrismann, contado entre as *adiáforas* (as coisas indiferentes, neutras do ponto de vista da fé). Além disso, se essa discriminação entre o dogmático e o não dogmático se efetivasse com o propósito de abrandar o jugo da obediência à Igreja docente, então imperaria por completo um autêntico erro. Sem dúvida, o que se ganha para aquele propósito demonstrando que uma opinião generalizada na Igreja não é um dogma, se a regra (*reglón*) seguida deve indicar (algo que os autores mencionados, em geral, omitem) que essa opinião se encontra, entretanto, tão intimamente vinculada ao dogma que a doutrina contrária está agravada com uma ou várias das censuras mencionadas ou então deveria apresentar-se de acordo com o parecer universal dos eruditos católicos[40].

O posicionamento de Kleutgen reflete a evolução posterior do conceito de dogma. Assume-se o objetivo de uma avaliação que seja o mais precisa possível, dos diversos graus de obrigatoriedade, na linha do que é ensinado por Veronio e Chrismann. O interesse limitativo que move ambos – o que não está definido inequivocamente como dogma não deve de ser acreditado; é legítimo discuti-lo – não encontra, por outro lado, acolhimento. Veronio e Chrismann são condenados e os seus escritos incluídos no Índex[41], embora ambos, com a sua versão do conceito de dogma, tenham decisivamente impregnado até à atualidade o uso linguístico do magistério eclesiástico. Estes regulamentos linguísticos se devem sobretudo ao pontificado de Pio IX, que, na sua oposição a qualquer inovação, foi, em grande medida, um inovador.

---

40. Joseph Keugten, *Die Theologie der Vorzeit I*, Münster, 1867, § 88 (141).
41. Cf. Berthold Lang, "Veronius", in *Lexikon für Theologie und Kirche*, 10 (1965), 729 s. Para Chrismann, cf. *Schulz, Bekenntnis statt Dogma*, 168.

2.1.3. Pio IX: inovação com intuito anti-inovador

Antes de Pio IX, o termo "dogma" aparecia raramente nas declarações do magistério e, quando isso acontecia, não designava a unidade da verdade da fé divinamente revelada e eclesiasticamente proposta, mas sim – se bem que no sentido menos específico de Vicente de Lérins – uma doutrina de fé concreta, não determinada com maior precisão[42]. Assim, por exemplo, o Papa Pio VI, na sua bula *Auctorem Fidei* de 1794, na qual condena alguns enunciados doutrinais do Sínodo de Pistoia, realizado oito anos antes sob a égide do grão-duque da Toscana Leopoldo I (mais tarde imperador Leopoldo II), fala do "dogma da transubstanciação" (cf. DH, 2629), que a doutrina de Pistoia contrariava. Aqui se alude simplesmente a uma doutrina que o Papa considera verdadeira e merecedora de proteção, mas cujo grau preciso de obrigatoriedade – pensando na sua importância na revelação e na sua definição pela Igreja – não é especificado de forma mais detalhada. Durante o pontificado de Pio IX, o conceito de dogma foi se tornando cada vez mais preciso. Assim, em 1851, em uma exortação apostólica que se tornou famosa sob o título equivocado de *Multiplices Inter*[43] e que condena algumas teses do peruano Francisco de Paula González Vigil, o Papa refere que a Igreja pode "definir dogmaticamente" determinadas doutrinas, uma formulação que se repete mais tarde no *Syllabus Errorum* de 1864 (cf. DH, 2921), no qual Pio IX reuniu uma série de doutrinas que já tinha condenado. Nele figura de forma explícita, em primeiro plano, o recurso a Vicente de Lérins (o dogma como doutrina de fé), mas as definições de Veronio e de Chrismann desempenham implicitamente um papel relevante (o dogma como qualidade de uma doutrina de fé por contraposição a outras

---

42. Cf. A. Deneffe, *Dogma*, 521.

43. Nas referências de fontes anexadas à publicação oficial do *Syllabus Errorum* (cf. *Acta Sanctae Sedis*, 3 (1867-1868), 168-176, aqui: 171) para a condenação da expressão "Ecclesia non habet potestatem dogmatice definiendi religionem Catholicae Ecclesiae esse unice veram religionem", remete-se para uma exortação apostólica do Papa datada de 10 de junho de 1851 com o título *Multiplices Inter*. Esse texto condena a obra de Francisco de Paula González Vigil *Defensa de la Autoridad de los Gobiernos e de los Obispos contra las Pretensiones de la Curia Romana*, 1-6, Lima, 1848-1849. A denominação do documento é equivocada, não só porque Pio IX promulgou em 1853 uma encíclica sobre questões litúrgicas com o título *Inter Multiplices*, mas também porque em 1865 publicou outra exortação apostólica que, correspondendo às suas palavras iniciais, é conhecida como *Multiplices Inter*, exatamente como a que condena Vigil. A exortação de 1865 teve, por causa da sua discussão sobre a Maçonaria, maior ressonância do que a carta homônima de 1851, apesar de ter sido imortalizada no *Syllabus*.

doutrinas). Na bula *Ineffabilis Deus*, na qual, em 1854, Pio IX declara, proclama e define (*"declaramus, pronuntiamus et definimos"*) a doutrina (*doctrina*) da Imaculada Conceição de Maria, afirma-se que ela foi revelada por Deus e proposta pela Igreja com caráter vinculativo e que negá-la implica incorrer em heresia (cf. DH, 2803 s.). Com isso se cumprem com exatidão os critérios daquilo que Chrismann denomina um "dogma". O termo propriamente dito não figura na definição, embora apareça na bula ao citar Vicente de Lérins. É evidente que, para antecipar a objeção de que o Papa promulgava assim uma nova doutrina – depois de seus predecessores, por via, certamente, do Concílio de Basileia, terem rejeitado esse ensinamento como doutrina vinculativa para toda a Igreja –, Pio IX formula os critérios para um crescimento legítimo da doutrina da fé. A Igreja é a guardiã dos "dogmas a ela confiados, nos quais não introduz nenhuma alteração de conteúdo, embora tente 'limitá-los' e 'poli-los', de tal forma que 'esses dogmas primitivos' adquirem 'evidência, clareza e precisão', preservando, contudo, rigorosamente a identidade do dado na Igreja desde o princípio: *in eodem scilicet dogmate, eodem sensu eademque sententia* ('no mesmo dogma, no mesmo sentido e no mesmo conceito')" (DH, 2802).

Transmitido através da redescoberta de Vicente de Lérins e dos esclarecimentos de Veronio e Chrismann, que tiveram ressonância – crítica, mas considerável – na teologia da Escola de Roma, o conceito de dogma foi ampliado cada vez mais no âmbito magisterial e integrado em uma nova arquitetura da autocompreensão pontifícia. No breve *Tuas Libenter*, que Pio IX dirigiu ao arcebispo de Munique e Freising em reação ao encontro de eruditos que, sob a determinante influência de Ignaz von Döllinger, se tinha realizado em Munique[44], entende-se por "dogmas de fé" (*fidei dogmata*) aquelas matérias que "são propostas pelo juízo infalível da Igreja para serem por todos acreditadas" (DH, 2879), uma formulação que mais tarde seria vista também no *Syllabus Errorum* (cf. DH, 2922). Movido por uma intenção anti-inovadora, Pio IX ofereceu, pela primeira vez, de modo sumamente inovador, duas formas de propor um juízo infalível: através do chamado magistério solene, extraordinário, e através do magistério ordinário da Igreja.

A forma de magistério exercida até Pio IX foi a que se denomina solene e extraordinária. A sua tarefa consistia em proteger as verdades de fé

---

44. Cf. Franz Xaver Bischof, *Theologie und Geschichte. Ignaz von Döllinger (1799-1890) in der zweiten Hälfte seines Lebens. Ein Beitrag zu einer Biographie (Münchener Kirchenhistorische Studien 9)*, Stuttgart, 1997, 95-105.

que se consideravam como reveladas face a deformações e perigos intensos sendo definidas "expressamente" (*expresse*) no caso de ameaça (cf. DH, 2879). Regia o princípio de que "algo constituía parte do depósito de fé" no sentido do magistério solene "não porque fora proposto de forma magisterial", "mas podia ser testemunhado pelos bispos porque era acreditado materialmente"[45]. Assim sendo, o magistério não podia ser uma marcação de passo na evolução teológica, mas se limitava a um papel de protetor do depósito da fé e só reagia como proteção face a ameaças, sem se imiscuir no detalhe das disputas teológicas. "As escolas teológicas divergiam umas das outras em pressupostos fundamentais relativos ao método e à concepção global; tinham liberdade na reflexão e na fundamentação dessa fé, ou seja, na eleição do método."[46]

Pio IX não se deu por satisfeito com esse papel, bastante mais passivo do magistério, e recorreu à distinção – traçada pela primeira vez por Joseph Kleutgen e até então nunca antes empregada no sentido magisterial – entre magistério solene, extraordinário, por um lado, e magistério diário, ordinário, da Igreja, por outro[47]. Kleutgen elaborou essa terminologia em confronto com correntes teológicas opostas à neoescolástica, como era o caso, por exemplo, da chamada Escola de Tübingen ou de Ignaz von Döllinger em Munique. Na opinião de Kleutgen, essas tendências estavam insuficientemente orientadas no "tempo antecedente" [*Vorzeit*], ou seja, na época anterior ao Iluminismo. Kleutgen elaborou a sua nova concepção do magistério eclesial se distinguindo de Johann Baptist Hirscher, que se queixava de um "afã de anatematizar" que colocava sob denúncia de heresia os que não faziam senão "se desviar das formas habituais de concepção dos teólogos" ou cultivavam "um modo distinto de expressão" sem contrariar o "conceito de doutrina (assim como está determinado sob o ponto de vista eclesiástico)"[48]. Como sugere já na sua crítica a Veronio e Chrismann, Kleutgen considera um "erro" baseado em um "mal-entendido" que

---

45. Klaus Unterburger, *Vom Lehramt der Theologen zum Lehramt der Päpste? Pius XI, die Apostolische Konstitution "Deus scientiarum Dominus" und die Reform der Universitätstheologie*, Friburgo, 2010, 180.

46. *Ibidem*.

47. Cf. Hubert Wolf, "'Wahr ist, was gelehrt wird' statt 'gelehrt wird, was wahr ist'? Zur Erfindung des ordentliches Lehramts", *in* Thomas Schmeller, Martin Ebner, Rudof Hoppe (ed.), *Neutestamentliche Ämtermodelle im Kontext (Quaestiones Disputatae, 239)*, Friburgo, 2010, 236-259.

48. Johann Baptist Hirscher, *Die christliche Moral als Lehre von der Verwirrklichung des göttlichen Reiches in der Menschheit 3*, Tübingen, 1836, 249.

a teologia disponha de liberdade além do que foi proclamado no magistério solene da Igreja:

> De acordo com o princípio frequentemente mencionado relativo ao qual todos estamos de acordo, só é doutrina católica de fé aquilo que a Igreja propôs para ser acreditado como verdade revelada. Nesse caso, em seguida se supõe que a Igreja não propõe algo para ser acreditado, mas decide solenemente, como juiz supremo, uma controvérsia de fé. Mas a Igreja exerce um duplo magistério. Um é o ordinário e permanente [...]. O outro é extraordinário, só exercido em momentos especiais, por exemplo, quando algum herege perturba a Igreja; e não é simplesmente magistério, mas também magistratura. Neste último, a Igreja repele os ataques hostis às relíquias [*Heiligthum*] que tem sob custódia; no primeiro, a Igreja abre aos seus filhos o rico tesouro que lhe foi confiado[49].

Kleutgen parte do princípio de que a Igreja só pode estar vinculada ao que, primeiro, foi revelado e, segundo, foi "proposto" como revelado por ela "para ser acreditado por todos". Com isso assume o conceito de dogma de Veronio e de Chrismann. Mas a apresentação de um dogma nesse sentido pode acontecer, segundo ele, de um modo duplo: mediante o magistério solene, extraordinário, e mediante o magistério permanente, ordinário. O primeiro é, como foi dito, reativo, na medida em que reage a ameaças extraordinárias. Nesse sentido, Kleutgen quer, inclusive, fazê-lo valer "não simplesmente" como magistério, mas sobretudo como "magistratura", na medida em que ajuda a que o depósito de fé da Igreja veja reconhecidos os seus direitos e condene solenemente os hereges. De acordo com a formulação de Kleutgen, serve à defesa das relíquias. No magistério ordinário, em contrapartida, é ativo: nele, a Igreja – que quer dizer, sobretudo, o Papa – abre por iniciativa própria "o rico tesouro que foi confiado a ela". Desse modo, o magistério se converte em um ator teológico e aos teólogos – para aqueles que não são o Papa – atribui uma nova posição, subordinada. "Não cabia assim à teologia interpretar de forma autônoma a Escritura e a Tradição; o ensinamento do Papa era a sua *regula proxima*. Da Escritura e da tradição só tinham de se servir para demonstrar de forma secundária que os Papas ensinavam corretamente."[50]

---

49. J. Kleugten, *Die Theologie der Vorzeit I*, 98.
50. Klaus Unterburger, "Internationalisierung von oben, oder: Schleiermacher, Humbolt und Harnack für die katholische Weltkirche? Das päpstliche Lehramt und die katholischen Fakultäten und Universitäten im 20. Jahrhundert", *in* Claus Arnold, Johannes Wis-

Pio IX fez sua a concepção de Kleutgen pela primeira vez no breve *Tuas Libenter*, dirigido contra o encontro de eruditos católicos realizado em Munique, que não tinha ensinado nenhuma heresia, mas sim denunciado, sob a liderança de Döllinger, a monopolização neoescolástica da teologia. O Papa afirma então que não só se deve acreditar "nas matérias que foram definidas por decretos expressos dos concílios ecumênicos ou dos romanos pontífices e dessa sede", mas também aceitar com fé divina – *fide divina* – o estipulado pelo magistério ordinário (DH, 2879). Com isso, Pio IX cria duas formas de "exercício da infalibilidade no magistério"[51] e abre dois caminhos para a definição de um dogma. Um caminho extraordinário, que pode percorrer um concílio ecumênico ou – segundo o ensinamento do Concílio Vaticano I, realizado alguns anos mais tarde – o Papa, sob a forma de uma decisão *ex cathedra* (cf. DH, 3074); e um caminho ordinário, pelo qual o Papa, no exercício cotidiano do seu magistério, pode declarar revelados e, consequentemente, vinculativos determinados enunciados de fé. Esses dois modos de levar a cabo estipulações dogmáticas são sintetizados assim pelo Concílio Vaticano I: "Neste caso, devem se acreditar com fé divina e católica [*fide divina et catholica*] todas aquelas coisas que estão contidas na Palavra de Deus escrita ou transmitida pela Tradição e que são propostas pela Igreja para serem acreditadas como divinamente reveladas, por juízo solene ou pelo seu juízo ordinário e universal" (DH, 3011).

Embora o concílio não explicite que aqui está a definir o termo "dogma", a formulação citada se converteu na época subsequente na definição magisterial-padrão de "dogma", continuando a ser também depois do Concílio Vaticano II[52].

---

chmeyer (ed.), *Transnationale Dimensionen wissenschaftlicher Theologie (Veröffentlichungen des Instituts für Europäische Geschichte Mainz. Abteilung für Abendländische Religionsgechichte 101)*, Göttingen, 2013, 53-68, aqui: 62 s.

51. Norbert Lüdecke, *Die Grundnormen des katholischen Lehrrechts in den päpstlichen Gesetzbüchern und neuren Äusserungen in päpstlicher Autorität (Forschungen zur Kirchenrechtswissenschaft 28)*, Würzburg, 1977, 235.

52. A declaração da Congregação para a Doutrina da Fé de 1973 contida em *Mysterium Ecclesiae* afirma, seguindo a formulação já citada do Concílio Vaticano I: "Esses objetos da fé católica", que devem ser aceitos com fé divina e católica e "são conhecidos pelo nome de 'dogmas', são necessariamente, e foram em todos os tempos, a norma imutável não só para a fé, mas também para a ciência teológica" (DH, 4536).

2.1.4. O conceito atual de "dogma": o que se transformou a se transformar

A constituição do Concílio Vaticano II sobre a Igreja não questiona a ideia de que esta pode propor aos fiéis enunciados com reivindicação de infalibilidade. Mas o concílio se esforça para integrar de forma mais clara o exercício da infalibilidade que corresponde à Igreja na estrutura episcopal e, por consequência, para dar resposta, ao menos de forma rudimentar, a uma pergunta que o Concílio Vaticano I, após o seu adiamento, deixou em aberto *sine die*: como deve ser pensada a relação entre primado e colegialidade entre a primazia do Papa e a comunidade dos bispos, no exercício do magistério eclesiástico? Como mestres, os bispos não possuem, separadamente, afirma a *Lumen Gentium*, a infalibilidade que corresponde ao Papa; no entanto, "em matéria de fé e costumes", os fiéis "devem se conformar ao parecer que o seu bispo emite em nome de Cristo sobre matéria de fé ou costumes, aceitando-o com religioso acatamento" (LG, 25). Mesmo quando os bispos não podem propor de forma separada enunciados infalíveis, o colégio episcopal como um todo tem a competência – posto ser essa a convicção dos padres reunidos no Concílio Vaticano II – de ensinar infalivelmente:

> Embora os bispos, individualmente, não usufruam da prerrogativa da infalibilidade, anunciam, porém, infalivelmente a doutrina de Cristo sempre que, embora dispersos pelo mundo, mas unidos entre si e com o sucessor de Pedro, ensinam autenticamente matéria de fé ou costumes concordando que uma doutrina deve ser tomada por definida. O que se verifica de forma ainda mais clara quando, reunidos em Concílio Ecumênico, são doutores e juízes da fé e dos costumes para toda a Igreja, devendo aceitar com fé suas definições (LG, 25).

O concílio conhece, portanto, dois sujeitos de infalibilidade, cada um dos quais pode fazer uso dessa prerrogativa de duplo modo, nas formas ordinária e extraordinária do seu magistério: o Papa, que, discricionariamente, pode ensinar tanto ordinária como solenemente, e o colégio episcopal "como segundo sujeito de modo duplo"[53]. O colégio episcopal ensina de forma ordinária quando, disperso por toda a urbe, ativa no exercício da sua função docente o vínculo de comunhão (*nexus communionis*) que o mantém unido, com o fim de propor por unanimidade um enunciado de

---

53. N. Lüdecke, *Die Grundnormen des katholischen Lehrrechts*, 245.

modo "definitivamente" vinculativo. O colégio episcopal ensina de forma extraordinária quando se encontra reunido em concílio ecumênico. Embora a *Lumen Gentium* mencione dois sujeitos – o Papa e o colégio episcopal – a quem corresponde a infalibilidade no exercício do seu magistério, seria um erro acreditar que o colégio episcopal pode limitar o primado globalizante do Papa em questões doutrinais ou representar uma intervenção de correção para este. A relação entre o Papa e o colégio episcopal está impregnada antes por um desequilíbrio que, por princípio, não é retificável. O Papa pode, decerto, decidir livremente em qualquer momento, caso queira ensinar e como: de forma ordinária mediante o seu magistério diário ou de forma extraordinária mediante decisões *ex cathedra*, que "são irreformáveis por si mesmas e não pelo consentimento da Igreja" (DH, 3074), como especifica a definição do Concílio Vaticano I, reiterada pelo Concílio Vaticano II (cf. LG, 25). O colégio episcopal, por outro lado, só pode atuar juntamente com a sua cabeça, que é o Papa, nunca contra ela. Isso vale tanto para o exercício ordinário do seu magistério quanto para um concílio ecumênico, cujas decisões só se tornam efetivas – pelo menos segundo a teoria papal dos concílios que se impôs a partir do século XV – quando o Papa as reconhece.

O fato de o *Codex Iuris Canonici*, o código legal da Igreja Latina, que teve de ser revisto após o Concílio Vaticano II, voltar a inverter a ordem da *Lumen Gentium* – ou, melhor dizendo, nem sequer recebê-la – contrapõe-se, por um lado, à estrutura do concílio, mas, por outro lado, é um reflexo fiel das estipulações dogmáticas que permanecem inalteráveis mesmo depois desse acontecimento. Enquanto o concílio introduz como sujeitos da infalibilidade primeiro os bispos e depois o Papa, a "cabeça do colégio episcopal" (LG, 25), o *Codex Iuris Canonici* menciona primeiro o Papa (cân. 749, § 1, CIC/1983) – "omitindo conscientemente a sua inserção no colégio episcopal" – e a seguir os bispos (cân. 749, § 3, CIC/1983), não sem "recordar duas vezes o vínculo com o sucessor de Pedro e Bispo de Roma"[54]. Outra peculiaridade que atravessa o uso linguístico do concílio passou despercebida na atividade pré-conciliar do magistério: o Concílio Vaticano II evita utilizar a palavra "dogma". Na *Lumen Gentium*, a constituição sobre a Igreja, esse termo aparece somente na classificação formal do documento como constituição "dogmática". Em vez dele, fala-se de *doctrina, sententia, veritas* ou *definitiones*. A mesma imagem resulta caso se

---

54. *Ibidem*.

considere a *Dei Verbum*, também uma constituição "dogmática", de acordo com o seu título, que não emprega o termo "dogma". Essa observação é importante. Ao mesmo tempo, no entanto, não deve ser sobrevalorizada. No que diz respeito ao conteúdo, o concílio não deixa qualquer dúvida de que a Igreja pode propor aos seus membros de forma magisterial aquilo que crê extrair da Revelação, obrigando-os a dar o seu assentimento na fé a esse ensinamento. Mas o termo "dogma", que, no uso linguístico extraeclesial possui conotações principalmente negativas, foi considerado pelos padres conciliares, aparentemente, pouco adequado para expressar esse estado de coisas. O magistério pré-conciliar, no entanto, não só não evitou o termo "dogma", mas também o ampliou de um modo sumamente inovador, até agora desconhecido. O *Catecismo da Igreja Católica*, promulgado pelo Papa João Paulo II, em 1992, afirma: "O Magistério da Igreja faz pleno uso da autoridade que recebeu de Cristo quando define dogmas, isto é, quando propõe, de um modo que obriga o povo cristão a uma adesão irrevogável de fé, verdades contidas na Revelação divina ou quando propõe, de modo definitivo, verdades que tenham com elas um nexo necessário" (CIC 88).

Essas palavras, que, em comparação com manifestações precedentes, soam pouco espetaculares, implicam uma dilatação do conceito de dogma que a princípio passou (e todavia continua a passar) "em grande medida despercebida"[55] a muitos teólogos, mas que implica consequências extremamente sérias. Os dois concílios vaticanos estiveram de acordo sobre a Igreja poder exigir aos seus membros a forma suprema de assentimento a todas as doutrinas propostas por ela que "estão contidas na Palavra de Deus escrita ou transmitida pela tradição" (DH, 3011), isto é, que se consideram reveladas. Essa determinação, que a princípio soa maximalista, inclui, contudo, uma estipulação restritiva: a Igreja pode proclamar como dogma toda a doutrina que julgue revelada; mas, raciocinando inversamente, também é certo que *só* pode proclamar como dogmas as doutrinas que acredita serem reveladas. Formulado de outro modo: se o Concílio Vaticano II ensina que a infalibilidade que Cristo quis que a sua Igreja tivesse "na definição de doutrinas de fé ou costumes [...] estende-se tanto quanto abarca o depósito da Revelação [*depositum revelationis*]" (LG, 25), essa pretensão, que não é pequena, contém também uma dupla limitação. Em primeiro lugar,

---

55. Assim o menciona G. Bier: "Frauen weihen?", in *Herder Korrespondenz*, 71.8 (2017), 45-47, aqui: 46.

a infalibilidade da Igreja se refere única e exclusivamente a matérias de fé e de costumes; e, em segundo lugar, refere-se única e exclusivamente ao revelado, não indo além disso. Essa segunda limitação divide em dois o *Catecismo da Igreja Católica* colocando ao lado das verdades suscetíveis de serem elevadas a dogma, ou seja, das que estão "contidas na Revelação divina", de modo imperceptível, tornando como possíveis objetos adicionais de definição dogmática aquelas verdades "que tenham com elas um nexo necessário" (CIC, 88). Sendo assim, o *Catecismo* – que, de acordo com o seu gênero, não é lugar para inovações teológicas, mas que, nas palavras de João Paulo II em *Catechesi Tradendae*, tem como único objetivo se manter "fiel aos conteúdos essenciais da Revelação"[56] – criou uma nova forma de dogma que reclama uma "adesão irrevogável de fé" (CIC, 88), embora não faça parte do depósito da Revelação.

As consequências são de grande alcance. A definição do Concílio Vaticano II, segundo a qual dogmas são única e exclusivamente as verdades que a Igreja proclama e crê que foram reveladas, é corrigida de forma tácita na medida em que se prescinde de uma das duas condições especificadas pelo concílio. Em vista disso, seria importante diferenciar no sentido do *Catecismo* entre os dogmas que procedem do chamado âmbito primário da Revelação e os dogmas que se extraem de algo que não foi revelado, mas que o magistério da Igreja considera que está inseparavelmente vinculado ao depósito da Revelação. Joseph Ratzinger se refere a este âmbito secundário como "o segundo nível do credo, as verdades que devem ser sustentadas de forma definitiva, embora não tenha porque serem aceitas com fé propriamente teologal"[57]. Quando João Paulo II e a Congregação para a Doutrina da Fé do seu pontificado incluem também esse âmbito sob o conceito de dogma, existem dogmas que *stricto sensu* não *podem* ser acreditados, porque não pertencem – é exatamente o que diz Ratzinger – ao âmbito da *fides credenda*, ou seja, à fé em que se deve acreditar, mas à *fides tenenda*, isto é, à fé que se sustenta, não teologal. No entanto, também esses dogmas secundários se apresentam com a pretensão de serem infalíveis; constituem parte dos "objetos secundários da infalibilidade", como sustenta Ratzinger frente a Ladislas Örsy[58].

---

56. João Paulo II, exortação apostólica *Catechesi Tradendae*, 50.

57. Joseph Ratzinger, "Stellungnahme", in *Stimmen der Zeit*, 217 (1999), 169-171, aqui: 169.

58. Joseph Ratzinger, *Schlusswort zur Debate mit Pater Örsy*, StdZ 217 (1999), 420-422, aqui: 420.

A pretensão de ensinar infalivelmente, ainda no âmbito dogmático secundário, plasma-se na forma confessional através da chamada *professio fidei*. Diversos grupos de pessoas, desde os participantes em um concílio ecumênico até os candidatos à ordenação diaconal, devem fazer uma profissão de fé alargada (cf. cân. 833, CIC/1983). Consiste no credo niceno-constantinopolitano e três complementos. Na segunda adenda se exige aceitar e reter firmemente (*firmiter amplector et retineo*) tudo o que sobre (*circa*) a doutrina da fé e dos costumes é proposto pelo magistério solene ou ordinário da Igreja[59]. O *circa* desta segunda adenda é ambíguo. O magistério pontifício entende por isso – pelo menos assim o manifestam o *motu proprio Ad Tuendam Fidem* de João Paulo II e o comentário da Congregação para a Doutrina da Fé que acompanha o documento – todas as doutrinas de natureza dogmática ou moral que o magistério propõe sem pretender que sejam reveladas, mas sim "necessárias para conservar e interpretar fielmente o depósito da fé" (DH, 5071).

João Paulo II menciona dois modos como esses dogmas de âmbito secundário estão ligados aos dogmas referidos na Revelação por razões históricas (*historica ratione*) ou consequência lógica (*logica consecutione*) (cf. DH, 5066). Da relação entre dogma e lógica, assim como da importância da chamada *conclusio theologica*, iremos nos ocupar de forma mais detalhada posteriormente. Aqui trataremos primeiro daquelas doutrinas ("dogmas" no sentido do *Catecismo*) que estão ligadas "por razões históricas" às verdades da Revelação sem terem sido elas mesmas reveladas. A essa categoria pertencem, por exemplo, as proibições do aborto (cf. DH, 4990) e da eutanásia (cf. DH, 4992), que João Paulo II reafirmou na sua encíclica *Evangelium Vitae*, mas também a sua decisão sobre a impossibilidade de admitir mulheres à ordenação sacerdotal. Em *Ordinatio Sacerdotalis*, escreve João Paulo II:

> [...] para que seja excluída qualquer dúvida em assunto da máxima importância, que pertence à própria constituição divina da Igreja, em virtude do meu ministério de confirmar os irmãos (cf. Lc 22,32), declaro que a Igreja não tem absolutamente a faculdade de conferir a ordenação sacerdotal às mulheres, e que esta sentença deve ser considerada como definitiva por todos os fiéis da Igreja (OS, 4).

---

59. Para o texto da *professio fidei*, juntamente com os seus anexos, e o *ius iurandum fidelitatis*, cf. *Acta Apostolicae Sedis*, 81 (1989), 104-106.

O grau de obrigatoriedade dessa decisão é controvertido. Está claro que não se trata de uma decisão *ex cathedra*; ou seja, o Papa não exerce aqui o seu magistério solene, extraordinário. A afirmação de que a decisão exposta em *Ordinatio Sacerdotalis* deve ser "considerada definitiva" por todos os fiéis sugere que o Papa trata de apresentar, por força do seu magistério ordinário, uma decisão conclusiva. Nisto a si próprio como cabeça do colégio episcopal e assegura estar unicamente formulando o que já antes de *Ordinatio Sacerdotalis* era proposto em uma continuidade ininterrupta por todos os bispos, sempre e em toda a urbe. "De acordo com isto, o caráter definitivo e infalível do ensinamento sobre a impossibilidade da ordenação de mulheres", assinala Georg Bier, "não brota da *Ordinatio Sacerdotalis*. Resulta do ensinamento autêntico dos bispos (incluindo o Papa) sobre essa questão, já anteriormente proposta por unanimidade e entendida como definitiva"[60]. É, todavia, revelador que o próprio magistério reconheça que a tese da impossibilidade da ordenação de mulheres não pode ser diretamente extraída da Revelação, mas que procede do âmbito secundário daquilo que está ligado pela Revelação *historica ratione* (cf. DH, 5041). Sendo assim, *Ordinatio Sacerdotalis* é um exemplo perfeito não só do exercício do magistério ordinário, conceito que só foi introduzido no pontificado de Pio IX, mas também de uma competência de proclamação dogmática que os Papas só atribuíram a si mesmos na segunda adenda da *professio fidei* e que, só desde o *Catecismo* de 1992, denominam também "dogma". Nesse sentido, inclusive, caberia aqui falar da rejeição da ordenação de mulheres como de um dogma[61]. Por tudo isso, as obras sobre o conceito de dogma

---

60. G. Bier, *Frauen weihen?*, 46. Que a resolução relativa à ordenação de mulheres deve ser considerada, em conformidade com a lógica do magistério, "definitiva" e "infalível" resulta de uma discussão entre Ladislas Örsy e Joseph Ratzinger. Em reação à *Ad Tuendam Fidem*, Örsy tinha partido do princípio de que o magistério distinguia entre enunciados definitivos e enunciados falíveis, algo que lhe parecia problemático: "Aqui, dizia, 'definitivo', 'concludente' não é sinônimo de enunciado infalível; não exige um ato de fé, mas ela deve ser 'aceita e mantida' como doutrina imutável. Como pode ser irreformável, imutável uma doutrina que não está garantida como infalível pela assistência do Espírito Santo, como é o caso das definições infalíveis? É aí que reside o problema" (*Ladislas Örsy*, "Von der Autorität kirchlicher Dokumente. Eine Fallstudie zum Apostolichen Schreiben 'Ad tuendam fidem'", in *Stimmen der Zeit*, 216 (1998), 735-740, aqui: 737). Ratzinger, em resposta, esclareceu, como já vimos, que as doutrinas "do segundo nível do credo sobre as verdades que devem ser sustentadas de forma definitiva, embora não tenham de ser aceitas com fé propriamente teologal", têm também associada a elas uma pretensão de infalibilidade (Ratzinger, *Stellungnahme*, 169).

61. Cf. Norbert Lüdecke, "Also doch ein Dogma? Fragen zum Verbindlichkeitsanspruch der Lehre über die Unmöglichkeit der Priesterweihe von Frauen aus kanonistischer Perspektive", in *Trierer Theologische Zeitschrift*, 105 (1996), 161-211.

se estendem até o passado mais recente e não estão necessariamente concluídas. Desde já porque acontece que a pretensão do magistério de poder propor dogmas no sentido do *Catecismo* e, consequentemente, as doutrinas definitivas e infalíveis em relação com o âmbito secundário do que está contido na Revelação não foram definidas como doutrina infalível[62]. *Ordinatio Sacerdotalis* é, na opinião de Hermann Joseph Pottmeyer, uma "declaração fundamentalmente falível do Papa de que existe um consenso infalível do magistério ordinário e universal"[63]. A situação é paradoxal: para quem opina que compete ao magistério ensinar infalivelmente sobre o âmbito secundário do não revelado e considera, como João Paulo II, que, no que toca à questão da ordenação de mulheres, existe um consenso não questionado no colégio episcopal, *Ordinatio Sacerdotalis* é, de fato, infalível e tem o alcance de um dogma no sentido do *Catecismo*. Mas, para quem pensa que não compete ao magistério reclamar a máxima obediência de fé fora daquilo que foi confiado à Igreja na Revelação ou para quem, falando com alguns bispos, chega à conclusão de que a plena unanimidade dos vários milhares de bispos de todo o mundo afirmada por João Paulo II não era realmente essa, ou seja, para quem pensa que o Papa poderá ter incorrido, como com cautela afirma Pottmeyer, em uma "constatação desatinada de fatos"[64], *Ordinatio Sacerdotalis* é uma decisão sobre a qual vale a pena continuar refletindo teologicamente.

Como ponto de equilíbrio intermediário, podemos ficar com a concepção de dogma do magistério católico, à primeira vista rígida, que se deve a uma dinâmica de evolução e mudança que chega até o passado mais recente. Não se pode, portanto, rejeitar a formulação, já em 1954, do teólogo evangélico Gerhard Ebeling de "que a história da Igreja romana" está marcada "por uma dupla tendência", "um conservadorismo radical e um evolucionismo não menos radical" ao mesmo tempo[65]. No entanto, o que

---

62. Cf. Lüdecke, *Die Grundnormen des katholischen Lehrrechts*, 258 s.: "É infalivelmente seguro que o Papa pode proclamar dogmas, ou seja, doutrinas reveladas em matéria de fé e costumes. É também certo, mas só com certeza teológica, que o Papa também pode propor infalivelmente doutrinas relativas à fé e aos costumes que não tenham sido reveladas como tal, porque as considera indispensáveis para a sua proteção (isto é, para a proteção das doutrinas reveladas – M.S.)".

63. Hermann J. Pottmeyer, "Auf fehlbare Weise unfehlbar? Zu einer neuen Form päpstlichen Lehrens", in *Stimmen der Zeit*, 217 (1999), 233-242, aqui: 242.

64. *Ibidem*, 241.

65. Gerhard Ebeling, *Die Geschichtlichkeit der Kirche und ihrer Verkündigung als theologisches Problem (Sammlung gemeinverständlicher Vorträge und Schriften aus dem Gebiet der Theologie und Religionsgeschichte 207/208)*, Tübingen, 1954, 44.

Ebeling formula como crítica poderá ser revelado também como a grande virtude da Igreja Católica. A título de exemplo: na explicação da controversa segunda adenda à *professio fidei* – que tematiza a pretensão do ensinamento infalível no âmbito do não revelado, mas sim ligado à Revelação, que também é objeto de um possível dogma no sentido do *Catecismo* –, a Congregação para a Doutrina da Fé aponta quão dinâmica pode ser a Igreja:

> Não se pode excluir que, em um certo momento do desenvolvimento dogmático [*processu dogmatico maturescente*], a inteligência tanto das realidades como das palavras do depósito da fé [*cum verborum depositi fidei*] possa progredir na vida da Igreja e o magistério chegue a proclamar algumas dessas doutrinas [que são propostas como definitivas e infalíveis, mas não como reveladas – M.S.] também como dogmas de fé divina e católica [e, portanto, com a característica de verdades reveladas – M.S.] (DH, 5071).

Assim, magistério se reserva a prerrogativa de definir em algum momento como pertencente ao âmbito primário o que já foi proposto no âmbito secundário com reivindicação de definitivo e de infalível. Dito de outra forma: embora no passado tenha sido considerado que uma doutrina não constitui parte da Revelação, o magistério poderá chegar no futuro à convicção de que essa doutrina foi revelada. Isso leva Hermann Josef Pottmeyer a perguntar:

> Mas não seria possível, também, o inverso, isto é, desenvolvimentos em virtude dos quais uma doutrina cuja vinculação com as verdades reveladas tenha sido entendida até agora como necessária pelo magistério ordinário seja avaliada de outro modo no futuro no que se refere a essa vinculação? Não é o monogenismo, a doutrina de que a humanidade toda descende de um único par humano, um exemplo disso? Pio XII, na sua encíclica *Humani Generis*, vinculou logicamente essa doutrina ao dogma do pecado original e por isso a considerou definível com infalibilidade; no *Catecismo da Igreja Católica* já não se menciona essa doutrina[66].

Independentemente de como cada um quiser se posicionar, a lógica do magistério está amarrada, mas a quem conhece as suas sutilezas se oferece sem dúvida margem para pensar em uma possível evolução do dogma.

---

66. Pottmeyer, *Auf fehlbare Weise unfehlbar?*, 240.

2.2. O que significa "evolução"?

2.2.1. Uma primeira tentativa de definição

Nesta seção será especificado o que até agora nos temos limitado a definir *prima facie*. Por "evolução" se entende a instável simultaneidade de continuidade e descontinuidade. Se algo evoluciona, passa de um estado a outro, não de um salto, mas passo a passo. Para o fim – provisório –, o princípio não é só ontologicamente constitutivo (sem princípio não há fim), mas relevante para a sua compreensão, porque o fim – provisório – só se pode explicar geneticamente por referência ao princípio. Mas à pergunta sobre o fim estar implícito já por inteiro no princípio, ou não, do mesmo modo que, em sentido aristotélico, todo o ato se fundamenta em uma capacidade que o possibilite – justamente *potentialiter*, todavia não *actualiter* –, é bastante mais difícil de responder. Se esse fosse o caso, qualquer processo de evolução não seria, sem sombra de dúvida, mais do que o desenvolvimento de um programa que se autoexecuta continuamente com independência dos fatores externos. Pensando na evolução da doutrina da fé, isso significaria, a partir da perspectiva cristã, que uma realidade estabelecida a dada altura por Deus através da Revelação se desdobra segundo a sua teleologia intrínseca, sem se deixar influenciar por qualquer fator contingente, como pode ser, por exemplo, a liberdade humana no âmbito da história. Se levarmos a sério o que foi dito por Schelling, que "no processo só há necessidade, na história existe liberdade"[67], a evolução teleologicamente determinada seria um mero processo, um "movimento da consciência natural, entregue a si mesma" que acontece na história, mas que não é afetado por ela, e "o qual, uma vez em marcha, não tem influência adicional em nenhuma causa livre, a não ser na consciência"[68]. Uma pessoa que se entende como ser pensante e, nesse pensar, como livre, e que se experimente a si mesma como fiel e, nessa fé, como livre, não teria com a sua autocompreensão que pensa e crê nenhum papel ativo nesse processo. A fé deveria permanecer extrínseca à pessoa, um processo que decorre perante os seus olhos e que ela observa, mas no qual não pode participar.

---

67. Friedrich Wilhelm Joseph Schelling, *Philosophie der Offenbarung* (Sämtliche Werke 2.4), Stuttgart, 1858, 3. Na sua filosofia da história, Richard Schaeffer fala frequentemente dessa citada passagem de Schelling; para a sua interpretação, cf. Richard Schaeffler, *Philosophische Einübung in die Theologie I: Zur Methode und zur theologischen Erkenntnislehre*, Friburgo, 2004, 90-94.

68. *Ibidem*.

Karl Rahner e Karl Lehmann questionam/analisam/problematizam semelhante compreensão da fé:

> A história dessa fé não chegou ao seu fim só porque se concluiu a Revelação escatologicamente acontecida em Cristo. Porque essa conclusão – bem entendida – é a abertura da absoluta autocomunicação de Deus. A partir de Jesus Cristo, a fé não se limita a ser a aceitação amorfa e anistoricamente idêntica da mensagem escatologicamente infinita por inúmeras pessoas que se sucedem umas às outras sem cessar. Tampouco vem acompanhada, sem mais, por uma mera reflexão extrínseca sobre a fé, chamada história da teologia. Antes a própria fé tem uma história: porque a autocomunicação *absoluta* de Deus, enquanto outorgada de modo expresso, constitui *necessariamente* a não delimitação máxima da possibilidade de que seja adequada de múltiplas formas por sujeitos finitos na escuta historicamente mutável (operada e dirigida por Deus no seu próprio chamamento). Mas posto que nessa escuta da mensagem atua a livre graça divina, que chega a todas as pessoas e, consequentemente, em toda a época de forma, em cada caso, específica, a história do cristianismo, por mais que se tenha cumprido o tempo, é a singularidade – por graça – de um acontecimento único voltado sempre a si mesmo, porque, sem deixar de ser ele próprio, continua a ser procurado, porque deve dizer de um modo novo a sua essência antiga[69].

Uma compreensão meramente processual da evolução do dogma, na qual o final já está plenamente programado no princípio, parece pouco convincente, não só por uma perspectiva teológico-sistemática, mas também à vista das descobertas históricas. Porque, de maneira cabal, as considerações sobre a história do conceito de dogma mostraram como se foi alterando a forma como a Igreja formula assertivamente o Evangelho para cada época. Quem não pense nessa mudança *também* como obra humana não pode, em primeiro lugar, conceber o Homem como cooperador adequado da graça divina e incorre, em segundo lugar, em uma idolatria, que termina se tornando uma ideologia do poder ao apresentar o antropogênico como divino. E, inversamente, quem considera a evolução do dogma *unicamente* como produto humano não adota uma perspectiva teológica, e elimina Deus da história. Ambas as unilateralidades devem ser evitadas.

---

69. Karl Rahner, Karl Lehmann, "Geschichtlichkeit der Vermittlung", *in* Johannes Feiner, Magnus Löhrer (ed.), *Mysterium Salutis*. *"Grundriss heilgeschichtlicher Dogmatik I" (Die Grundlagen heilgeschichtlicher Dogmatik)*, Einsideln, 1965, 727-787, aqui: 732.

O que vale para a Igreja em geral é que, como ensina o Concílio Vaticano II, ela é "formada pelo duplo elemento humano e divino" (LG, 8), é também aplicável ao fenômeno eclesial da evolução do dogma, plasmando-se o elemento humano desse acontecimento positivamente na forma de fontes que são suscetíveis de uma análise compreensível por todos e que, portanto, se pode verter em formas de conhecimento, enquanto o elemento divino se manifesta no modo da fé. Manter os dois elementos unidos é a tarefa do teólogo, como também o é procurar que eles não se misturem.

Isso nos permite, de um ponto de vista teológico, a definição de evolução anteriormente proposta: se "evolução" designa em geral a simultaneidade instável de continuidade e descontinuidade, então a evolução da doutrina da fé descreve, em especial, uma forma de descontinuidade que, no interesse de uma grande continuidade, relativiza as relações de continuidade existentes até então. Dito de outra forma: se uma doutrina da fé evolui, surge uma inovação que, embora exteriormente pareça uma descontinuidade, afirma garantir a continuidade em maior medida do que seria o caso sem essa inovação. Santo Agostinho apresenta um exemplo fácil de recordar ao qual teremos de voltar posteriormente: os padres de Niceia assumiram que o Filho tem a mesma natureza do Pai – *homooúsios tô patrí* –, mas com essa nova expressão, até então totalmente estranha à Bíblia e à linguagem eclesial, "não designaram uma realidade nova, porque se chama *homooúsios*, o que significa: 'Eu e o Pai somos um' (Jo 10,30)"[70]. O bispo de Hipona parte da ideia de que a descontinuidade da inovação terminológica, como em Niceia, tem um caráter preservador da continuidade e é necessária para tornar compreensível o Evangelho naquela época e evitar que ele ficasse obscurecido. Que a descontinuidade sirva aqui *de fato* à continuidade, algo que é pretensão de toda a evolução do dogma, continua a ser matéria de controvérsia. Daí que a evolução e a crítica da evolução estejam sempre de mãos dadas.

2.2.2. A evolução do dogma como resposta à história dos dogmas

Como já afirmamos e demonstramos ser verossímil – assim espero – na explicação do que deve ser entendido por "dogma", as considerações

---

70. Santo Agostinho, *Iohannis evangelium tractatus 97,4 (In Iohannis evangelium tractatus CXXIV, post Maurinos textum edendam curavit Radbodus Willems* (Corpus Chritianorum Series Latina, 36), Turnhout, 1954, 575, 23 s.).

sobre história conceitual não são apenas elementos preliminares, mas sim uma parte da confrontação material que a teologia deve procurar. Levar a sério hoje a frase de Cícero "*historia magistral vitae*" ("a história é mestra da vida") não implica esperar que a história, entendida como coletânea de exemplos, contenha todas as respostas[71]. Mas aceitar a história como mestra significa se deixar ajudar por ela para colocar *perguntas* tão precisas quanto possível. Assim, nas polêmicas históricas em torno da formação e da justificativa de conceitos, alguns problemas foram colocados de forma mais precisa do que na atualidade poderia conseguir uma reflexão só orientada para o presente. Vale a pena, portanto, esboçar o contexto histórico-conceitual do vínculo entre dogma e evolução, sobre o qual se desenvolveram debates durante todo o século XIX e no princípio do século XX. É de se esperar que o fato de alguns aspectos materiais, que serão abordados com mais detalhes nos capítulos seguintes, serem tratados e em parte antecipados já aqui não seja redundante, mas antes estimulante.

O termo "evolução", tal como o emprega a teologia católica quando fala de "evolução do dogma", é principalmente filho do século XIX, ao longo do qual aparece em dois contextos distintos: no contexto da recepção de ideias de características românticas ou idealistas no sentido em que a leva ao fim, por exemplo, a chamada Escola de Tübingen; e na assimilação teológica da teoria da evolução de Darwin. Que o termo "evolução" possa alcançar essa relevância teológica é algo que está relacionado com o projeto de uma "história dos dogmas" desenvolvido no seio do Iluminismo protestante, que pretendia mostrar até que ponto a doutrina cristã da fé daquela época (sobretudo, evidentemente, a do catolicismo) se tinha afastado das origens do cristianismo[72]. A diferença da doxografia orientada para a crítica do dogma apresenta a doutrina da Igreja sob a suspeita

---

71. Sobre a história e a transformação dessa expressão, cf. Reinhart Koselleck, "Historia Magistra Vitae. Über die Auflösung des Topos im Horizont neuzeitlich bewegter Geschichte", in *Vergangene Zukunft. Zur Semantik geschichtlicher Zeiten*, Frankfurt, 1979, 38-66.

72. As considerações seguintes se baseiam no pressuposto de que a necessidade de uma teoria da evolução do dogma resulta da tomada de consciência das mudanças vividas historicamente pelo dogma. Com isso opta-se por uma abordagem explicativa distinta da assumida por Leo Scheffczyk, que parte da ideia de "teorização do desenvolvimento dos dogmas", antecedida por "um prolongado estágio de explicações teológicas e de construção teórica de modelos sobre a essência da evolução e do progresso dos dogmas" – Leo Scheffczyk, "Katholische Dogmengeschichtsforschung: Tendenzen – Versuche – Resultate", *in* Werner Löser, Karl Lehmann, Matthias Lutz-Bachmann (ed.), *Dogmengeschichte und katholische Theologie*, Würzburg, 1985, 119-147, aqui: 121.

de uma descontinuidade radical com Jesus e os apóstolos. As teorias da evolução do dogma que surgem no século XIX representam uma reação tardia a essa suspeita.

A expressão *historia dogma um* – "história dos dogmas" – aparece provavelmente pela primeira vez no princípio de 1747 em uma carta do teólogo iluminista protestante Johann Friedrich Wilhelm Jerusalem ao seu mestre Johann Christoph Gottsched. Nela informa Jerusalem:

> Se Deus me conceder vida suficiente, gostaria de coroar a minha idade com a heresia de mostrar a idoneidade da religião cristã em todos os enunciados verdadeiros. Posto que nessa tarefa não se pode desaproveitar o testemunho da Igreja primitiva, já faz alguns anos que iniciei uma *historia dogmatum ex prioribus saeculis*, que poderia ser o seu *prodromus*, o seu prelúdio[73].

Jerusalem situa o projeto que nomeia como *historia dogmatum* em dois contextos distintos: o da "heresia" e o da apologia. De herético qualifica, com autoironia, o fato de que não se propõe escrever uma doxografia – quer dizer, uma derivação e uma justificação histórica das pretensões de validade da sua própria confissão – com o único objetivo de desmascarar outros grupos religiosos por terem se desviado da tradição[74]. Essas obras eram populares na confrontação assinada pela teologia de controvérsia e serviam-se da história, sobretudo, com interesses legitimadores[75]. Jerusalem não quer tomar parte nisso. E critica também severamente doutrinas que têm uma importância capital para o protestantismo. Assim, por exemplo, afirma que "não parecem especialmente bem a ele" Agostinho e Jerônimo, "porque muitas vezes trataram Pelágio com injustiça e – um com a sua veemência incontida, o outro com os seus artifícios – teceram um tamanho emaranhado à volta da doutrina da graça, em si tão clara, que não sabemos pela ciência certa quem somos"[76]. A simpatia de Jerusalem pela doutrina pelagiana da graça dificilmente poderia ser compatível com as tradições confessionais protestantes. Em todo o caso, o abade não se enxerga só como herege, mas também como defensor. Como explica Gottsched, a sua

---

73. Johann Friedrich Wilhelm Jerusalem a Johann Christoph Gottsched, 12 de janeiro de 1747, citada em Karl Amer, "Die Historia dogmaum des Abtes Jerusalem", in *Zeitschrift für Kirchengeschichte*, 10 (1928), 76-103, aqui: 76.

74. Cf. Filser, *Dogma, Dogmen, Dogmatik*, 292.

75. Cf. Michael Adolf Lipps, *Dogmengeschichte als Dogmenkritik. Die Anfänge der Dogmengeschichtsschreibung in der Zeit des Spätaufklärung (Basler und Berner Studien zur historischen und systematischen Theologie)*, Berna, 1983, 9.

76. Cit. em Karl Aner, *Die Theologie der Lessingzeit*, Halle, 1929, 223.

intenção é mostrar "a idoneidade da religião cristã em todos os enunciados verdadeiros". Dessa maneira, pode Jerusalem, por detrás das complicações dogmáticas que lhe parecem problemáticas, perceber um núcleo verdadeiro do cristianismo que procura revelar. Mas a ele só parecia ser possível conseguir isso através de uma crítica fundamental de tudo o que se desviara da pregação original, supostamente simples, de Jesus, incluindo o dogma eclesial e os seus pressupostos filosóficos. A aproximação crítica à Escritura, que já desde o século XVII tinha encontrado emprego em algumas correntes da teologia católica – por exemplo em Richard Simon, embora só como polêmica dirigida contra o princípio da *sola scriptura* –[77], foi então acolhida, ampliada e associada à crítica tradicional do dogma eclesial[78].

Tanto no desenvolvimento dessa metodologia como na interpretação teológica do trabalho histórico-crítico, em relação com a Bíblia e em relação com a tradição doutrinal eclesiástica, desempenhou um papel central Johann Salomo Semler[79], que esboçou uma teoria evolutiva sem, com isso, introduzir ainda "evolução" como *terminus technicus*. Assim, Semler inicia o seu *Versuch einer freiere theologischen Lehrart* [Ensaio de uma forma de ensinamento teológico livre], publicado em alemão, em 1777, com a seguinte tese:

> Na teologia cristã há sempre lugar para o crescimento contínuo. No entanto, se tivermos em conta o conceito correto de teologia cristã – no sentido em que constitui propriamente uma destreza característica dos mestres da religião cristã tanto recomendar aos seus contemporâneos da melhor maneira possível as verdades cristãs como julgar adequadamente as diferentes ideias sobre essas verdades e as ligações entre elas, às quais se deve o surgimento de seitas ou grupos específicos na religião cristã –, não há qualquer dúvida de que essa teologia, que por sua vez inclui diversas

---

77. Cf. Marius Reiser, "Die Prinzipien der biblischen Hermeneutik und ihr Wandel under dem Einfluss des Aufklärung", in Ed., *Bibelkritik und Auslegung der Heiligen Schrift. Beiträge zur Geschichte der biblischen Exegese und Hermeneutik (Wissanschaftliche Untersuchungen zum Neuen Testament*, 217), Tübingen, 2007, 219-276.

78. Sobre a importância do Iluminismo protestante do século XVIII para o desenvolvimento das abordagens da teologia católica do século XIX sobre a evolução dos dogmas, cf. Hendrik Walgrave, "Unfolding Revelation. The Nature of Doctrinal Development", Londres, 1972, 179-211.

79. Cf. Gottfried Hornig, "Dogmengeschictsschreibung und Traditionskritik. Zur Analyse der Argumente und Kriterien", in Johann Salomo Semler (ed.), *Studien zu Leben und Werk des Hallenser Aufklärungstheologen (Hallesche Beiträge zur Europäischen Aufklärung,* 2*)*, Tübingen, 1996, 123-135.

habilidades, umas imutáveis em si, outras suscetíveis de crescimento contínuo, está sempre exposta, por isso mesmo, a certas deficiências[80].

Semler atribui à teologia duas tarefas distintas, análogas àquelas que Jerusalem tinha denominado "apologia". Por um lado, afirma Semler, o teólogo tem de acreditar que é como que um mestre da religião que deve transmitir aos seus contemporâneos "as verdades cristãs"; por outro lado, não pode manifestar uma compreensão simplificadora dessa atividade, insustentável à vista da crítica histórica, mas estar consciente de que a teologia é "mutável" e "suscetível de crescimento contínuo". De acordo com o que antecede, o teólogo deve reconhecer a imperfeição – no sentido de não conclusão – do seu pensamento, sem renunciar por isso ao encargo recebido de ensinar e pregar. Semler faz assim uma desconstrução das reivindicações de validade estático-históricas. Parte do princípio de que "nenhum ponto específico da história da Igreja nem, muito menos, a sua época primordial deve ser tido como perfeito"[81]. Contudo, Semler não vê a história do cristianismo unicamente como uma história de decadência, mas sim como a história de uma religião imersa em um processo de melhoria e aperfeiçoamento. Aplica ao cristianismo a ideia de perfeccionismo, tão característica do Iluminismo, e entende que essa religião se constrói partindo de um nível inferior para outro superior[82], o que inclui uma crítica radical do que foi e do que existe, até chegar à dissolução das Igrejas confessionalmente determinadas, que, para Semler, não pertencem à essência do cristianismo e que, como instituições da religião pública, têm de servir por fim ao exercício privado, individual da religião[83].

Essa ligação entre crítica do passado (história dos dogmas) e esperança no futuro (perfeccionismo) é característica da teologia iluminista dos finais do século XVIII. Mas a proporção exata entre ambas, ou seja, em que medida tinha de criticar o passado e quanto era preciso esperar do futuro,

---

80. Johann Salomo Semler, *Versuch einer freiern theologischen Lehrart. Zur Bestätigung und Erläuterung seines lateinischen Buchs*, Halle, 1777, I.

81. Marianne Schröter, *Aufklärung durch Historisierung. Johann Salomo Semler Hermeneutik des Christentums* (Hallesche Beiträge zur Europäischen Aufklärung, 44), Berlim, 2012, 205.

82. Cf. Gottfried Hornig, "Der Perfektibilitätsgedanke", in Johann Salomo Semler (ed.), *Studien zu Leben und Werk des Hallenser Aufklärungstheologen* (Hallesche Beiträge zur Europäischen Aufklärung, 2), Tübingen, 1996, 195-209.

83. Cf. Christopher Spehr, *Aufklärung und Ökumene. Reunionsversuche zwischen Katholiken und Protestanten in deutschsprachigen Raum des späteren 18. Jahrhunderts* (Beiträge zur historischen Theologie, 132), Tübingen, 2005, 365.

continuou a ser objeto de controvérsia, inclusive dentro da neologia (literalmente, nova doutrina; assim se chama a recepção do Iluminismo alemão pela teologia protestante no século XVIII). Desse modo, Gotthold Ephraim Lessing entende, por um lado, a Revelação como um processo educativo ao qual toda a humanidade é submetida por Deus[84], processo esse cuja progressão implica, por outro lado, uma crítica cada vez mais radical dos estágios que são superados e dos seus mal-entendidos. Isso leva Lessing à prática, também através da publicação de *Fragmentos do Anónimo de Wolfenbüttel*, em que Hermann Samuel Reimarus submete a uma crítica radical, por exemplo, a fé na Ressurreição. Esse grau de crítica, por sua vez, pareceu exagerado a Semler, que interveio na polêmica à volta dos *Fragmentos* e contra-argumentou com veemência a tese de que a Ressurreição tenha origem em uma fraude dos discípulos[85]. Apesar disso, a consciência da descontinuidade entre o ensinamento e a linguagem de Jesus, por um lado, e a teologia dogmática e as formas de pensar da Igreja, por outro, cresceu. Por exemplo, o iluminista Andreas Riem, nas suas "Considerações adicionais sobre as verdades autênticas da religião ou continuação da reflexão a partir do ponto em que o abade Jerusalem a interrompeu", formula a tese de que o cristianismo tem "vários fundadores". Cristo e os seus apóstolos estabeleceram o mesmo. O primeiro ensinou em parte com um propósito diferente do de alguns dos apóstolos, que se desviaram dele e introduziram mudanças nos ensinamentos[86]. Dessa forma, Riem vê já uma ruptura entre o ensinamento de Jesus e a pregação dos apóstolos, para não falar da evolução doutrinal posterior, que considerava excessivamente baseada no platonismo e à qual, tomando como exemplo Justino Mártir, censurava por procurar "o Logos Cristo em Platão"[87].

Tendo em vista apenas a complexa situação dominante nos finais do século XVIII é possível compreender o aparecimento das teorias da evolução do dogma, o que, no âmbito católico, se deu, a princípio, com considerável atraso. Os debates realizados em consequência de um conhecimento historicamente cada vez mais matizado por mudanças fatídicas e,

---

84. Cf. Gotthold Ephraim Lessing, *Die Erziehung des Menschengeschlechts*, Berlim, 1839, § 2 (7).

85. Cf. Johann Solomo Semler, *Beantwortung der Fragmente eines Ungenannten, insbesondere vom Zweck Jesu und seiner Jünger*, Halle, 1780, 429-432.

86. Andreas Riem, *Fortgesetzte Betrachtungen über die eigentlichen Wahrheiten der Religion oder Fortgang da, wo Herr Abt Jerusalem stillstand*, 2, Berlim, 1794, 3.

87. *Ibidem*, 176.

por conseguinte, da fundamental capacidade transformadora da doutrina cristã da fé decorreram inicialmente sem a participação católica. Eram uma especialidade do Iluminismo de índole protestante, perante o qual a teologia católica só conhecia, via de regra, dois modos de reação. O primeiro era se voltar com tom agressivo e apologético, como a escolástica de influência jesuítica, contra o Iluminismo; assim, Aloés Metz, jesuíta de Augsburg, caracterizou em 1773 (poucos meses depois da dissolução canônica da Companhia de Jesus pelo Papa Clemente XIV) as ideias do iluminista Jerusalém como uma "enfermidade" que entre os eruditos protestantes tinha se "tornado em uma epidemia" e apelidou os iluministas de "latitudinários racinianos" e religiosos "indiferentes"[88]. O segundo modo de reação consistia em que os católicos que se consideravam iluministas recebiam as ideias dos iluministas protestantes sem as entenderem em toda a sua transcendência; um exemplo disso foi o de Franz Oberthür, que, em 1808 – mais de 60 anos depois da carta de Jerusalem a Gottsched e em uma época em que a ideia da história dos dogmas fazia parte do patrimônio comum da teologia protestante – propõe timidamente que, ao abordar a doutrina do pecado original, que para os iluministas representava em geral um grande escândalo[89], não desviasse mais da "história dos dogmas"[90]. Oberthür insiste que é necessária uma revisão dessa doutrina, que ele, recorrendo à teoria pré-agostiniana do mal hereditário, considera suficientemente legitimada. No contexto do chamado Iluminismo católico[91] não se levou ao fim uma assimilação teórica da investigação histórico-dogmática – que já não se entende a si mesma como doxografia apologética, mas sim como crítica histórica – de dimensão comparável à da teologia protestante.

---

88. Aloysius Merz, *Frag, ob der berühmte Herr Abt Jerusalem, Hofprediger zu Braunschweg, nicht eben so schwach in der lutherischevangelischen, als in der katholischen Theologie sey*, Augsburg, 1773, 32.

89. Cf. Wilhelm Schmidt-Biggemann, "Geschichte der Erbsünde in der Aufklärung. Philosophiegeschichttliche Mutmassungen", in *Theodizee und Tatsachen. Das philosophische Profil der deutschen Aufklärung*, Frankfurt, 1988, 88-116.

90. Franz Oberthür, *Biblische Anthropologie*, 2, Münster, 1808. Para interpretação, cf. Michael Seewald, *Theologie aus anthropologischer Ansicht. Der Entwurf Franz Oberthürs als Beitrag zum dogmatischen Profil des Katholischen Aufkärung* (*Innsbrucker Theologische Studien*, 93), Innsbruck, 2016, 235-274.

91. Para esse conceito de trabalho, cf. Hubert Wolf, "Katholische Aufklärung?", *in* Albrecht Beutel, Martha Nooke (ed.) *Religion und Aufklärung. Akten des Ersten Internationalen Kongresses zur Erforschung der Aufklärungstheologie* (*Colloquia Histórica et Theologica*, 2), Tübingen, 2016, 81-95.

2.2.3. Os primeiros enfoques no início do século XIX: um esboço

A teologia católica só enfrentou o desafio que representava a história dos dogmas de índole protestante no início do século XIX; e o fez tanto através de investigações históricas que estavam à altura das investigações dos protestantes como em termos da sua reflexão especulativa sobre o problema do devir e da mudança da doutrina da fé. Assim, no curso sobre "História do sistema dogmático católico" ministrado por Johann Sebastian Drey pela primeira vez no semestre de inverno de 1812-1813 na então Faculdade de Teologia de Ellwangen (transferida em 1817 para Tübingen e integrada na Universidade de Tübingen), foi dito o seguinte:

> Se nos dogmas da Igreja Católica existe um sistema, também cabe pelo menos elaborar uma história sistemática desses dogmas ou uma história do sistema dogmático; mas, se não existisse sistema algum nos nossos dogmas, somente seria possível um tratamento sistemático da sua história. O que antecede é evidente em si, pois as coisas só podem surgir de duas formas: ou nascem umas das outras, inclusive através de uma evolução a partir de um núcleo e embrião interno; ou se sucedem umas às outras de modo puramente aleatório e sem ligação intrínseca no tempo. Através das primeiras é possível um tratamento sistemático da sua evolução e, por conseguinte, também uma história sistemática dela. Através das outras, tendo em conta que devem o seu aparecimento ao acaso e que nelas nada é realmente necessário, apenas se pode escrever uma história em sentido próprio; pois quem iria querer fazer uma história do azar?[92]

Drey estabelece a diferença entre uma história dos diferentes dogmas e uma história do sistema dogmático. Por isso teve de esclarecer se o conceito de sistema é aplicável à doutrina cristã da fé, se ela pode, assim, "ser considerada na ligação com um todo" e se "os dogmas cristãos-católicos formam um todo e, mais precisamente, um todo sistematicamente unido"[93]. O conceito de sistema é familiar na teologia desde o século XVII e designa – por exemplo na expressão "teologia sistemática", que aparece pela

---

92. Johann Sebastian Drey, "Geschichte des Katholischen Dogmensystems", in *Revision des gegenwärtigen Zustandes der Theologie. Ideen zur Geschichte des Katholischen Dogmensystems. Vom Geist und Wesen des Katholizismus. Mit anderen frühen Schriften 1812-1819 sowie mit Dokumenten zur Gründungsgeschichte der Theologischen Quartalschrift* (*Nachgelassene Schriften*, 4), Max Seckler (ed.), Tübingen, 2015, 107-248, aqui: 134s.

93. *Ibidem*, 131.

primeira vez em Bartholomaeus Keckermann[94] – a apresentação conjunta e interligada da doutrina da fé e da moral. No contexto idealista, que tem influência em Drey, o conceito de sistema desempenha um papel fundamental. Assim o define Kant em 1787 na doutrina transcendental do método da sua *Crítica da razão pura*:

> Entendo por "arquitetônica" a arte dos sistemas. Como a união sistemática é aquilo que convém ao conhecimento ordinário em ciência, isto é, aquilo que o transforma de simples conjunto de conhecimentos em um sistema, a arquitetônica é a doutrina do científico no nosso conhecimento e, consequentemente, pertence necessariamente à doutrina do método. Sendo regidos pela razão, os nossos conhecimentos não podem constituir uma rapsódia, mas devem, decerto, formar um sistema. Só a partir desse ponto podem apoiar e impulsionar os propósitos mais essenciais da razão. Por "sistema" entendo a unidade dos diversos conhecimentos sob uma ideia. Esse é o conceito racional da forma de um todo, na medida em que, através desse conceito, determina-se *a priori* tanto a amplitude do diverso como o lugar respectivo das partes no todo[95].

Para Kant, o conceito de sistema designa, assim, a unidade de inúmeros conhecimentos particulares sob uma ideia que os mantém unidos e que os ordena. Na sua opinião, só se deve falar de ciência onde os conhecimentos particulares se unem em um sistema, onde os múltiplos conceitos convergem na unidade da ideia. Caso não se consiga formar um sistema, os conhecimentos particulares se justapõem rapsodicamente e sem ligação como simples "conjuntos". Esse esclarecimento ajuda a entender com maior exatidão o que Johann Sebastian Drey quer dizer e o que está em jogo para ele como teólogo quando pergunta se os dogmas se conjugam em um sistema. Por consequência, se os dogmas não formarem um sistema, se for impossível dará eles um "tratamento sistemático", porque estão uns junto dos outros "de modo simplesmente acidental e sem nexo intrínseco"[96], a teologia não será uma ciência. E raciocinando inversamente: se a teologia quer ser uma ciência, deve fazer com que surja o sistema, ou seja, deve pôr em relevo a ideia central que mantém juntos os diferentes

---

94. Cf. Konrad Stock, *Die Theorie der christlichen Gewissheit. Eine enzyklopädische Orientierung*, Tübingen, 2005, 223.
95. Immanuel Kant, *Kritik der reinen Vernunft*, B 860 (*Kants Werke. Akademie-Textausgabe*, 3, Berlim, 1968), 538 s.
96. J. S. Drey, *Geschichte des katholischen Dogmensystems*, 135.

dogmas. Mas, para isso, a teologia tem de fazer também frente à questão da evolução deles. Porque, para Drey, o que não mantém relação entre si – e não é, por isso, sistematizável – surge apenas através de uma sucessão sem ligação "no tempo". Por outro lado, o que está sistematicamente relacionado entre si só pode ter surgido através da "evolução", na medida em que as distintas partes individuais do sistema – em virtude da ideia unificadora, que constitui o unificado como *unificado* – se desdobram "a partir de um núcleo e embrião interno".

Voltaremos a esse enfoque em um capítulo posterior. Aqui, o que nos interessa, antes de tudo, são as definições conceituais e um contexto histórico, e fiquemos com a ideia de que Johann Sebastian Drey foi presumivelmente o primeiro teólogo católico que abordou os desafios colocados pela investigação histórica dos dogmas sob a forma de uma teoria sobre a evolução ou o desenvolvimento dos dogmas que ele mesmo caracterizou com o termo "evolução" (*Entwicklung* em alemão). Está claro o quanto inovador foi Drey neste esforço se considerarmos Georg Hermes, cuja abordagem foi sistematizada postumamente sob o epíteto de "hermesianismo" e condenada pelos seus pretensos ceticismo e racionalismo (cf. DH, 2738). Por ocasião da sua mudança de Munique para Bonn em 1820 – alguns anos depois do curso de Drey sobre a história do sistema dogmático católico –, Hermes anunciou que não atenderia gratuitamente ao desejo do Governo prussiano de ensinar a história dos dogmas em Bonn, já que "ele, como católico, não podia reconhecer uma história dos dogmas no sentido habitual da expressão, porque os dogmas sempre foram o que são"; posto isso, que não fazia sentido falar de uma história daquilo que invariavelmente tinha permanecido idêntico. Essa foi a posição de Hermes – quando, "solicitado de novo para o caso pelo Alto Ministério", não teve outro remédio que não fosse ministrar "uma vez o curso sobre história dos dogmas", tratando de se comunicar com os seus ouvintes "com a máxima franqueza"[97]. Drey, no entanto, conseguiu problematizar em uma dupla direção a tese de que os dogmas são o que sempre foram. Para o teólogo de Tübingen, não é o mesmo falar de um dogma concreto e falar da ideia que mantém unidos todos os dogmas; essa distinção lhe permite pensar por um tempo a mudança e a continuidade do cristianismo; a continuidade radica na ideia que se desdobra na história; a mudança, na forma que essa ideia assume historicamente.

---

97. Seguimos aqui o relato de um discípulo de Hermes: William Esser, *Denkschrift auf Georg Hermes*, Colônia, 1832, 110.

Com isso é possível ampliar os traços definidores assinalados no princípio deste capítulo: na medida em que a evolução se contrapõe à arbitrariedade, deve ser comparável com algo que não coincida por completo com a sua forma atual de manifestação. A essa régua de medição, a essa *norma* da evolução, Drey chama "ideia". Será possível dizer que a ideia que subjaz à evolução do dogma é o Evangelho que, embora o desenvolvimento histórico da doutrina cristã da fé não esteja determinando na sua totalidade, serve-lhe de norma, no sentido em que a legitimidade de uma evolução deve sempre ser demonstrada através da referência ao Evangelho, o que é dificultado pelo fato de ele não ser historicamente apreensível como realidade a-histórica, mas somente na forma de evolução do dogma? Retomaremos, posteriormente, essa pergunta.

2.2.4. A teologia à sombra de Charles Darwin

É importante constatar que, logo no início do século XIX, Johann Sebastian Drey estabeleceu relação entre as palavras "evolução" e "dogma", porque no último terço desse século o termo "evolução" sofreu uma mudança importante, cuja relevância para o seu acatamento (ou não acatamento) teológico, por mais que se pondere, dificilmente se pode sobrevalorizar. Em 1859, Charles Darwin publicou a sua obra transcendental *On the origin of species by means of natural selection* (A origem das espécies através da seleção natural). Embora o termo *evolution* só apareça nesse estudo na última frase, sendo empregado na forma de verbo (*to evolve*), e constituindo a última palavra do livro[98], a obra de Darwin é o ponto de partida daqueles enfoques que mais tarde seriam agrupados sob o epíteto de "teoria da evolução", a qual teria, muito além da biologia, uma grande influência na cultura.

Antes de Darwin, tinham sido feitas outras tentativas de pensar a história da vida na Terra como um processo evolutivo, que foram, inclusive, acolhidas em obras de teólogos católicos. Assim, já em 1808 – mais de 50 anos antes do livro de Darwin sobre a origem das espécies – o iluminista Franz Oberthür falou de um "sistema da evolução" ao qual se podia recorrer para "explicar a natureza" e que partia do princípio de que toda a humanidade estaria "contida já na costela de Adão, por exemplo, como

---

98. Cf. C. Darwin, *On the Origin of Species by Means of Natural Selection or the Preservation of Favoured Races in the Struggle for Life*, Londres, 1859, 489 s.

animaizinhos embrionários ou nômades ou sob qualquer outra forma"[99]. Na origem dessa afirmação de Oberthür se encontra a ideia leibniziana da harmonia preestabelecida que, nas palavras de Leibniz na sua *Teodiceia*, afirma que:

> convém à sabedoria de Deus que nas suas obras tudo seja harmonioso, e que na natureza tudo ocorra como na graça. Dessa forma, devo acreditar que aquelas almas que com o tempo se converteriam em almas humanas, assim como as almas de outras espécies, estavam contidas no sêmen e nos antepassados até remontarmos a Adão e que, por conseguinte, sempre existiram, em uma certa forma de corpo orgânico, desde o começo das coisas[100].

Leibniz supõe que todos os seres humanos estavam já, por assim dizer, como que dobrados dentro do seu principal antepassado biológico Adão e depois, com o tempo, foram-se desdobrando ou, mesmo, desenvolvendo/evoluindo. A origem dessa teoria é constituída pelo desejo de subtrair as mônadas como unidades de corpo e alma no processo de devir e perecer. Daí que a mudança deva ser entendida apenas como alteração do estado de uma mesma entidade imutável. Do ponto de vista da ortodoxia cristã, essa doutrina pode parecer insólita, mas não herética; muito pelo contrário, torna-se até certo ponto atrativa, porque parece explicar porque é que – assim como o pressuposto básico da doutrina do pecado original segundo o Ambrosiaster (em referência a Rm 5,12) – todos os seres humanos pecaram em Adão, razão pela qual se supõe que já antes do seu nascimento eram passíveis de culpa.

No âmbito da teoria da evolução – que, seguindo Darwin, Alfred Russel Wallace e Ernst Haeckel, se foi perfilando teoricamente de uma forma cada vez mais precisa e pode se apoiar em observações científico-naturais como, por exemplo, descobertas de fósseis –, as coisas ocorreram de um modo distinto. Enquanto Leibniz e os teóricos por ele influenciados partiam da implementação teleologicamente determinada e extrínseca do metafisicamente já envolvido e tratavam de garantir assim a estabilidade ontológica[101], Darwin e os seus seguidores introduziram a ideia de mudança

---

99. F. Oberthür, *Biblische Anthropologie*, 340.

100. Gottfried Wilhelm Leibniz, *Theodicee, das ist, Versuch von der Gütte Gottes, Freyheit des Menschen und vom Ursprunge des Bösen*, Johann Christoph Gottsched (ed.), Hannover, 1744, § 91 (248).

101. Essa é a interpretação de Ernst Haeckel, *Anthropologie oder Entwicklungsgeschichte des Menschen, Keimes- und Stammesgeschichte*, vol. I.: *Keimesgeschichte oder Ontoge-*

na essência das coisas sem sobrecarregar metafisicamente essa mudança com uma teleologia capaz de satisfazer as exigências ortodoxas das Igrejas. A compreensão darwiniana da evolução das espécies se distingue melhor por três fatores: alteração, seleção e reprodução[102]. Darwin parte do princípio de que os membros de uma população manifestam diferenças mínimas entre si. Se essas diferenças permitem a um ser vivo concreto uma melhor adaptação ao meio, concedem-lhe uma maior possibilidade de sobrevivência (*the survival of the fittest*[103]); outros congêneres pior adaptados têm, no entanto, uma probabilidade menor de sobrevivência. Assim se desencadeia um processo de seleção que se concretiza no número de descendentes: para os indivíduos qualificados como aptos – o que para Darwin quer dizer: os que em comparação estão melhor adaptados ao seu meio – torna-se mais fácil criar a sua prole, enquanto para os membros menos aptos da população custa mais construir a sua descendência, de modo que a descendência dos indivíduos aptos supera em número a dos menos adaptados. Soma-se a isso que alguns descendentes dos indivíduos aptos herdaram geneticamente as características dos seus progenitores e as suas probabilidades de sobrevivência aumentam ainda mais, até que entre a sua descendência apareçam de novo variações favoráveis que ponham em marcha uma nova seleção. "Quanto mais tempo dura esse processo, tanto mais fantástico e imprevisível será o resultado. Depois de milhões de anos e muitas, muitas gerações, a população originária terá se transformado em uma espécie totalmente nova."[104]

Uma concepção como essa colocou a fé cristã, da forma como era proclamada no século XIX, perante um duplo desafio: um material e outro

---

nie, Leipzig, 1910, 35: "Entre os filósofos foi sobretudo o famosíssimo Leibniz que assumiu a teoria da pré-formação e, por força da sua grande autoridade, assim como da sua engenhosa forma de a apresentar, conquistou para ela numerosos adeptos. Apoiando-se na sua teoria das mônadas, segundo a qual alma e corpo mantêm uma comunhão eternamente indestrutível e, na sua dualidade, formam a 'mônada', Leibniz aplicou a teoria do isolamento de modo totalmente consequente à alma e negou para ela, assim como para o corpo, uma verdadeira evolução".

102. Cf. Chris Buskes, "Das Prinzip Evolution und seine Konsequenzen für die Epistemologie und Erkenntnisphilosophie", *in* Mariano Delgado, Oliver Krüger, Guido Vergauwen (ed.), *Das Prinzip Evolution. Darwin und die Folgen für Religionstheorie und Philisophie* (*Religionsforum*, 7), Stuttgart, 2010, 177-192, aqui: 179 s.

103. A expressão *survival of the fittest* remonta a Herbert Spencer e foi assumida por Darwin a partir de 1869, na quinta edição do seu livro sobre a origem das espécies. Cf. Gillian Beer, "Introduction", *in* Charles Darwin, *On the Origin of* Species, Gilbert Beer (ed., "Introdução" e notas), Oxford World's Classics, Oxford, 2008, VII-XXV, aqui: XIX.

104. Ch. Buskes, *Das Prinzip Evolution*, 180.

formal. De um ponto de vista material, surgiram inúmeras contradições entre o livro bíblico das origens, da forma que o menciona a Bíblia, e a origem das espécies, tal como a reconstruiu a teoria da evolução. A Bíblia e, com ela, a pregação doutrinal cristã entendiam a ordem do mundo e a criação do ser humano como um ato soberano de Deus que se prolongou – segundo o primeiro livro da criação (cf. Gn 1,1-2,4a) – por sete dias. A historiografia bíblica operava em geral com um marco temporal consideravelmente menor do que teria sido necessário para que surgisse a ideia da evolução das espécies. No plano formal – e isso parecia aos teólogos ortodoxos de todas as confissões quase pior do que as contradições materiais, que sempre podiam se resolver através de uma interpretação da Escritura afastada do sentido literal – tinha de ser confrontado com o fato de que nada estava sustentado no decurso da evolução: tudo o que está animado é, juntamente com o que o constitui, produto da evolução: cultura, costumes, incluindo a religião. "A visão que o homem moderno tem do mundo e da vida está dominada em toda a sua amplitude pela ideia da evolução. A máxima de que todo o ser pode ser conhecido até sua exaustão estudando o seu devir se converteu em um princípio inalienável do trabalho científico."[105]

Na obra *On the descent of man and selection in relation to sex* (A origem do homem e a seleção sexual), publicada em 1871, na qual já fala se também expressamente do *principle of gradual evolution* (princípio da evolução gradual)[106], Darwin inclui na sua teoria da evolução o fenômeno da religiosidade, juntamente com outras inúmeras "capacidades mentais" humanas. Com isso entende "o sentimento de adoração religiosa" como "um extremo complexo, composto por amor, submissão completa a um ente superior, sublime e misterioso, um sentimento intenso de dependência, esperança para o futuro e talvez alguns elementos a mais"; em poucas palavras:

> Nenhum ser vivo poderia experimentar um sentimento tão complexo se não tivesse progredido nas suas capacidades mentais e morais pelo menos até um grau medianamente elevado. Contudo, vemos um longínquo rudimento desse estado psíquico no profundo carinho que um cão manifesta pelo seu dono, juntamente com uma submissão total, algo relacionado com o medo e, talvez, com outros sentimentos[107].

---

105. Heinrich Schmidt, *Geschichte der Entwiklungslehre*, Leipzig, 1918, V.

106. Charles Darwin, *The Descent of Man and Selection in Relation to Sex*, Nova Iorque, 1871, 2.

107. *Ibidem*, 65.

Darwin reduz, sem reservas, a religião ao processo evolutivo. É certo que, na sua opinião, os sentimentos religiosos pressupõem capacidades mentais até certo ponto desenvolvidas e são – sobretudo na forma do monoteísmo – propícios à moral, mas na sua estrutura biológica fundamental são análogos à conduta do cão. Posto de outra forma, o comportamento canino constitui um estágio evolutivo prévio à ação religiosamente motivada. Para Darwin, a diferença entre uma e outra é unicamente uma questão de grau. Com isso parece ser questionada a ideia teológica de que o homem é chamado e interpelado pelo ser divino e capacitado por ele para responder com a obediência da fé à autoridade do Deus que se revela. A capacitação para crer em sentido teológico já não aparece como algo inscrito por Deus na natureza humana, nem como um ato de graça concedida por ele, mas sim como uma habilidade evolutivamente adquirida que deve ver no comportamento dos cães um estágio prévio até ela, e tem de reconhecer, consequentemente, os dogmas como formas contingentes e culturais de manifestação de uma humanidade sujeita a contínua mudança.

Na raiz do que antecede, "evolução" e "desenvolvimento" passarão a ser tidos na teologia por termos hereticamente contaminados; e os que deles se serviam não tiveram outro remédio senão se resignar à censura de estar "transferindo" um conceito "da biologia para a revelação"[108]. O fato de os termos "dogma" e "desenvolvimento" terem sido postos em questão já muito antes de Darwin foi relegado para segundo plano. Em vez de aproveitar essas teorias – pode se pensar em Drey – para avaliar as consequências cosmovisionais da teoria biológica da evolução de tal modo que não parecia implicar o final de toda a teologia, juntamente com o afastamento da teoria da evolução, fez desacreditar a ideia da evolução do dogma. Continuou a ser a opinião minoritária o que já em 1863 – quatro anos depois do aparecimento da obra de Darwin sobre a origem das espécies – escreveu John Henry Newman: que "a ideia da criação direta de espécies diferentes", bem como no seu sentido literal ensina o Gênesis, também não é compreensível como o pressuposto de

> uma criação de árvores já adultas ou de rochas contendo fósseis. Parece-me tão estranho que os macacos sejam tão semelhantes ao Homem sem estarem historicamente unidos ao Homem, como que não exista uma série de acontecimentos em virtude da qual os fósseis tenham chegado às

---

108. Herbert Hammans, *Die neueren katholischen Erklärungen der Dogmenentwicklung* (*Beiträge zur neueren Geschichte der katholischen Theologie*, 7), Essen, 1965, 2.

rochas [...] ou aposto por completo em Darwin ou prescindo por completo do tempo e da história e defendo não só a teoria da criação [direta] de espécies diferentes, mas também a da criação de rochas com fósseis já incrustados[109].

Newman não vê, na teoria de Darwin, um desafio religioso. Pelo contrário, o pressuposto de que, durante a criação, Deus escondeu fósseis nas rochas lhe parece inadequado também por razões teológicas; por outro lado, a ideia de evolução, sobre o que já na década de 1840 tinha servido de reflexão em relação aos dogmas, sugere a ele associações positivas. Nisso estava, em grande medida, só porque, com a elaboração cada vez mais profunda, gradativa aceitação e a hegemonia cultural da teoria da evolução, ficou obscurecida a imagem que a teologia católica tinha do termo "evolução". Parecia necessitar de uma purificação teológica, até o ponto em que os teólogos católicos se consideraram competentes para intervir nos debates técnicos da biologia. Assim, ainda em 1914, Arnold Rademacher, secretário-geral da Görres-Gesellschaft e catedrático de Apologética em Bonn, em um livro pertencente a uma coleção com o título "Rüstzeug der Gegenwart" (Ferramentas para o presente), que hoje só pode ser lido com ironia, censurava Darwin por, com a aplicação da sua teoria da evolução do ser humano, "ter derrubado igualmente a barreira entre o homem e os animais, fazendo com que aquele descendesse das espécies de macacos superiores". O teólogo Rademacher considerava cientificamente insustentável essa tese e contestava Darwin dizendo que "a ideia de evolução, com essa amplitude, não tem apoio suficiente no material empírico por ele observado", lamentando-se com amargura da "mistura de uma hipótese cativante, embora de caráter unicamente científico-natural, com a consideração religiosa do mundo"[110]. Todavia, Rademacher não pretende com isso varrer para debaixo do tapete o termo "evolução". Antes está persuadido de que, enquanto "o darwinismo se desmorona, a doutrina da evolução permanece"[111], na medida em que se liberta das implicações do chamado monismo evolutivo, que, em vez de atribuir a existência da alma e a consciência a um ato pontual da criação, as considera produto da evolução. O confronto

---

109. John Henry Newman, *The Philosophical Notebook*, 2, Edward Sillem (ed.), Louvin, 1970, 158 (inscrição de 9 de dezembro de 1863).

110. Arnold Rademacher, *Der Entwicklungsgedanke in Religion und Dogma* (*Rüstzeug der Gegenwart*, 2), Colônia, 1914, 16.

111. *Ibidem*, 22.

com a ideia de uma evolução entregue a si mesma, que acontece sem necessidade de intervenções divinas, constituiu um dos focos da polêmica entre a teologia e a biologia dos finais do século XIX e início do século XX, porque alguns teólogos temiam "o caráter dispensável do conceito de Deus para a ciência"[112], ou seja, aquilo a que, com o tempo, se veio a chamar "ateísmo metodológico".

Esse modelo parecia, naturalmente, pouco adequado para uma teoria da evolução do dogma. Assim, Rademacher ensaia uma purificação do termo "evolução" que na sua opinião anda biologicamente desencaminhado e para cuja utilidade teológica estabelece quatro critérios:

1) estar a perfeição contida ou definida em uma coisa;
2) a ocultação temporal da disposição;
3) sua tendência de se manifestar; e
4) a automaticidade dessa manifestação[113].

Rademacher descreve assim a versão-padrão do conceito teológico de evolução, tal como é concebido por contraposição à teoria da evolução e como podia ser empregada de acordo com os critérios estritos da ortodoxia eclesiástica: todos e cada um dos estágios da evolução ou do desenvolvimento de uma coisa devem estar já plenamente definidos nela. Ocultamente estão presentes, *potentialiter*, e no decurso do tempo são apenas atualizados, algo que não pode ser concebido a partir de fora – no sentido da aristotélica *potentia passiva*, mas que é iniciado a partir de dentro sob a forma de uma *potentia ativa*.

Isso nos leva de volta a uma pergunta que antes já formulamos: não pode – ou não deveria – existir uma teoria teológica da evolução que entenda a evolução do dogma não só como o desenvolvimento de um processo programado de antemão, mas sim como um acontecimento histórico em que o ser humano participa de forma ativa na medida em que tenta se apropriar com fé verdadeira do Evangelho e expressá-lo razoavelmente?

---

112. Alois Schmitt, *Katholizismus und Entwicklungsgedanke* (*Katholische Lebenswerte*, 9), Paderborn, 1923, 34.

113. A. Rademacher, *Der Entwicklungsgedanke in Religion und Dogma*, 28.

CAPÍTULO 3
A Bíblia como resultado e fio condutor da evolução dogmática

3.1. As Escrituras: por que só agora?

Não deveria uma monografia teológica começar pela Bíblia em vez de por uma história conceitual – dispondo até o Concílio Vaticano II que "a teologia dogmática deve ser organizada de tal forma que, *em primeiro lugar*, sejam propostos os temas bíblicos" (OT, 16)? De acordo com o desejo dos padres conciliares, são as Escrituras que têm de fixar os temas à dogmática, e não o contrário. Com essa proposta, o concílio critica a delimitação ou instrumentalização dogmática das Escrituras, que, na neoescolástica, era usada como reserva de *dicta probantia*, de sentenças que demonstravam a verdade dos enunciados dogmáticos. Eram intercaladas citações bíblicas onde a argumentação dogmática considerava que isso era conveniente. Franz Diekamp, o já mencionado neotomista, formula essa abordagem com uma clareza que nos deixa verdadeiramente perplexos. Tendo em conta que o magistério eclesiástico é "a regra direta e imediata da fé católica" (*regula proxima fidei*), a Bíblia, no entanto, porque "necessita sempre da garantia e da interpretação do próprio magistério eclesiástico"[1] – não é mais do que a *regula remota fidei*, tendo a referência escriturística da teologia uma relevância de segunda ordem, eventualmente prescindível:

---

1. F. Diekamp, *Katholische Dogmatik nach den Grundsätzen des heiligen Thomas*, 64 s.

Se o magistério da Igreja tiver proclamado por decisão infalível um enunciado doutrinal, a verdade desse enunciado e a nossa obrigação de acreditar nele ficam, assim, estabelecidas. Em rigor, já não é necessário analisar as *regulae remotae fidei* da Sagrada Escritura e a tradição para que o enunciado fique demonstrado para a fé. No entanto, essa análise, caso tenha um resultado favorável, tem a capacidade de servir para aumentar a alegria da fé dos católicos e para mostrar aos não católicos que acreditam nas Escrituras que realmente se trata de uma verdade revelada por Deus[2].

Diekamp confirma aqui todos os preconceitos padronizados alimentados pela parte protestante sobre a dogmática católica: o magistério substitui a referência escriturística ou reduz essa referência a um simples meio estratégico de que, "no caso de se tornar um resultado favorável", é possível utilizá-lo para motivar os católicos piedosos que, com intenção de orar, leem a Bíblia com gosto ou para convencer da verdade da doutrina católica outros cristãos que acreditam na Sagrada Escritura. Essa metodologia de trabalho e a argumentação teológica são criticadas pelo Concílio Vaticano II. A constituição *Dei Verbum* sobre a revelação divina afirma: "A sagrada teologia se apoia, como em seu fundamento perene, na Palavra de Deus escrita e na sagrada Tradição"; para o concílio, "o estudo desses sagrados livros deve considerar-se como se fosse a alma da sagrada teologia" (DV, 24).

Levar a sério a Bíblia do ponto de vista teológico, não se esgota em inverter simplesmente a ordem dos capítulos nos manuais de teologia dogmática, colocando a exegese bíblica no princípio e condimentando-a, levando assim o leitor exatamente aonde se quer em termos dogmáticos. Entre a Bíblia e o dogma existe, primeiramente, uma tensão irresolúvel, porque o dogma aspira a uma univocidade proposicional-doutrinal que a Bíblia debilitava através da sua ambiguidade histórico-narrativa. Ao pretender que o estudo da Bíblia seja feito, como afirma o concílio, como "a alma da teologia", teremos, então uma teologia biblicamente animada que não pode eludir as ambiguidades que se refletem em uma coleção de livros surgidos ao longo de um período de muitos séculos e que contém, por conseguinte,

---

2. *Ibidem*, 77. Para interpretação, cf. Raimund Lachenr, "Zur Schriftsargumentation in der Dogmatik des 20. Jahrhunderts. Dargestellt am Beispiel der Trinitätstheologie", *in* Georg Steins, Franz Georg Untergassmair (ed.), *Das Buch, ohne das man nichts versteht. Die kulturelle Kraft der Bibel* (*Vechtaer Beiträge zur Theologie*, 11), Münster, 2005, 114-129, aqui: 114-221.

uma pluralidade de enfoques interpretativos sociais, políticos, culturais e religiosos. Segundo Thomas Söding, a Bíblia é "um plural genuíno. A unidade da Sagrada Escritura não é a de uma doutrina uniforme"; por isso uma dogmática que leva a sério a Sagrada Escritura não deve "relativizar, mas antes comunicar, a multiplicidade das posições e perspectivas, a dualidade dos testamentos e o longo tempo que exigiu a sua formação"[3]. Dessa forma, assim como se revela improcedente projetar na Bíblia univocidades, também o é extrair dela univocidades.

É trivial, mas como todas as trivialidades, inquestionável, que aquilo que uma pessoa encontra depende daquilo que ela procura, porque os interesses conduzem a atenção, dispondo assim o terreno em que acontece o conhecimento. A cientificidade da teologia não consiste em negar a subordinação do seu próprio questionamento no lugar a partir do qual se realiza, mas sim em lhe dar um nome – no sentido da reflexividade do trabalho científico – do modo mais preciso possível para depois, se necessário, poder problematizá-lo e modificá-lo. Um exemplo que pode mostrar o que antecede com toda a clareza é o da antropologia teológica. Títulos de livros como *Antropologia bíblica* formam, nos últimos séculos, uma tradição na qual se encontram tanto o iluminista Franz Oberthür como alguns exegetas atuais[4]. No entanto, no interesse de uma maior precisão hermenêutica, deveria ser dito, com Odo Marquard, que a antropologia "não é assunto 'eternamente humano' nem também 'eternamente filosófico', mas inteiramente 'moderno'"[5]. Só no decurso do século XVI o termo *anthrōpología*, que no grego antigo designava algo muito distinto, adquiriu o significado de uma doutrina sobre o Homem, porque a questão sobre a "essência do ser humano"[6] se tornou premente quando essa essência já não se encontrava inserida em uma ordem religiosa, social, filosófica ou biológica evidente. A antropologia é uma perspectiva especificamente moderna sobre

---

3. Thomas Söding, "Theologie mit Seele. Der Stellenwert der Schriftsauslegung nach der Offenbarungskonstitution Dei Verbum", *in* Jan-Heiner Tück (ed.), *Erinnerung an die Zukunft. Das zweite Vatikanische Konzil*, Friburgo, 2013, 491-516, aqui: 509.

4. Cf. a já mencionada obra de Franz Oberthür, *Biblische Anthropologie*, 1-4, Münster, 1807-1810, bem como o volume conjunto de Christian Frevel (ed.), *Biblische Anthropologie. Neue Einsichten aus dem Alten Testament* (*Quaestiones Disputatae*, 237), Friburgo, 2010.

5. Odo Marquard, "Zur Geschichte des philosophischen Begriffs 'Anthropologie' seit dem Ende des achtzehnten Jahrhunderts", in *Schwierigkeiten mit der Geschichtsphilosophie*, Frankfurt, 1973, 122-144, aqui: 124.

6. É essa a expressão empregada por Otto Cassmann, *Psychologia Anthropologica Sive Animae Humanae Doctrina*, Hanover, 1594, 1.

a condição humana do Homem, só acolhida pela teologia católica no contexto do Iluminismo[7]. Quem procura uma antropologia bíblica se aproxima, portanto, da Bíblia – pelo menos no que diz respeito ao termo – com um interesse indagador moderno. Isto não é, em princípio, problemático, mas deve ser explicitado para não se exigir muito do texto bíblico.

Semelhante é o problema da evolução do dogma. Esse ponto é colocado em toda a sua amplitude onde aquilo em que se crê está sujeito a uma suspeita de descontinuidade radical, que gera uma pressão por uma justificativa que o explique. De modo exacerbado, esse problema é especificamente moderno, o que não significa que os escritos bíblicos não possam contribuir de modo fundamental para a sua solução. A Bíblia é, sem dúvida alguma, o resultado e, em uma perspectiva cristã, também a regra da evolução teológica.

3.2. A Bíblia como resultado da evolução

3.2.1. *Cristo – encontrado no texto, confirmador do texto?*

A Bíblia cristã, formada pelo Antigo e pelo Novo Testamentos, não só reflete teoricamente (talvez em menor medida) sobre o problema da evolução do dogma, mas também o apresenta *in praxi*. Informa em relação ao modo não simplesmente reflexivo, mas também performativo. A compilação de diversos livros para formar uma pequena biblioteca, que é conhecida pelo plural *bíblia – [tà] biblía*, "[os] livros" –, também é denominada por "formação do cânone"[8].

---

7. Cf. M. Seewald, *Theologie aus anthropologischer Ansicht*, 121-177.

8. As considerações deste capítulo baseiam-se particularmente nas seguintes obras: Hans Freiherr von Campenhausen, *Die Entstehung der christlichen Bibel. Mit einem Nachwort vom Christoph Markschies (Beiträge zur historischen Theologie*, 39), Tübingen, 2003. Embora a obra de Campenhausen tenha aparecido, na sua primeira edição, já em 1968, "ainda não se conseguiu uma revisão radical da síntese apresentada por Hans von Campenhausen na sua monografia *Die Entstehung der christlichen Bibel*" (Winrich A. Löhr, "Das antike Christentum im zweiten Jahrhundert – neue Perspektiven seiner Erforschung", in *Theologische Literaturzeitung*, 127, 2002, 247-262, aqui: 251). Os estudos atuais mais abrangentes sobre a formação do cânone são provavelmente os seguintes: Lee Martin McDonald, "The Biblical Canon. Its Origin, Transmission, and Authority", Grand Rapids, 2007 e *The Formation of the Biblical Canon 1: The Old Testament – Its Authority and Canonicity. 2: The New Testament – Its Authority and Canonicity*, Londres, 2017. É possível encontrar análises sobre aspectos parciais da formação do cânone no volume conjunto Eve-Marie Becker, Stefan Scholz (ed.), *Kanon in Konstruktion und Dekonstruktion. Kanonisierungsprozesse religiöser*

O termo *kanón* designava originalmente uma cana ou, em consequência disso, uma régua ou vara de medir, o que por sua vez explica o significado posterior de "pauta" ou "norma". Só mais tarde, a partir do século II, é que se passou a falar na literatura cristã do "cânone da verdade", do "cânone da fé" ou do "cânone da Igreja", sem alusão à Bíblia, mas sim à doutrina da fé proclamada e reconhecida como vinculativa na Igreja. Assim, por exemplo, Ireneu de Lyon diz que os cristãos, pelo Batismo, no qual é manifestada a aceitação da fé e é realizado o acolhimento na comunidade, recebem o "cânone da verdade" que permite a eles assumir elementos da cultura pagã e criticá-los, mas também adaptá-los ao "corpo da verdade"[9]. Ireneu aduz exemplos do que se deve entender exatamente por "cânone da verdade". Menciona, entre outros aspectos, a fórmula breve "Existe um só Deus, que tudo criou e ordenou pela sua Palavra e que fez todas as coisas a partir do nada para que existam"[10]. Para Ireneu, o "cânone da verdade" é simplesmente conservado na Igreja na sua autenticidade, mas a Igreja não pode dispor dele; trata-se de um bem que lhe foi confiado para que ela o administre com fidelidade, mas não como algo que possui. "Falsificar o cânone da verdade e não sentir vergonha de se anunciar a si mesmo" é, para Ireneu, um traço distintivo dos hereges[11].

Texte von der Antike bis zur Gegenwart – Ein Handbuch, Berlim, 2012. Uma atenção particular às implicações dogmáticas da formação do cânone é dada por Alexander Sand, *Kanon. Von den Anfangen bis zum Fragmentum Muratorianum* (*Handbuch der Dogmengeschichte*, 3 a-1), Friburgo, 1974; Anton Ziegenaus, *Kanon. Von der Väterzeit bis zur Gegenwart* (*Handbuch der Dogmengeschichte* 3 a-2), Friburgo, 1990, 9-189. Breves apresentações são dadas por: Eckhard Plümacher, "Art. Bibel II: Die Heiligen Schriften des Judentums im Urchristentum", in *Theologische Realenzyklopädie*, 6 (1980), 8-22; Wilhelm Schneemelcher, "Art. Bibel III: Die Entstehung des Kanons des Neuen Testaments und der christlichen Bibel", in *Theologische Realenzyklopädie*, 6 (1980), 22-48; André Paul, "Entstehung und Aufkommen der christlichen 'Heiligen Schrift'", *in* Jean-Marie Mayeur (ed.), *Die Geschichte des Christentums. Religion – Politik – Kultur!: Die Zeit des Anfangs* (bis 250), Friburgo, 2003, 717-807. Sob um ponto de vista da história conceitual, e dada a abundância de material que oferece, merece atenção o estudo de Theodor Zahn *Geschichte des Neutestamentlichen Kanon 1: Das Neue Testament vor Origenes*, Leipzig, 1888, 2: Urkunden und Belege zum 1. Und 3. Band, Erlangen, 1892.

9. Ireneu de Lyon, *Adversus Haereses*, I 9, 4 (*Contre les Hérésies*, Livre I, edição crítica de Adelin Rousseau e Louis Doutreleau, Tomo II, Paris, Sources Chrétiennes, 264, 1979, 150-115 s.).

10. *Idem, Adversus Haereses*, I 22, 1 (ed. Rousseau/Doutreleau, 308, 2-5).

11. Ireneu de Lyon, *Adversus Haereses*, III, 2, 1 (*Contre les Hérésies*, Livre III, edição crítica de Adelin Rousseau e Louis Doutreleau, Tomo II (Sources Chrétiennes, 211), Paris, 1974, 26, 14-16).

Na Igreja antiga está ainda documentada outra acepção do termo "cânone", cuja relação exata com a que acabamos de esboçar não é clara: a de cânone como "lista" ou "índice". Essa é a acepção aludida, em primeiro lugar, quando se fala do cânone bíblico. Se a interpretação óbvia de que, no que diz respeito ao cânone bíblico, a acepção normativa do termo ("vara para medir", "regra") e a descritiva ("lista", "elenco") estão ligadas é etimológica e historicamente acertada ou não é algo que continua sendo controverso[12]. A partir da segunda metade do século I, o termo "cânone" deixou de designar apenas o ensinamento vinculativo da Igreja em matéria de fé, para designar também a totalidade dos livros que os cristãos consideravam como as suas Escrituras sagradas, embora em algumas regiões continuassem a existir, após o século IV, controvérsias sobre que livros pertenciam a esse cânone e quais não pertenciam.

As epístolas paulinas são os textos mais antigos dentro da compilação que hoje se conhece como Novo Testamento. Elas permitem que nos debrucemos – muitas vezes melhor do que os evangelhos, mais tardios – sobre a vida e a fé dos cristãos primitivos. Em Coríntios 1, São Paulo faz uma afirmação cujas implicações demonstram bem o modo complexo como se entrelaçam o problema da referência à Sagrada Escritura e o problema da evolução da doutrina cristã da fé: "Transmiti-vos, em primeiro lugar, o que eu próprio recebi: Cristo morreu pelos nossos pecados, segundo as Escrituras; foi sepultado e ressuscitou ao terceiro dia, segundo as Escrituras; apareceu a Cefas e depois aos Doze" (1Cor 15,3-5). São Paulo cita uma fórmula antiga dos círculos judaico-cristãos, não criada por ele, mas que já existia. Os lugares possíveis de composição dessa fórmula são muitas vezes apresentados como podendo ser Antioquia ou Jerusalém e também, mas com menos frequência, Damasco[13]. Essa afirmação interpreta a morte e a Ressurreição de Jesus à luz do que, a grosso modo, se denominou como "as Escrituras". Assim, são mencionadas duas autoridades a que os primeiros cristãos recorriam ao formular os seus conteúdos de fé: as tradições sobre a figura de Jesus e "as Escrituras". A tradição de Jesus

---

12. Cf. Zahn, *Grundriss der Geschicte des neutestamentlichen Kanons*, 8: "Segundo ele, o sentido de *canon* e os seus derivados em relação à Bíblia não pode ser duvidoso. Aqui não se pode pensar na acepção fundamental de 'mestria, régua, medida, norma', como foi pensado quando apareceu esse uso linguístico".

13. Uma visão de conjunto das diferentes localizações propostas pode ser consultada em Detlef Häusser, *Christusbekenntnis und Jesusüberlieferung bei Paulus* (*Wissenschaftliche Untersuchungen zum Neuen Testament*, 2, Reihe, 210), Tübingen, 2006, 151-153.

começou a ser transmitida oralmente e, mais tarde, foi, em parte, escrita, por exemplo, na chamada "fonte dos *lógia* (ou sentenças)", e elaborada de forma narrativo-teológica, como ocorreu com os evangelhos. Como espaço interpretativo indispensável do destino de Jesus serviu o que mais tarde foi denominado – seguindo provavelmente Melitón de Sardes, quem documentou pela primeira vez esse uso linguístico – Antigo Testamento[14]. São Paulo não usa essa terminologia. Quando fala de *diathéke* – termo que mais tarde deu, em latim, lugar ao termo *testamentum* –, refere-se a uma aliança selada por Deus, não a uma compilação de textos. Para aludir a eles, utiliza expressões como "as Escrituras", "as Escrituras sagradas" (cf. Rm 1,2) ou *a* Escritura (cf. Gl 3,22). Mas o que quer dizer exatamente com essa referência promissora de univocidade?

"A Bíblia de Paulo era uma tradução grega do Antigo Testamento, a Septuagésima. Entretanto, é possível que nem todas as citações escriturísticas de Paulo sejam derivação da Bíblia dos LXX (Septuagésima); em especial, no que diz respeito às citações de Jó e de Isaías, deve ser levada em conta uma resenha do texto dos Setenta próxima do texto hebreu."[15] Para os leitores de São Paulo oriundos do ambiente judaico-cristão, a situação era ainda mais complexa do que para ele: Jesus já estava envolvido na polêmica entre os chamados saduceus, que só aceitavam como Escritura os cinco primeiros livros de Moisés ("a Torá") e os fariseus, que também reconheciam os livros proféticos e outros textos. Desses grupos devem ser ainda separadas as correntes apocalípticas, que tinham uma compreensão bastante ampla de uma revelação ainda em aberto que não aceitavam a limitação da revelação na tripla divisão do cânone habitual entre os fariseus – lei, profetas e escritos –, para nada dizer das limitações dos saduceus[16]. No final do século I, ou seja, décadas depois da redação das cartas paulinas, ainda não estava esclarecido, no judaísmo, quantos livros incluía exatamente o cânone e como eles deveriam ser divididos. Flavio Josefo fala de 22 livros considerados "divinos"[17]. Josefo os dividiu em três grupos,

---

14. Cf. Eusébio de Cesareia, *Kirchengeschichte*, IV, 26, 12 (*Die Kirchengeschichte*, editado por Eduard Schwartz e Theodor Mommsen (*Griechische Christliche Scrifftsteller*, Eusebius, II/1-3), Berlim, 1999, 386, 16-19). Cf. Paul, *Entstehen und Aufkommen der christlichen "Heiligen Schrift"*, 736-739.

15. Udo Schnelle, *Paulus. Leben und Denken*, Berlim, 2014, 100.

16. Cf. Gunther Wanke, "Art. Bibel I: Die Entstehung des Alten Testaments als Kanon", in *Theologische Realenzyklopädie*, 6 (1993), 1-8.

17. Cf. Oliver Gussmann, "Flavius Josephus und die Entstehung des Kanons heiliger Schriften", *in* Eve-Marie Becker, Stefan Scholtz (ed.), *Kanon in Konstruktion und Dekons-*

cobrindo supostamente um período histórico determinado: os primeiros cinco livros de Moisés tratam do tempo que vai desde a criação do mundo até à morte de Moisés. Os 13 livros dos profetas, seguidos aos de Moisés, cobrem a época desde a morte de Moisés até o governo de Artaxerxes, concluindo nele, segundo Josefo, o tempo da profecia de Israel. Outros quatro livros contêm "cânticos de louvor a Deus e prescrições para a vida das pessoas"[18]. O número 22 parecia apelativo, porque o alfabeto hebraico tinha 22 letras: uma coincidência que, segundo Orígenes, para quem se interessava pelo texto hebreu,

> não deixa de ter relevância. Isso porque, assim como as 22 letras parecem ser uma introdução à sabedoria e aos ensinamentos divinos que foram postos por escrito através dessas letras para uso dos homens, assim também os 22 livros inspirados por Deus constituem um ensinamento fundamental sobre a sabedoria divina e uma introdução ao conhecimento de tudo que existe[19].

A indicação de Josefo de que existem 22 livros canônicos rivaliza com o número 24 que é mencionado em Esdras, livro composto por volta do ano 100 d.C., embora o corpo textual do cânone de 24 livros pudesse ser na sua maior parte idêntico ao do cânone de 22 livros, devendo-se a diferença numérica apenas a uma diferente divisão interna. O assunto se torna ainda mais complexo na história da transmissão cristã das Escrituras hebraicas que se guia pela Septuagésima, na qual alguns livros são divididos em dois (Samuel, Reis, Esdras-Hehemias e Crônicas) e os chamados Profetas Menores (como Oseias, Joel ou Amós) em 12 livros distintos, de modo que o cânone que acabou por ser conhecido como Antigo Testamento abarca, no total, 39 livros. Em poucas palavras, o cristianismo primitivo não era uma religião sem escrituras sagradas antes do estabelecimento do cânone neotestamentário, mas recorria às escrituras judaicas, mesmo quando os detalhes sobre que livros faziam parte dessas escrituras e que versão de cada obra era válida e vinculativa eram imprecisos. A Septuagésima, divulgada

---

truktion. Kanonisierungsprozesse religiöser Texte von der Antike bis zur Gegenwart – Ein Handbuch, Berlim, 2012, 345-362.

18. Flávio Josefo, *Contra Apionem*, 1, 8 (*Contra Apionem*, Buch I. Einleitung, Text, Textkritischer Apparat, Übersetzung und Kommentar von Dagmar Labow (*Beiträge zur Wissenschaft vom Alten und Neuen Testament*, 167), Stuttgart, 2005, 32 s.).

19. Em Eusébio de Cesareia, *Kirchengeschichte*, VI 25, 2 (ed. Schwartz, 572-573) pode ser consultada uma lista do cânone de Orígenes.

no judaísmo da diáspora, acaba por se impor como *a* Escritura dos cristãos de origem pagã, em um acontecimento que se converteria em exemplo clássico da evolução do dogma. Por quê?

De acordo com uma lenda que nos chegou através da Carta de Aristeias, a tradução grega que foi conhecida como a Septuagésima foi realizada por solicitação do faraó Ptolomeo II, que queria ver também conservadas na Biblioteca de Alexandria as escrituras dos hebreus. Setenta e dois eruditos, em outras versões Setenta, fizeram a tradução separadamente, chegando – segundo a lenda – ao mesmo e idêntico teor literal, o que se alegou ser indício da exatidão do texto recém-aparecido e, mais tarde, serviu de prova da inspiração divina da Septuagésima[20]. Na Septuagésima – e só nela – acreditavam os autores cristãos encontrar prefigurações de Jesus Cristo. Justino Mártir, por exemplo, afirma:

> Nos livros dos profetas descobrimos realmente Jesus, o Messias, como aquele que é anunciado, que vem a nós, nasce de uma Virgem, cresce até se tornar homem, cura toda a enfermidade e toda a debilidade, ressuscita os mortos, é invejado, não reconhecido e crucificado e, como alguém que morre e é ressuscitado, ascende aos céus, é e se chama Filho de Deus, e envia pessoas a todos os povos para anunciar a eles tudo isto. E descobrimos que os gentios creem mais nele[21].

O modo tão único como Justino consegue fazer a ligação dessa interpretação com o texto inspirado da Septuagésima se torna patente na veemência com que contesta novas traduções como, por exemplo, as propostas por Teodoción ou Aquila. "Não me fio nos vossos mestres", diz Justino, "que, em vez de reconhecerem a exatidão da tradução feita pelos setenta anciãos na corte do rei egípcio Ptolomeo, fazem eles a sua própria"[22]. Justino critica com especial severidade o questionamento de que o nascimento virginal de Jesus, assim como narram os evangelistas Lucas e Mateus, possa invocar com razão a seu favor uma profecia de Isaías. Justino põe na boca

---

20. Cf. Annelli Aejmelaeus, "Die Septuaginta als Kanon", *in* Eve-Marie Becker, Stefan Scholtz (eds.), *Kanon in Konstruktion unde Dekonstrultion. Kanonisierungprozesse religiöser Texte von der Antike bis zur Gegenwart – Ein Handbuch*, Berlim, 2012, 315-328.

21. Justino Mártir, *Apologia* Maior, 31 (*Justini Martyris Apologiae pro Christianis*, editado por Miroslav Marcovich (*Patristische Texte und Studien*, 38), Berlim, 1994, 31-133, aqui: 77, 24-31).

22. Justino Mártir, *Dialogus* 71, 1 (*Dialogue avec Tryphon*, edição crítica, I, Philippe Bobichon (ed.), *Paradosis. Etudes de Littérature et de Théologie Anciennes*, 47, I), Friburgo, 2003, 378.

de Trifón a tese de que Is 7,14 não fala de uma virgem ou donzela, mas de uma jovem e, remetendo-se à autoridade da Septuagésima, considera-a errada[23]. Uma argumentação análoga pode ser encontrada em Ireneu de Lyon. Ireneu considera a Septuagésima "traduzida sob inspiração divina"[24]; os que "querem agora fazer outras traduções" são "desavergonhados e insolentes"[25]. A partir da sua fé no caráter inspirado da Septuagésima, por um lado, e na tentativa de alguns eruditos judeus de refutarem, através de novas traduções, que a Escritura mostra Jesus como o Messias, por outro, Ireneu formula um argumento polêmico: no Egito, o país cujo faraó foi, segundo a lenda, o impulsionador da tradução, conservaram-se, sem serem falsificadas, as escrituras dos judeus e, também, que a casa de Jacó sobreviveu no Egito quando no país de Canaã reinava a fome e, ainda, que foi aí que Jesus encontrou refúgio quando foi perseguido por Herodes (cf. Mt 2,13-23). Por outro lado, os judeus, assegura Ireneu, "nunca tinham hesitado, inclusive, em queimar as suas escrituras que evidenciam que todas as outras nações participarão da vida e que eles, que se vangloriam de serem a casa de Jacó e do povo de Israel, foram deserdados da graça divina"[26]. Ireneu propõe aqui uma afirmação construída de forma peculiar: o Egito converte-se, para ele, em refúgio seguro que possibilita a conservação da fé verdadeira, enquanto essa fé é ameaçada pelos judeus, que prefeririam falsificar ou mesmo destruir as suas Escrituras do que reconhecer Jesus como o Cristo, uma negação que, segundo Ireneu, deverão pagar com o fato de terem sido deserdados da graça divina. Essa graça e os seus testemunhos escriturísticos passaram, ao contrário, para a Igreja e são conservados fielmente nela graças à Septuagésima.

> Porque os apóstolos, que são de idade mais avançada que aqueles [que não reconhecem a normatividade da Septuagésima e propõem novas traduções – M.S.] coincidem com a mencionada tradução [a Septuagésima – M.S.] que, por sua vez, corresponde à tradição dos apóstolos. E Pedro e João e Mateus e os outros, com os seus discípulos, anunciam todas as palavras dos profetas, tal como estão contidas na tradução dos anciãos [a Septuagésima – M.S.][27].

---

23. *Ibidem*, 67, 1 s. (Ed. Bobichon, 364).
24. Ireneu de Lyon, *Adversus Haereses*, III, 21, 2 (SC 211, ed. Rousseau/Doutreleau, 404, 42 s.).
25. *Ibid.*, III, 21, 3 (SC 211, ed. Rousseau/Doutreleau, 408, 64 s.).
26. *Ibid.*, III, 21, 1 (SC 211, ed. Rousseau/Doutreleau, 400, 10-21).
27. *Ibid.*, III, 21, 3 (SC 211, ed. Rousseau/Doutreleau, 408, 72-78).

Desse modo, os cristãos se apropriaram da Septuagésima como sendo a Escritura, o que não exclui que alguns autores cristãos que sabiam hebreu como, por exemplo, Orígenes, continuassem a se interessar pelo texto hebraico.

O que trazem para o problema da evolução do dogma esses apontamentos sobre a enorme relevância que a Escritura teve no pensamento dos primeiros cristãos? O que esses apontamentos mostram é que quem procura um ponto de partida bem determinado para a evolução do dogma procura em vão. Não vale singularizá-lo historicamente. Muito menos a atividade, a morte ou a crença na Ressurreição de Jesus podem ser entendidas como significativas da hora zero da evolução do dogma – como os primeiros cristãos entenderam – sempre que a história de Israel é levada a sério e se continua a acreditar nela. Pelo contrário, Jesus ser reconhecido como o Messias ou – na linguagem de São Paulo – a Boa-nova do Filho de Deus parecer credível só se tornou possível graças ao que os primeiros cristãos deram por assente, ou seja, que Deus "prometera [esse Evangelho] por meio dos seus profetas nas santas Escrituras" (Rm 1,2). Mas estas santas Escrituras, como já foi referido, não eram um corpo estático, mas sim – tanto pela sua extensão e pelo seu teor literal como pela sua interpretação – uma realidade dinâmica que, de um lado, precedeu a fé em Jesus como o Cristo, e, por outro, também teve essa fé por regra, como mostra a insistência dos autores protocristãos na Septuagésima. Com isso, a partir das múltiplas possibilidades daquilo a que a expressão "a Escritura" podia aludir e do que podia querer dizer a Escritura, estabeleceu-se *uma*, descartando-se todas as outras, para assim conferir sentido à fé em Cristo a partir da Escritura e na Escritura a partir da fé em Cristo.

3.2.2. Do cânone da verdade ao cânone do Novo Testamento

Se a extensão exata das Escrituras, para a qual remete a fórmula protocristã que São Paulo transmite na Primeira Carta aos Coríntios (cf. 1Cor 15,3s.), já era motivo de controvérsia, não é difícil imaginar o grande potencial de conflito subjacente ao fato de surgirem novas escrituras da pena de autores cristãos, dando lugar a um novo corpo escriturístico: a Bíblia cristã, constituída pelos Antigo e Novo Testamentos[28]. Todavia, deve-se

---

28. Cf. Gerd Theissen, "Wie wurden urschriftliche Texte zur heiligen Schrift? Kanonizität als literaturgeschichtliches Problem", *in* Eve-Marie Becker, Stefan Scholz (ed.), *Kanon*

distinguir entre a composição de escritos particulares que mais tarde se qualificaram de neotestamentários, por um lado, e o cânone do Novo Testamento, em conjunto, por outro.

As epístolas paulinas, os textos mais antigos do que, com o tempo, foram nomeados como "Novo Testamento" são escritos do apóstolo e dos seus discípulos (no caso das obras pseudoepigráficas) dirigidos a comunidades inteiras ou a pessoas concretas que eram, provavelmente, lidos em público nas comunidades, mas que se conservavam e difundiam também fora delas[29]. A eles se devia recorrer em questões controversas (cf. 2Pd 3,14-16). Além disso, existiam tradições orais de Jesus nas quais São Paulo tinha sido instruído, mas que – em vista da demora da parusia de Cristo, que se esperava que fosse algo imediato, e da morte das testemunhas – foram postas por escrito de diversos modos: sob a forma rudimentar de compilações de sentenças ou reelaboradas como narrativas no gênero literário a que mais tarde se chamou "Evangelho". Às cartas que, na maioria dos casos, apelavam à autoridade de um apóstolo, e aos evangelhos somaram-se outros gêneros literários: os Atos dos Apóstolos, como variante cristã da literatura de atas antigas[30], e o Apocalipse de São João, como escrito apocalíptico. Para que o caráter inspirado que os primeiros cristãos atribuíam à Septuagésima fosse também estendido aos textos cristãos, foram necessários inúmeros esclarecimentos.

Dessa forma, o escalonamento autoritário entre as obras que mais tarde passam a integrar o cânone neotestamentário e outros escritos, surgidos na mesma época ou pouco depois, é um esclarecimento retrospectivo. O autor de 1 Clemente, obra na qual a comunidade de Roma se dirige em tom ameaçador à de Corinto porque ali tinham sido excluídos os presbíteros do ministério episcopal[31], recorda aos coríntios a carta que um dia

---

in Konstruktion und Dekonstruktion. Kanonisierungsprozesse religiöser Texte von der Antike bus zur Gegenwart – Ein Hanbuch, Berlim, 2012, 423-448.

29. Em relação ao problema da canonicidade, presumivelmente pretendida já por São Paulo para as suas epístolas, cf. Friedrich Wilhelm Horn, "Wollte Paulus kanonisch wirken?", *in* Eve-Marie Becker, Stefan Scholz (ed.), *Kanon in Konstruktion und Dekonstruktion. Kanonisierungsprozesse religiöser Texte von der Antike bus zur Gegenwart – Ein Hanbuch*, Berlim, 2012, 400-422.

30. Cf. Rudolf Hoppe, "Die Apostelgeschichte – Der zweite Teil des lukanischen Doppelwerks", *in* Ders., Kristell Köhler (ed.), *Das Paulusbild der Apostelgeschichte*, Stuttgart, 2009, 9-16, aqui: 14 s.

31. 1 Clemente atribui – em termos de terminologia, algo que é informativo em relação à nomenclatura dos serviços – o serviço episcopal (*episkope*) dos presbíteros (*prebyteroi*). Cf. 1Clem 44,3-5 (ed. Funk/Bihlmeyer 59, 5-14).

escreveu a eles o "bem-aventurado apóstolo Paulo". Este, diz, ensinou "de maneira verdadeiramente espiritual"[32] – *pneumatikós* por contraposição a *psychikós* (cf. 1Cor 2,13-15) – quando interveio na controvérsia que na época reinava na comunidade. A exortação à autocorreção, na atualidade como na Antiguidade, enraizada em uma intervenção externa, pressupõe que as epístolas paulinas eram conhecidas tanto em Corinto como em Roma, de onde escrevia o autor de 1 Clemente, e podiam ser consultadas em relação a assuntos controversos. Contudo, 1 Clemente assegura também que foi escrita "pelo Espírito Santo"[33]. Sendo assim, o apreço que é dado às epístolas paulinas não se baseia em uma compreensão excludente da inspiração que faz delas escrituras sagradas. Em vez disso, o autor de 1 Clemente crê ser parte, ele mesmo, com o seu ensinamento, de um acontecer inspirado, o que o habilita a intervir em assuntos de outra comunidade do mesmo modo que São Paulo tinha feito antes de ser "movido pelo Espírito Santo". A diferença do que acontece com algumas epístolas do *corpus paulinum*, que eram conhecidas e reconhecidas em Roma na época na qual foi redigida a 1 Clemente, o autor dessa carta não parece conhecer qualquer evangelho escrito. Quando fala de "evangelho"[34], refere-se, conforme o uso linguístico paulino, não a uma obra nem a um gênero literário, mas sim ao objeto daquilo que anuncia (cf. Rm 1,1-4).

O século II está marcado, quando é procurado por quem se interessa pela formação do cânone, pela coexistência de – por vezes também rivalidade entre – tradições orais e escritas. Na sua carta aos Filadelfos, Inácio de Antioquia entra em polêmica com correntes que defendem uma cristologia que ele considera problemática, talvez docética. Os hereges afirmavam, aparentemente, que "só podiam aceitar o que estava consignado nos 'documentos' veterotestamentários: a mera mensagem do Evangelho não bastava como prova"[35], pois era transmitido por todos oralmente e a base onde estavam essas anotações não tinha o mesmo alcance que *a* Escritura. O atraso da doutrina que Inácio entende por ortodoxa com o argumento de que não se encontrava na Escritura é desacreditado pelo padre apostólico como perigosamente judaizante. E adverte a comunidade: "se alguém vos anuncia o judaísmo, não o escuteis; pois é melhor escutar o cristianismo dos lábios de um circunciso do que o judaísmo dos lábios

---

32. *Ibidem*, 47, 3 (ed. Funk/Bihlmeyer 60, 25 s.).
33. *Ibidem*, 63, 2 (ed. Funk/Bihlmeyer, 69, 22).
34. Cf. *ibidem*, 47, 2 (ed. Funk/Bihlmeyer 60, 25).
35. H. von Campenhausen, *Die Entstehung der christlichen Bibel*, 86 s.

de um incircunciso"[36] – e exorta os seus membros à unidade com o bispo. O "'Espírito' anuncia: 'Nada se faz sem o bispo'"[37]. Inácio reage de maneira quase obstinada:

> Exorto-vos a não fazer nada por espírito de contenda, mas sim conforme os ensinamentos de Cristo. Porque ouvi alguns que dizem: "Se não o encontro nos arquivos, não creio [o que figura no Evangelho]". E quando digo: "Está escrito", respondem-me: "Isso é o que tem de ser provado". Mas, para mim, os arquivos são Jerusalém, os arquivos não modificados da sua cruz, morte e Ressurreição, a fé que vem dele. Nisso desejo ser justificado pela vossa oração[38].

Inácio reflete sobre a relação da fé cristã com os *archeía*, os arquivos. Com esse termo faz menção em primeiro lugar – "está escrito" – às Escrituras do judaísmo, no que Inácio está em total acordo com São Paulo, convencido de que proclama já antecipadamente o Evangelho (cf. Rm 1,2). É exatamente isso que é posto em causa pelos adversários de Inácio: "Isso é o que tem de ser provado". De um ponto de vista conceitual é indicativo o que Inácio, com a mesma palavra – *archeía* –, associa com os "arquivos" (ou documentos) das Escrituras judaicas não só a Jesus Cristo, mas também às suas cruz, morte e Ressurreição e à fé por ele suscitada. Formulado sistematicamente: para Inácio, o Evangelho é transmitido através de dois tipos de documentos: a Escritura judaica, que, por definição, está disponível na forma escrita; e (por paradoxal que seja) "documentos orais" que contêm as tradições da morte e da Ressurreição de Jesus e se manifestam por testemunho na fé da Igreja.

No século II continuou a ser objeto de controvérsia até que ponto seria sensato pôr por escrito esses "arquivos orais" e que grau de obrigatoriedade teria, em relação às Escrituras judaicas, a consagração por escrito da tradição de Jesus. Testemunhos notáveis da interligação, da coexistência e da contraposição de escrituralidade e oralidade se encontram, por exemplo, em Papías de Hierápolis, que conhecia os evangelhos de Marcos e de Mateus e se manifestou de forma crítica sobre o seu valor. O autor do Evangelho de Marcos, que Papías identifica com o intérprete de Pedro, não esteve pessoalmente com Jesus. Antes redigiu o seu Evangelho a partir do que Pedro tinha lhe contado ou, melhor dizendo, do que recordava dele;

---

36. Inácio de Antioquia, *An die Philadelphier*, 6.1 (ed. Funk/Bihlmeyer 103, 21-23).
37. *Ibidem*, 7, 2 (ed. Funk/Bihlmeyer, 104, 6s.).
38. *Ibidem*, 8, 2 (ed. Funk/Bihlmeyer, 104, 14-20).

por isso Marcos não regista as palavras e os feitos de Jesus "na ordem correta"[39]. Essa avaliação, que para Papías não prejudica o uso do Evangelho de Marcos, mostra as suas reservas frente às tradições que foram escritas. De acordo com o que antecede, Papías se interessa sobretudo pelos relatos orais: "E se, por acaso, chegava alguém que também tinha seguido os presbíteros, eu procurava discernir as palavras dos presbíteros: o que disse André ou Pedro, Felipe ou Tomás ou Tiago, ou João, ou Mateus ou qualquer outro dos discípulos do Senhor, e o que dizem Aristión e o presbítero João, discípulos do Senhor"[40].

A preferência de Papías pelas tradições orais não o impede, no entanto, de se dedicar ele próprio à atividade autoral. Em cinco livros que se perderam, Papías oferece uma *interpretação das palavras do Senhor* na qual provavelmente resume o que lhe contaram os anciãos que interrogou. A relação entre escrituralidade e oralidade se configura de modo complexo: por um lado, Papías relativiza o valor dos testemunhos escritos da tradição de Jesus; por outro lado, coloca-os por escrito na própria obra. Essa equivocidade só se tornou problemática quando algumas pessoas – consideradas hereges do ponto de vista que, com o tempo, passaria a ser ortodoxo – transformaram-na em uma univocidade que a grande Igreja não podia aceitar.

Como protótipo de herege, daquele que, em sentido literal, fez uma opção errada (*haíresis*), temos Marción, oriundo de Ponto, mas residente em Roma, que teve o "seu apogeu no tempo de Aniceto", bispo de Roma entre 154 e 165[41]. Marción, levando ao extremo as afirmações sobre a observância da lei e da fé no Evangelho na forma em que se encontram nas epístolas paulinas (cf., por exemplo, Gl 2-4), construiu um dualismo entre o Deus criador, tal como é apresentado pela Escritura, e o Deus de Jesus Cristo. Pela sua morte, Jesus Cristo, segundo Marción, libertou os homens do domínio do Deus criador, de maneira que esse Deus criador já não pode exigir o cumprimento da lei. Na opinião de Marción, a lei antiga foi substituída pelas Bem-Aventuranças, nas quais Jesus expressa o núcleo e a singularidade (*proprietas*[42]) do seu ensinamento sem se converter por

---

39. Eusébio de Cesareia, *Kirchengeschichte* III, 39 (ed. Schwartz, 290, 22).
40. *Ibidem*, III, 39 (ed. Schwartz, 286, 16-20).
41. Uma apresentação teologicamente densa e bem detalhada é a oferecida por Barbara Aland, "Marcion/Marcioniten", in *Theologische Realenzyklopädie*, 22 (2000), 89-101, aqui: 90.
42. Tertuliano, *Adversus Marcionem*, IV, 14, 1 (Contre Marcion, Tome IV (Livre IV), texto crítico de Claudio Moreschini, introdução, tradução e comentário de René Braun (Sources Chrétiennes, 456), Paris 2001, 174, 2).

sua vez em legislador. A dualidade de Deus criador e de Deus redentor e a dualidade da lei e do Evangelho têm como consequência que Marción, no seu pensamento, não só já não necessita mais das Escrituras – da forma como as produziu o judaísmo e as assumiu o cristianismo na forma da Septuagésima – como as considera prejudiciais. Para ele já não são "santas Escrituras", como eram para a sua suposta testemunha principal, São Paulo (cf. Rm 11,2), mas sim obras obsoletas que obscurecem a fé em Deus.

Em consonância com esta decisão dogmática prévia, Marción elabora – provavelmente, pela primeira vez na história do cristianismo – um cânone no sentido de um catálogo de livros nos quais ele encontra expressa, de forma adequada, a sua doutrina de fé. Essa lista só inclui uma versão do Evangelho de Lucas, revisto pelo próprio Marción, e 10 cartas paulinas. Feito isso, Marción transformou em univocidade a equivocidade que reinava no século II em consequência da coexistência de tradições orais e diversas tradições escritas cuja validade era frequentemente controvertida dependendo da região e da procedência teológica. Assim, a univocidade do cânone marcionita era de tal natureza que não podia deixar de ser contestada pela grande Igreja. A objeção era referida sobretudo às premissas dogmáticas de Marción e a sua imagem dualista do mundo, sendo que a questão do cânone só atrasou a atenção dada à raiz dessa disputa[43], porque a seleção de fontes que supostamente apoiavam o ensinamento de Marción deveria ser problematizada junto com ela. A dialética posta dessa maneira, na qual, demarcando-se de Marción, era necessário fundamentar porque é que não só Lucas, mas também outros evangelhos eram manifestações autênticas do Evangelho único, aquele proclamado por Jesus Cristo – o que *ex negativo* significa que era igualmente necessário se posicionar em relação aos escritos que não eram considerados reflexos fieis do Evangelho – foi um dos motores do processo que logo ficou conhecido por "formação do cânone". Adolf von Harnack afirma inclusive que Marción foi – principalmente por causa das reações contrárias que ele e a sua

---

43. A revisão e a reelaboração de textos, como Marción fez com o Evangelho de Lucas, não eram invulgares no século II, porque ainda não estava consolidada a ideia de que as Escrituras cristãs eram sacrossantas e, portanto, não passíveis de modificação. Taciano, um discípulo de Justino, que acusava Ireneu de tendências gnósticas, apresentou na sua obra *Diatessaron* uma harmonização dos evangelhos que continuou a ser usada na Síria pelo menos até o século V. Eusébio relata que Taciano não só fez essa harmonização dos evangelhos, mas também "reformulou" algumas epístolas paulinas, um fato ao qual Eusébio, no século IV, se refere indignado. Cf. *Eusebius von Caesarea, Kirchengeschichte IV 29* (ed. Schwartz, 390-392).

crescente comunidade suscitaram[44] – "o criador da escritura sagrada cristã"[45]. Como ocorre com frequência em Harnack, a afirmação é, por ironia, mais sutil do que parece à primeira vista, porque Marción teria tido os seus problemas com ambos os conceitos – o do Criador e o da Bíblia cristã, na forma que ela logo adquiriu –, o que por sua vez faz com que aflore o sentido hipotético através do qual Marción impregnou a teologia da grande Igreja. Aqui não podemos começar a avaliar se a focalização da formação do cânone cristão em resposta a Marción está certa, como afirma Harnack e também Hans von Campenhausen, ou se essa tese subestima a polêmica com outras heresias (por exemplo, o montanismo e a sua concepção de revelação permanente)[46].

Mas sim, cabe extrair uma importante conclusão intermediária: as equivocidades na manifestação da doutrina da fé e na questão das suas fontes, na medida em que essas mesmas fontes (e a Escritura) se tornam objeto de fé, não representam um problema dogmático fundamental: o cristianismo e a sua relação com a Escritura foram durante muito tempo sustentados por essas equivocidades. Mas, se uma equivocidade é transformada em uma univocidade controversa, não se deve responder a essa univocidade insistindo na equivocidade anterior. Uma univocidade rejeitada suscita, pelo ato da sua rejeição, uma univocidade reativa. O resultado dessa univocidade reativa nas polêmicas com Marción e outros hereges foi a definição do cânone da Bíblia cristã.

Ainda que – ou talvez porque – a comunidade formada à volta de Marción depois da sua exclusão da Igreja de Roma tenha se expandido rápida e amplamente[47] (é possível, conjectura Barbara Aland, que os ensinamentos de Marción "fossem conhecidos no século II em toda a Igreja cristã"[48]), surgiram demarcações nítidas. Clemente de Alexandria assinala, glosando o chamado *Kerygma Pétrou*, que as Escrituras judaicas falam de Jesus Cristo "em parte por parábolas, em parte por enigmas, em parte

---

44. Cf. Justino Mártir, *Apologia Maior*, 58, 2 (ed. Marcovich, 114, 5-8).
45. Adolf von Harnack, *Marcion. Das Evangelium vom fremden Gott*, Darmstatt, 1960, 151. Hans Freiherr von Campenhausen, "Marcion et les origines du Canon Méotestamentaire", in *Revue d'Histoire et de Philosophie Réligieuse*, 46, 1966, 213-226.
46. Cf. sobre esse ponto Barbara Aland, "Was heisst 'Kanonisierung des Neuen Testaments'? Eine Antwort für das zweite Jahrhundert", *in* Eve-Marie Becker, Stefan Scholz (eds.), *Kanon in Konstrultion ud Dekonstruktion. Kanonisierungsprozesse religiöser Text von der Antike bus zur Gegenwart – Ein Handbuch*, Berlim, 2012, 519-546.
47. Cf. Tertuliano, *Adversus Marcionem*, V, 19, 2 (ed. Moreschini, 346, 8-348, 15).
48. B. Aland, *Marcion/marcioniten*, 95.

expressa e literalmente", pelo que – apesar da interpelação de Marción – se pode chegar "à fé em Deus através do que sobre ele está escrito"[49]. Por isso afirma: "Nada dizemos sem a Escritura"[50].

Em Justino Mártir, que, como Marción, pertencia à comunidade romana, figura o termo "evangelho" no plural, o que mostra que Justino entendia por "evangelho" não só o objeto da pregação (cf. Rm 1,1), mas também um tipo de obra e que conhecia várias dessas obras: "os apóstolos, nas *Recordações*[51] pelos escritos chamados 'evangelhos', nos transmitiram"[52] que Jesus mandou que celebrassem um banquete em sua memória. Justino menciona as palavras da Consagração que, no entanto, se assemelham mais à versão da Primeira Carta aos Coríntios. É relevante o fato de Justino, na sua descrição do culto dominical, assinalar que nele "sejam lidas em público as *Recordações* dos apóstolos", nome que antes tinha sido introduzido como sinônimo de "evangelhos", "ou os escritos dos profetas"[53]. Na sua utilização litúrgica, os evangelhos aparecem junto aos livros proféticos, em um processo que a longo prazo levaria à reconfiguração do singular coletivo "a Escritura", porque se adicionaram aos escritos judaicos, que até então eram considerados *a Escritura*, novos escritos. Que escritos deviam ser esses exatamente continuou sendo uma questão controversa, também no decurso do século I, em que se foi perfilando uma preferência pelos quatro evangelhos que mais tarde foram incorporados no cânone neotestamentário. Ireneu de Lyon, que von Campenhausen caracteriza como o "primeiro teólogo cristão que, tanto no sentido como na própria realidade, conhece e reconhece um Novo Testamento"[54], atesta que o Evangelho único de Jesus Cristo é transmitido sob quatro formas distintas. Com isso, a própria quaternidade se converte em objeto de especulação teológica:

> Por outro lado, não pode haver um número de evangelhos nem maior nem menor. Porque são quatro as regiões do mundo em que habitamos e quatro os ventos principais e a Igreja se expandiu por toda a Terra e, como é

---

49. Clemente de Alexandria, *Stromata VI*, 15, 128, 1 s. (*Tromata Buch*, I-VI, editado por Otto Stählin, e reeditado por Ludwig Früchtel (*Griechische Christliche Schriftsteller, Clemens Alexandrinus II*), Berlim 1985, 496, 25-497, I).

50. *Ibidem*, VI, 15, 128, 3 (ed. Stählin/Früchtel, 497, 4).

51. "Com o que é digno de ser recordado (*apomnemoneumata*) do Apóstolo se faz uma alusão aos evangelhos cuja autoria é atribuída aos apóstolos" (Luise Schottroff, *Die Gleichnisse Jesu*, Gütersloh, 2005, 145).

52. Justino Mártir, *Apologia Maior*, 66, 3 (ed. Marcovich 128, 11 s.).

53. *Ibidem*, 67, 3 (ed. Marcovich, 129, 7-9).

54. Campenhausen, *Die Entstehung der christlichen Bibel*, 237.

ela a coluna que sustenta o Evangelho e o Espírito de vida, é natural que tenha quatro colunas que sopram incorruptibilidade por todas as partes e dão a vida aos homens. Por isso se manifesta que o Artesão de todas as coisas, ou seja, o Verbo, que se senta sobre querubins e contém todas as coisas, quando se manifestou aos homens, nos deu um Evangelho tetramorfo, embora sustentado por um só Espírito[55].

O chamado *Cânone de Muratori*, um catálogo provavelmente escrito primeiro em grego, mas que só nos chegou em uma tradução latina rudimentar, reflete a situação do cânone em Roma por volta do ano 200[56]. Além dos quatro evangelhos segundo Mateus, Marcos, Lucas e João, esse cânone contém os Atos dos Apóstolos, 13 epístolas atribuídas a São Paulo, a Carta de Judas, duas cartas de São João e o Apocalipse de São João. Não inclui a Epístola aos Hebreus nem as epístolas de São Pedro e a de São Tiago; além disso, falta ainda uma das epístolas de São João. Em outros lugares, o estado do cânone era diferente em alguns detalhes. A situação em Alexandria nos é, por exemplo, transmitida por Orígenes[57], que divide os livros bíblicos em três categorias, o que, logo no século IV, será seguido, com pequenas modificações terminológicas, por Eusébio de Cesareia: os livros universalmente reconhecidos (*homologoúmena*) distinguem-se dos livros não autênticos (*pseúde o nótha*), que não devem ser utilizados na leitura pública; e existe ainda uma terceira classe de escritos, que não podem ser reconhecidos nem afastados inequivocamente, porque a sua validade continua sendo alvo de controvérsia (*amphiballómena o antilegómena*)[58]. O Apocalipse foi, durante muito tempo, objeto de controvérsia. Com o aparecimento da Igreja imperial, "que mesmo nesse âmbito podia continuar tolerando a diversidade"[59], teve lugar a partir do século IV, porque nos últimos detalhes a extensão do cânone é mencionada, uma harmonização entre as diferentes comunidades,

---

55. Ireneu de Lyon, *Adversus Haereses III*, 11, 8 (ed. Rousseau/Doutreleau, 160, 175-162, 186).

56. Cf. Riemer Roukema, "La tradition apostolique et le canon du Nouveau Testament", in Anthony Hilhorst (ed.), *The Apoltolic Age in Patristic Thought* (*Supplements to Vigiliae Christianae*, 70), Leiden, 2004, 86-103, aqui: 96 s.

57. Cf. a lista canônica de Orígenes que é reproduzida em Eusébio de Cesareia, *Kirchengeschichte*, VI, 25 (ed. Schwartz, 572-576). Sobre as alterações de Orígenes na sua avaliação da canonicidade de diferentes livros, cf. McDonald, *The Formation of the Biblical Canon*, 2, 83 s.

58. Cf. Eusébio de Cesareia, *Kirchengeschichte*, III, 25 (ed. Schwartz, 250-252).

59. Schneemelcher, *Die Entstehung des Kanons des Neuen Testaments und der christlichen Bibel*, 47.

assim como entre os âmbitos linguísticos do Oriente e do Ocidente. Nesse aspecto, a Igreja síria teve um papel especial[60].

A afirmação feita no início deste capítulo poderá ficar agora mais clara: antes de se perguntar à Escritura o que tem a dizer sobre o tema do desenvolvimento dos dogmas, é necessário tomar consciência de até que ponto ela mesma não é o resultado de desenvolvimentos dogmáticos *avant la lettre*. Isso demonstra bem que "não deve ser dito que o cânone foi imposto por si próprio; antes foram necessárias decisões vinculativas"[61] que formaram o cânone neotestamentário. O critério principal não foi nem um conceito sistematizado de inspiração, então concebido no cristianismo primitivo, como mostra a autointerpretação de 1 Clemente, de um modo demasiado amplo para servir de demarcação aos limites do cânone, nem o simples apelo à autoria apostólica, algo que muitas obras no século II reivindicavam. Em vez disso, foi examinado um determinado livro correspondia ou não à fé da comunidade já existente e reflexivamente desenvolvida em fórmulas recebidas (por exemplo, de 1Cor 15,3-5) ou na *regula fidei*. Isso pode ser entendido através de uma lente convergente na polêmica entre Serapião, bispo de Antioquia na transição do século II para o século III, e alguns membros da Igreja de Rhossos[62]. Estes, como conta Eusébio, tinham, durante uma visita, pedido ao bispo que lhes permitisse ler em público o Evangelho de Pedro na celebração litúrgica. Serapião supôs que os que faziam tal solicitação "professavam a fé reta", por isso autorizou a leitura daquela obra, para ele desconhecida. Mais tarde, no entanto, "chegou aos seus ouvidos" que "o pensamento dos que haviam pedido a sua autorização tendia, em segredo, para a heresia", o que se refere presumivelmente às tendências ligadas ao docetismo na cristologia. Visto isso, Serapião anunciou uma nova visita a Rhossos, adiantando já a sua opinião sobre o Evangelho de Pedro, obra que havia lido considerando que tudo que está contido nela é "conforme à reta doutrina do Salvador, mas também tem algumas coisas que divergem dela"[63]. Eusébio não nos transmite em que consistem as reservas de Serapião em relação à obra, mas isso apenas tem relevância

---

60. Cf. Walter Bauer, *Der Apostolos der Syrer in der Zeit von der Mitte des 4. Jahrhunderts bis zur Spaltung der syrischen Kirche*, Giessen, 1903.

61. Michael Fiedrowicz, *Theologie der Kirchenväter. Grundlagen frühchristlicher Glaubensreflexion*, Friburgo, 2010, 61.

62. Cf. Martin Hengel, *Die vier Evangelien und das eine Evangelium von Jesus Christus. Studien zu ihrer Sammlung und Entstehung* (Wissenschaftliche Untersuchungen zum Neuen Testament, 224), Tübingen, 2008, 22-26.

63. Eusébio de Cesareia, *Kirchengeschichte*, VI, 12 (ed. Schwartz, 544-546).

no presente contexto. É determinante o fato de Serapião ter impedido o uso litúrgico e, por conseguinte, a elevação quase canônica de um escrito que atribui, através do seu nome, a autoria a Pedro, com o argumento de que esse livro não corresponde à doutrina da fé. Desse modo, a fé como "cânone da verdade" precede ao "cânone da Escritura" na forma de Novo Testamento. A doutrina eclesiástica da fé que dá forma a este Novo Testamento tem, de todo modo, uma pauta (fio condutor): a escritura do Antigo Testamento, cuja configuração precisa dependia, por sua vez, da fé que nele se acreditava encontrar. Dito de outra forma, o início absoluto da evolução do dogma, a sua hora zero, não é historicamente apreensível. Onde quer que se inicie, a reflexão teológica esbarra sempre em uma evolução que já está em marcha e que pode ser reconstruída em estágios concretos, não sendo possível uma determinação definitiva.

3.3. A Bíblia como fio condutor da evolução

Uma vez que, "formulado com precisão, só fica esclarecido a partir do século XIX"[64], o problema da evolução é e era – o que deve ser relembrado – desconhecido dos textos bíblicos, pelo menos como algo necessário para se ocupar em termos de reflexão. Daí que seja fundamental uma heurística que crie relações entre ideias diferentes da Bíblia para que elas, sem serem mal interpretadas, tenham alguma coisa a dizer sobre a questão da evolução dos dogmas.

3.3.1. Jesus Cristo na "condição divina" e na "condição de servo"

Jesus de Nazaré, que colocou o Reino de Deus no centro da sua atividade pública (cf. Mc 1,15), converteu ele mesmo a sua morte no objeto da pregação do círculo de discípulos que reuniu ao seu redor. A relação entre a imagem que o Jesus anterior à Páscoa tinha de si próprio e a imagem que a comunidade pós-pascal tinha de Cristo é objeto de controvérsia na exegese neotestamentária. Existe consenso, asseguram Gerd Theissen e Annette Merz, sobre dois pontos: um, que "Jesus tinha uma consciência escatológica da autoridade, via na sua própria atividade a irrupção de um mundo novo"; e, dois, que "os cristãos disseram sobre Jesus depois da

---

64. Rahner/Lehmann, *Geschichtlichkeit der Vermittlung*, 733.

Páscoa mais (ou seja, coisas maiores e de maior relevância) do que o Jesus histórico disse sobre si próprio"⁶⁵. Ainda antes dos diferentes títulos cristológicos de majestade, o *kerigma* protocristão, que vai além do Jesus terreno, mas que tem como objeto esse mesmo Jesus, insiste na sua Ressurreição. Assim, São Paulo propõe um esquema duplo de cruz e Ressurreição ou um esquema triplo de morte, sepultura e Ressurreição de Jesus como conteúdo central do Evangelho, que ele mesmo recebeu e transmite à comunidade (cf. 1Cor 15,1-5). Um modelo como esse, centrado na morte e na Ressurreição, ampliou-se em uma dupla direção no decurso da formação protocristã do credo: anteriormente, em direção a uma escatologia ou a uma teologia da comunidade que garantisse a continuidade; seguindo em direção a uma cristologia da preexistência⁶⁶. Um exemplo do primeiro é encontrado nos Atos, onde São Pedro apresenta Jesus ressuscitado como aquele que foi "elevado pelo poder de Deus" e que, "recebeu do Pai o Espírito Santo prometido e o derramou como vedes e ouvis" (At 2,33).

Uma expansão do esquema pode ser encontrada na Carta aos Filipenses, na qual São Paulo cita um hino pré-cristão (cf. Fl 2,6-11) que encontrara já elaborado na sua forma final e que talvez fosse usado no contexto da celebração do Batismo ou da Eucaristia. Nesse "salmo protocristão", cujas estrutura e unidade continuam sendo objeto de divergência⁶⁷, diz-se que Jesus Cristo tinha "condição divina" (*morphê theoû*), mas não se agarrou a ela de forma egoísta, antes se despojou de si e assumiu a "condição de servo" (*morphê doúlon*) (cf. Fl 2,60 s.). Desse modo se fez igual aos homens e viveu uma vida humana até à morte, "uma morte de cruz", como reza o que possivelmente é um aditamento paulino. "Por isso" (a humilhação é pensada como pressuposto lógico da elevação) Deus o exaltou acima de todos e concedeu um nome e ele – isto é, uma posição de dignidade – superior

---

65. Gerd Theissen, Annette Merz, *Der historische Jesus. Ein Lehrbuch*, Göttingen, 2011, 447. São obras fundamentais para as reflexões seguintes: Gerd Theissen, *Die Religion der ersten Christen. Eine Theorie des Urchristentums*, Güterloh, 2000; também em Jens Schrötter, *Jesus und die Anfänge der Christologie. Methodologische und exegetische Studien zu den Ursprüngen des christlichen Glaubens* (Biblische-Theologische Studien, 47), Neukirchen-Vluyn, 2001.

66. Cf. Joseph Ernst, *Anfänge der Christologie* (Stuttgarter Bibelstudien, 57), Stuttgart, 1972, 61 s.: "A encarnação do Logos – entendida, em parte, como um acontecimento salvífico autônomo – estende o *kerigma* protocristão para trás até às origens, enquanto a elevação ao *kyrios* e a entrega do domínio do mundo abrem o anúncio da salvação, manifestando o seu caráter escatológico".

67. Cf. Otfried Hofius, *Der Christushymnus Philipper, 2, 6-11. Untersuchungen zu Gestalt und Aussage eines urchristlichen Psalms* (Wissenschftliche Untersuchungen zum Neuen Testament, 17), Tübingen, 1991, 4-12.

a todo o nome. Desse modo, "ao nome de Jesus" (Fl 2,10) todo o joelho se dobre no Céu, na Terra e nos abismos, e "toda a língua proclame: 'Jesus Cristo é o Senhor!', para glória de Deus-Pai" (Fl 2,11).

Por consequência, nesse hino "é substituído o esquema cristológico 'morte-Ressurreição' por um esquema em três fases: 'preexistência-humilhação-exaltação' através do qual o modelo cristológico tradicional – Deus exaltou o seu Servo Jesus... – adquire um novo âmago":

> O "Servo Jesus" não é, de modo algum, apenas mais um na grande sucessão de pessoas obedientes e humildes que receberam a sua merecida recompensa, mas alguém singular que, como nenhum outro, tinha "condição divina" e, por isso, foi exaltado de um modo único. O hino recorre a uma expressão (*hyperypsōsen*) que a Septuagésima reserva para Deus (cf. Sl 96,9). A linguagem grandiloquente indica, ao mesmo tempo, que não se trata de recuperar a posição a que o Preexistente renunciou voluntariamente, mas uma posição de dignidade que nunca perde de vista a condição de servo[68].

Com isso, o hino de Filipenses inaugura outra forma de considerar o homem Jesus de Nazaré e a sua relevância eterna. Nele se manifesta, segundo o testemunho da comunidade cristã que canta esse salmo cristológico, uma realidade divina. Ele procedia de Deus e, na sua "condição divina", era "igual a Deus" (Fl 2,6); viveu como homem uma vida humana até à ignominiosa morte de cruz e foi exaltado por Deus, inclusive ao ponto de toda a língua o dever proclamar *kyios*, um termo que substitui na Septuagésima *tetragrammaton* e que era, portanto, o nome divino. No nome Jesus de Nazaré, que "já não está só ao lado das criaturas, mas sim ao lado de Deus"[69], manifestou-se uma plenitude inultrapassável até então desconhecida e historicamente impossível de ser repetida. Tal plenitude devia ser explicada e compreendida com maior profundidade, mas sempre em referência ao nome de Jesus de Nazaré, que, como aquele que se humilhou, é agora o exaltado para sempre ("Jesus Cristo é o Senhor!").

Graças a essa profissão de fé do hino de Filipenses, que pertence ao mais antigo depósito da tradição contido no Novo Testamento, é possível

---

68. Josef Ernst, *Die Briefe an die Philipper, an Philemon, an die Kolosser, an die Epheser* (*Regensburger Neues Testament*), Regensburg, 1974, 66, 69 s.
69. Martin Hengel, "Der Sohn Gottes", in Ders., *Studien zur Christologie. Kleine Schriften 4*, editado por Claus-Jürgen Thornton (*Wissenschaftliche Untersuchungen zum Neuen Testament*, 201), Tübingen, 2006, 74-145, aqui: 132.

mostrar ao mesmo tempo o limite normativo e o motor da evolução dos dogmas cristãos. Essa evolução é cristã se, e somente se, vê no Jesus histórico simultaneamente o Senhor humilhado e igual aos homens, mas também o Senhor exaltado e igual a Deus. Essa confissão pode ser reformulada linguisticamente; no entanto, no diz respeito ao conteúdo, de um ponto de vista cristão, não pode ser superada e muito menos posta em discussão. Na perspectiva do Novo Testamento, é inaceitável uma evolução que se possa considerar capaz de ser sobreposta a Cristo até uma plenitude maior, não manifestada nele. E o mesmo vale para todo o desenvolvimento que procure rebaixar Cristo, relativizando, desse modo, o Jesus histórico. Essa evolução não seria, tampouco, genuinamente cristã. Mas a plenitude manifestada em Jesus não só governa a evolução teológica limitando-a, mas também o seu motor. É que a Igreja procura conservar aquilo em que crê sobre Jesus Cristo e, ao mesmo tempo, anuncia-o de forma compreensível em contextos diferentes.

3.3.2. "Guarda o depósito precioso"

A urgência de conservar o que foi recebido cresceu com o progressivo distanciamento da época de Jesus, a não realização da sua parusia, a morte das testemunhas oculares e o crescente aparecimento na comunidade de posições consideradas heréticas. Por isso, pouco nos deve surpreender que essa temática apareça nos textos mais recentes do Novo Testamento, como, por exemplo, as cartas pastorais, mais em primeiro plano do que nas partes mais antigas ou que reelaboraram tradições mais antigas. A conclusão da Primeira Carta a Timóteo se converteu no *locus classicus* a esse respeito. O autor desse texto pseudoepigráfico, que reclama para si a autoridade de São Paulo, conclui a sua epístola com uma advertência dirigida a Timóteo: "Guarda o depósito da fé, evita as vãs conversas profanas e as contradições da falsa ciência que alguns professam e se desviaram da fé. A graça esteja convosco" (1Tm 6,20 s.). O depósito confiado de que aqui se fala é integrado, através do termo técnico *parathéke*, no direito que regulava os contratos antigos de depósito:

> Designa um bem ou um valor de capital que se entrega a um indivíduo ou a uma instituição com a condição juridicamente vinculativa de que seja conservado intacto; isto é, trata-se de um *depositum*. Sobretudo no direito que regia os depósitos em Roma e na Grécia aparece em primeiro plano a ideia de que a entrega de um depósito cria uma relação de confiança entre depositante e depositário que tem expressão em um contrato

temporal. A transferência dessa ideia para bens e valores intelectuais está amplamente documentada[70].

O autor da epístola opina – com a autoridade de São Paulo – que entre o depositário e ele existe uma relação jurídica, porque entregou a Timóteo um depósito que não pertence a ele em propriedade, mas que ele tem de conservar fielmente na qualidade de administrador. Sendo assim, São Paulo depositou algo do qual o depositário deverá prestar contas um dia. O depositado não coincide plenamente com o Evangelho[71], mas o Evangelho é parte do que São Paulo – segundo a teologia das cartas pastorais – deixou em depósito aos responsáveis comunitários por ele nomeados. Pois o Evangelho é "confiado" primeiro ao próprio São Paulo (1Tm 1,11); e este, ao nomear responsáveis da comunidade, como Timóteo segundo a ficção literária, entrega por sua vez o que foi confiado a ele, transmitindo também a obrigação à qual ele mesmo se considera sujeito: "outro [Evangelho] não há" (Gl 1,7). Na pregação do Evangelho, São Paulo se sente obrigado: anunciar a Boa-nova é "uma obrigação que me foi imposta: ai de mim, se eu não evangelizar!" (1Cor 9,16). Através do contexto legal da *parathéke* ou do depósito como "termo normativo"[72], essa obrigação é passada aos sucessores de São Paulo. Eles adquirem uma obrigação com o apóstolo, obrigação que só cumprem se conservarem o Evangelho transmitido a eles. Não é difícil imaginar que a exortação a Timóteo – *depositum custodi!* – tenha se convertido, na teologia patrística, em uma advertência frequentemente citada para permanecer fiel à fé recebida[73]. Ireneu de Lyon caracterizou a Igreja inteira como *depositorium*[74], como o local onde se guarda e protege um *depositum*. A "metáfora" da *parathéke* ou do *depositum*, "introduzida intencionalmente", pretendia expressar "a declaração vinculativa da tradição pela sua origem"[75].

---

70. Jürgen Roloff, *Der erste Brief an Timotheus* (*Evangelisch-Katholischer Kommentar zum Neuen Testament*, 15), Zurique, 1988, 371.
71. Conforme Bruno Steimer, *Vertex traditionis. Die Gattung der altchristlichen Kirchenordnungen* (*Beihefte zur Zeitschrift für die neutestamentliche Wissenschaft und die Kunde der älteren Kirche*, 63), Berlim, 1992, 179.
72. *Ibidem*.
73. Cf. Fiedrowicz, *Theologie der Kirchenväter*, 323 s.
74. Cf. Ireneu de Lyon, *Adversus Haereses*, III, 4, 1 (ed. Rousseau/Doutreleau 44, 3).
75. Roloff, *Der erste Brief an Timotheus*, 372.

3.3.3. Paráclito e Espírito – mestres de toda a verdade

Perante a distância temporal relativa ao Jesus histórico, surgiu a necessidade de refletir mais profundamente sobre a conservação da tradição, mas também sobre a sua dinamização, para que as comunidades pudessem se adaptar a sua evolução, fosse ela de natureza cultural, política ou geográfica. Desses esforços para entender a plenitude manifestada no homem Jesus não unicamente como conclusão/fim, mas também como abertura de uma revelação nos dão conta as sentenças sobre o Paráclito do Evangelho de São João, também um livro neotestamentário tardio, citado com frequência no contexto da evolução do dogma[76].

Nos discursos de despedida, o Jesus joanino promete aos seus discípulos o envio do Paráclito[77]. Não se esclarece a quem ou a que se refere esse nome. Jesus disse: "Eu apelarei ao Pai e ele vos dará outro Paráclito para que esteja sempre convosco, o Espírito da Verdade, que o mundo não pode receber porque não o vê nem o conhece; vós é que o conheceis, porque permanece junto de vós, e está em vós" (Jo 14,16s.). Guiando-se pela tradição dogmática, que distingue com nitidez o Espírito, como hipóstase própria, do Logos, parece natural entender o Paráclito como o Espírito Santo, e, por conseguinte, como pessoalmente distinto de Jesus. Mas não é isso o que ocorre claramente no *corpus johanneum*. Jesus se refere ao Paráclito como o "Espírito da Verdade" ou como o "Espírito Santo" (cf. Jo 14,26), mas promete "outro" (no sentido de um segundo) Paráclito, o que implica que os destinatários dessas palavras já conhecem uma realidade de referência: o próprio Jesus, que em 1 João também é denominado explicitamente "Paráclito" (cf. 1Jo 2,1)[78]. Dessa forma, existe uma continuidade fundamental entre Jesus, o Paráclito presente na comunidade, e o Espírito como Paráclito futuro, que, como o próprio Jesus joanino (cf. Jo 5,37), é enviado pelo Pai – em outra passagem também com a participação do Jesus elevado (cf. Jo 16,7) – e cuja tarefa consiste em "ensinar tudo"

---

76. Cf. Alois M. Kothgasser, "Dogmenentwicklung und die Funktion des Geist-Parakleten nach den Aussagen des Zweiten Vatikanischen Konzils", in *Salesianum*, 31 (1969), 379-460.

77. As reflexões seguintes se baseiam em Jörg Frey, *Die johanneische Eschatologie 3: Die eschatologische Verkündigung in den johanneischen Texten* (*Wissenschaftliche Untersuchungen zum Neuen Testament*, 117), Tübingen, 2000, 179-222.

78. Cf. Hartwigg Thyen, "Der Heilige Geist als parakletos", *in* Ders., *Studien zum Corpus Iohanneum* (*Wissenschaftliche Untersuchungen zum Neuen Testament*, 214), Tübingen, 2007, 663-688.

aos discípulos e "recordar-lhes tudo" (Jo 14,26) o que Jesus tinha dito a eles. Por consequência, o Paráclito continua a tarefa docente de Jesus; e, em certo sentido, realiza-a inclusive melhor e de forma mais abrangente do que Jesus: "[...] é melhor para vós que eu vá, pois, se eu não for, o Paráclito não virá a vós; mas, se eu for, Eu vo-lo enviarei" (Jo 16,7). O Jesus joanino teria mais coisas a ensinar aos seus discípulos, mas considera que eles ainda não estão em condições de as assimilar: "Quando ele vier, o Espírito da Verdade, há de guiar-vos para a Verdade completa. Ele não falará por si próprio, mas há de dar-vos a conhecer o que ouvir e anunciar-vos o que há de vir. Ele há de manifestar a minha glória, porque receberá do que é meu e vo-lo dará a conhecer. Tudo o que o Pai tem é meu; por isso eu disse: 'Receberá do que é meu e vo-lo dará a conhecer'" (Jo 16,13-15). Jesus disse sobre ele mesmo, no Evangelho de São João, que é a verdade (cf. Jo 14,6), mas, ao mesmo tempo, promete também o "Espírito da verdade" que guiará a comunidade à "verdade plena", a "toda a verdade". O Paráclito, por conseguinte, desenvolverá e culminará a obra de Jesus em continuidade com ele, porque ele – tal como Jesus – não fala por si próprio, mas se limita a anunciar o que ouviu; daí que o Pai possa aparecer como legitimador do que ensina o Espírito (cf. Jo 8,26).

Na relação que estabelece entre Jesus e o Espírito, ambos com funções digamos que paracléticas, São João procura conjugar o caráter singular do que teve expressão em Jesus Cristo com a abertura e a não conclusão deste acontecimento no futuro. Josef Blank observa a esse respeito o seguinte:

> Da distinção entre a revelação dada de modo definitivo e completo em Cristo e a ação do Espírito na Igreja, que guia para a totalidade da verdade, desdobrando-a enquanto a interpreta, é possível obter uma fundamentação teologicamente incontestável para: a) a essência da tradição teológica; e b) uma compreensão teológica da evolução dos dogmas[79].

Tanto a conservação autêntica do transmitido como a sua implementação progressiva são garantidas pelo Espírito, sustenta Blank. Não se deve esquecer, no entanto, que em não raras ocasiões os textos bíblicos surgiram de uma intenção forte de afrontar uma situação comunitária transformada. Esses textos refletem primeiro uma evolução e só em um segundo momento a tratam reflexivamente. A teologia do Paráclito da escola joanina não é

---

79. Josef Blank, *Krisis. Untersuchungen zur johanneischen Christologie und Eschatologie*, Friburgo, 1964, 331, nota 46.

somente uma antecipação, por parte de Jesus, do fenômeno que logo se denominará "evolução do dogma", constituindo já uma reação protocristã a esse fenômeno. Para quem, como São Paulo, se diz firmemente persuadido de que a parusia de Cristo acontecerá sem demora (cf. Ts 4,15) não se colocam muitas perguntas, porque "o tempo é breve" (1Cor 7,29). Menos ainda se necessita de uma teologia elaborada da evolução do dogma em um estado de ânimo marcado pela espera de uma parusia iminente[80]. São Paulo vive com a consciência de ter que transmitir por inteiro e até que Cristo regresse [algo que esperava que ocorresse estando ele ainda vivo (cf. 1Ts 4,15)] – o Evangelho que foi transmitido a ele pela revelação de Cristo (cf. Gl 1,11s.) e que ele recebeu (cf. 1Cor 15,3). Décadas mais tarde, falecidas as testemunhas oculares e a primeira geração de cristãos, esse pressuposto de identidade e continuidade se tornou bastante precário. O autor do Evangelho de São João já não podia se limitar a afirmá-lo, mas devia fundamentar isso teologicamente. Para tanto, responde a teologia do Paráclito:

> À consciência da presença do Espírito-Paráclito, poderia ter estado associada, na escola joanina, a pretensão de que também (e precisamente) no desenvolvimento da atualização da tradição de Jesus suas palavras concordam com sua linguagem, e apesar de toda a descontinuidade na forma linguística (e em parte também no conteúdo), a pretensão de que a continuidade com as palavras do nazareno se mantém no presente. Nesse sentido, o discurso sobre o Espírito-Paráclito elaborado pela escola joanina constitui uma concepção teológica de imenso potencial para gerir teologicamente tanto a sempre crescente distância temporal em relação ao acontecimento fundante, Cristo, como o abismo fundamental e iniludível entre a época pós-pascal da comunidade e a atividade do Jesus terreno[81].

O ponto de partida da teoria do Paráclito que garante a continuidade e guia em direção à verdade plena foi, segundo Jörg Frey, a percepção de uma "descontinuidade" entre Jesus e os seus discípulos, por um lado, e a continuidade cristã, temporalmente cada vez mais distante deles, por outro; e não o inverso – por exemplo, uma teoria da continuidade já disponível na qual fosse possível encaixar as alterações percebidas. Nisso é possível

---

80. Richard P. C. Hanon, *The Continuity of Christian Doctrine*, com introdução de Joseph F. Kelly, Nova Iorque, 1981, 37-39, apresenta o atraso da parusia como motor do desenvolvimento doutrinal protocristão.
81. Frey, *Die johanneische Eschatologie*, 162.

constatar algo fundamental: as teorias da evolução do dogma nasceram na sua maioria de um dilema, porque se notava descontinuidade onde, na realidade, devia existir continuidade, e de tal discrepância resultou a necessidade de relacionar de maneira refletida a descontinuidade factual e a continuidade normativa. É justamente isso o que fazem as teorias da evolução do dogma, na medida em que – como definimos inicialmente – procuram conceituar a instável simultaneidade da continuidade, por um lado, e a descontinuidade, por outro.

CAPÍTULO 4
Continuidade e mudança da doutrina da fé na reflexão da Igreja antiga

4.1. Um primeiro olhar sobre a época

"Por mais fundamental, abarcador e diverso que seja o seu contributo do ponto de vista da história dos dogmas", Michael Fiedrowicz assinala: "na época patrística apenas se refletiu sobre o processo do desenvolvimento doutrinal nas suas possibilidades e nos seus limites, nas suas formas e leis. A prática precedeu a teoria"[1]. O primado temporal da prática não significa, no entanto, que a teologia da Igreja antiga tenha sido, partindo de uma visão atual, improdutiva no que diz respeito à teoria da evolução do dogma. Pelo contrário, para os Padres da Igreja é algo análogo ao que temos afirmado em ralação aos livros bíblicos: a pergunta sobre o desenvolvimento dos dogmas que se exacerbou durante os séculos XVIII e XIX é desconhecida para eles na intensidade com que foi implementada na Era Moderna, com essa consciência tão aguda das descontinuidades que necessitam de explicação. A despeito disso, também os teólogos patrísticos enfrentaram o desafio de conjugar a fidelidade à origem com o desejo de fazer justiça a sua época. Maurice Wiles distingue três motivos que conduziram a Igreja

---

1. Fiedrowicz, *Theologie der Kirchenväter frühchristlicher Glaubensreflexion*, Friburgo, 2010, 329. Os esboços seguintes de teorias patrísticas de desenvolvimento dos dogmas se baseiam nos estudos de Fiedrowicz, assim como na obra de Söll *Dogma und Dogmenentwicklung* (*Handbuch der Dogmengeschichte*, 1.5), Friburgo, 1971, 70-84. Para o contexto teológico da história das teorias patrísticas sobre a evolução doutrinal, cf. Robert I. Milburn, *Auf dass erfüllt werde. Frühchristliche Geschichtsdeutung*, Munique, 1956.

antiga "pela senda da evolução doutrinal": primeiro, o interesse apologético de apresentar a fé cristã de um modo verossímil, compreensível e razoável frente às perguntas dos adversários; segundo, a polêmica anticristã com os chamados hereges, que tornou necessária uma formulação mais precisa e esclarecedora da doutrina da fé da grande Igreja; e, terceiro, "o desejo natural de alguns cristãos de refletir sobre as implicações da sua fé – além disso, do modo mais profundo e completo possível"[2].

O presente capítulo começa por reunir alguns raciocínios contextualmente dispersos de autores patrísticos que são relevantes para uma teoria da evolução do dogma. A analogia entre a evolução doutrinal e o crescimento natural dos seres vivos ou o pressuposto de que a evolução do dogma se baseia na implementação histórica de uma pedagogia divina aparecem de vez em quando na Era Moderna, mas se apoiam em ideias patrísticas. A primeira teoria elaborada sobre a evolução do dogma foi presumivelmente proposta por Vicente de Lérins, o já por diversas vezes mencionado monge gaulês do século V. Faremos uma exposição detalhada da sua abordagem.

4.2. Crescimento natural, pedagogia divina e linguagem humana

O que ficou dito nas notas sobre o Novo Testamento no capítulo anterior caracteriza também o pensamento dos autores cristãos dos primeiros séculos. Por um lado, reinava a convicção de que em Jesus Cristo se tinha manifestado a verdade de Deus na sua plenitude e de modo já não ultrapassável. Por isso foi necessário salvaguardar na doutrina a continuidade com a origem. Mas essa salvaguarda da continuidade exigia, por outro lado, um desenvolvimento progressivo. As circunstâncias mencionadas por Wiles – sobretudo as polêmicas sobre a reta doutrina da fé *ad intra* e a defesa do cristianismo *ad extra* – tornaram necessário reformular a fé cristã, afim de torná-la plausível, tendo em conta que a distância temporal em relação a Cristo crescia e que o marco intelectual em que até então se refletia sobre Cristo ia se transformando. O fato de o modo de pensar não deixar intacto o conteúdo do que é pensado ficou, pelo menos entre os autores patrísticos, em grande medida sem reflexão.

---

2. Maurice Wiles, *The Making of Christian Doctrine. A Study in the Principles of Early Doctrinal Development*, Cambridge, 1967, 19.

Aquilo que *de fato* se pretendia era dizer o mesmo, mas de outro modo. A fé devia ser reformulada salvaguardando rigorosamente a sua identidade originária, sem vincular com isso inovações materiais. Justamente nesse equilíbrio – dizer algo de uma maneira nova sem dizer nada de novo – radicava o desafio teológico.

Assim, por exemplo, Orígenes afirma que quem está convencido de que "a graça e a verdade surgiram por mediação de Jesus Cristo e de que Cristo é a verdade que ele mesmo diz" não receberá "instruções para uma vida bem-aventurada de nenhum outro lugar além das palavras e do ensinamento de Cristo"; por "ensinamento de Cristo" entende Orígenes não só o que foi transmitido pelo Jesus histórico, mas também o ensinamento dos profetas, cujas palavras interpreta – em uma combinação de especulação platônica sobre o Logos e exegese prosopográfica – como palavras de Cristo, que "estava presente como Palavra de Deus em Moisés e nos profetas"[3]. No entanto, quais são exatamente o conteúdo e o significado desse ensinamento de Cristo, continua a ser, segundo Orígenes, objeto de controvérsia entre os fiéis. É essa circunstância que o leva a escrever a sua obra. "Posto que muitos dos que professam a fé em Jesus Cristo discordam entre si não só em relação ao pequeno e ao mais insignificante, mas também em relação ao grande e ao supremo, ou seja, ao relativo a Deus, ao Senhor Jesus Cristo ou ao Espírito Santo", é necessário "determinar uma linha firme e uma regra clara" da doutrina cristã da fé; o critério para distinguir na diversidade de opiniões que existem, inclusive dentro do próprio cristianismo, entre o verdadeiro e o falso não é outro senão a "tradição apostólica"[4] que se conserva na Igreja. A doutrina dos apóstolos contém tudo o que é necessário para a salvação.

Apesar disso, para Orígenes, a suficiência soteriológica da doutrina apostólica não se apresenta acompanhada de suficiência intelectual. Ainda que os apóstolos "tenham transmitido com suma clareza" aos seus discípulos certas coisas, deixaram a outros a tarefa de "investigar as razões das suas afirmações", principalmente para aqueles que "eram dignos de dons intelectuais significativos"[5]. Como exemplo de doutrina apoiada pela revelação, mas necessitada de fundamentação e descrição mais profundas,

---

3. Orígenes, *De Princiiis*, Praef. I (Quatro livros sobre os princípios, editados, traduzidos, com críticas e notas explicativas de Hewig Görgemanns e Heinrich Karpp (*Texte zur Forschung*, 24), Darmstadt, 1985, 84).

4. *Ibidem*, Praef. 2 (ed. Görgemanns/Karpp, 84).

5. *Ibidem*, Praef. 2 (ed. Görgemanns/Karpp, 86).

menciona Orígenes a ideia da liberdade da alma racional[6]. O alexandrino considera não haver dúvida de que a alma racional é livre e não está sujeita às leis das necessidades causais. Todavia, no que se refere à estrutura mais precisa da alma, a sua origem e a sua gênese – assuntos sobre os quais diversas teorias rivalizam entre si no platonismo médio –, a doutrina dos apóstolos não oferece nenhuma informação e deixa aos eruditos a procura de resposta a essas questões. Dito de outra forma: enquanto o *fato* das verdades centrais da fé está já fundamentado na revelação, o seu *porquê*, a sua *origem* e a sua *particularidade* exigem um esforço intelectual de que ficam encarregues os *studiosiores*, ou seja, os mais cultos entre aqueles que creem. Com esse encargo, Orígenes não sugere um desenvolvimento da doutrina da fé no sentido de uma mudança, mas sim de uma compreensão cada vez mais profunda e progressiva. A "consciência de uma posse incomparável da verdade"[7] por parte do cristianismo, por um lado, e o esforço de fundamentar essa pretensão de verdade conservando a sua identidade conforme o tempo, por outro, não se encontram em Orígenes, mas constituem o pressuposto básico dos esforços apologéticos dos séculos II e III.

Com o crescente acolhimento da filosofia contemporânea – e isso, na linguagem da historiografia posterior, significa sobretudo o platonismo médio[8] –, esse esforço se tornou, na sua dupla finalidade, ao mesmo tempo

---

6. Sobre a concepção de liberdade de Orígenes, cf. Alfons Fürst, "Origenes. Theologie der Freiheit", in Alfons Fürst, *Von Origenes und Hieronymus zu Augustinus. Studien zur antiken Theologiegeschichte* (Arbeiten zur Kirchengeschichte, 115), Berlim, 2011, 3-24.

7. Michael Fiedrowicz, *Apologie im frühen Christentum. Die Kontroverse um den christlichen Wahrheitsanspruch in den ersten Jahrhunderten*, Paderborn, 2000, 39.

8. Como regra geral, "neoplatonismo" designa a forma de pensamento platônico na Antiguidade tardia influenciada por Plotino, enquanto a expressão "platonismo médio" engloba as abordagens dos platônicos tardoantigos que devem ser situados temporalmente antes de Plotino ou que – embora tendo vivido depois dele – não tenham recebido o seu pensamento. Uma característica importante do platonismo médio que se refletiu na controvérsia sobre Ário é, segundo Jens Halfwassen, a "teologia do *noûs*", que o neoplatonismo não elaborou de forma comparável. Cf. Jens Halfwassen, "Proklos über die Transzendenz des Einen bei Platon", in *idem*, *Auf den Spuren des Einen. Studien zur Metaphysik und ihrer Geschichte* (Collegium Metaphysicum, 14), Tübingen, 2015, 165-183, aqui: 167: "Por último, nota-se o evidente destaque que Proklo dá à transcendental relevância de Plotino para o desenvolvimento histórico do platonismo. A cesura definitiva que hoje marca, para nós, a transição do platonismo médio para o neoplatonismo é vista por Proklo na renovação plotiniana da metafísica intra-acadêmica de Platão, isto é, na teoria dos princípios que resulta na totalidade do existente a partir do Uno como princípio absoluto que tudo fundamenta e que não precisa, e não pode, ser fundamentado. Através da renovação dessa metafísica, Plotino consegue uma interpretação global unitária e sistematicamente fundada da filosofia

melhor sucedido e mais precário: melhor sucedido, porque os autores cristãos conseguiram também tornar a sua religião intelectualmente atrativa; e mais precário, porque a penetração do platonismo no cristianismo vinha acompanhada de um distanciamento do platonismo em relação ao mundo linguístico da Bíblia e da tradição protocristã, porque era possível que se transformasse igualmente o conteúdo da doutrina da fé (o que viria a se tornar objeto de disputa). No século XX, essa problemática foi debatida como questão sobre a "helenização" do cristianismo, pelo que se deve entender em sentido lato, como assinala Christoph Markschies, "o confronto dos cristãos com os padrões da racionalidade e da ciência contemporânea, bem como com os modelos institucionais" do âmbito cultural grego e, em sentido estrito e mais preciso, "uma transformação específica das instituições alexandrinas de educação, e também da cultura científica nelas praticada, na reflexão teológica do cristianismo antigo"[9]. Esse processo de transformação – independentemente de se chamar, ou não, de "helenização" – revalorizou intelectualmente o cristianismo, por um lado, mas o precipitou, por outro, na chamada "controvérsia ariana", a que voltaremos adiante, em uma crise de identidade da qual só conseguiu sair, paradoxalmente, recorrendo a termos de cunho platônico, que eram parte do problema. O presbítero alexandrino Ário, seguindo os passos da teologia do *noûs* do platonismo médio[10], tentou determinar a relação do Logos preexistente encarnado em Cristo com o Deus criador, por um lado, e com o mundo criado, por outro. Nisso, Ário consignou o Logos a um âmbito intermediário situado entre Deus e a criação. O Filho é "plenamente criatura

---

de Platão, revelando também, pela primeira vez, o verdadeiro sentido dos diálogos platônicos. Em oposição, os representantes do platonismo médio, que precederam Plotino, não conseguiram nem uma coisa nem outra; antes, a sua interpretação de Platão nunca deixou de ser, em grande medida, experimental. Dessa maneira, fica muito clara a característica inovadora do platonismo de Plotino em relação ao platonismo médio antecedente. Mas interpreta de forma historicamente correta a renovação do platonismo, por força da metafísica de Plotino do Uno, como a recuperação dos princípios da henologia de Platão, que no platonismo médio tinha passado para segundo plano em benefício de uma teologia do *noûs* orientada tanto para o *Timeu* de Platão como para Xenócrates".

9. Christoph Markschies, "'Hellenisierung des Christentums'? Die ersten Konzilien", in Friedrich Wilhelm Graf, Klaus Wiegandt (eds.), *Die Anfänge des Christentums*, Frankfurt, 2009, 397-436, aqui: 398s., 416. Do *topos* da helenização do cristianismo se ocupa longamente, em uma perspectiva da história da investigação, Christoph Markschies, *Hellenisierung des Christentums. Sinn und Unsinn einer historischen Deutungskategorie* (*Forum theologische Literaturzeitung*, 25), Leipzig, 2012.

10. Halfwassen, *Proklos über die Transzendenz des Einen bei Platon*, 167.

divina", mas não "como uma das criaturas"; é gerado, "mas não como um dos gerados"[11]; é divino, mas não Deus. A tendência subordinacionista, com frequência difusa, dos padres apologistas – que partem, em sentido sobretudo histórico-salvífico ou econômico, da subordinação do Filho ao Pai – torna-se assim uma determinação ontológico-ousiológica[12] que caracteriza inequivocamente o Logos como não Deus. Embora não tenha conseguido se impor com essa posição referente ao conteúdo (algo que só se evidenciou depois de várias décadas de controvérsia), Ário obrigou a que fosse dada a ele uma resposta que – para enfrentar com eficácia o arianismo – tinha de se mover no mesmo plano argumentativo: em um plano discursivo ontológico-ousiológico de marca platônica. Ficou evidente o mesmo padrão que já tinha impregnado a formação do cânone neotestamentário na polêmica com Marcíon: se uma equivocidade venerável se transforma em uma univocidade percepcionada como problemática, não basta se agarrar à equivocidade originária, mas à univocidade rejeitada deve se contrapor outra preferível a ela. Por isso, os antiarianos tiveram de descrever a relação do Logos preexistente com Deus-Pai de modo tão preciso como Ário, só que sob um sinal inverso.

Mais tarde, tendo em conta esse desenvolvimento – que alcançou o seu ponto culminante no *homooúsis* de Niceia (cf. DH, 125), isto é, na profissão de fé na mesma identidade da essência do Pai e do Logos preexistente – tornou-se evidente para os contemporâneos que eram necessárias fundamentações cada vez mais sofisticadas para demonstrar a identificação das confissões do século IV com a fé dos primeiros cristãos. A "referência à utilidade providencial da heresia para o progresso cognitivo teológico", fundamentada nas palavras de São Paulo – "é necessário que haja divisões entre vós" (1Cor 11,19) – e "desde tempos antigos um dos *topo* da heresiologia patrística"[13] teve de suportar, no século IV, um peso inaudito de inovações terminológicas que estavam supostamente ao serviço da conservação do antigo mas que ao mesmo tempo ameaçavam

---

11. Citado por: Friedo Ricken, "Das Homosious von Nikaia als Krisis des altchristlichen Platonismus", *in* Bernhardt Welte (ed.), *Zur Frühgeschichte der Christologie. Ihre biblischen Anfänge und die Lehrformel von Nikaia* (Quaestiones Disputatae, 51), Friburgo, 1970, 74-99, aqui: 85.

12. A distinção entre esses dois tipos de subordinação é proposta por Wolfgang Marcus, *Der Subordinatianismus als historiologisches Phänomen. Ein Beitrag zu unserer Kenntnis von der Entstehung des altchristlichen Theologie und Kultur under besonderer Berücksichtigung der Begriffe Oikonomia und Theologia*, Munique, 1963, 171-173.

13. Fiedrowicz, *Theologie der Kirchenväter*, 327.

aquilo que devia ser conservado. Assim, por exemplo, Hilário de Poitiers se lamenta:

> Mas os vícios dos hereges e blasfemos no obrigam a fazer o que não está permitido, a escalar declives perigosos, a expressar o inefável, a nos arriscarmos no que é proibido. E somente a fé deveria bastar para cumprir o que está ordenado: adorar o Pai e, com ele, venerar o Filho e ter o Espírito Santo em abundância. Vemo-nos forçados a estender a modéstia da nossa linguagem ao que é inefável, e o vício de outro nos empurra ao vício próprio, de maneira que aquilo que por veneração deveria ter sido conservado na alma se vê exposto perante o perigo da linguagem humana[14].

Hilário está consciente de que a implementação reflexiva e terminológica da doutrina da fé tem associado o perigo de nos tornarmos agressivos, a fim de nos defendermos da agressividade alheia, dizendo mais do que se pode dizer sobre o Deus inefável, correndo o perigo de incorrer em enunciados falsos.

A diferença entre a linguagem própria, de cunho platônico, e o mundo linguístico do Novo Testamento é que não podia interpretada, naturalmente, no sentido de uma mudança substancial, mas devia ser defendida como um progresso conservador da identidade ou como um desenvolvimento orgânico. Para ilustrar esse ponto, recorreu-se a comparações com processos da natureza. Segundo Georg Söll, Basílio de Cesareia "propôs a primeira analogia para o processo do progresso dogmático"[15]. Em uma carta dirigida a Eustáquio, Basílio escreve: "Da mesma forma que o que cresce passa de pequeno para grande, mas permanece idêntico a si próprio, sem mudar de natureza, e se consuma em conformidade com o crescimento, assim também uma e a mesma doutrina surgiram, penso eu, através do progresso"[16]. Jerônimo, no seu *Comentário ao Evangelho de São Mateus*, refina essa imagem relacionando-a com a parábola do grão de mostarda proposta por Jesus (cf. Mt 13,31 s.). O anúncio do Evangelho, que começou tão pequeno e insignificante, cresceu até se converter em uma árvore em cujos ramos os pássaros podem se aninhar, representando, para Jerônimo,

---

14. Hilarius von Poitiers, *De Trinitate*, II, 2 (*De Trinitate; Praefatio, Libri I-VII*, edição e estudo de Pieter Frans Smulders (*Corpus Christianorum Series Latina*, 62), Turnhout, 1979, 38 s.).

15. Söll, *Dogma und Dogmenentwicklung*, 76.

16. Basílio de Cesareia, *Epistula 223* (*Correspondance*, 3, *Lettres* CCXIX-CCCLXIV, texto traduzido e fixado por Yves Courtonne, Paris, 2003, 12, 40-13, 44).

os múltiplos ramos da árvore "a diversidade dos dogmas"[17], e os pássaros que neles encontram refúgio, as almas daqueles que creem. Outra analogia eficaz para ilustrar o progresso dogmático é o corpo humano. Vicente de Lérins já o mencionara, devendo este ponto ser tratado mais detalhadamente, ao dizer que o progresso dogmático acontece *ratione corporis*, à maneira do corpo:

> Embora, no processo dos anos, desenvolvam e implementem as suas partes, os corpos permanecem os mesmos que eram antes. Muito tempo se passa desde a flor da infância à maturidade da velhice; contudo, não são outros os que se tornam velhos, mas os mesmos que foram adolescentes; por mais que mudem a estatura e a parte exterior, permanecem, todavia, idêntica a sua natureza, idêntica a sua pessoa. Diminutos são os membros das crianças de colo, grandes os dos jovens; no entanto, são os mesmos... Assim essas leis do progresso devem obrigatoriamente ser seguidas pelo dogma da religião cristã; que seja consolidado com os anos, se dilate com o tempo, se engrandeça com a idade; permaneça, necessariamente, incorrupto e não contaminado, perfeito e inteiro em todas as dimensões das suas partes, em todos os seus membros e sentidos próprios; que não tolere alteração de nenhum gênero, nem perda da sua condição, nem mudança alguma no seu ser definitivo[18].

Essas considerações mostram o potencial e a problemática das analogias feitas a partir do crescimento do corpo humano com o intuito de ilustrar a evolução do dogma. A imagem proposta por Vicente de Lérins possui, por um lado, um dinamismo que permite a ele pensar em processos que caracteriza explicitamente como progresso (*profectus*). Está inerente a essa imagem, por outro lado, uma certa rigidez, porque não contempla a possibilidade de que no processo de crescimento e avanço apareça algo novo. Trata-se simplesmente do desenvolvimento do que já está presente: os braços da criança são pequenos, os do adulto grandes, mas, nele, não crescem braços novos. De modo análogo, a doutrina cristã permanece, na opinião de Vicente de Lérins, sempre inalterável "em todas as dimensões das suas partes", porque desde o princípio estava completa "nos seus membros e sentidos próprios".

---

17. Jerônimo, *Commentariorum in Matheum II 13* (*Commentariorum in Matheum Libri IV*, David Hurst e Marcus Adriaen (eds.) (*Corpus Christianorum Series Latina*, 77), Turnhout, 1969, 108, 868).

18. Vincent de Lérins, *Commonitorium*, 23, 4-9 (ed. Fiedrowicz/Barthold, 267-269).

Não só a cristologia, mas também a polêmica em torno da divindade do Espírito Santo, trouxeram consigo a necessidade de refletir sobre o problema da evolução do dogma. O Concílio de Niceia não se ocupou da questão relativa à personalidade e à essência divina do Espírito. Formulou uma confissão tripartida (trinitária) que começa com "cremos" e cuja parte central, a cristológica, contém numerosas interpolações antiarianas, enquanto a sua terceira parte consiste em uma só frase: "E também no Espírito Santo" (DH, 125). A profissão de fé posterior no Espírito como Senhor (*tò kyrion*) e doador da vida que com o Pai e o Filho é adorado e glorificado – com o qual não se enuncia uma *homoousía* ou igualdade de essência, como a que supõe a subsequente sistematização da doutrina trinitária, mas sim uma *homotimía*, uma igualdade de honra – é um aditamento do Concílio de Constantinopla (cf. DH, 150) ao símbolo de Niceia. Os teólogos que, como era o caso dos capadócios, defendiam, por um lado, a *fides nicaena* e advogavam, por outro lado, frente aos pneumatômacos, a divindade do Espírito Santo, viram-se envolvidos em uma dupla frente. Tiveram de mostrar por que razão o credo niceno era vinculativo e necessitava ao mesmo tempo de ser ampliado: vinculativo no que se refere à cristologia; com necessidade de ser ampliado no que tange à pneumatologia. "Não podemos acrescentar nada ao credo de Niceia", afirma Basílio de Cesareia, "nem o mais insignificante, exceto o louvor ao Espírito Santo, tendo em conta que os nossos padres refletiram levemente sobre esse ponto. Assim, nele, a questão ainda não se tinha colocado"[19]. Basílio formula uma observação aparentemente trivial, mas relevante: todo o problema tem o seu tempo e não pode ser transferido de forma discricionária para épocas anteriores. Basílio distingue, fora o anacronismo, entre contextos de validade e contextos de descoberta. O Espírito é desde sempre Deus; mas este fato só foi formulado de modo confessional-vinculativo no âmbito dos debates do século IV porque a questão não tinha sido, até então, entendida como problema. Embora pareça pouco espetacular, esse raciocínio abre uma perspectiva hermeneuticamente reveladora sobre o problema do desenvolvimento dos dogmas: assim como a resposta depende de qual seja a pergunta colocada, assim também a formulação de uma confissão vinculativa depende da época em que é feita e das disputas às quais responde. Desse modo, parece que ao desenvolvimento dogmático da doutrina da fé está inerente um grau iniludível de contingência histórica, a não ser que se

---

19. Basílio de Cesareia, *Epistula 258*, 2 (ed. Courtonne, 101, 15-102, 20).

procure enganar a referida contingência supondo uma providência omnirreguladora que se sirva das heresias e as utilize como instrumentos[20] para ajudar a verdade eterna, já conhecida no Céu, triunfando na Terra.

Mas se Cristo representa a plenitude da Revelação, posto ser ele próprio Deus, por que razão não se revelou Deus de um modo tão inequívoco que pudesse ser compreendido de uma vez por todas? A esse respeito formula Gregório Nazianzeno uma ideia que, "desse modo, só se encontra nele"[21]. Nas suas *Orationes Theologicae* ("Discursos teológicos"), ele ensina que o Antigo Testamento anuncia o Pai "com clareza", e o Filho, por outro lado, só "obscuramente". O Novo Testamento, por seu lado, "revela" o Filho com clareza, enquanto só "insinua" obscuramente o Espírito Santo. São Gregório explica:

> Pois não era seguro, quando a Deidade do Pai ainda não era confessada, proclamar abertamente o Filho e, quando a Deidade do Filho ainda não era reconhecida, impor, por assim dizer, também o Espírito Santo. Igualmente, as pessoas não deveriam comprometer o que está dentro de suas possibilidades, carregando-se com alimentos além de sua capacidade e direcionando seus olhos ainda muito fracos para a luz do sol[22].

Jesus teve essa máxima em conta no trato com os seus discípulos na medida em que, embora se revelando a si mesmo, também anunciou a eles que, mesmo se não conseguissem entendê-lo, o Espírito da Verdade os introduziria nessa revelação (cf. Jo 16,12 s.). "Uma dessas revelações era", afirma Gregório Nazianzeno, "a divindade do Espírito"[23]. Por consequência, a revelação segue, de acordo com Gregório, um plano pedagógico que determina quanto e até onde se comunica segundo o que são capazes de assimilar os que recebem a comunicação. Enquanto estava ocupada "digerindo" a divindade do Filho (seguindo a imagem gregoriana da alimentação), a Igreja antiga não teria suportado que fosse também a

---

20. Cf. Karl Suso Frank, "Vom Nutzen der Häresie. 1 Kor 11,19 in den frühen patristischen Lieratur", *in* Walter Brandmüller, Herbert Immenkörter, Erwin Iserloh (eds.), *Ecclesia militans 1: Zur Konziliengeschichte* (*FS Remigius Bäumer*), Paderborn, 1988, 23-35.

21. Fiedrowicz, *Theologie der Kirchenväter*, 334. Cf. também Susanne Hausammann, *Annäherungen. Das Zeugnis der altkirchlicen und byzantinischen Väter von der Erkenntnis Gottes*, Göttingen, 2016, 37-39.

22. Gregório Nazianzeno, *Orationes Theologicae*, 31, 26 (*Discours*, 27-31) (*Discours Théologiques*). Introduction, texte critique, traduction et notes par Paull Gallay avec la collaboration de Maurice Jourjon (*Sources Chrétiennes*, 250), Paris, 1978, 328, 8-14).

23. *Ibidem*, 31, 27 (ed. Gallay, 330, 12 s.).

ela ministrada a doutrina sobre a divindade do Espírito Santo. Mas, uma vez que Niceia tinha formulado claramente a divindade do Filho e que o credo niceno, depois de um longo período de perplexidade, se encontrava em 380 – data em que Gregório pronunciou os seus *Discursos Teológicos* – em uma fase de consolidação, Deus considerou que tinha chegado o momento de chamar a atenção também para a divindade do Espírito de forma mais clara do que se fazia até então. Essa figura, da forma como a emprega Gregório, não leva a um *regressus infinitum* e não pode ser prolongada arbitrariamente, porque só "o Pai, o Filho e o Espírito Santo constituem a única divindade" e, sendo assim, após a revelação do Espírito como Deus não se pode esperar novos conhecimentos, igualmente fundamentais, sobre a essência divina. Mesmo assim, e com isso, oferece uma explicação do fenômeno da evolução do dogma: o progresso dogmático é consequência da pedagogia divina e deve ser entendido por analogia com o progresso de aprendizagem de um aluno, sendo o papel de mestre desempenhado pelo Espírito prometido no Evangelho de São João, que, conforme o desígnio divino e a maturidade dos seus alunos, determina em cada momento que mistério será incluído no currículo. Essa explicação tem uma tônica diferente da derivação heresiológica da necessidade da evolução dogmática. Enquanto a ideia de que o progresso dogmático – no sentido de um desenvolvimento mais preciso do que aquilo em que sempre se acreditou – é necessário para afastar as heresias sublinha o caráter defensivo desse desenvolvimento, na derivação pedagógica o primeiro plano é ocupado pelo aspecto positivo. A Igreja se revela, nesse processo, ouvinte e estudante perante o Espírito que a guia para a verdade de um modo cada vez mais profundo. Os dois enfoques não se excluem: cabe perfeitamente afirmar, por um lado, que o desenvolvimento mais preciso da doutrina da fé constitui uma reação às heresias e que a comunidade ortodoxa, guiada pelo Espírito Santo, encontra-se mais profundamente no decurso desse desenvolvimento. A orientação anti-herética e a pedagogia divina representam, naturalmente, dois aspectos que acentuam pontos de vista diferentes para salientar a origem do desenvolvimento dos dogmas.

A interpelação do Espírito prometido, que "há de guiar" os discípulos "para a verdade completa" (Jo 16,13), convida à reflexão sobre o problema do progresso dogmático. Uma das exegeses dessa passagem mais amplamente acolhida é a proposta por Santo Agostinho nos seus *Tratados sobre o Evangelho de São João*. Segundo o bispo de Hipona, o ministério de pregação da Igreja assenta sobre dois pilares: um interior ao ser humano e outro exterior a ele, mas orientado para guiar os ouvintes para a mensagem igualmente de fora para dentro. Graças à efusão do Espírito Santo, os discípulos de Jesus estão preparados "porque ele [o Espírito] dá testemunho de Cristo no seu interior, de darem eles também testemunho"; sendo assim, o Espírito, "quando vier – assim interpreta Santo Agostinho as palavras de Jesus na primeira pessoa – dará testemunho de Mim, para que vós [isto é, os discípulos – M.S.] não vos caleis por medo dessas coisas e deis assim, também, testemunho"[24]. O Espírito Santo atua aqui como mestre interior que, em virtude da sua presença na alma do ser humano, ajuda a compreender, de modo cada vez mais profundo, o Deus que em Jesus Cristo se revelou como homem. Mas o Espírito não é só um mestre que nos dá intelecção, é também um consolador que nos oferece alento. As duas coisas – intelecção e alento, que brotam de dentro – são necessárias para dar exteriormente forma à pregação cristã.

Mas por que razão o Espírito Santo assumiria depois do Pentecostes a atividade docente e consoladora que o próprio Jesus tinha desempenhado junto dos seus discípulos? Não teria sido melhor que Jesus continuasse guiando os cristãos como tinha feito com os seus discípulos? Santo Agostinho interpreta as afirmações do Jesus joanino "É melhor para vós que Eu vá, porque, se Eu não for, o Paráclito não virá a vós; mas, se Eu for, Eu vo-lo enviarei" (Jo 16,7), sobre a origem da dualidade platônica de espírito e carne. A hierarquia dos entes vai do material ao inteligível; por isso que o caminho do conhecimento vai do carnal ao espiritual. Através da Encarnação do Filho, Deus se manifestou ao homem sob a forma carnal, inclusive na humilhação da condição de servo. "É melhor", põe Santo Agostinho nos lábios de Jesus,

> que esta forma de servo vos seja retirada. Verbo feito carne, habito certamente no meio de vós; mas não quero que me queirais ainda carnalmente nem que, satisfeitos com esse leite, ansieis por ser sempre crianças de leite... Se não retiro os alimentos delicados com que vos tenho alimentado, não sentireis fome de alimento sólido; se aderis carnalmente à carne, não sereis capazes do Espírito... O que significa: "se Eu não for, o Paráclito não virá a vós", a não ser que "não podeis captar o Espírito enquanto persistirdes em conhecer a Cristo segundo a carne"? Por isso, o que já recebeu o Espírito afirma: "Ainda que tenhamos conhecido a Cristo desse modo, agora já não O conhecemos assim" (2Cor 5,16). Portanto, esse não conhece

---

24. Augustinus, *In Iohannis Evangelium Tractatus*, 94, 2 (ed. Willems, 562, 19-21).

a Carne de Cristo segundo a carne, mas conhece a carne que se tornou Palavra espiritual (*spiritualiter*), o Verbo feito carne[25].

Jesus Cristo, como Verbo encarnado, pode ser conhecido e amado de duas maneiras: carnal e espiritualmente; no encontro direto com o Jesus terreno, que fica reservado para os primeiros discípulos, e no fazer-se presente de Cristo pelo Espírito Santo, referidas por todas e cada uma das gerações de cristãos que se seguem. Santo Agostinho considera superior essa última maneira – o conhecimento e o amor a Cristo segundo o Espírito. Sobre isso, tece motivos paulinos, como a distinção entre os homens amarrados ao carnal (psíquicos), aos quais a sabedoria divina só é ministrada sob a forma de leite de crianças de colo, e os homens repletos de espírito (pneumáticos), que podem tomar também alimento sólido (cf. 1Cor 3,1-3). A saída de Jesus em consequência da sua ascensão ao Céu tem, para Santo Agostinho, valor gnoseológico. Leva a Igreja da visão carnal à contemplação espiritual e representa, por conseguinte, um progresso cognitivo, enquanto o Pai, o Filho e o Espírito vivem agora na forma pneumática junto dos seres humanos e são conhecidos e amados por estes *spiritualiter*. Para Santo Agostinho, o amor é um afã intimamente aparentado com o conhecimento. O Espírito Santo faz com que o fiel cresça no amor

> no qual ele ama o que conhece e ainda anseia pelo que vai conhecer, sabendo que nem sequer as coisas que, de algum modo, conhece agora, as conhece ainda como vai conhece-las [...]. No próprio espírito, isto é, no homem interior, cresce-se de certo modo não apenas passando do leite ao alimento sólido, mas também tomando cada vez mais alimento sólido. Nesse caso, cresce-se não em um espectro espacial, mas na inteligência luminosa, porque mesmo esse alimento sólido é luz inteligível. Que cresçais e a capteis e que, quanto mais cresçais, tanto mais a capteis, isso deveis pedi-lo e esperá-lo não daquele mestre que emite sons aos vossos ouvidos, ou seja, planta e rega trabalhando por fora, mas de quem dá o crescimento[26].

A morada do Espírito Santo no interior do ser humano opera uma dinâmica de amor e conhecimento que concede um vislumbre cada vez mais profundo da essência divina. Nisso, Santo Agostinho constrói, com engenhosidade retórica, uma dicotomia entre o discurso exterior e, em última análise, insuperavelmente extrínseco sobre Deus, por um lado,

---

25. *Ibidem*, 94, 4 (ed. Willems, 563, 16-564, 37).
26. *Ibidem*, 97, 1 (ed. Willems, 572, 9-573, 53).

e o testemunho interior, que entende como dom do Espírito Santo, por outro lado. Enquanto Deus está na boca de todos – nas daqueles que fazem perguntas e nas dos que respondem, na boca dos que o louvam, mas também na dos que blasfemam –, o verdadeiro conhecimento de Deus só pode prosperar no interior, como intercâmbio entre o Espírito Santo e o homem espiritual.

Em todo o caso, Santo Agostinho reflete também sobre o *testimonium externum*, o testemunho de fé externo da Igreja, formulado linguisticamente. E cita a exortação das cartas pastorais: "Evita as vãs conversas profanas" (1Tm 6,20), mas acentua que não se trata de uma reserva geral frente aos neologismos, mas da rejeição de inovações ímpias – profanas – de natureza linguística. "Existem também neologismos que têm correspondência com a doutrina da religião", algo que Santo Agostinho ilustra graças ao termo "cristão", que não foi inventado pelo próprio Jesus para os seus seguidores, mas que apareceu pela primeira vez em Antioquia como designação devida a pessoas estranhas à comunidade dos fiéis (cf. Hb 11,26) ou do termo *homooúsios*, um neologismo cristológico do século IV. Que uma inovação verbal seja permitida ou julgada ímpia é algo que se decide, para Santo Agostinho, vendo se aquilo que é designado por esse "novo nome" caracteriza de forma adequada ou não aquilo que já existia antes desse nome e que se chamava simplesmente de outra forma ou carecia de nome, porque "essas coisas mesmas existiam ainda antes dos seus nomes e são sustentadas pela verdade da religião"[27]. Formulando-o na terminologia epistemológica moderna, Santo Agostinho sustenta uma teoria realista do conhecimento: um enunciado é verdadeiro se o que afirma é, na realidade objetiva a que se refere, exatamente como o enuncia. Por consequência, o conteúdo de verdade de um enunciado se decide pela proposição – ou seja, pelo estado de coisas que no enunciado se afirmam como verdadeiras – correspondendo a ele, no plano ontológico, um ser-assim, modo de ser ou essência (*So-sein*). Um enunciado é verdadeiro se o modo de ser afirmado por ele como verdadeiro no plano ontológico corresponde ao modo de ser caracterizado por ele na forma *linguística*. Para Santo Agostinho, o *homooú-sios* do Concílio de Niceia não é mais do que uma forma linguística nova para expressar o que, no plano ontológico, é desde sempre. Assim, a evolução do dogma poderia ser entendida como o aperfeiçoamento da capacidade linguística da Igreja: o que simples e absolutamente vai se

---

27. *Ibidem*, 97, 4 (ed. Willems, 575, 21-25).

expressando com cada vez maior precisão. Embora mudem as palavras, o conteúdo material permanece idêntico: "Contra a impiedade dos hereges arianos foi também composto um novo nome, *homooúsios*, mas com ele se designou uma nova realidade, pois *homooúsios* significa o mesmo que 'Eu e o Pai somos um', ou seja, de uma una e idêntica substância"[28]. Por conseguinte, para Santo Agostinho, a ortodoxia não está vinculada a um código linguístico fixo, cuja transgressão, seja ela qual for, será julgada como heresia. O que importa a ele é a realidade, não as palavras. O espaço de possibilidades terminológicas que abre o bispo de Hipona é enorme.

4.3. "Em qualquer lugar, sempre e por todos", a regra de Vicente de Lérins

As observações dos teólogos patrísticos sobre o problema do desenvolvimento dos dogmas são, na opinião de Michael Fiedrowicz, "escassas, concisas e condicionadas pela situação", com uma exceção: Vicente de Lérins, "[que foi] o primeiro a levantar expressamente a questão relativa a uma evolução da doutrina eclesial da fé e a responder a ela com acuidade. Por causa das suas reflexões detalhadas e profundas sobre esse tema, Vicente pode ser caracterizado como o primeiro teórico da evolução dogmática"[29].

Segundo a informação oferecida por Vicente de Lérins, ele escreveu o livro que seria de imediato conhecido como *Conmonitorio* e que foi publicado sob o pseudônimo "Peregrinus" três anos depois do Concílio de Éfeso, isto é, em 434. Este dado é importante porque Vicente faz uma retrospectiva da confusão ariana do século IV e das décadas seguintes ao Concílio de Niceia a partir de uma situação já em grande medida esclarecida. Igualmente relevante é o fato de Vicente ter vivido, como monge, nas ilhas Lérins, no Mediterrâneo (em frente à Riviera francesa), esse contexto geográfico-cultural talvez explique a razão pela qual a obra de Vicente de Lérins foi lida no contexto das polêmicas do monacato francês com a radicalizada doutrina agostiniana da graça, e o seu *Conmonitorio* foi encarado desde o início da Era Moderna como um texto antiagostiniano, o que, por sua vez, poderá esclarecer o fato de Vicente não ter gozado de nenhuma

---

28. *Ibidem*.
29. Fiedrowicz, *Einleitung*, 114. Fiedrowicz oferece uma exposição da biografia, do pensamento e da história do acolhimento dado a Vicente de Lérins que é fundamental para as considerações seguintes.

aceitação durante a Idade Média[30]. Só a partir do século XVI as suas obras voltaram a ser lidas, marcando a linguagem da teologia de um modo que hoje, por mais que se pondere, é difícil avaliar. Por isso vale a pena nos ocuparmos mais detalhadamente com sua implementação.

4.3.1. Os critérios do canon vicentianus e os seus problemas

A obra do monge de Lérins é tão fecunda do ponto de vista da teoria da evolução doutrinal porque Vicente de Lérins parte explicitamente do "progresso" (*profectus*) da doutrina da fé, que, no entanto, distingue com toda a nitidez da alteração (*permutatio*)[31]. Para esclarecer o progresso legítimo da mutação ilegítima, elabora uma criteriologia do desenvolvimento dogmático. Chama a nossa atenção a veemência com que Vicente defende a ideia de progresso. Só quem é mesquinho com os humanos e detesta Deus pode negar o fato que é o progresso. Para Vicente, *profectus* significa que "cada coisa se amplia em si mesma"; *permutatio*, que "uma coisa passa a ser outra"[32]. Essa eleição terminológica parece clara, mas é também problemática, porque qualquer progresso implica também alteração ou mudança e, consequentemente, um certo grau de transformação; caso contrário, seria uma estase, um estancamento. Mas o que Vicente quer destacar é que existem desenvolvimentos nos quais se conserva a identidade e mudanças em que o antigo não está mais contido no novo, mas é substituído por ele. Para se referir aos primeiros, usa o termo *profectus*; e, para se referir aos segundos, emprega o termo *permutatio*. A tarefa da comunidade eclesial é impedir toda a *permutatio* sem entorpecer o *profectus*. Vicente pergunta quem seria hoje o Timóteo a quem se dirigia a exortação: "Guarda o depósito da fé, evita as vãs conversas profanas" (1Tm 6,20). E sugere que toda a Igreja e o *corpus praepositorum*, ou seja, os responsáveis, sobretudo os bispos, são, no sentido tipológico, o Timóteo que atravessa a história e se deve comportar em conformidade com as instruções recebidas dos seus mestres. A administração do depósito confiado à Igreja e, nela, especialmente aos bispos possui para Vicente uma dimensão negativa e outra positiva. Dito negativamente, os guardiães do depósito da fé devem estar conscientes de que não são

---

30. Cf. Söll, *Dogma und Dogmenentwicklung*, 16.
31. Vicente de Lérins, *Commonitorium*, 23, 1 (ed. Fiedrowicz/Barthold, 266).
32. *Ibidem*, 23, 2 (ed. Fiedrowicz/Barthold, 267).

autores nem criadores da fé, isto é, que guardam um bem que não é propriedade sua:

> O que é o depósito? É aquilo que te foi confiado e não aquilo que descobriste; o que recebeste, não o que tu mesmo pensaste; o que é próprio da doutrina, não do engenho; o que procede da tradição pública; algo que chegou a ti, não trazido por ti, no qual não deves ser o criador, mas o vigia, não o mestre, mas o aprendiz, não o dirigente, mas o seguidor[33].

O depósito da fé está, por um lado, indisponível: os seus administradores não podem levar ao fim uma *permutatio*. Mas, por outro lado, para que a fé experimente um *perfectus*, é indispensável a atividade humana que Vicente associa, de novo de forma tipológica, à figura de Besalel. Segundo a tradição, Besalel é o mestre das obras que puseram em prática as instruções precisas que Deus tinha dado a Moisés para a construção do seu santuário. Cheio "do espírito de Deus, de habilidade, sabedoria e inteligência para toda a espécie de trabalhos" (Ex C), Besalel constrói o tabernáculo encomendado pelo Senhor e arruma seu interior, descrito com todo o detalhe, conforme o projeto de construção divino. A figura de Besalel, por mais marginal que possa ser o seu papel no Antigo Testamento, serve a Vicente como conjugação tipológica da habilidade e da criatividade humanas, por um lado, e da meticulosa fidelidade às instruções e aos desígnios divinos, por outro. "Ó Timóteo", diz Vicente interpelando os bispos, intérpretes e doutores,

> sê o Besalel do tabernáculo espiritual; esculpe as pedras preciosas do dogma divino, ajusta-as fielmente, adorna-as sabiamente, aumenta o seu esplendor, a sua graça, a sua beleza. Quando explicares, que se entenda com maior clareza o que antes confusamente se acreditava; que a posteridade se alegre por tua causa, ao compreender melhor o que antes venerava pela sua beleza, não pela sua compreensão. Ensina as mesmas coisas que aprendeste, de modo que, mesmo que digas palavras novas, não digas coisas novas[34].

Por conseguinte, os mestres da fé contribuem para a construção do *tabernaculum spirituale* na medida em que dão forma visível ao que Deus anunciou na sua revelação: a forma do dogma que deve possibilitar o entendimento com maior clareza do que obscuramente foi antes acreditado

---

33. *Ibidem*, 22, 4 (ed. Fiedrowicz/Barthold, 265).
34. *Ibidem*, 22, 7 (ed. Fiedrowicz/Barthold, 265).

pelos cristãos de todas as épocas. Nisso, a liberdade radica em poder dizer as coisas de uma forma nova, mas sem ensinar nada de novo. Para ilustrar essa identidade que evolui e, apesar disso, permanece intacta, apresenta Vicente a já mencionada comparação com o crescimento de um corpo humano. Embora o corpo da criança seja significativamente diferente do corpo do velho, continua sendo o mesmo que era o do jovem. "Por mais que mudem a estatura e a parte exterior de um homem, idêntica permanece, todavia, a sua natureza, idêntica a sua pessoa."[35] Da mesma forma, a doutrina da fé segue as "leis do progresso" (*leges profectus*) e assim é natural que "se consolide com os anos, se dilate com o tempo, se refine com a idade", pese o que permanece "incorrupto" e "não contaminado"[36]; por isso a doutrina da fé ganha em "evidência, luz, precisão", retendo, assim, "a plenitude, a integridade, o caráter" que sempre a caracterizaram[37].

Com o propósito de distinguir o necessário *perfectus* da ilegítima *permutatio*, Vicente elabora uma criteriologia que pretende mostrar como é possível distinguir com a ajuda de uma "regra [...] segura, e, melhor dizendo, de procedimento universal, a verdade da fé católica da falsidade da deformação herética"[38]; "primeiro, com a autoridade da lei divina; e, segundo, com a tradição da Igreja Católica"[39]. Por "lei divina" entende Vicente a Bíblia. Desse modo, singulariza dois critérios nos quais qualquer doutrina pode demonstrar a sua ortodoxia: a Escritura e a tradição. A Escritura contém toda a doutrina da fé em uma forma total: o seu cânone é *perfectus e ad omnia satis*, "perfeito e mais do que suficiente em si", embora ambíguo nas suas possibilidades de interpretação, o que Vicente não considera defeito, mas sim expressão da profundidade da Escritura[40]. Essa profundidade de sentido da Escritura obriga o monge de Lérins a recorrer a um critério interpretativo externo à Escritura para a poder interpretar corretamente: "o *sensus* eclesial e católico"[41]. Segundo Vicente, a Igreja dispõe de um "sentido", que não concretiza em detalhes, para reconhecer qual é a doutrina reta e qual o não é. Mas que critérios propõe que podem ser aplicados para determinar inequivocamente esse critério, que supõe regular

---

35. *Ibidem*, 23, 5 (ed. Fiedrowicz/Barthold, 267).
36. *Ibidem*, 23, 9 (ed. Fiedrowicz/Barthold, 269).
37. *Ibidem*, 23, 13 (ed. Fiedrowicz/Barthold, 270).
38. *Ibidem*, 2, 1 (ed. Fiedrowicz/Barthold, 185).
39. *Ibidem*.
40. *Ibidem*, 2, 2 s. (ed. Fiedrowicz/Barthold, 186).
41. *Ibidem*, 2, 4 (ed. Fiedrowicz/Barthold, 186).

a exegese da Escritura? Na Igreja deveria ser uma busca comum que todos respeitassem "o que em todas as partes, sempre e por todos foi acreditado"[42]. *Ubique, semper et ab omnibus*: universalidade, antiguidade e consenso são, na opinião de Vicente, as características da doutrina católica.

Tendo presentes os diversos exemplos, o Lirinense demonstra como se deve reconhecer esses traços para esclarecer a referência às heresias. Começa pelo donatismo. Durante a perseguição ordenada por Diocleciano, e imediatamente a seguir, a Igreja se viu confrontada, no início do século IV, com a questão de saber como tratar os cristãos lapsos (*lapsi*), isto é, os que haviam apostatado, e traidores (*traditores*), os que tinham entregado às autoridades romanas objetos sagrados ou as Sagradas Escrituras. Essa problemática se tornou mais evidente no caso de clérigos que tinham incorrido nesses delitos: conservariam o seu estado e a sua autoridade na Igreja? Existia no Norte da África, desde os tempos de Cipriano de Cartago, uma corrente teológica que fazia depender a validade dos sacramentos da sua administração no seio da comunidade eclesial e em plena conformidade com o credo eclesial. Neste sentido regia o princípio *salus extra ecclesium non est*, "fora da Igreja não há salvação"[43], porque só a Igreja é lugar do acontecimento salvífico, obra do Espírito. Os hereges, ou seja, aqueles que defendiam posições contrárias às da doutrina eclesial, e os apóstatas, ou seja, os que tinham renegado a Igreja, já não podiam atuar como promotores da salvação no sentido sacramental, através, por exemplo, da administração válida do Batismo. Mesmo que a posição de Cipriano não tenha conseguido se impor a toda a Igreja no século III, a sua lógica voltou a ter efeito no século IV na assimilação teológica da perseguição de Diocleciano. Quando, no ano 309, Ceciliano – um diácono próximo do bispo Mensurio, acusado de *traditor*, foi eleito sucessor de Mensurio como bispo de Cartago, ainda por cima com a participação do bispo Félix de Aptunga, o qual também era considerado *traditor*, a Igreja do Norte da África foi dividida. O grupo dos donatistas, assim chamados em função do seu líder, o antibispo Donato, estabeleceu uma estrutura eclesial paralela que se entendia como a Igreja verdadeira, porque partia do princípio de que os batismos e as ordenações sacerdotais da grande Igreja precisavam de validade na medida em que participavam neles *traditores*. O donatismo só

---

42. *Ibidem*, 2, 5 (ed. Fiedrowicz/Barthold, 187).
43. Cipriano de Cartago, *Epistula 73*, XXI, 2 (*Sancti Cypriani Episcopal Epistularium. Epistulae 58-81*, G. F. Diercks (ed.) (*Corpus Christianorum Series Latina*, 3C), Turnhout, 1996, 555, 380).

conseguiu se impor fora da África. O bispo romano Melquíades e vários sínodos, por exemplo o de Arles (314), condenaram as doutrinas donatistas (cf. DH, 123). Os imperadores, de Constantino em diante, aderiram a ele, mas por razões políticas toleraram a Igreja donatista até o início do século V, quando em 405 foi finalmente declarada oficialmente herética pelo imperador Honório, o que – juntamente com as polêmicas teológicas que alcançaram o seu ponto culminante na Conferência de Cartago de 411 – conduziu a sua marginalização[44].

Vicente de Lérins contempla esses acontecimentos com uma distância de apenas duas décadas em um contexto em que os donatistas se encontram também na África em uma posição minoritária e estão proscritos tanto do Estado quanto dentro das estruturas eclesiais. Assim, de um ponto de vista puramente numérico, Vicente pode distinguir com facilidade a pequena e renegada seita donatista da universalidade da triunfante Igreja Católica. Essa a situação projeta para trás – ignorando a preponderância temporal e a fortaleza dos donatistas na África –, para todas as etapas anteriores do conflito segundo o qual a rejeição das doutrinas donatistas serve a eles como exemplo evidente de como o recurso à insuficiente universalidade de uma doutrina a desmascara como heresia e acaba por fazê-la cair. Os cristãos da grande Igreja da África Setentrional, no entanto, oferecem a Vicente o exemplo perfeito de "como se deve preferir, na boa lógica, a prudência de todos ao desatino de um ou, quando muito, de poucos"[45].

Michael Fiedrowicz acentua que as três características – *ubique, semper et ab omnibus* – constituem para Vicente critérios que devem ser cumpridos de forma lógico-sucessiva, e não necessariamente de forma simultânea. Por consequência, se o primeiro critério dá origem a um resultado inequívoco, é suficiente com ele. "Onde o caráter universal da fé atual da Igreja possui uma evidência" como aquela que Vicente acredita poder constatar na polêmica com os donatistas, "não faz falta o recurso à antiguidade para encontrar nela um testemunho da doutrina problemática"; mas se "o caráter universal de uma determinada doutrina de fé não é evidente, então

---

44. Para o surgimento do donatismo e da sua teologia, cf. Bernhard Kriegbaum, *Kirche der Traditoren oder Kirche der Märtyrer? Die Vorgeschichte des Donatismus* (*Innsbrucker Theologische Studien*, 16), Innsbruck, 1986. Uma síntese da controvérsia donatista no início do século IV pode ser encontrada em Arne Hogrefe, *Umstrittene Vergangenheit. Historische Argumente in der Auseinandersetzung Augustinus mit den Donatisten* (*Millennium Studien*, 24), Berlim, 2009, 270-329.

45. Vicente de Lérins, *Commonitorium*, 4, 2 (ed. Fiedrowicz/Barthold, 191).

é preciso fazer uso do segundo critério, o da antiguidade (*antiquitas*), ou seja, da tradição do passado"[46].

Vicente vê essa necessidade no confronto com o arianismo, cujo "veneno infectou não só uma parte, mas toda a face da Terra"[47]. Porque a doutrina de Ário não ficou de modo algum derrotada com o *homooúsios* do Concílio de Niceia, isto é, com a afirmação de que o Filho é da mesma natureza ou essência que o Pai. A partir do ano 328, o imperador Constantino, sem o qual nunca teria realizado esse concílio e que a princípio impôs as decisões de Niceia, imprimiu uma reviravolta antinicena. No tempo em que era permitido que voltassem do exílio bispos que tinham rejeitado o credo ou os anátemas do concílio, outros bispos de mentalidade nicena, entre os quais Atanásio de Alexandria, foram depostos em 335 no sínodo de Tito. O grupo antiniceno se impôs dentro do episcopado sobretudo no Oriente, o que foi criticamente observado no Ocidente, não só por força da fidelidade formal às resoluções de Niceia – o que, inclusive, levou a que, décadas depois do concílio, continuassem a ser desconhecidas em algumas partes da metade ocidental do império, por exemplo na Gália[48], mas também por causa de reservas teológicas e canônicas em frente à doutrina e aos procedimentos do grupo antiniceno. Assim, em 340, um sínodo realizado em Roma declarou ilícitas as resoluções que destituíam as do sínodo de Tito, algo que foi rejeitado pelo sínodo de Antioquia de 341, ao que um novo sínodo romano reafirmou que um sínodo podia revogar as decisões de outro de menor grau e que sobretudo as três sedes apostólicas – Roma, Antioquia e Alexandria – não podiam regulamentar de forma autônoma assuntos relevantes, mas deviam fazê-lo de forma consensual. As tentativas para resolver as diferenças no sínodo de Sárdica pela morte do imperador Constantino (e depois da divisão do império entre os seus filhos Constâncio e Constante) fracassaram. Uma vez restabelecida a unidade do império, Constâncio tentou de novo dirimir o conflito convocando um duplo sínodo, que foi reunido em 359 em Selêucia, no Oriente, e em Rimini, no Ocidente. No entanto, seu resultado não foi a solução da controvérsia, mas sua reduplicação, sendo que desse sínodo saíram quatro grupos: os homousianos (ou seja, os partidários do niceno) e os anhomeos (os arianos clássicos) constituíam os polos extremos; no meio estavam os homoiusianos

---

46. Fiedrowicz, *Einleitung*, 83.
47. Vicente de Lérins, *Commonitorium*, 4, 3 (ed. Fiedrowicz/Barthold, 190 s.).
48. Cf. Jörg Ulrich, *Die Anfänge der abendländischen Rezeption des Nizänums* (*Patristische Texte und Studien*, 39), Berlim, 1994, 136-158.

– que partiam da ideia de que o Logos era semelhante ao Pai, mas não tinha a mesma natureza, e que também não conseguiram se impor – e os homoianos, que atuavam em conformidade com a fórmula, imposta por pressão imperial, de que o Filho era "semelhante ao Pai segundo a Escritura" e que, assim, circunavegando todos os recifes e falésias, preferiam uma norma linguística que prescindisse do conceito de natureza ou de essência. Só com o governo do imperador Juliano, *o Apóstata* – que na esteira das suas tentativas de repaganização permitiu, tanto por desinteresse pelas controvérsias teológicas cristãs como por cálculo político, o regresso dos bispos pronicenos exilados, a fim de alimentar a confusão intraeclesial –, a corrente homousiana conseguiu se consolidar, apoiada pelo sucessor de Juliano no Ocidente, o imperador Valenciniano, enquanto o imperador oriental, Valente, permanecia afeiçoado à corrente homoiana de Selêucia-Rimini. Com o imperador Graciano no Ocidente e Teodósio no Oriente, logo se restabeleceu paulatinamente a unidade da Igreja (pelo menos dentro do Império Romano), que, cansada da proliferação de fórmulas e partidos, recordou o símbolo de Niceia. Este recuperou a sua validade e foi imposto por ordem imperial. Desde 379 até 382 vários sínodos foram realizados (entre outros, o de Constantinopla em 381, mais tarde reconhecido como segundo concílio ecumênico) que confirmaram a fé de Niceia[49].

Para Vicente de Lérins, essa complexa história do credo niceno, que ele considera ser o credo verdadeiro, implica que o primeiro critério do seu cânone – a universalidade sincrônica –, com o qual ainda acreditava em poder demarcar inequivocamente o donatismo como heresia, não é mais aplicável ao confronto com o arianismo. Houve períodos no século IV nos quais os bispos pronicenos – os únicos ortodoxos para Vicente – encontraram-se, sobretudo no Oriente, em uma situação minoritária a que faltava, aparentemente, perspectiva de futuro. "A urbe inteira suspirou, assombrada por se ter tornado ariana"[50] – assim sintetiza São Jerônimo a situação. Perante a impossibilidade de usar o critério da universalidade, Vicente recorre a uma segunda característica: a *antiquitas*, ou seja, a antiguidade de uma doutrina que deve mostrar ser aquilo em que sempre se acreditou. A doutrina ariana

---

49. Para o acolhimento do Concílio de Niceia, cf. Klaus Schatz, *Allgemeine Konzilien – Brennpunkte der Kirchengeschichte*, Paderborn, 2008, 36-44. Uma visão de conjunto sobre a situação teológica em meados do século IV pode ser encontrada em Volker Henning Crecoll, *Die Entwicklung der Trinitätslehre des Basilius von Caesare. Sein Weg vom Homöusianer zum Neunizäner* (Forschungen zur Kirche – und Dogmengeschichte, 66), Göttingen, 1996, 1-20.

50. Jerônimo, *Altercatio Luciferiani et Orthodoxi*, 19 (*Altercation Luciferiani et Orthodoxi*, ed. A. Canellis (*Corpus Christianorum Series Latina*, 79B), Turnhout, 2000, 48, 688 s.).

é, na sua opinião, um *dogma*[51] novo, uma inovação profana que "substituiu o dogma celestial por superstições humanas" e "minou o antigo, bem fundado, através de inovações sacrílegas"; os arianos "violaram as prescrições dos antepassados, afastando os ensinamentos dos padres, anulando as resoluções dos maiores"[52]. O credo niceno, por outro lado, de acordo com o qual o Logos é da mesma natureza que o Pai, expressaria o antigo e verdadeiro, aquele em que, desde o princípio, se acreditou na Igreja.

Também aqui se demonstra que Vicente, a partir de uma situação na qual tudo fica mais claro *a posteriori*, reconstrói a história de um modo que instaura univocidade. É certo que no Novo Testamento, como já mencionamos, existem formas da cristologia de preexistência que, em parte, são de origem pré-paulina (cf., por exemplo, Fl 2,5-11), o que caracteriza o Logos explicitamente como Deus (cf. Jo 1,1); no entanto, torna-se problemático pretender descobrir nos escritos bíblicos o *homooúsios* de Niceno e apresentar sem acréscimos o que nele se diz em termos ontológicos como um credo mais antigo que o de Ário. A cristologia dos primeiros séculos – incluindo teólogos tão relevantes como Justino Mártir, Clemente de Alexandria ou Orígenes – estava impregnada por uma forma de pensar que sem dúvida pode ser caracterizada com exatidão com o conceito provisório de "subordinacionismo". Nele importa distinguir entre o subordinacionismo pré-ariano, que na época era considerado ortodoxo e legítimo e que é baseado sobretudo em um ponto de vista histórico-salvífico e econômico, e o subordinacionismo ariano, que se move por caminhos ontológico-ousiológicos[53]. Os padres de Niceia viram neste último uma desfiguração da fé eclesial em Cristo, à qual se opuseram – como pedia o desafio lançado por Ário – no plano ontológico-ousiológico com o seu *homooúsios*. No entanto, é anacrônico projetar na Bíblia esse nível de argumentação do discurso teológico do início do século IV e sugerir que a igreja sempre acreditou implicitamente no que Niceia proclamou.

Passemos agora ao terceiro critério: se o exame da universalidade e da antiguidade não oferece um resultado inequívoco, então temos que procurar, segundo Vicente, o consenso da Igreja. O caso ideal para esse consenso é visto em um *concillium universale*, no qual "os decretos, se existirem, de algum concílio universal realizado por todos na Antiguidade"[54] se

---

51. Vicente de Lérins, *Commonitorium*, 4, 4 (ed. Fiedrowicz/Barthold, 192).
52. Vicente de Lérins, *Commonitorium*, 4, 7 (ed. Fiedrowicz/Barthold, 194 s.).
53. Cf. Marcus, *Der Subordinatianismus als historiologisches Phänomen*, 171-173.
54. Vicente de Lérins, *Commonitorium*, 3, 3 (ed. Fiedrowicz/Barthold, 189).

opuseram "à temeridade ou ignorância de poucos". Vicente conhece um único concílio que satisfaça essa exigência: Niceia. O Concílio de Constantinopla (381), que mais tarde seria reconhecido como o segundo concílio ecumênico, foi, no início, entendido unicamente como confirmação da *fides Nicaena* depois de décadas de polêmicas inflamadas, e não é claro qual seja o estatuto formal que Vicente atribui ao recém-reunido Concílio de Éfeso (431): reconhece as suas resoluções e adota uma posição antinestoriana, mas parece interpretar o Concílio de Éfeso unicamente como um prolongamento secundário do Concílio de Niceia[55]. A este, Vicente o vê como um critério inequívoco que, mesmo nas turbulências de meados do século IV, poderia ter mostrado aos que nelas estavam envolvidos que os homousianos – e só eles – tinham razão: unicamente no seu credo se manifesta "a fé antiga de toda a Igreja, não só de uma parte qualquer dela"; os padres nicenos seguiram "os decretos e definições de todos os bispos da Santa Igreja, herdeiros da verdade apostólica e católica, e preferiram abdicar da sua própria pessoa a abdicar da fé universal do passado"[56].

Posto que um concílio ecumênico é raro, quando não singular, Vicente estende o critério do consenso do plano sincrônico, que se manifesta através de um decreto conciliar, ao plano diacrônico. "Caso surja alguma questão nova e não exista nenhum decreto conciliar em relação a ela", então se deve "recorrer às decisões dos santos padres, somente daqueles que, perseverando na unidade de comunhão e de fé, cada um na sua época e no seu país, chegaram a ser mestres acreditados; e quando se verifique ter sido mantido por eles em um mesmo sentir e acordo, isto mesmo, sem qualquer escrúpulo, deve ser considerado o verdadeiro e o católico"[57].

Vicente parte do princípio de que os padres ortodoxos, mesmo que tenham vivido em épocas diferentes, estão unidos entre si por uma doutrina unitária. Onde divergem desse consenso, defendem opiniões puramente ocultas e privadas, menos importantes e não representativas da fé da Igreja universal. Vicente parece estar convencido de que esse pressuposto é metodologicamente difícil de ser aplicado. Por isso acentua que não é aconselhável se servir dos padres para qualquer "questiúncula", mas unicamente quando os dois primeiros critérios – *universalitas e antiquitas* – não consigam obter um resultado inequívoco e não exista consenso em um concílio ecumênico.

---

55. Cf. Hermann Josef Sieben, *Die Konzilsidee der Alten Kirche* (*Konziliengeschichte B: Untersuchungen*), Paderborn, 1979, 158 s.
56. Vicente de Lérins, *Commonitorium*, 5, 5 s. (ed. Fiedrowicz/Barthold, 199).
57. *Ibidem*, 29, 6 (ed. Fiedrowicz/Barthold, 299).

O critério do consenso deve ser contestado criticamente, como foi feito no caso dos argumentos de universalidade e antiguidade, os quais pressupõem uma clareza que só pode acontecer retrospectivamente. Identificar o símbolo niceno com o livro selado do qual se fala no Apocalipse e considerar os credos dissidentes como uma ruptura sacrílega do sétimo selo (cf. Ap 5,1-5) – como faz Ambrósio de Milão na carta que dirige ao imperador Graciano no final do caos pós-niceno e Vicente se refere a ele com aprovação cerca de 50 anos depois[58] – é algo que necessita de uma distância temporal e reflexiva que os envolvidos simplesmente não podiam ter nos primeiros anos depois de Niceia. Esse concílio foi em vários sentidos uma estreia: com os seus legendários 318 padres, foi o maior sínodo realizado até então, exceto o primeiro convocado por iniciativa do imperador, na altura catecúmeno, e desenvolvido sob a sua influência prevalecente; a isso deve-se juntar que se tratou do primeiro concílio que não só excluiu os estigmatizados como hereges, algo que já antes era uma praxe sinodal, mas que também plasmou por escrito o seu próprio credo. Passaram décadas até que se tenha atribuído uma validade teologicamente singular a essa situação historicamente singular. Hilário de Poitiers, por exemplo, é um acérrimo defensor da fé proclamada em Niceia; assim sendo, mesmo depois do seu expatriamento, na sua obra *De Synodis*, redigida em 358, negou-se a reconhecer ao Concílio de Niceia um tópico singular. Não entende os concílios pós-nicenos como competência de Niceia, mas sim como expressão da permanente "busca da verdade"; no que diz respeito à *fides Nicaena*, isto significa – segundo Hermann Josef Sieben – "que fica em certo sentido superada ou, pelo menos, não tem uma característica superior à dos concílios subsequentes"[59]. Hilário louva no Senhor os bispos da Gália porque – mais de 30 anos depois de Niceia – continuam a não conhecer nenhum símbolo escrito[60]. Até o último terço do século IV essa situação não muda a favor de Niceia, que se converte então no marco último da ortodoxia e, por fim, em pedra de toque de toda a abordagem teológica. Nas disputas do século V entre Cirilo e Nestório, em cujo contexto temporal escreve Vicente de Lérins o seu *Conmonitorio*, não se trata mais de uma

---

58. Cf. Ambrósio de Milão, *De fide at Gratianum*, III, 15, 128 (*De Fide (ad Gratianum Augusttum), recensuit Otto Faller* (*Santi Ambrosii Opera*, pars VIII. *Corpus Scriptorum Ecclesiasticorum Latinorum*, 78), Viena, 1962, 152 s.).

59. Sieben, *Die Konzilsidee der Alten Kirche*, 202.

60. Cf. Hilário de Poitiers, *De Synodis*, 27.63 (*S. Hilari Opera Omnia*, 2 (*Patrologiae Cursus Completus Series Latina*, 10), Jean-Paul Migne (org.), Paris, 1845, 523 B).

questão de saber quem está a favor da fé de Niceia ou contra ela, mas sim de quem a interpreta de forma correta como a fé autêntica e verdadeira. "Ambas as partes em disputa argumentam, além de textos escriturísticos (o que se dá por adquirido), com referências à *fides Nicaena*."[61] Nestório rejeita a aplicação do título *theotókos* a Maria sobretudo porque o Concílio de Niceia não o menciona; Cirilo propaga-o porque Niceia ensina que o nascido da Virgem Maria é de natureza divina e, por consequência, deve se dirigir à Virgem como "a que trouxe Deus no seu seio/a que deu à luz Deus"[62]. Nada tem de surpreendente que em uma situação como essa Vicente também assuma que a ortodoxia de uma doutrina é comprovada pela sua conformidade com o Concílio de Niceia.

Difícil de tornar eficaz é, contudo, o caráter criteriológico, ou seja, diferenciador e determinante que Vicente atribui ao recurso a Niceia também nos confrontos com o arianismo do século IV. Isso porque o monge de Lérins apresenta uma ideia de concílio que naquela época ainda não existia e que nem sequer os teólogos defensores da fé de Niceia (como Hilário de Poitiers), no que se refere a seu conteúdo, tinham representado em teoria. Reconhecer a função criteriológica do Concílio de Niceia requer uma distância temporal e uma visão de conjunto retrospectiva que os protagonistas da disputa ariana do século IV não podiam ainda ter. Abertura análoga apresenta a segunda parte do critério consensual: o apelo aos padres ortodoxos. Também porque os arianos poderiam ter se aproveitado não somente de passagens bíblicas interpretáveis no sentido subordinacionista, mas também dos padres pró-Niceia defensores de tendências subordinacionistas que na sua época tinham sido considerados ortodoxos. Justino Mártir ou Clemente de Alexandria não eram, certamente, arianos, muito menos nomousianos. As questões teológicas que Ário colocou e os recursos filosóficos que utilizou para dar resposta a eles são antes elementos característicos do século IV que não devem ser apresentados como ilegítimos através do recurso a épocas precedentes, sejam os textos bíblicos, sejam os padres pré-nicenos.

Os três critérios que Vicente singulariza para esclarecer um progresso justificado das alterações problemáticas acabam por fracassar na sua função criteriológica quando as coisas se complicam. Isso porque as heresias

---

61. Sieben, *Die Konzilsidee der Alten Kirche*, 212.

62. Cf. Nestório, *Epistula ad Caelestinum*, 1 (*Nestoriana. Die Fragmente des Nestorius*, compilada, investigada e editada por Friedrich Loofs, com contributos de Stanley A. Cook e Georg Kampfmeyer, Halle, 1905, 167, 5-9).

razoáveis, como o arianismo, assegurarão que podem ser apoiadas na universalidade, na antiguidade e no consenso da Igreja na mesma medida em que o grupo que, no final, se impõe como ortodoxo, desmascarando com isso a heresia como heresia. A história do arianismo é o melhor exemplo disso: em meados do século IV, nem os defensores de Niceia nem Ário podiam fazer apelo à universalidade das suas opiniões doutrinais. No que diz respeito à antiguidade, também Ário tinha, em passagens subordinacionistas da Escritura e nas obras de alguns padres pré-nicenos, bons argumentos do seu lado. E vincular o consenso da Igreja à singularidade do concílio só se tornou possível retrospectivamente, uma vez que essa singularidade tinha se manifestado no acolhimento do concílio. Dessa forma, a regra de Vicente não alcança o seu propósito de nos mostrar "o porto seguro da verdade na qual podemos permanecer tranquilamente fundamentados, inclusive *durante* a discussão de opiniões"[63]. O que pode ser feito é fundamentar *depois* da discussão, quando for possível avaliar com mais clareza a situação, uma vez que o porto em que se assenta era o correto: mas não é capaz de indicar esse porto no meio da neblina da disputa, porque os critérios que Vicente apresenta para a ortodoxia podem ser igualmente reclamados pela heterodoxia. Portanto, a crítica de Hermann Josef Sieben à "convicção ingênua e impraticável do Lerinense de que se pode resolver o difícil problema da distinção entre heresia e ortodoxia para sempre observando uma 'regra' não é injustificável"[64].

Com essa conclusão crítica não pretendemos minimizar o mérito e a posição de Vicente mas seu reconhecimento explícito da existência de progresso teológico e a sua intenção de propor uma criteriologia precisa que permita distinguir os desenvolvimentos legítimos dos ilegítimos são pioneiros e, no que diz respeito a sua consciência do problema, "únicos" na sua época, segundo Adolf von Harnack[65]. Isso é o que deve ser recordado aos críticos modernos de Vicente de Lérins.

---

63. Adam Gengler, "Über die Regel des Vincentius von Lirinum", in *Theologische Quartalschrift*, 15 (1833), 579-600, aqui: 592. A imagem do "porto" encontra-se em Vicente, que fala do "porto da fé católica" (*Commonitorium*, 20, 7; ed. Fiedrowicz/Barthold, 259).

64. Sieben, *Die Konzilsidee der Alten Kirche*, 169.

65. Adolf von Harnack, *Lehrbuch der Dogmengeschichte 2: Die Entwicklung des kirchlichen Dogmas*, I (*Sammlung theologischer Lehrbücher*), Friburgo, 1888, 106, nota I.

4.3.2. Propriedades, crítica e reabilitação de Vicente – uma perspectiva

Para poder avaliar corretamente a contribuição de Vicente, é necessário antecipar algumas coisas. Com a redescoberta que ele fez no início da Idade Média – entre "a última menção tardoantiga por Genádio (470/480) e a primeira edição impressa (1528), o *Conmonitorio* esteve envolto por um silêncio de séculos"[66] –, iniciou-se um acolhimento de Vicente de um ponto de vista da teologia da controvérsia que, logo no século XIX, foi acolhida, conjuntamente com o conceito de dogma que conduz a sua teoria, pelo magistério. Assim, por exemplo, Pio IX, na bula *Ineffabilis Deus* de 1854, pela qual eleva a dogma a doutrina da Imaculada Conceição de Maria, invoca a formulação vicentiana de que a doutrina da fé cresce em "evidência, precisão e clareza", conservando as suas "plenitude, integridade e perpetuidade"[67], sempre presentes, produzindo assim um crescimento "no mesmo dogma, no mesmo sentido e no mesmo conceito" (DH, 2802). Isso é algo que o Papa, por razões que não especifica, considera cumprir-se no caso da doutrina da Imaculada Conceição. O fracasso da finalidade criteriológica da regra de Vicente está evidenciado no fato de que também os adversários da definição dogmática da Imaculada Conceição recorriam ao Lerinense. Em 1849, a partir de Gaeta, onde tinha se refugiado fugindo das revoltas em Roma, o Papa Pio IX se dirigiu ao episcopado, solicitando – não sem uma matriz política própria da época[68] – um voto esclarecendo se a Santa Sé devia definir como dogma a doutrina da *Immaculata Conceptio*, que até então era tida simplesmente por *pia sententia*. A resposta dos bispos de língua alemã foi majoritariamente negativa, e em alguns deles veemente. Absolutamente a favor da elevação a dogma da referida doutrina só se manifestaram as dioceses de Passau, Rotemburgo, Wurzburgo e Linz. Os opositores da definição da Imaculada Conceição como dogma remetem, segundo a opinião de Bamberg, "para a regra de São Vicente de Lérins [...] no que julga entender como obstáculo para a definibilidade da fé pia"[69]. Sendo assim, um grande número dos bispos e teólogos alemães não

---

66. Fiedrowicz, *Einleitung*, 125. Nesta obra se encontra também um relato circunscrito sobre o acolhimento de Vicente de Lérins na atualidade.
67. Vicente de Lérins, *Commonitorium*, 23, 13 (ed. Fiedrowicz/Barthold, 270).
68. Cf. Amerigo Caruso, *Nationalstaat als Telos? Der konservative Diskurs in Preussen und Sardinien-Piemont 1840-1870* (Elitenwandel in der Moderne, 20), Berlim, 2017, 190.
69. Siegfried Gruber, *Mariologie und katholischen Selbstbewusstsein. Ein Beitrag zur Vorgeschichte des Dogmas von 1854 in Deutschland* (Beiträge zur Neueren Geschichte der

só considerava inoportuna essa definição dogmática, como também julgava essa opinião doutrinal materialmente indefinível, isto é, não suscetível de definição dogmática, entre outras razões porque, de acordo com as regras de Vicente, não podia ser vista como *profectus* legítimo. Padrão análogo pode ser encontrado nos debates no âmbito do Concílio Vaticano I; na sua constituição *Dei Filis* sobre a revelação, o concílio remete a Vicente (cf. DH, 3020) com a mesma formulação que já tinha sido empregada por Pio IX na *Ineffabilis Deus*. No que se refere à aplicação da regra do Lerinense sobre a questão do primado de jurisdição e da infalibilidade do Papa, voltam, no entanto, a aparecer divergências. A maioria infalibilista do concílio opinava que Vicente não representava um obstáculo para a definição dogmática dessa doutrina, enquanto a minoria anti-infalibilista – como Ignaz von Döllinger, o seu porta-voz teologicamente mais destacado, em cujo pensamento Vicente desempenhava um "papel central"[70] – dava como adquirido que a referida definição era incompatível com o cânone vicentiano.

No final se impôs, só pelo número, a interpretação de Vicente favorecida pelo magistério, de maneira que o pensamento do Lerinense foi integrado, pelo menos formalmente, na concepção neoescolástica de teologia[71]. Isso, por sua vez, suscitou veementes reações dos que não se associaram

---

katholischen Theologie, 12), Essen, 1970, 32. Apesar da rejeição no que se refere à questão objetiva, a maioria dos clérigos questionados pelos seus bispos – e os próprios bispos – sentiam-se respeitosamente vinculados ao Papa, que se encontrava em uma situação política muito grave. Além disso, ao contrário da questão da infalibilidade que se colocaria duas décadas depois nas vésperas do Concílio Vaticano I, a doutrina da Imaculada Conceição de Maria não era considerada tão problemática que valesse a pena arriscar por ela um conflito intraeclesial ou inclusive um cisma. Com humildade e astúcia, um presbítero de Bamberg contrariou a definição dogmática da doutrina aliada a sua decisão pela negativa: "No entanto, se o muito pressionado pastor supremo da nossa Igreja, sobre quem descansa o espírito do seu pio e beato predecessor, definir – seguindo as pegadas deste e o impulso do seu próprio coração, apoiado pelo consentimento do pastor que tem a seu cargo a nossa diocese e em resposta aos desejos de numerosos fiéis – a Imaculada Conceição de Maria como doutrina da Igreja, o que até agora era tido como fé pia [e, portanto, não por dogma – M.S.] e ensinado dessa forma seria para mim fé verdadeira e doutrina da Igreja Católica" (cit. em *ibidem*, 33). Torna-se eclesiologicamente interessante que o clérigo não associe o seu assentimento unicamente a uma proclamação por parte do Papa, mas também à aceitação desta pelo bispo local ("apoiado pelo consentimento do pastor que tem a seu cargo a nossa diocese"), e veja os fiéis como ponto de partida necessário para qualquer definição dogmática ("em resposta aos desejos de numerosos fiéis").

70. Cf. Peter Neuner, *Döllinger als Theologe der Ökumene* (*Beiträge zur Ökumenischen Theologie*, 19), Paderborn, 1979, 23.

71. Cf. Diekamp, *Katholische Dogmatik nach den Grundsätzen des heiligen Thomas*, 1, 19.

à neoescolástica e exigiam uma mudança de rumo na teologia, como, por exemplo, o jovem Joseph Ratzinger que censura Vicente pela sustentação de um "conceito a-histórico de revelação" que o Lerinense teria elaborado "em antítese com o Agostinho tardio":

> O *sempre, ubique, ab omnibus* com que o semipelagiano Vicente define a tradição tem não só o sofisticado afastamento do desenvolvimento agostiniano do enfoque paulino, mas também e ao mesmo tempo (como veremos posteriormente) a transformação do conceito dinâmico de desenvolvimento próprio da época patrística com uma rigidez a-histórica que, desde a redescoberta de Vicente de Lérins no final da Idade Média, converteu-se em um grande peso para o conceito de tradição e em uma barreira para uma compreensão histórica do cristão[72].

Esse juízo severo é explicado provavelmente pelo fato de Ratzinger considerar o pensamento vicentiano no espelho da sua instrumentalização neoescolástica. O enfoque da evolução do dogma do próprio Ratzinger, de que logo nos ocuparemos em detalhes, contrapõe-se – em virtude do seu conceito de revelação – de forma sumamente crítica ao de Vicente. Ser instrumentalizado pela neoescolástica deu ao Lerinense uma má fama que, apesar do fracasso da sua intenção de oferecer critérios inequívocos para o *profectus* da doutrina da fé, não lhe faz justiça.

Isso ganha evidência caso se reflita sobre uma das críticas a Vicente, que o teólogo de Bamberg, hoje em grande medida esquecido, Adam Gengler plasma com clareza meridiana. Gengler – um amigo de Johann Adam Möhler a quem os editores da *Theologische Quartalschrift* de Tübingen trataram em 1832 de "vencer temporalmente entre os estrangeiros para a revista"[73], algo que de fato conseguiram até que, por um acolhimento controverso, surgiu uma desavença entre Gengler e Drey – publicou em 1833 um artigo, "Über die Regel des Vincentius von Liri-

---

72. Ratzinger, *Das Problem der Dogmengeschichte in der Sicht der katholischen Theologie*, 9. No contexto da crítica de Ratzinger, cf. Wolfram Kinzig, "Der Pontifex und die Patres Ecclesiae. Eine Skizze aus evangelischer Sicht", *in* Jan-Heiner Tück (ed.), *Der Theologenpapst. Eine kritische Würdigung Benedikts XVI*, Friburgo, 2013, 250-273, aqui: 259-261.

73. Resolução tomada pelo conselho editorial da *Theologische Quartalschrift* na sua reunião de 2 de janeiro de 1832, cit. por Stephan Lösch, *Die Anfänge der Tübinger Theologischen Quartalschrift (1819-1831). Gedenkgabe zum 100. Todestag Joh. Ad. Möhlers*, Rottenburg am Neckar, 1938, 127. Nesse contexto, "estrangeiros" se refere a teólogos residentes fora do reino de Württemberg.

num" ["Sobre a regra de Vicente de Lérins"] em que formula algumas ideias perspicazes:

> Mas se o progresso acontece, se o cristianismo está realmente sujeito a mudanças no decorrer do tempo – e deve estar sujeito a elas pelo interesse de seu desenvolvimento orgânico – como se pode, no conflito de opiniões de qualquer época (um conflito que é precisamente a condição do desenvolvimento), referir-se à fé do passado de modo a pressupor, por exemplo, que na tradição será encontrada a resposta efetiva para a questão disputada? Pois, tratando-se de um progresso da doutrina, não se pode encontrar na antiguidade justamente aquilo que se supõe ser um progresso; se assim fosse, o progresso não existiria enquanto tal![74]

Gengler é da opinião que um progresso – *perfectus* – só é verdadeiramente progresso se não estiver já plenamente contido no que foi transmitido. Em caso contrário, o novo será uma mera modulação do antigo, ao qual é inerente, segundo ele, um programa fixo que se implementa de forma determinada no decurso do tempo. Gengler está persuadido, ao contrário, de que na tradição não pode ser encontrada a "resposta efetiva" a todas as perguntas; ou seja, o desenvolvimento doutrinal da Igreja contém um elemento incontornável de contingência. Posteriormente retomaremos essa problemática, já antes mencionada. O teólogo de Bamberg não faz, no entanto, o seu diagnóstico de que a regra de Vicente fracassa, pelo menos na sua finalidade criteriológica, sem mencionar ao mesmo tempo uma possibilidade de tratamento. A "deficiência da regra de Vicente" radica, na opinião de Gengler, em que "nos remete para o nosso saber individual direto [...] e não nos leva a uma autoridade externa que complemente e amplie o nosso juízo direto"[75]. Por consequência, o ponto decisivo da crítica é que Vicente confia na capacidade de exame racional do indivíduo para decidir se uma doutrina constitui ou não um progresso legítimo. Nisso consiste a finalidade do *Conmonitorio*: procura satisfazer o desejo do seu autor de convocar uma "regra [...] segura, geral na medida em que seja possível e ordinária para distinguir entre a verdade da fé católica e a falsidade da malícia herética"[76]. A extensão do otimismo metodológico que levou o desenvolvimento do dogma para o domínio do que poderia ser razoável e discursivamente esclarecido pode ser vista pelo espelho da crítica

---

74. Gengler, *Über die Regel des Vincentius von Lirinum*, 591.
75. *Ibidem*, 587.
76. Vicente de Lérins, *Commonitorium*, 2, 1 (ed. Fiedrowicz/Barthold, 185).

de Gengler, para quem a abordagem do Lerinense parece muito subjetiva e muito pouco relacionada à autoridade, embora Vicente inclua explicitamente a autoridade eclesiástica. Na opinião de Gengler, Vicente é ingênuo ao considerar que o indivíduo, através do uso da sua razão, pode decidir que evolução é ou não legítima. Por isso, Gengler complementa a regra de Vicente, que ele classifica de "interna", isto é, baseada simplesmente na razão, através de uma "regra externa" que se move além da faculdade individual de opinião e

> através da qual podemos nos certificar da verdade; e essa regra externa consiste essencialmente em que, caso surja dentro da Igreja um conflito de opiniões que contribua para aperfeiçoar o desenvolvimento da consciência fiel na própria Igreja, devemos nos submeter sem falta à diretriz da autoridade eclesiástica legitimamente constituída. Essa é a regra que nos ajuda a atravessar qualquer conflito de opiniões e a estarmos seguros, a todo o tempo, de que alcançaremos a verdade. Essa regra nada mais é do que o princípio católico da fé levado até suas últimas consequências![77]

A razão do indivíduo – tendo em conta que em última instância ele é incapaz, segundo Gengler, de emitir uma opinião sobre que desenvolvimentos são legítimos na Igreja e que desenvolvimentos não o são – deve ser regulamentada pela autoridade dos ministros eclesiásticos. Interrogando essa autoridade, é possível, na sua opinião, "estar sempre seguro" da verdade. Vicente de Lérins, por sua vez, sem questionar a autoridade da Igreja, considerou a evolução do dogma algo sobre o que qualquer pessoa dotada de razão pode opinar, mesmo não sendo ministro eclesial. Em virtude desse otimismo metodológico, que transforma o problema do desenvolvimento dos dogmas pela primeira vez em um problema racionalmente discutível, todos os pensadores que não são o Papa nem os bispos estão em dívida com o monge de Lérins, incluindo aqueles a quem a solução oferecida por ele não parece viável.

---

77. Gengler, *Über die Regel des Vincentius von Lirinum*, 594 s.

CAPÍTULO 5
Debates medievais sobre o crescimento da fé que se mantém

5.1. Não se pode criar nada de novo?

O milênio compreendido, a *grosso modo*, entre o ano 500 e o ano 1500 e que, partindo de uma divisão retrospectiva da história em épocas, se denomina "Idade Média"[1] ficou marcado por um paradoxo: por um lado, existia oposição à ideia da novidade no âmbito da teologia; por outro lado, sob uma perspectiva atual, assistia-se ao desenvolvimento de abordagens inovadoras ao pensamento teológico que são frequentemente subestimadas.

A fórmula *nihil innovetur nisi quod traditum est*, "nada de novo deve ser introduzido a não ser aquilo que foi transmitido", apresentada por Cipriano no contexto da chamada polêmica sobre o Batismo de hereges atribuída ao bispo de Roma Estêvão I[2], converteu-se em um modismo. O termo "inovador" era um insulto, e as inovações no âmbito teológico deviam ser evitadas, porque corriam o perigo de se desviarem da doutrina antiga e verdadeira:

---

1. Para o conceito de uma tripla divisão da história em Antiguidade, Idade Média e Era Moderna, cf. Johann Hendrik Jacob van der Pot, *Sinndeutung und Periodisierung der Geschichte. Eine systematische Übersicht der Theorien und Auffassungen*, Leiden, 1999, 306-312.

2. Cipriano de Cartago, Epístola 74, 1 (*Cyprian von Karthago – Sancti Cypriani Episcopi Epistularium*, G. F. Diercks (ed.), *Epistulae*, 58-81 (*Corpus Christianorum Series Latina* 3ª), Turnhout, 1996, 564, 13 s.).

"Tudo foi magnificamente ordenado pelos nossos antepassados: nada de novo pode ser criado, Deus odeia os inovadores", sublinha o cônego Adelmanno di Liegi aos seus contemporâneos criativos. Essa frase, escrita no início do século XII, reflete um aspecto que é característico de toda a Idade Média. A fé na autoridade e a importante avaliação então feita da prova patrística na teologia escolástica brotam da mesma raiz. Distingue-se, com rigor, entre os *dicta authenctica* dos padres da Igreja, aos quais se concede primazia, e os *dicta magistralia* dos teólogos modernos[3].

Os autores patrísticos se tornaram, sob a denominação de "padres", intérpretes vinculantes da Escritura. Nesta está documentada a plenitude manifestada em Cristo, e nos padres se encontra a interpretação correta desses documentos. O que antecede fica bem evidenciado em uma referência progressiva da teologia medieval à autoridade: enquanto a Escritura era vista como a autoridade primordial, os Padres da Igreja eram a autoridade secundária, a quem se podia recorrer com segurança pelo fato de eles, como autoridade primordial, interpretarem corretamente a Escritura[4]. Perante ela, a originalidade própria dos autores contemporâneos devia passar a um segundo plano ou, pelo menos, relacionar-se positivamente com os Padres:

> Nessa contínua avaliação da própria época em relação com o passado, "progresso" só pode significar *reformatio* do antigo, nunca *revolutio* nem *evolutio* do existente. O estado ideal se encontra no passado, ao qual se deve regressar. *Recreatio, reformatio, regeneratio, reparatio, restauratio, revocatio*: essas são as palavras-chave inequívocas que voltam algumas vezes. Contudo, muito importante no que acaba de ser dito é que a este "regresso" não subjaz um conceito vago geral de "boa época passada", mas sim um ponto temporal concreto, historicamente apreensível. Para todas as reformas religiosas, esse estado ideal que se deseja atualizar não é outro senão a Igreja primitiva[5].

---

3. Johannes Spörl, "Das Alte und das Neue im Mittelalter. Studien zum Problem des mittelalterlichen Forschrittsbewusstsein", in *Historisches Jahrbuch*, 50 (1930), 297-341, aqui: 307.

4. Para a distinção entre autoridade primordial e autoridade secundária, embora não se refira à Bíblia e aos Padres da Igreja, mas sim ao contexto da relevância de Averróis como autoridade secundária para a compreensão de Aristóteles como autoridade primordial nas discussões do século XIII sobre a natureza do intelecto, cf. Michael Seewald, "Erkenntnis woher? Der Wandel von Autoritätsbezug und Philosophiebegriff in der Intellektlehre Sigers von Brabant", in *Theologie und Philosophie*, 85 (2010), 481-500, aqui: 485.

5. Spörl, *Das Alte und das Neu im Mittelater*, 309.

No entanto, essa orientação retrospectiva vinha acompanhada por uma reflexão original sobre desenvolvimento e mudança que, atualmente, muitas vezes é desvalorizada. É certo que na Idade Média não refletiam sobre esse problema através de uma terminologia que sugerisse novidade, mas antes com a pretensão de conservar o antigo. Assim, em contextos distintos esbarrou-se com a necessidade de pensar um desenvolvimento progressivo da doutrina da fé. Adiante, vamos esboçar quatro contextos que mostram a força subcutânea inovadora do pensamento medieval também em relação ao problema do progresso do dogma: a polêmica sobre o acréscimo do *filioque* ao credo niceno-constantinopolitano, as reflexões sobre o problema da fé "implícita", a síntese dessas questões por Santo Tomás de Aquino e o debate sobre se a Reforma trouxe ou não consigo novos impulsos para uma teoria da evolução do dogma.

5.2. Pensamento dedutivo e evolução doutrinal na polêmica sobre o *filioque*

O Concílio de Niceia assumiu um credo batismal tripartido/trinitário/trino no qual incorporou, no início do século IV, alguns acréscimos antiarianos a fim de se posicionar nas então controversas questões cristológicas. O Espírito Santo é mencionado no terceiro artigo do símbolo, mas não se explica em detalhes a sua natureza nem a sua relevância para a fé da Igreja. O Concílio de Constantinopla, que depois de décadas de debates ratificou o símbolo niceno, ampliou – para se defender dos chamados pneumatômacos – o terceiro artigo do credo caracterizando o Espírito como Senhor (*tò kýrion*) e doador de vida que "procede do Pai" (DH, 150). Com isso foram especificados, falando de forma anacrônica, dois modos de constituição intradivina fundados no Pai como única origem (*arché*), algo que se caracteriza através do termo "monarquia": a geração do Filho e a procedência do Espírito. Segundo ele, o Filho não participa na constituição do Espírito: o *pneuma* procede única e exclusivamente do Pai. Importante para a controvérsia posterior é que o Concílio de Constantinopla não emite com isso um juízo/opinião sobre a missão histórico-salvífica do Espírito, que, também segundo o constantinopolitano, pode ser mediada pelo Filho. Uma alusão a Jesus ressuscitado no Evangelho de São João parece sugerir: "'Como o Pai Me enviou, também Eu vos envio a vós'. Dito isto, soprou sobre eles e acrescentou: 'Recebei o Espírito Santo'" (Jo 20,21 s.). Ao Concílio de Constantinopla não interessa a efusão histórico-salvífica, econômica do Espírito, mas antes a sua constituição intradivina, imanente. Pensando nesse procedimento anterior a todo o tempo, que acontece na eternidade divina, ensina-se que o Espírito procede (apenas) do Pai.

Contudo, ao longo da Idade Média, em um processo complexo que já não pode ser reconstruído com certeza, impôs-se na Igreja Ocidental a convicção de que, intratrinitariamente, o Espírito não procede só do Pai, mas também do Filho. O Espírito passou a ser conhecido, portanto, como aquele *qui ex padre filioque procedit*, "que procede do Pai e do Filho", e assim o credo de Constantinopla foi acrescentado com o *filioque* que se converteu, a partir de então, em fórmula abreviada da polêmica entre o Oriente e o Ocidente. Acreditava-se ser possível invocar, para justificar esse acréscimo, alguns autores patrísticos do mundo linguístico latino, sobretudo Tertuliano, Hilário de Poitiers ou Agostinho, e se entendia *filioque* como credo cristológico antiariano[6]; porque se o Filho é igual ao Pai em tudo e tem a mesma natureza que ele, então deve participar também na procedência do Espírito; ou, inversamente, o *filioque* implica a *homoousía* do Filho e exclui, por conseguinte, as cristologias arianas. Assim é explicado o fato de que o *filioque* se espalha, a princípio, pelos espaços ibérico, gaulês e francês onde, até o início da Idade Média, teve de se confrontar com correntes arianas. Roma, onde esse problema não existia, era reticente em relação ao *filioque*, bem como a Igreja Oriental. Carlos Magno, contudo, rejeitou todas as propostas de compromisso – por exemplo, a de Tarasius de Constantinopla, que considerava aceitável confessar que o Espírito procede "do Pai *através* do Filho" – e insistiu na expressão que equiparava "ao Pai e ao Filho" que, curiosamente, considerava "de acordo com a fé nicena"[7], uma observação que só pode ser compreendida em sentido cristológico e antiariano, porque Niceia, como foi dito, não apresenta nenhuma afirmação sobre a procedência do Espírito. A princípio, Roma não seguiu Carlos Magno nesse ponto. Contudo, Leão III, que coroou Carlos imperador – rei dos francos e defensor do *filioque* –, fez colocar em São Pedro duas placas de prata com o texto do credo niceno constantinopolitano em grego e latim sem acrescentar o *filioque*[8]. Depois de uma divergência de vários

---

6. Cf. Michael Seewald, "Das 'filioque' – gedeutet als christologisches Axiom. Ein Versuch zur ökumenischen Verständigung ausgehend von Tertullians 'Adversus Praxean'", in *Münchener Theologische Zeitschrift*, 62 (2011), 303-328.

7. *Epistolae Karolini Aevi*, 3, Ernst Dümmler e Karl Hampe (eds.) (*Monumenta Germaniae Historica, Epistolae*, 5), Berlim, 1898, 7, 22-25.

8. Para a introdução do *filioque* no Ocidente, cf. Michael Böhnke, "Kein anderer Glaube? Das Veränderungsverbot des nizänischen Glaubens in Spätantike und Frühmitte-

séculos entre a Igreja urbana de Roma e a Igreja imperial dos francos, que ocupou também vários sínodos – sobretudo o de Frankfurt em 794 e o de Aachen em 809 –, os papas acabaram por ceder. Quando autorizaram a prática franca da recitação do credo não só no Batismo, o seu marco original na Igreja antiga, mas também durante a celebração da Eucaristia, a versão franca do credo, com o acréscimo de *filioque*, foi assumida sucessivamente em toda a Igreja Ocidental.

> Continua sendo um mistério o momento exato, e em que circunstâncias, Roma incorporou o *filioque* no credo. Foi amplamente reconhecida a teoria de que o passo decisivo foi dado quando Bento VIII [...] autorizou que fosse cantado o credo constantinopolitano na celebração da Eucaristia. Essa conjectura é verossímil: é difícil crer que o Papa tivesse a falta de cortesia de apresentar ao imperador um texto do símbolo sem a frase a que a Igreja de Carlos Magno e dos seus sucessores dava tanta importância[9].

Mais tarde, a partir do primeiro terço do século XI (Bento VIII morreu em 1024) a Igreja Ocidental se viu confrontada com o problema de ter modificado um credo vinculante introduzindo um complemento que era inaceitável para a Igreja Oriental e que também colocava desafios argumentativos aos teólogos da Idade Média latina interessados na manutenção da continuidade. Ainda que, como assinalamos no início deste capítulo, o antigo fosse considerado como o verdadeiro, foi forçoso refletir sobre a questão de, de vez em quando, ser necessário completar as fórmulas antigas e assumir descontinuidades em prol de uma continuidade mais abrangente.

Um dos mais destacados teólogos entre os que colocaram esse desafio foi Anselmo de Canterbury[10], ao afirmar que a terminologia da doutrina sobre Deus reconhecida como ortodoxa tanto pelo Oriente como pelo Ocidente – uma substância ou *ousía*, três Pessoas ou hipóstasis – não aparece na Escritura nem no credo niceno constantinopolitano: "Em que profeta, evangelista ou apóstolo lemos, com essas palavras, que o Deus uno é três

---

lalter", *in* Georg Essen, Nils Jansen (eds.), *Dogmatisierungsprozesse in Recht und Religion*, Tübingen, 2011, 39-53.

9. John N. D. Kelly, *Altchristlicje Glaubensbekenntnisse. Geschichte und Theologie*, Göttingen 1993, 360 s.

10. Fundamental para a interpretação seguinte de Anselmo é Peter Gemeinhardt, *Die Filioque-Kontroverse zwischen Ost- und Westkirche im Frühmittelalter* (*Arbeiten zur Kirchengeschichte*, 82), Berlim, 2002, 479-486.

pessoas ou que o Deus uno é trinitário ou que Deus seja de Deus? Muito menos no credo, no qual se ensina a procedência do Espírito Santo a partir do Filho, encontramos os termos 'Pessoas' ou 'Trindade'"[11].

Essas afirmações, de forma isolada, nada têm de extraordinário e não vão além do que ensina Agostinho nos seus tratados sobre o Evangelho de São João: desde que as novas vozes não sejam "sacrílegas" nem "profanas" (cf. 1Tm 6,20), antes expressando o que é melhor dentro do que foi expresso até agora, as inovações terminológicas não são problemáticas. Mas Anselmo vai mais longe. Assinala que a Escritura apresenta o Espírito como o Espírito do Pai e como o Espírito do Filho. No que respeita ao Pai, não estabelece diferença entre constituição intradivina e envio histórico-salvífico do Espírito: o Espírito recebe o seu ser do Pai e também por ele é enviado ao mundo. Anselmo não vê razão para, em relação ao Filho – dado que o Espírito é também chamado Espírito do Filho (por exemplo, At 16,7) –, se dever fazer a distinção entre constituição trinitária-imanente, por um lado, e envio histórico-salvífico e econômico, por outro, o que não é feito no caso do Pai, embora na Escritura, na qual esses termos são totalmente estranhos, "reine o silêncio" em ambas as questões[12]. Que o Espírito seja enviado histórico-salvificamente também pelo Filho e que, de um ponto de vista imanente, proceda só do Pai é uma questão que parece ilógica para Anselmo se o Espírito, enquanto "Espírito divino", deve ser "também Espírito do Pai e Espírito do Filho"[13]. Em outras palavras: "Se é certo que o Espírito Santo procede do Filho tanto como do Pai, segue-se que ele é Espírito do Filho tanto como do Pai e que é enviado e dado pelo Filho tanto como pelo Pai, algo que ensina a autoridade divina [ou seja, a Escritura – M.S.] e de que não resulta nenhuma falsidade"[14].

Anselmo pretende, por dedução lógica, demonstrar – baseando-se na Escritura e no credo, que nada dizem sobre essa questão – a doutrina de que o Espírito procede também do Filho não só no plano econômico, mas também no iminente. O arcebispo de Canterbury está consciente das implicações metodológicas desse modo de agir. Deve "aceitar com certeza, afirma, o que lemos na Sagrada Escritura, mas também o que dela resulta com dever de racionalidade, sempre e quando não exista nenhuma outra

---

11. Anselmo de Canterbury, *De Processione Spiritus Sancti*, cap. 11 (*S. Anselmi Cantuariensis Archpiscopi Opera Omnia*, 2ª ed. Franciscus Salesius Schmitt, Edimburgo, 1946, 209).
12. *Ibidem*, cap. 12 (ed. Schmitt, 210).
13. *Ibidem* (ed. Schmitt, 209).
14. *Ibidem*, cap. 14 (ed. Schmitt, 215).

razão contrária"[15]. Ainda que não tenha nada de extraordinário, contrariamente ao que afirma Georg Söll, essa tese representa um não "pequeno contributo" para a questão da evolução dos dogmas[16]. Contudo, o que é exposto por Anselmo viria a tornar-se, na escolástica medieval tardia e moderna, a principal aproximação a essa questão, que era considerada sobretudo um desafio lógico. A importância da *conclusio theologica*, isto é, da conclusão que, embora não sendo considerada revelada, é extraída de uma doutrina que se tem por revelada, continuará a ser objeto de controvérsia até o século XX, e ainda o é na atualidade, embora essa forma de aproximação às questões relacionadas com a evolução do dogma já não esteja tanto na moda. À luz da problemática do *filioque*, Anselmo mostra, de forma exemplar, as implicações que tem "a pretensão de que a fé não só deve ser acessível à reflexão racional, mas também a exige", assim, que os resultados dela devem ser "considerados nesse caso – tendo como pressuposto a sua retidão lógica e a sua coerência com a Escritura – interpretações adequadas e, nessa medida, *necessárias* da fé"[17].

Visto isso, as necessidades racionalmente fundadas não são retidas sequer perante um texto considerado canônico, como pode ser o credo de Niceia-Constantinopla. A Igreja Ocidental, assegura Anselmo, longe de destruir esse símbolo redigido em grego, "reformulou-o", acrescentando-lhe conforme "o costume latino" (expressão que designa não só um âmbito linguístico, mas também um âmbito de tradição teológica no qual, através de Santo Agostinho, tiveram influência tendências filioquistas) "o mencionado aditamento/complemento"[18]. Essa decisão não obedeceria a um simples capricho, mas sim ao fato de que a Igreja, "obrigada a isso por necessidade" (*rationes cogitae* é uma expressão técnica protomedieval para aludir a razões racionais necessárias e imprescindíveis[19]), decidiu introduzir esse complemento/aditamento ao credo confiando firmemente "no que tinha conhecido que devia crer e confessar"[20]. Sendo assim, o conhecimento

---

15. *Ibidem*, cap. 11 (ed. Schmitt, 209).
16. Söll, *Dogma und Dogmenentwicklung*, 86.
17. Gemeinhardt, *Die Filioque-Kontroverse zwischen Ost- und Westkirche im Frühmittelalter*, 485.
18. Anselmo de Canterbury, *De Processione Spiritus Sancti*, cap. 13 (ed. Schmitt, 211).
19. Cf. Matthias Perkams, "Rationes necessariae – rationes verisimiles et honestissimae. Methoden philosophischer Theologie bei Anselm und Abaelard", in Giles E. M. Gasepr, Helmut Kohlenberger (eds.), *Anselm and Abelard. Investigations and Iustapositions* (*Papers in Medieval Studies*, 19), Toronto, 2006, 143-154.
20. Anselmo de Canterbury, *De Processione Spiritus Sancti*, cap. 13 (ed. Schmitt, 211).

stricto sensu tem, para Anselmo, um elemento daquilo que deve ser: o que tinha reconhecido como verdadeiro deve ser aceito como tal, mesmo que a tradição ainda não o reconheça. Segue-se a insuficiência dos credos, mesmo que sejam tão importantes como o niceno-constantinopolitano. "Porque sabemos que neles não é dito tudo aquilo em que devemos crer e que devemos confessar, e que quem formulou esse credo não pretendia que fosse o suficiente para a fé cristã crer e confessar o que nele ficou plasmado."[21] Posto que Anselmo está persuadido de ter chegado à conclusão racionalmente forçada de que o Espírito procede também do Filho, inclusive no plano imanente, e que não vê negada a sua fé, nem contrária nem contraditoriamente, no credo (onde não se diz que o Espírito não procede do Filho), considera justificada a modificação da versão latina dele. A versão grega, contudo, não é falsa, mas está incompleta. Aqui não podemos esclarecer se essa argumentação é convincente no âmbito da controvérsia sobre o *filioque*. Decisivo nesse contexto é que Anselmo – sem conhecer o conceito, certamente – esboça com enorme precisão uma possibilidade de desenvolvimento dos dogmas: a evolução por procedimentos lógico-dedutivos, providos de autoconsciência da necessidade racional, não excluindo sequer os textos que são objeto de uma particular estima.

Essa tendência para a dialetização da doutrina da fé será acentuada no decurso do século XII. Um dos seus representantes mais proeminentes é Pedro Abelardo, que define a fé seguindo uma frase da Epístola aos Hebreus a que teremos de voltar repetidas vezes: "A fé é garantia das coisas que se esperam e certeza daquelas que não se veem" (Hb 11,1). Na versão latina, que é aquela com que Abelardo trabalha, a fé é entendida como "substância do que se espera" (*substantia sperandarum rerum*) e "prova (justificativa) do que não se vê" (*argumentum non apparentium*). Abelardo tenta reformular essa definição em consonância com o seu interesse pela penetração lógica da doutrina da fé. Por "argumento" entende, apoiando-se em Boethius, "algo certo mediante o qual se confere credibilidade a algo duvidoso"[22]. Conceber a fé nesse sentido como *argumentum* parece a Abelardo pouco útil para o seu contexto, porque, como lógico que é, se interessa pela formulação proposicional da doutrina da fé, que se esforça para defender frente a sua deformação herética. Por isso substitui *argumentum* por *existimatio*, termo que, no seu sentido habitual,

---

21. *Ibidem*.
22. Pedro Abelardo, *Super Topica Glossae* (*Scritti di Logica*, ed. Mario Dal Pra, Florença, 1969, 205, 8 s.).

alude a uma "conjectura", mas que na atividade docente escolástica deve ser entendido como algo mais específico. A fé é, segundo a definição de Abelardo, "uma avaliação de coisas que não se veem, isto é, de coisas não perceptíveis pelos sentidos corporais"[23]. Quem descarta a *existimatio* como mera conjectura, como de vez em quando faziam os adversários de Abelardo, ignora o *Sitz im Leben* ("o lugar na vida") que caracteriza esse termo. Porque, no contexto da atividade docente escolástica, a *existimatio* é "a atitude espiritual do *auditor* (uma das duas pessoas que intervêm na polêmica dialética) frente às propostas que são apresentadas a ele como consentimento"[24]. Sendo assim, a fé não é para Abelardo uma especulação cega sobre coisas que não se veem, mas sim a fé que nasce da escuta (cf. Rm 10,17) – da escuta tanto das Escrituras quanto da Igreja. Contudo, na opinião de Abelardo, essa fé não possui nenhuma evidência, ela trata de coisas que não se veem, de forma que a fé deve demonstrar primeiro a sua credibilidade. É apresentada ao ouvinte como uma *existimatio* escolástica e por isso deve ser abordada, isto é, investigada com os meios da lógica, que, embora não possa demonstrar *a priori* a doutrina da fé, tem de examinar racionalmente que ela se encontra isenta de contradições. Assim, para as doutrinas da fé que se apresentam ao ouvinte na forma de propostas valem as mesmas regras que para todos os outros enunciados profanos nos quais é afirmado que algo é verdadeiro. Abelardo não reconhece nenhum âmbito delimitado de lógica especificamente religiosa nem um território da fé subtraído às leis da lógica. Por isso, caso exista contradição entre dois enunciados que asseguram expressar algo verdadeiro sobre coisas invisíveis, de forma que ambos não possam ser simultaneamente verdadeiros, um deles deve ser falso. E o inverso: se resultam conclusões necessárias do que pertence de maneira inquestionável e é logicamente coerente com a doutrina da fé, elas devem ser aceitas. O valor exato da *conclusio theologica* continuará ocupando a teologia durante muito tempo, mas no início desse caminho se encontram Anselmo de Canterbury e Pedro Abelardo, que, por causa do seu estilo de vida mutante e drástico e da sua doutrina trinitária condenada (cf. DH, 721-739), é tido como um *enfant terrible*.

---

23. Pedro Abelardo, *Theologia Scholarium*, 1, 2 (*Opera Theologica*, 3, org. e estudo de Eligius M. Buytaert, Constant C. Mews (*Corpus Christianorum Continuatio Mediaevalis*, 13), Turnhout, 1987, 318, 5 s.).

24. Jean Jolivet, "Sur Quelques Critiques de la Théologie d'Abélard", in *Archive d'Histoire Doctrinale et Littéraire du Moyen Age*, 30 (1963), 7-51, aqui: 25 s.

A controvérsia do *filioque* não só influenciou de modo estimulante a relação entre a fé e a lógica, mas também favoreceu um aprofundamento especulativo da doutrina do Espírito Santo, a pneumatologia. Um exemplo pouco conhecido, mas extraordinário, é oferecido a nós por Anselmo de Havelberg. No seu *Anticimenon*, o monge premonstratense e diplomata, que passou muito tempo em Bizâncio como embaixador imperial, diz ter estabelecido um diálogo com o arcebispo Nicetas de Nicomedia[25]. Não podemos esclarecer em que medida esse diálogo é histórico ou não, nem em que medida aconteceu exatamente como Anselmo relata. O que nos interessa mais é a pneumatologia desenvolvida nessa obra. Anselmo caracteriza o Espírito como *panepískopos*[26], como o bispo universal de toda a Igreja que presidiu os concílios da Igreja antiga, os quais foram todos sem exceção assembleias de bispos. A íntima vinculação existente no *Corpus Johanneum* entre Jesus e o Paráclito prometido é aproveitada pelo bispo de Havelberg para fazer um forte apelo a favor do *filioque*: o Espírito, dado que é o Espírito do Filho, pode ensinar tudo o que Cristo quis ensinar, mas que os discípulos não podiam assimilar ainda durante a vida de Jesus. Esse vínculo estreito entre o Filho e o Espírito permite a Anselmo atribuir ao Espírito Santo atividades que tradicionalmente eram atribuídas a Cristo. Assim, o Espírito "estabeleceu" o Evangelho e logo "explicou" com mais detalhe nos concílios o que tinha "fundamentado brevemente", com o intuito de que aquilo "que os bispos não podiam carregar sozinhos" seja sustentado "agora por toda a Igreja, dispersa pelo globo terrestre"[27] e presidida pelo Espírito Santo como bispo supremo.

Anselmo de Havelberg considera que a estrutura eclesial da sua época não foi fundada por Jesus, mas edificada pelo Espírito Santo no decurso da história. O Espírito Santo, não o Jesus histórico, mas sim o Espírito, que é certamente o Espírito de Cristo, instituiu os sacramentos (*sacramenta ecclesiástica institui*[28]), assim como os ministérios eclesiais e a celebração da Eu-

---

25. Uma característica dessa obra e do seu autor é apresentada por Hermann Josef Sieben, "Einleitung", *in* Anselmo de Havelberg, *Anticemenon. Über die eine Kirche von Abel bis zum letzten Erwählten und von Ost und West*, introd., trad. e comentário de Hermann Josef Sieben (*Archa Verbi Subsidia*, 7), Münster, 2010, 13-38. Sobre os contatos de Anselmo com a Igreja do Ocidente, cf. Jay T. Lees, *Anselm of Havelberg. Deeds into Words in the Twelfth Century* (*Studies in the History of Christian Thought*, 79), Leiden, 1998, 48-69.

26. Anselmo de Havelberg, *Anticimenon*, 2, 13 ("Dialogi", in *Patrologiae Cursus Completus Series Latina*, 188, org. Jean-Paul Migne, Paris, 1890, 1183 A).

27. *Ibidem*, 2, 23 (PL, 188, 1201 Bs.).

28. *Ibidem*, 2, 23 (PL, 188, 1201 C).

caristia. A complexidade dessa atribuição se vê no fato de, no decurso do desenvolvimento posterior, ter sido consolidado como característica principal de um sacramento o fato de ter sido instituído pelo Jesus histórico, até o ponto de o Concílio de Trento ter penalizado com o anátema, isto é, com a excomunhão, a negação de que o próprio Jesus Cristo instituiu todos os sacramentos da Igreja (cf. DH, 1601). Porém, Anselmo de Havelberg está livre dessas determinações e, por essa razão, pode ver o Espírito Santo como fundador da ordem e dos sacramentos da Igreja que se foram constituindo ao longo dos tempos. Por uma perspectiva atual, o encanto de semelhante explicação radica em se poder abordar de modo dogmaticamente não obrigatório os resultados da exegese histórico-crítica, porque não é necessário insistir que a ordem eclesial foi instituída na sua totalidade pelo Jesus histórico. Inversamente, o problema de Anselmo é que o seu modelo apenas permite à Escritura assumir uma função crítica capaz de deslegitimar os desenvolvimentos que não estão em conformidade com ela. Embora deva ser lida em relação com a origem da polêmica sobre o *filioque* e sobre a transferência de atributos de Jesus para o Espírito, a sua argumentação serve, em última análise, para informar os gregos de que "se pode afirmar com segurança"[29] que o Espírito procede também do Filho, que não se deve subestimar a força inovadora do bispo de Havelberg, que se estende muito além dessa controvérsia. Ele "torna patente o governo do Espírito Santo na Igreja como a razão mais profunda do progresso dogmático" e permanece, com as suas ousadas teses, "só" na sua época[30].

5.3. Fé implícita, fé explícita e "fé do carvoeiro"

A escolástica inicial tinha um grande interesse por saber o que significa exatamente crer. Que atos mentais ou afetivos acontecem quando uma pessoa crê e que relação esses atos possuem com a doutrina da fé, isto é, com o conteúdo daquilo em que se crê? Este problema foi tratado várias vezes com uma abordagem herdada de Santo Agostinho.

Nos seus *Tratados sobre o Evangelho de João*, o bispo de Hipona se questiona sobre como deve ser entendida a afirmação de Jesus de que "todos os que vieram antes de Mim eram ladrões e salteadores" (Jo 10,8). Serão por acaso os profetas veterotestamentários, que exerceram a sua atividade

---

29. *Ibidem*, 2, 23 (PL, 188, 1202 B).
30. Johannes Beumer, "Der theoretische Beitrag der Frühscholastik zu dem Problem des Dogmenfortschritts", in *Zeitschrift für Katholische Theologie*, 74 (1952), 205-226, aqui: 214 s.

antes de Jesus, ladrões e salteadores sem exceção? Para poder negar essa leitura extremista, Santo Agostinho distingue entre aqueles que vieram antes de Cristo e *praeter illum*, ou seja, passaram longe ou à margem dele, e que, por consequência, são chamados ladrões e salteadores, por um lado, e aqueles que pregaram também temporalmente antes de Cristo, mas que o fizeram *cum illo*, isto é, em comunhão com ele como profetas, por outro[31]. A acusação de serem ladrões e salteadores não afeta esses últimos. Mas como pode um profeta desenvolver a sua atividade com Cristo tendo vivido antes de Cristo? Santo Agostinho identifica o Jesus histórico com o Logos de Deus, que existe desde a eternidade, desde "sempre". "Certamente, do tempo tomou carne. O que significa, então, 'sempre'? 'No princípio existia o Verbo' (Jo 1,1). Assim, vieram com ele os que vieram com a palavra de Deus. 'Eu sou', afirma, 'o Caminho, a Verdade e a Vida' (Jo 14,6). Se ele, em pessoa, é a Verdade, com ele vieram os que eram verdadeiros"[32]. Dado que, enviados por Deus, anunciaram a palavra divina claramente e com verdade, os profetas veterotestamentários vieram, ainda que antes da Encarnação da Palavra e da Verdade divinas em Jesus de Nazaré, "com" Cristo. Essa coexistência de simultaneidade e não simultaneidade leva Santo Agostinho a fazer uma reflexão sobre o tempo e a história da salvação:

> Antes da vinda de Nosso Senhor Jesus Cristo na qual em carne veio em condição baixa, os justos se adiantaram a crer naquele que estava para vir, como nós cremos nele, que veio. Os tempos mudaram, não a fé. Pois até as próprias palavras variam de acordo com a época, sendo modificadas de maneiras diferentes. "Ele virá" soa diferente de "ele veio". Soa diferente: Ele virá ou Ele veio. No entanto, a mesma crença une ambos, aqueles que acreditam que ele virá e aqueles que acreditam que ele veio. Vemos que chegaram em momentos diferentes, mas ambas pela única porta da fé, por meio de Cristo[33].

Santo Agostinho expõe uma análise instrutiva do ponto de vista da filosofia da linguagem e da ontologia. As palavras (*verba*) e o que os ouvintes associam a elas (Santo Agostinho chama-lhes "som", *sonum*) mudam, mas a fé permanece a mesma. Enquanto os piedosos do Antigo Testamento creram em Cristo (disso está Santo Agostinho convencido) como aquele que havia de vir, a Igreja crê nele como o que veio. Embora tenha

---

31. Cf. Agostinho, *In Iohannis Evangelium Tractatus*, 45, 8 (ed. Willems, 391 s.).
32. *Ibidem*.
33. *Ibidem*, 45, 9 (ed. Willems, 392, 2-11).

mudado o tempo da forma verbal, o estado de coisas designado pelo verbo é um só e o mesmo: a vinda de Cristo. Isso é ilustrado por Santo Agostinho seguindo São Paulo (cf. 1Cor 10,1-4), com a ajuda de uma exegese tipológica (ou seja, que remete antecipadamente para Cristo) do êxodo do Egito (cf. Ex 12-14). Nela, Moisés aparece como prefiguração de Cristo; os israelitas como prefiguração da Igreja; e a passagem do mar Vermelho como prefiguração do Batismo. Para Santo Agostinho, em sinais distintos se expressa a mesma fé, algo que, por sua vez, só se torna compreensível à luz da filosofia da linguagem do bispo de Hipona. Ele está convencido de que toda a doutrina tem relação com coisas, com sinais, "mas as coisas são conhecidas por meio de sinais"[34]. Os sinais (dos quais são parte integrante também, segundo Santo Agostinho, as palavras) mudam; por outro lado, as coisas verdadeiras designadas por elas não mudam. Mesmo quando as considerações exegéticas de Santo Agostinho parecem estranhas, de um ponto de vista atual, não devemos ignorar a sagacidade com que o Padre da Igreja fundamenta uma continuidade baseada na fé entre o Antigo Testamento e o Novo Testamento, entre Israel e a Igreja, em última análise entre judeus e cristãos. "Os tempos mudaram; a fé, não" – *Tempora variata sunt, non fides*[35].

Com isso, o bispo de Hipona, como autoridade que nenhum teólogo medieval podia deixar de considerar, legou à escolástica uma distinção que presumivelmente Pierre de Corbeil foi o primeiro a verter na distinção conceitual entre fé implícita e fé explícita[36]. Por "fé explícita" (*fides explicita*) entende-se a profissão reflexiva de fé em conteúdos claramente definidos e intelectualmente aceitos. Pelo outro lado, a "fé implícita" (*fides implicita*) designa uma profissão de fé menos reflexiva que se refere de forma afirmativa a algo, sem todo o seu conteúdo nesse objeto de referência ser totalmente compreendido. Por isso acredita-se no conteúdo de forma implícita, não explícita. Na elaboração teológica posterior, a ideia de fé implícita foi aproveitada em sentido eclesial mediante o axioma *credere*

---

34. Santo Agostinho, *De Doctrina Christiana*, I, 2, 2 (*L'Istruzione Cristiana*, org. Malio Simonetti, Milão, 1994, 201 s.) Para a recepção na Idade Média da diferença entre *res* e *signum*, cf. Eileen C. Sweeney, "Hugh of St. Victor: The Augustinian Tradition of Sacred and Secular Reading Revised", *in* Edward D. English (ed.), *Reading and Wisdom. The* De Doctrina Christiana *of Augustine in the Middle Ages*, Notre Dame 1995, 61-83, aqui: 70-73.

35. Santo Agostinho, *In Iohannis Evangelium Tractatus*, 45, 9 (ed. Willems, 392, 5).

36. Cf. Reginald M. Schultes, *Fides implicita. Geschichte der Lehre von der fides implicita und explicita in der katholischen Theologie 1: Von Hugo vom S. Viktor bis zum Konzil von Trient*, Regensburg, 1920, 20.

quod ecclesia credit ("crer naquilo que a Igreja crê") e polemizada na tradição reformada.

Um dos mais importantes tratados sobre a questão da fé implícita, mesmo ainda se tratando de uma terminologia estranha, foi escrito por Hugo de São Vítor, cuja obra principal, *Os Sacramentos da Fé Cristã*, contém "o ponto central da formação e da evolução do dogma, tão abundante e diversamente tratado nos nossos dias"[37]. Segundo Hugo, Deus não queria "revelar-se totalmente" à consciência humana nem permanecer "totalmente oculto" a ela[38]. Essa coexistência de revelação e ocultação possibilita a fé: caso Deus tivesse se revelado totalmente, poderia ser conhecido; e teria mais relação com o conhecimento do que com a fé. No entanto, se Deus permanecesse totalmente oculto, tudo o que fosse dito sobre ele seria mera opinião, isto é, o contrário de um saber. Mas a fé, para Hugo, é uma "certeza da alma sobre coisas ausentes, o que é mais do que uma opinião e menos do que um saber"[39]. Por tudo isso, crer em algo significa opinar sobre coisas que não se pode saber; mas também não significa possuir um saber seguro sobre estados de coisas que não são evidentes. Para Hugo, a fé em sentido teológico se coloca, enquanto grau epistemológico específico, entre a opinião e o saber. O ser humano chega à fé através da conjugação do próprio conhecimento racional com a ação divina da revelação, que é acessível a ele, em ambos os casos, de um duplo modo. A razão possui intrinsecamente, ou seja, *a priori*, além da sua referência à experiência, um saber sobre Deus que Hugo expõe seguindo uma versão da Epístola aos Romanos que era frequentemente citada no século XII: "[...] o que de Deus pode ser conhecido está à vista deles" (Rm 1,19)[40]. Além disso, também através da consideração do mundo exterior está a razão em condições de conhecer o Criador "nas suas obras" (Rm 1,20). A revelação se aproxima assim do ser humano tanto a partir de dentro como a partir de fora: a partir de dentro, através de um "sopro iluminador"[41], como pode ser concedido aos profetas bíblicos e também a fiéis individuais em épocas posteriores; a

---

37. Martin Grabmann, *Die Geschichte der scholastischen Methode 2: Die scholastische Methode in 12. Und beginnenden 13. Jahrhundert*, Berlim, 1988, 277.

38. Hugo de São Vítor, *De Sacramentis Christianae Fidei*, 1, 3 *(Hugonis de S. Victore Opera Omnia*, 2 *(Patrologiae Cursus Completus Latina*, 176), org. Jean-Paul Migne, Paris, 1880, 217 B).

39. *Ibidem*, 1, 10 (PL 176, 330 C).

40. Cf. Alexander Fidora, *Die Verse des Römerbrief*, 1, 19 s. "Im Verständnis Abaelards", in *Patristica et Mediaevalia*, 21 (2000), 76-88.

41. Hugo de São Vítor, *De Sacramentis Christianae Fidei*, 1, 3 (PL 176, 217 C).

partir de fora, mediante a instrução na doutrina, assim como faz a Igreja. O Deus invisível sai ao encontro dos homens de quatro modos diferentes: "a partir de dentro, através da razão e do sopro do Espírito Santo; a partir de fora, através das criaturas e dos ensinamentos" da Igreja[42]. Dois desses modos "fazem parte da natureza"[43]: o que sobre Deus é acessível ao ser humano através do dom natural da razão e o que a realidade exterior da criação lhe revela sobre Deus. E os outros dois pertencem, na opinião de Hugo de São Vítor, ao âmbito da graça: a efusão interior do Espírito e os ensinamentos da Igreja.

Um contributo de Hugo, cuja proeminente importância para o desenvolvimento de uma "psicologia da fé" teológica é difícil não realçar[44], radica na distinção que traça entre o ato de fé, a que ele chama *affectus*, termo que não deve ser mal interpretado em sentido emocional, e o conteúdo da fé, a que Hugo chama *cognitio*. "A fé consiste em dois elementos: conhecimento e afeto. Neste último se encontra a substância da fé; no primeiro, a sua matéria. Porque uma coisa é a fé com que se crê; e outra aquilo em que se crê em virtude da fé. No afeto se encontra a fé; no conhecimento, aquilo em que se crê em virtude da fé."[45]

Hugo define o afeto como a essência – a substância – da fé mediante a qual retira da fórmula proposta na Carta aos Hebreus (cf. Hb 11,1) um sentido muito diferente do que dá a ela o seu contemporâneo e já citado Pedro Abelardo. O conteúdo da fé, isto é, aquilo em que se crê, representa para Hugo a matéria da fé, isto é, o material que precisa de ser configurado através de uma forma, e o fruto dessa configuração é o "conhecimento". Sobre a origem dessa definição, Hugo de São Vítor reflete sobre o crescimento da fé. E o faz inicialmente a partir enquadramento dado por Santo Agostinho: mesmo quando as palavras se alteram com o tempo, aquilo que tentam designar era, é e será sempre o mesmo. Contudo, Hugo liga essa solução a outro problema teológico: à posição dos chamados *símplices*, isto é, os cristãos que não são versados em questões teológicas e, por isso, apenas podem oferecer informação refletida sobre aquilo em que creem,

---

42. *Ibidem*, 1, 3 (PL 176, 234 C).

43. *Ibidem*.

44. Veja-se o conceito básico de Georg Engelhardt, *Die Entwicklung der dogmatischen Glaubenspsychologie in der mittelalterlichen Scholastik vom Abaelardstreit (um 1140) bis zu Philipp dem Kanzler (Gest. 1236)* (*Beiträge zur Geschichte der Philosophie und Theologie des Mittelalters*, 30.4), Münster, 1933.

45. Hugo de São Vítor, *De Sacramentis Christianae Fidei*, 10, 1 (PL 176, 331 B).

sobre o aspecto cognitivo da sua religião. Existem alguns eruditos, assegura Hugo, levando polemicamente as coisas a um extremo, que dão por consolidado que "de modo algum se pode denominar fiel quem não sabe de cor os grandes, diversos e sublimes sacramentos da fé, assim como a profundidade de algumas polêmicas sobre a majestade do Criador e a humildade do Redentor, na ordem exata em que aconteceram"[46]. Hugo dirige primeiro o seu olhar, tal como Santo Agostinho, para os piedosos do Antigo Testamento. Da mesma forma eles não podiam conhecer, no plano reflexivo, todas as coisas que a teologia cristã veio iluminar apenas mais tarde. E, contudo, na sua fé foram acolhidos e salvos por Deus. O mesmo argumento, embora não por uma perspectiva histórico-salvífica e diacrônica, mas em referência ao presente e de forma sincrônica, aplica-o Hugo de forma definitiva aos fiéis incultos da sua época. Por isso, como nós

> em uma mesma época conhecemos de maneira diferente, segundo as diferentes capacidades, as coisas que pertencem à fé, assim também não duvidamos de que essas coisas da fé foram acrescentadas desde o princípio com a sucessão das épocas em virtude do crescimento experimentado pelos fiéis. A fé nos antigos era a mesma da dos que vieram depois deles, ainda que não dispusessem de idêntico conhecimento. Da mesma forma confessamos que entre os fiéis da nossa época encontramos a mesma fé, embora não o mesmo conhecimento. Por consequência, no decurso das épocas cresceu a fé em todos, a fim de que seja maior, mas não se transformou, convertendo-se em outra diferente[47].

Embora interesse a Hugo, em última análise, salvaguardar a continuidade entre o Antigo e o Novo Testamentos, assim como reconhecer os cristãos incultos como fieis, a sua argumentação abre um amplo espaço para as teorias da história dos dogmas. Se é possível pensar na fé enquanto *affectus* como imutável e sempre igual a si mesma e considerar a fé enquanto *cognitio* como suscetível de um crescimento temporalmente determinado, e mais ainda como capaz de incorporar complementos de conteúdo, o problema fundamental das teorias da evolução dogmática, ou seja, a instável simultaneidade de continuidade e descontinuidade, fica resolvido se da rigorosa continuidade na fé, no que no que se refere a sua dimensão afetiva, puderem resultar descontinuidades na medida em que se fala da fé como

---

46. *Ibidem*, 10, 1 (PL 176, 335 Ds.).
47. *Ibidem*, 10, 1 (PL 176, 339 Bs.).

conhecimento proposicionalmente formulado. O vínculo que mantém unidas, ao longo das épocas e na sua coexistência simultânea, uma fé afetiva, mas não tão intelectual, e uma fé cognitivamente muito desenvolvida, mas possivelmente fraca de um ponto de vista afetivo, é a comunidade da salvação a que pertencem os fiéis: a Igreja que, para Santo Agostinho e para Hugo, inclui também Israel, na sua forma de *ecclesia ab Abel*[48]. Por isso, quem, de maneira implícita, tenha acreditado no passado ou creia no presente o que crê a Igreja sem saber com exatidão tudo quanto pode estar cognitivamente associado a isso participa, segundo Hugo, na fé una e invariável da Igreja, que se transforma na sua matéria, mas que permanece sempre igual a si própria na sua substância, ou seja, na sua essência.

Embora o seu interesse original fosse, como acabamos de ver, outro – a salvação dos piedosos da Antiga Aliança e dos ignorantes das épocas posteriores a Cristo –, com esse raciocínio, amplamente acolhido durante a Idade Média por incorporar as decisões de Pedro Lombardo[49], é proposta uma abordagem que, no século XIX, quando o problema da evolução dos dogmas alcançou a sua maior intensidade, se converteu no modelo católico normal. Isso é evidenciado, por exemplo, na lição inaugural de Berhard Dörholt, teólogo pastoral de Münster que, em 1892, apresentou *Über die Entwickung des Dogmas und den Fortschritt in der Theologie* ["Sobre a evolução do dogma e o progresso na teologia"]. Nessa obra, Dörholt fala, de um modo quase suspeito para as circunstâncias teológicas da sua época, de um progresso que não diz respeito unicamente à formulação externa da fé sempre idêntica a si própria, mas também aos princípios nos quais se baseia a doutrina da fé:

> Para conhecer e avaliar adequadamente a plena legitimidade, a natureza e o modo do progresso teológico, devemos ir ainda mais além e afirmar que não só a teologia como ciência conhece um progresso legítimo, mas também, tendo em conta os princípios de que essa ciência parte e aqueles em que se apoia, isto é, o respeito pelos dogmas, é necessário reconhecer e afirmar um desenvolvimento que avança com o tempo[50].

Dörholt pode formular uma afirmação tão ousada porque mantém na origem a ideia que assegura a continuidade da *fides implicita*, com a qual

---

48. Cf. Yves Congar, "Ecclesia ab Abel", *in* Marcel Reding (ed.), *Abhandlungen über Theologie und Kirche* (FS Karl Adam), Düsseldorf, 1952, 79-108.

49. Cf. Schultes, *Fides Implicita*, 27-34.

50. Bernhard Dörholt, *Über die Entwicklung des Dogmas und den Fortschritte in der Theologie*, Münster, 1892, 6.

os fiéis sempre abraçaram a totalidade da revelação sem saber exatamente tudo o que ela contém:

> Sob a atividade do magistério eclesial, guiada e animada pelo Espírito Santo, o objeto material da fé é implementado de um modo cada vez mais rico, e é justamente esse movimento que acontece no próprio dogma e que faz com que ele tenha uma história. Nem a verdade revelada nem a fé, que abraça sempre a totalidade da verdade revelada, mudam o decurso desse movimento e a sua evolução; o que cresce verdadeiramente e se aperfeiçoa é o nosso conhecimento da verdade revelada, porque a partir disso abarca com certeza de fé algo de que não tinha essa certeza antes da sua definição pela Igreja[51].

Por consequência, alguém que se identifica profundamente com a fé da Igreja abraça de forma implícita nessa fé a totalidade da revelação, embora ela só adquira explicitamente uma configuração dogmática diferente através da pregação doutrinal da Igreja. Desse modo, o dogma aparece, por um lado, como a concretização importante da revelação, se bem que condicionada pela época; e, por outro lado, o papel da Igreja como *depositorium*, armazém, depósito, da verdade revelada, para usar uma imagem de Ireneu de Lyon que já mencionamos anteriormente, ganha uma relevância crescente: a Igreja explicita o que os fiéis, na sua fé ativa, já implicitamente afirmam sem o saber com exatidão no plano cognitivo.

Não é de estranhar que essa argumentação tenha sido submetida a uma severa crítica por parte dos reformadores. Na sua *Missiva aos de Frankfurt* pondo em causa os seguidores de Zwingli, Martinho Lutero entrou em polêmica, também, com "os papistas" ("acreditam no que acredita a Igreja"), servindo-se da seguinte história[52]: em Praga, um erudito em teologia (um "doutor") abordou um carvoeiro e perguntou a ele em que acreditava. O carvoeiro respondeu: "No que a Igreja acredita". E, à nova pergunta do erudito sobre aquilo em que a Igreja acredita, o carvoeiro replicou: "Naquilo em que eu acredito". Ao chegar a última hora do erudito, o diabo o tentou de tal modo na sua fé que já não era capaz de fazer uma confissão de fé explícita, por isso disse: "Creio no que crê o carvoeiro". Dessa forma, enquanto o carvoeiro reconhece a sua fé, sem saber no que ela consiste exatamente, o erudito agonizante e tentado na sua fé se identificar com a fé

---

51. *Ibidem*, 22 s.
52. Cf. Martinho Lutero, "Sendschreiben an die zu Frankfurt am Main (1533)", in *D. Martin Luthers Werke. Kritische Gesamtausgabe*, 30.3, Weimar, 1910, 554-571, aqui: 562.

do carvoeiro para, através dela, participar na fé da Igreja. Depois de uma indireta contra Santo Tomás de Aquino, que, no final da sua vida, teria se visto em uma situação análoga à do erudito da história, Lutero comenta com esta frase: "Tenha Deus por bem não nos conceder tal fé em abundância", dado que tanto o carvoeiro como o erudito (e presumivelmente também Santo Tomás de Aquino, embora Lutero não o tenha dito com clareza, o contexto assim o dá a entender) "foram precipitados por causa dela nas profundezas do inferno", aonde chegam aqueles espíritos que "dizem: 'Creio no corpo de que Cristo fala, e isso basta'"[53]. Embora alguns autores católicos, não sem alguma suficiência, mencionem que Lutero, em alguns dos seus sermões, poderá ter dado conselhos que se aproximam da concepção da *fides implicita*[54], a ideia de uma fé afetivamente dirigida, na sua indeterminação cognitiva, para a Igreja foi caracterizada por Lutero como "fé do carvoeiro". Na sua opinião, semelhante fé substitui a fidelidade à Palavra de Deus pela fidelidade à Igreja, uma fidelidade que – atribuída por Lutero aos "papistas" – já não está vinculada à palavra divina e constitui, portanto, uma porta de entrada para todo o tipo de mudanças doutrinais que a Igreja constrói em nome de um conhecimento mais profundo, mas que, na realidade, constituem um afastamento em relação à Palavra de Deus.

O instrumento de que os teólogos católicos queriam servir-se para resolver o problema da evolução dogmática foi denunciado, portanto, pelos teólogos protestantes como autolegitimação de uma máquina de inovação que realiza a sua tarefa guiada pelas pretensões de poder papal e que se desvia da Escritura como norma única da fé. Albrecht Ritschl, um dos teólogos mais influentes do século XIX e um dos que mais escola criou, propôs uma distinção entre "duas acepções díspares de 'fé': a católica e a evangélica"; e o que Ritschl caracteriza como a forma evangélica (ou protestante) da fé constitui "o grau mais valioso da fé a partir da autoridade formal da Sagrada Escritura", enquanto ao "grau católico inferior"[55] na forma de *fides implicita* corresponderia uma fixação cognitivamente predeterminada na Igreja. E Adolf von Harnack assinala que a história do catolicismo, com a sua ideia de que "a Igreja deve ser primordialmente entendida como uma instituição cujas santidade e verdade nunca se perdem, por mais lamentável

---

53. *Ibidem*, 563.
54. Assim Schultes, *Fides Implicita*, 7.
55. Albrecht Ritschl, *Fides Implicita. Eine Untersuchung über Köhlerglauben, Wissen und Glauben, Glauben und Kirche*, Bonn, 1890, 95 s.

que seja a situação dos seus membros", é também uma história "da *fides implicita*" (além de ser, certamente, uma história da hierarquia e da "magia sacramental"[56]).

Em poucas palavras, a ideia de *fides implicita* não foi entendida como uma resposta ao problema da evolução do dogma, porque os autores do século XII não colocaram essa questão da forma que é hoje habitual[57]. Mas a teoria de uma fé implícita proporcionou um modelo intelectual que foi utilizado sobretudo por autores católicos para resolver a instável simultaneidade de continuidade e descontinuidade de tal forma que a continuidade estava garantida pela Igreja e pela fé afetiva que lhe é concedida, enquanto a mudança se tornava possível no âmbito do desenvolvimento dogmático-cognitivo dessa fé. Os autores protestantes viram neste modelo uma carta branca para o "evolucionismo radical" inerente ao catolicismo[58], que, sob a forma da continuidade, introduz inovações dogmáticas que se afastam da Escritura.

Uma exceção a essa avaliação evangélica (ou protestante) é, até certo ponto, constituída por Rudolf Bultmann, que – permitam-nos referir isto antes de regressar à Idade Média – foi provavelmente o primeiro a distinguir entre cristologia implícita e cristologia explícita[59]. Bultmann está consciente da discrepância entre a imagem de Jesus dos escritores neotestamentários e a cristologia dogmática de séculos posteriores. Jesus "não formulou nenhum ensinamento expresso sobre a sua própria pessoa", mas "no chamamento à opção pela sua pessoa estaria *implicitamente* contida uma 'cristologia'" que, no caso de "*ser explicitada*", só poderia ter sentido no fato de "que nela acontece a decisão a favor ou contra ele [Jesus]"[60]. Dado que não pode considerar a cristologia dos concílios posteriores, que são normativos também para a confissão evangélica da fé em Jesus Cristo, contida dessa forma na Escritura, Bultmann distingue entre uma cristologia implícita, que consiste no apelo de Jesus a optar, a se decidir a favor ou contra ele, e outra explícita, que se desenvolve reflexivamente na aceitação existencial desse apelo. Segundo ele, a evolução do dogma pode entender-se como o

---

56. Adolf von Harnack, *Lehrbuch der Dogmengeschichte 3: die Entwicklung des kirchlichen Dogmas II-III* (*Sammlung Theologischer Lehrbücher*), Friburgo, 1897, 39.

57. Cf. Beumer, *Der theoretische Beitrag der Frühscholastik zu dem Problem des Dogmenfortschritts*, 209.

58. Ebeling, *Die Geschichtlichkeit der Kirche und ihrer Verkündigung als theologisches Problem*, 44.

59. Cf. Christian Danz, *Grundprobleme des Christologie*, Tübingen, 2013, 186.

60. Rudolf Bultmann, "Kirche und Lehre im Neuen Testament", in *Glauben und Verstehen*, 1, Tübingen, 1980, 153-187, aqui: 174.

desenvolvimento histórico desse apelo de Jesus que a Igreja escutou e em que acreditou em todas as épocas, mas que em cada época evoluiu dogmaticamente de maneira diferente.

5.4. Progresso do conhecimento e da autoridade – Santo Tomás de Aquino

Sem qualquer dúvida, o teólogo mais influente da Idade Média, por quem ninguém que se ocupe dessa época pode deixar de ter grande consideração, é Santo Tomás de Aquino. A razão da sua significativa relevância radica na originalidade da sua teologia, mas também no sucesso sintético que ela representa. Santo Tomás de Aquino consegue de um modo especial levar a sua teologia ao topo da referência do pensamento medieval à autoridade, reunindo numerosas abordagens mais antigas – de origem ora teológica, ora filosófica – em uma nova imagem global. Essa dupla capacidade o tornou interessante durante os séculos que se seguiram, pois ele soube combinar a possibilidade especulativa com referências à tradição, garantindo sua continuidade. Assim, por exemplo, Leão XIII, na sua encíclica *Aeterni Patris*, através da qual procura tornar vinculativa para toda a teologia a neoescolástica que invocava Santo Tomás, escreve que ele, "dado que tem em grande veneração os antigos e sagrados doutores, chega de certo modo ao conhecimento de todos" (DH, 3139). Essa é, desde logo, uma afirmação que procura justificar a aceitação que traz com ele a preferência exclusiva do magistério pela neoescolástica. Segundo o Papa Leão XIII, a referência vinculativa a Santo Tomás de Aquino não nega a diversidade de tradições teológicas, mas as contrai e canaliza. Apesar dos interesses ideológicos que a ela conduzem, essa afirmação tem um *fundamentum in re*: se o liberta das garras da sistematização neoescolástica, Santo Tomás de Aquino acaba por ser um sintetizador consciente da tradição e ao mesmo tempo original, algo que fica evidenciado no seu confronto com a questão do crescimento da fé.

Santo Tomás de Aquino aborda esse tema sobretudo em dois contextos: nos seus comentários às decisões, em que tinha de tratar da questão assumida por Pedro Lombardo sobre "a fé dos antigos"[61], isto é, dos

---

61. Cf. Petrus Lombardus, "Sententiarum libri quatuor 3.25" (*Petri Lombardi Opera Omnia*, 2 (*Patrologiae Cursus Completus Series Latina*, 192), org. Jean-Paul Migne, Paris, 1855, 809-811).

piedosos que viveram antes de Cristo; e na *Summa Theologiae*, um manual que ficou inacabado. Vale a pena considerar cuidadosamente dois artigos da *Quaestion* em que Santo Tomás de Aquino se ocupa do objeto da fé. Recorde-se o que já foi dito sobre o conceito de "artigo de fé" (*articulus fidei*) em Santo Tomás. Santo Tomás de Aquino infere *articulus* de *árthron* – "articulação" – e parte do pressuposto de que a única doutrina de fé cristã se estrutura em diversos artigos que referem, na perfeição, umas doutrinas a outras, de modo que, na sua diferença, constituem um todo[62]. Santo Tomás de Aquino pergunta a si próprio se os artigos da fé cresceram "com o tempo". O contexto é o mesmo que no caso de Hugo de São Vítor. Trata-se da fé dos piedosos do Antigo Testamento em relação aos nascidos depois de Cristo. No entanto, o que antecede dá consistência a uma reflexão de fundo sobre o crescimento da doutrina. Santo Tomás de Aquino menciona primeiro duas razões que parecem falar contra esse crescimento. Na Carta aos Hebreus, a fé é definida como a "substância do que se espera" (Hb 11,11), e a esperança humana sempre se dirigiu para esse sentido, de forma que essa substância não conheceu nenhuma alteração. Além do que antecede, todo o progresso da ciência alcançado em um momento determinado se baseia em uma falta de conhecimento daqueles que se ocuparam anteriormente dessa ciência. Mas, na opinião de Santo Tomás de Aquino, isso não pode acontecer nas questões relativas à fé cristã, já que não é concebível que os apóstolos, que transmitiram a fé através da tradição, sofressem dessa falta de conhecimento. O autor da fé colocado no princípio é, em última análise, o próprio Deus, que ofereceu ao ser humano – assim se depreende da referência de Santo Tomás de Aquino à Carta aos Efésios (cf. Ef 2,3) – a doutrina cristã da fé. Desse modo, o início da fé não pode ser deficitário, tendo em conta que a mesma tem uma origem perfeitamente ordenada. A isso Santo Tomás de Aquino contrapõe uma citação das homilias de São Gregório Magno sobre Ezequiel[63], segundo a qual o conhecimento dos santos Padres terá aumentado com o decurso do tempo, de modo que aqueles que estavam mais próximos da chegada do Redentor conheceram acerca deste mais do que aqueles que se encontravam mais longe dele.

---

62. Santo Tomás de Aquino, *Summa Theologiae*, II-II, q. 1, a. 6, *corpus* (ed. Leonina, 8, 18).

63. Cf. São Gregório Magno, *Homiliae in Hiezechihelem Profetam*, 2, hom. 4, 12 (*Homilia in Hiesechihelem Profetam* (org. e estudo), M. Adriaen (*Corpus Christianorum Series Latina*, 142) Turnhout, 1971, 267, 340 s.).

Santo Tomás de Aquino compara as proposições de fé com os *principia per se nota*, ou seja, os princípios evidentes *de per se*, que conformam a base de todo o conhecimento, mas não são demonstráveis. Esses princípios são dados a entender antes de toda a experiência e se tornam, de imediato, óbvios; esse é o caso, por exemplo, do princípio da não contradição. Alguns desses princípios se encontram ligados entre si e podem resultar uns dos outros mediante inferências lógicas, de modo que alguns princípios estão "implicitamente contidos" em outros. Da mesma forma, Santo Tomás de Aquino afirma que "todos os artigos estão implicitamente contidos em algumas realidades primeiras em que se deve acreditar"[64]. Entre essas realidades, Santo Tomás de Aquino menciona a fé na existência de Deus e no governo da sua providência para salvação dos seres humanos. Nessas duas verdades fundamentais está contido, segundo ele, tudo o que com o tempo se desenvolveu em diversos artigos de fé: no ser de Deus está englobado tudo quanto se crê de Deus *temporaliter*, ou seja, relativo à ação histórica de Deus para salvação dos seres humanos. Na opinião de Santo Tomás de Aquino, essa relação de implicação se prolonga: na fé na redenção do homem, Santo Tomás de Aquino vê também implícita a fé na Encarnação de Cristo que será necessária para essa redenção. Mas Santo Tomás de Aquino – na alusão à definição da Carta aos Hebreus (cf. Hb 11,1) – não quer entender isso como uma mudança na substância da fé, porque a substância daquilo em que se crê, isto é, a existência de Deus e a sua ação para a salvação dos seres humanos, foi em todas as épocas parte, embora só implícita, da fé. Mas, no que diz respeito ao desenvolvimento do que foi pregado, na *explicatio* do implícito, produziu-se seguramente um crescimento, porque os que vieram posteriormente desenvolveram de maneira mais precisa o que para aqueles que os precederam fora já dado na mesma substância. Santo Tomás de Aquino distingue dois modos de "progresso no conhecimento" (*profectus cognitionis*)[65]. Uma das classes de progresso se mede em relação à faculdade de compreensão do docente, que ensina sempre de boa-fé o que sabe e que, pelo seu ensinamento, quanto mais investiga, mais apreende, podendo assim mudar seu ensinamento. Este é o tipo de crescimento que encontramos nas ciências. Mas, juntamente com ele, existe, além disso, um progresso orientado para quem aprende e para o seu entendimento. Um mestre inteligente dosa o que ensina em função da

---

64. Santo Tomás de Aquino, *Summa Theologiae*, II-II, q. 1, a. 7, *corpus* (ed. Leonina, 8, 19).

65. *Ibidem*, ad 2 (ed. Leonina, 8, 20).

capacidade de compreensão dos seus alunos. Este tipo de progresso encontra-se na fé: os seres humanos, consoante as possibilidades de compreensão da sua época, foram progredindo no conhecimento da fé. Nisso, Deus, como mestre, é o sujeito que atua sobre o homem, que nesse acontecimento se comporta como "matéria"[66] – uma indeterminação moldável de modo cada vez mais determinado – na qual Deus imprime a sua marca. Mas, no decurso desse processo, nunca se sobrepõe à plenitude que se manifestou em Cristo e da qual houve testemunhas que viveram temporalmente mais perto dele, embora na explicitação do que viram não estivessem tão avançados como podem estar aqueles que viveram em épocas posteriores.

Santo Tomás de Aquino não deixa essas reflexões em terreno abstrato, mas as elabora também eclesiologicamente pensando nas instâncias decisórias que devem distinguir os progressos de conhecimento legítimos das inovações ilegítimas, heréticas. Por isso que, surpreendentemente, conclua a questão sobre o objeto da fé com uma discussão sobre a autoridade doutrinal do Papa. Pode o Papa reordenar o símbolo da fé enquanto credo vinculante? Na origem se encontra de novo a questão do *filioque*, através da qual a Igreja do Ocidente, primeiro em algumas das suas partes e com a resistência do pontífice, depois de forma generalizada e com o seu apoio, modificou um credo vinculante. De um ponto de vista formal e sem entrar materialmente aqui nos prós e contras do acrescento do *filioque*, Santo Tomás de Aquino considera que o Papa tem direito a ordenar (*ordinare*) o símbolo e a redigi-lo de novo, ou seja, a preparar uma nova *editio*, como já Anselmo de Canterbury tinha denominado esse processo. Para Santo Tomás de Aquino não existe dúvida de que "incumbe [...] a publicação de um novo símbolo à autoridade a quem compete determinar por decreto as coisas que são da fé, para que sejam mantidas sem alteração por todos"[67]. A forma de se expressar mostra até que ponto o magistério dos teólogos e o magistério do Papa estão unidos ou, dito de outra forma, como Santo Tomás de Aquino procura explicar a tarefa do Pontífice romano a partir da atividade dos *magistri* da sua época. Porque a ideia de que compete ao Papa "determinar por decreto" (*finaliter determinare*) está impregnada da atividade docente escolástica. Em uma polêmica, os alunos podiam apresentar todo o tipo de argumentos até que o *magister* decidisse e concluísse a controvérsia mediante a sua *determinatio magistralis*. Por conseguinte,

---

66. *Ibidem*, ad 2 (ed. Leonina, 8, 20).
67. *Ibidem*, a. 10, *corpus* (ed. Leonina, 8, 24).

quando atribui ao Papa a competência de determinar a doutrina da fé, Santo Tomás de Aquino desenha uma imagem dele como mestre da Igreja por analogia à relação entre um *magister* e os seus alunos[68].

Assim, no que se refere ao crescente desenvolvimento dos artigos da fé, Santo Tomás de Aquino atribui ao Papa o direito de decidir debates teológicos e de os dar vinculativamente por concluídos. Na ótica da história dos dogmas é interessante que Santo Tomás não fale da passagem neotestamentária que com o tempo se converteria no *locus classicus* da autocompreensão papal: "[...] Eu te digo: Tu és Pedro, e sobre esta Pedra edificarei a minha Igreja" (Mt 16,18). Consideravelmente mais importante para Santo Tomás de Aquino é uma passagem da Paixão no Evangelho de São Lucas na qual Jesus prediz a traição de Pedro, mas, depois de sua renovada conversão, encomenda a ele a tarefa de fortalecer os seus irmãos, algo que Jesus acompanha com a sua oração: "[...] Eu roguei por ti, para que a tua fé não desapareça" (Lc 22,32). Nessa oração de se Jesus enraíza, segundo Santo Tomás de Aquino, a fundamentação bíblica do primado do Papa em questões doutrinais. O discurso sobre a rocha no Evangelho de São Mateus não se refere a Simão Pedro, mas sim – ligando-o a uma expressão paulina retirada do contexto, "esse rochedo era Cristo" (1Cor 10,4) – ao próprio Jesus. Na Idade Média, a chamada "cristologia *pétra-líthos*"[69] dificultava a interpretação das palavras de Jesus em Mateus como referentes ao ministério papal. A esse respeito, Artur Michael Landgraf assinala, com o olhar posto na escolástica anterior, que "no entanto um exegeta da altura de Petrus Comestor entende que a rocha sobre a qual se deve edificar a Igreja é exatamente Cristo, que Pedro confessa, ou a firmeza da fé que terá Pedro"[70], mas não Pedro enquanto pessoa. Essa mesma reserva é caracterizada por Santo Tomás de Aquino, embora exponha de certa forma os contornos do primado papal que cabe ao Pontífice decidir se uma doutrina pode ser considerada explicitação legítima do que está implícito na fé ou representação de uma heresia.

---

68. Cf. Wolfgang Klausnitzer, *Der Primat des Bischofs von Rom. Entwicklung – Dogma – Ökumenische Zukunft*, Friburgo, 2004, 230 s.

69. Johannes Betz, "Christus – Petra – Petrus", *in* Johannes Betz, Heinrich Fries (eds.), *Kirche und Überlieferung* [FS Joseph *(sic)* Rupert Geiselmann], Friburgo, 1960, 1-21, aqui: 8.

70. Arthur Michael Landgraf, "Sporadische Bemerkungen im Schrifttum der Frühscholastik über Dogmenentwicklung und päpstliche Unfehlbarkeit", in *Dogmengeschichte der Frühscholastik. Erster Teil: Die Gnadenlehre*, 1, Regensburg, 1952, 30-36, aqui: 36.

5.5. A Reforma existiu realmente?

Assim como a data do início da Idade Média, questionada no início deste capítulo, se deve a uma determinação da teoria da história, assim também a delimitação da Idade Média em relação à Idade Moderna é uma construção historiográfica que, no mundo de língua alemã, está sobretudo ligada à Reforma como corte.

> O termo *reformatio* apareceu já nos finais da Idade Média para designar programas com os quais se prosseguia a uma renovação profunda da Igreja (restabelecimento do *de*formado)... No próprio movimento da Reforma, o termo começou por ser também entendido unicamente no sentido de transformações concretas, enquanto o significado latino fundamental de *reformatio* sempre indicou que, como razão legítima dessas medidas, via-se a pretensão de que através dela a Igreja fora reconduzida às suas origens, a fim de recuperar o que estava perdido sem destruir revolucionariamente o que acontecera... "Reforma" se converteu no nome de uma época unicamente na autorreflexão protomoderna da visão da história predominantemente protestante, na qual os processos intraeclesiais continuavam a ocupar o primeiro plano. Só a investigação do século XIX fez da "reforma" um conceito historiográfico que englobava igualmente processos do conjunto da sociedade, fixando com isso de forma factível o limite entre épocas por volta de 1500, embora ele seja hoje válido para a historiografia geral[71].

Quem espere da época da Reforma uma reorganização do problema da evolução do dogma ficará certamente decepcionado. Na verdade, os autores inclinados à fé antiga, que agora devem ser classificados como "católicos" no sentido confessional, limitaram-se a refinar especulativamente o que já tinha sido abordado por Santo Tomás de Aquino: a questão sobre a *fides implicita*; o valor da chamada *conclusio theologica*, que se ocupa da relevância dos enunciados doutrinais não contidos na revelação e obtidos através do pensamento dedutivo; e o papel da autoridade eclesiástica, que culmina no papado, o qual, no princípio do século XVI – depois dos grandes cismas nos séculos XIV e XV e de um florescimento das ideias conciliares – reclamava para si, como força renovada, o papel de guia da Igreja[72].

---

71. Volker Leppin, Dorothea Sattler (eds.), *Reformation 1517 – 2017 – Ökumenische Perspektiven. Für den Arbeitskreis evangelischer und katholischer Theologen herausgegeben* (*Dialog der Kirchen*, 16), Friburgo, 2014, 34 s.

72. No que respeita à evolução na teologia escolástica depois de Santo Tomás, mas antes da Reforma, era necessário se ocupar sobretudo de João Duns Escoto, que

Aos autores evangélicos não se colocava o problema da evolução dogmática do mesmo modo que aos católicos, porque, em virtude do seu princípio da Escritura, dispunham de uma base metodológica distinta. Lutero aceitou os concílios da Igreja antiga como conformes à Escritura e rejeitou totalmente as instituições eclesiásticas que não apareciam na Escritura, o primado do Papa e a existência de sete sacramentos; assim, ao contrário dos autores católicos que tinham de justificar essas instituições, ele não necessitava de uma teoria da evolução do dogma. Consequentemente, foi severa a sua crítica, já antes esboçada, na "fé do carvoeiro" da *fides implicita*. Para Lutero, como ele próprio explica na sua reação à bula em que o Papa Leão X o ameaçou com a excomunhão, a Escritura é "*de per se* sumamente certa, acessível com extrema facilidade, totalmente evidente e o seu próprio intérprete, além de tudo, examina, julga e ilumina para todos"[73]. Isso acentua Lutero não apenas frente à Igreja de Roma, mas também a certas correntes dentro da Reforma, os chamados entusiastas (*Schwärmer*), "que de um modo ou outro concebem o Espírito Santo como autoridade superior à Escritura", algo que Lutero rejeita ligando estreitamente letra e espírito pelo fato de fazer "a palavra humana portadora do Espírito divino" e

---

refletiu sobre a relação entre as conclusões extraídas pelos teólogos e a afirmação, pela Igreja, de que elas eram vinculantes. A esse respeito, cf. Johannes Beumer, "Theologischer und dogmatischer Fortschritt nach Duns Scotus", in *Franziskanischer Studien*, 35 (1953), 12-38. Do mesmo modo merecem atenção os debates muito complexos sobre a possibilidade de definir dogmaticamente uma *conclusio theologica*, que tiveram lugar na escolástica barroca espanhola. A este respeito, cf. Söll, *Dogma und Dogmenentwicklung*, 135-173. Em alguns momentos se remete também para Dionísio Petávio como teórico do desenvolvimento dos dogmas. Assim, teria que ser esclarecido se a sua teoria da acomodação – segundo a qual Deus, na sua revelação, adaptou-se nas diferentes épocas às alterações da capacidade humana de compreensão e às necessidades da Igreja – não foi excessivamente forçada para convertê-la em uma teoria da evolução teológica. Essa imprecisão se impõe, pelo menos, perante a tese de Petávio de a circunstância de na época protocristã os ministérios de bispo e presbítero não estarem claramente delimitados poder ser explicada em um sentido conservador, isto é, de continuidade pelo fato de que aos ordenados "foram conferidas, da mesma forma, a ordem presbiteral e a ordem episcopal; nessa época inicial de expansão do cristianismo eram necessários muitos bispos. Mas essa regulamentação durou pouco tempo, dado que, apesar de tudo, a diferença entre as duas *ordines* tinha claramente existido desde Cristo" (Michael Hoffmann, *Theologie, Dogma und Dogmenentwicklung im tehologischen Werk Denis Petau's*, com um apêndice biográfico e bibliográfico (*Regensburg Studien zur Theologie*, 1), Frankfurt, 1976, 167).

73. Martinho Lutero, "Assertio omnium articulorum M. Lutheri per bullam Leonis X novissimam damnatorum", in *D. Martin Luthers Werke. Kritische Gesamtausgabe*, 7, Weimar, 1897, 91-151, aqui: 97, 23 s.

encerrar este "verdadeiramente no invólucro da palavra humana"[74]. Lutero não dá valor nenhum às reflexões escolásticas sobre conclusões virtualmente implícitas na revelação que a Igreja pode tornar vinculativas declarando-as como tais, nem a especulações pneumatológicas como as de Anselmo de Havelberg (que ele provavelmente não conhecia), nem à prerrogativa papal – defendida por Santo Tomás de Aquino – de definir questões de fé, pôr fim a controvérsias e, finalmente, regulamentar a evolução dos dogmas.

Para o reformador de Wittenberg, deve-se analisar unicamente se uma doutrina eclesiástica está em conformidade com a Escritura, sendo, por consequência, legítima; ou se não aparece na Escritura, sendo, por consequência, ilegítima. Diante disso, as razões teológicas pelas quais a Igreja de Roma não partilha dessa avaliação não pareciam construções legitimadoras que turvassem a clareza do Evangelho. Na sua luta propagandística contra a Igreja papal, o grupo evangélico assegurava "ter do seu lado a Bíblia, 'verdade do Evangelho', Cristo e o testemunho do cristianismo antigo, e condenava os 'papistas' como 'inovadores' ilegítimos que, mediante um direito canônico julgado de modo absolutamente negativo, tinham estabelecido um sistema repressivo que privava os homens da salvação"[75]. Tendo em conta essa circunstância, os escritos dos reformadores são pouco fecundos para uma teoria da evolução doutrinal. "O início da Idade Moderna não representava um corte importante no desenvolvimento do problema da evolução do dogma."[76] Quando, no século XVIII, no seguimento do Iluminismo protestante, se apresentou com toda a clareza, como já vimos *supra* (Capítulo 2), o problema da evolução dogmática face à história incipiente dos dogmas, já tinha sido abandonado, pelo menos no que se refere ao conteúdo, o terreno da teologia luterana. Apesar do seu princípio rígido relativamente à Escritura, o protestantismo tinha-se revelado uma realidade extremamente dinâmica na qual, como formulou Ernst Troeltsch, o "neoprotestantismo" tinha substituído ou, pelo menos, encurralado o "paleoprotestantismo", que talvez sobrevivesse em alguns ramos da tradição. Na opinião de Troeltsch, o paleoprotestantismo pertence à "categoria de cultura sobrenatural rigorosamente eclesiástica"; é certo que implicou algumas mudanças teológicas, mas no aspecto formal permaneceu devedor "da instituição hierárquica da

---

74. Bernhard Lohse, *Luthers Theologie in ihrer historischen Entwicklung und in ihrem systematischen Zusammenhang*, Göttingen, 1995, 208 s., apoiando-se em Peter Meinhold, *Luthers Sprachphilosophie*, Berlim, 1958, 56.

75. Thomas Kaufmann, *Geschichte der Reformation in Deutschland*, Berlim, 2016, 308.

76. Söll, *Dogma und Dogmenentwicklung*, 135.

Idade Média". "O lugar da hierarquia e da Encarnação de Cristo que nela se prorroga ou que ocupou a taumaturgia da Bíblia, produtora de tudo: o prolongamento protestante da Encarnação de Deus."[77] No neoprotestantismo, no entanto, o protestantismo teria se aliado "aos representantes subjetivistas e individualistas – não ligados dogmaticamente à autoridade – de uma religião do sentimento e da convicção..., de que doravante [fez aparecer] o protestantismo como a religião da consciência (moral) e da convicção livre de coação dogmática"[78]. Caso essa terminologia de trabalho seja assumida – que é criticamente questionada[79], evidentemente, mas também sumamente verossímil –, resulta em uma imagem paradoxal do papel que desempenha o protestantismo na configuração de uma teoria da evolução do dogma. Enquanto o "paleoprotestantismo", para continuar a seguir os termos de Troeltsch, hesitava em abordar esse problema na forma como o havia apresentado a teologia escolástica, porque via nele um instrumento de legitimação das pretensões papais de poder com o intuito de eliminar a referência à Escritura, o "neoprotestantismo", com a sua atitude crítica até da própria tradição confessional e com as suas investigações históricas, tornou pela primeira vez necessária uma teoria desse tipo. Com isso fecha-se o círculo, o que nos faz regressar à análise do problema do ponto de vista da história conceitual que realizamos *supra* (Capítulo 2). Devemos retomá-lo exatamente onde o deixamos.

---

77. Ernst Troeltsch, "Die Bedeutung des Protestantismus für die Entstehung der modernen Welt", in *Schriften zur Bedeutung des Protestantismus für die moderne Welt (1906-1913)*, Trutz Rendtorff (ed. em conjunto com Stefan Pautler) (*Kritische Gesamtausgabe*, 8), Berlim, 2001, 199-316, aqui: 226.

78. *Ibidem*, 308 s.

79. Cf. Eilert Herms, "Neuprotestantismus. Stärken, Unklarheiten und Schwächen einer Figur geschichtlicher Selbstorientierung des evangelischen Christentums im 20. Jahhundert", in *Neue Zeitschrift für Systematische Theologie und Religionsphilosophie*, 51 (2009), 309-339.

CAPÍTULO 6
A fase quente das teorias da evolução do dogma: século XIX e princípio do século XX

Recordemos as principais afirmações do Capítulo 2 deste livro: o surgimento no contexto do Iluminismo de uma aproximação à doutrina da Igreja que já não se entende como doxografia apologética, mas sim como uma história dos dogmas que submete à crítica a profissão de fé, colocou a teologia do século XIX diante do desafio de refletir, com uma radicalidade sem precedentes, sobre a instável simultaneidade de continuidade e descontinuidade. Damos agora a palavra a alguns projetos teológicos do século XIX: a denominada Escola de Tübingen nas pessoas de Johann Sebastian Drey e Johann Adam Möhler; John Henry Newman, que, a despeito da sua influência pública, não deixa de ser um ator solitário na teologia católica; as controvérsias neoescolásticas sobre o conceito de tradição e sobre a *conclusio theologica*; e Alfred Loisy, como representante destacado de uma posição denegrida como modernismo.

6.1. A denominada Escola de Tübingen: espírito romântico e conceitualização idealista

Assim como muitas outras categorias historiográficas ordenadoras, a designação "Escola de Tübingen" foi alvo de uma crítica fundamental. "Existe, inclusive, um debate que deve ser levado a sério sobre se, justificadamente e por princípio, deve-se falar especificamente de uma Escola de

Tübingen."[1] Essa discussão refere-se não tanto à falta de originalidade por parte dos teólogos de Tübingen e aos problemas resultantes da delimitação dessa escola para o mundo exterior, mas sim à grande heterogeneidade que caracterizou a teologia de Tübingen no século XIX. Foi, sobretudo, Rudolf Reinhardt quem assinalou que a expressão "Escola de Tübingen" induz ao erro por sugerir unidade e por dar por consolidada a existência de "uma tradição doutrinal continuada". Por isso a "interpretação dos sistemáticos" necessita de "ser complementada e corrigida pela investigação dos historiadores da Igreja", que evidencia que "a *sinopsis* de uma 'Escola de Tübingen' só é possível com a exclusão total ou parcial de determinados grupos de teólogos e certas disciplinas"[2]. Tendo isso em vista, Reinhardt prefere falar de "teólogos de Tübingen e da sua teologia", como reza o título de um dos volumes de uma coletânea de artigos seus, em vez de falar de Escola de Tübingen; pois "se Tübingen fez escola, foi nas escolas que surgiram as grandes figuras da faculdade: Drey, Hirscher, Möhler, Kuhn, Hefel, Aberle"[3]. Essa tese, que, por sua vez, não foi aceita sem discussão pelos defensores da idoneidade do termo "escola"[4], é útil como corretivo de um excesso de sistematização, tal como a concebeu Reinhardt. Cabe, então, embora não possamos aqui esclarecê-lo, duvidar de que seja totalmente supérfluo falar de uma Escola Católica de Tübingen, que certamente não deve ser confundida com a Escola Evangélica de Tübingen, ora, na sua forma mais antiga, congregada em torno de Gottlob Christian Storr, ora, posteriormente, reunida em torno de Ferdinand Christian Baur. Assim, nos pontos seguintes, quando falarmos de Escola de Tübingen, a expressão representa um "conceito de trabalho" que pode ser aplicado, por exemplo, a Johann Sebastian Drey, a Johann Adam Möhler e a Johannes Kuhn, que, mesmo considerando as diferenças das respectivas abordagens teológicas, partilham algumas características: longe de pertencerem à escolástica, os

---

1. Walter Kasper, "Ein Blick auf die Katholische Tübinger Schule", *in* Michael Kessler, Max Seckler (eds.), *Theologie, Kirche, Katholizismus. Beiträge zur Programmatik der Katholischen Tübinger Schule von Joseph Ratzinger, Walter Kasper und Max Seckler*, Tübingen, 2003, 7-13.

2. Rudolf Reinhardt, "Die katholisch-theologische Fakultät Tübingen im ersten Jahrhundert ihres Bestehens. Faktoren und Phasen der Entwicklung", in *Tübinger Theologen und ihre Theologie. Quellen und Forschungen zur Geschichte der Katholisch-Theologischen Fakultät Tübingen* (*Contubernium*, 16), Tübingen, 1977, 1-42, aqui: 18 s.

3. *Ibidem*, 42.

4. Cf. Abraham Peter Kustermann, "'Katholische Tübinger Schule'. Beobachtungen zur Frühzeit eines theologiegeschichtlichen Begriffs", in *Catholica* (M), 36 (1982), 65-82.

três ensaiam métodos alternativos de fazer teologia; e os três estão ligados – o que os diferencia de outros não escolásticos da época – à diocese de Rotemburgo e à Universidade de Tübingen (ou à originária Faculdade de Teologia Católica de Ellwangen), porque ali ensinaram ou estudaram, ou ali ensinaram e estudaram.

6.1.1. Johann Sebastian Drey: "Não se deve temer o crescimento dos dogmas cristãos"

O padre fundador da Escola de Tübingen, caso se queira usar essa expressão, foi Johann Sebastian Drey, de quem já demos notícia *supra* (Capítulo 2) como um dos primeiros teólogos católicos que reagiram teologicamente aos resultados da investigação histórica com uma teoria caracterizada explicitamente pelo termo "evolução" ou "desenvolvimento" (*Entwicklung*). "No início do seu magistério acadêmico na Friedrich Universität de Ellwangen em 1812", ou seja, no ano em que foi criada a Fridericiana [que mais tarde seria integrada na Universidade de Tübingen], "tratou na sua obra *Ideen zur Geschichte des Katholischen Dogmensystems* ('Ideias sobre a história do sistema dogmático católico'), que lhe serviu de base para os seus cursos sobre história dos dogmas, o problema da evolução dogmática com profundidade tão grande que teria sido necessário contá-lo entre os clássicos da teologia da evolução dogmática, o que o teria colocado, sem dúvida, à altura de Newman e Möhler, se a obra não tivesse ficado em um mero manuscrito"[5]. Embora seja possível que Geiselmann tenha razão com essa tese, não deve ser esquecido que Drey já tinha apresentado as suas ideias sobre o progresso dogmático, em formato compacto, em um outro texto: o da conferência sobre o crescimento dos dogmas cristãos, a *Oratio de Dogmatum Christianorum Incremento*, proferida provavelmente em 1817 ainda em Ellwangen e publicada em 1819 no *Archiv für die Pastoralkonferenzen in den Landkapiteln des Bisthums Konstanz*, uma revista dirigida por Wessenberg. Vale a pena nos determos nesse discurso – o qual, segundo Max Seckler, foi "até agora ignorado praticamente por completo nos estudos sobre Drey"[6] – e na história que a ele conduz, pois

---

5. Joseph Rubert Geiselmann, *Lebendiger Glaube aus geheigster Überlieferung. Der Grundgedanke der Theologie Johann Adam Möhlers und der katholischen Tübinger Schule*, Mainz, 1942, 147.

6. Max Seckler, "Einleitung [Oratio de dogmatum christianorum incremento institutioni divinae haud adverso]", *in* Johann Sebastian Drey, *Revision des gegenwärtigen Zus-*

mostra quão delicado era o terreno sobre o qual se moviam os teólogos católicos do início do século XIX que não se limitavam a proceder de maneira doxográfica e, por conseguinte, apologética no sentido desejado por Roma, mas que também levavam em consideração os resultados da história crítica dos dogmas ou, inclusive, se serviam dos seus métodos, de uma abordagem crítica baseada nas fontes e, em grande medida, liberta de estipulações dogmáticas anteriores.

Seckler considera que o discurso sobre o crescimento dos dogmas cristãos está estreitamente relacionado com a monografia de Drey sobre a origem e as mudanças do sacramento da Penitência na Igreja antiga, livro que deu origem a consideráveis dificuldades ao então jovem catedrático. Nessa obra, apresentada como uma *dissertatio historico-theologica*[7], Drey reconstrói a evolução da penitência eclesiástica juntamente com a confissão pública dos pecados até chegar à celebração privada do sacramento com confissão em segredo, auricular. Abstém-se de extrair conclusões dogmáticas e se mantém no plano da investigação histórica. A despeito do que antecede, parecia existir uma tensão entre as considerações de Drey e a doutrina do Concílio de Trento, porque o tridentino plasmou como anátema – ou seja, um decreto de excomunhão – a sua convicção de que o reconhecimento individual e secreto dos pecados a um sacerdote, tal como se realiza na confissão auricular, praticava-se na Igreja "desde o princípio". Seja anátema quem nega que a confissão verbal dos pecados é de direito divino e necessária para a salvação e afirme que essa prática realizada na Igreja – segundo pressupõe o concílio – desde o princípio é "estranha à instituição e ao mandato de Cristo" (DH, 1706). Um pároco da comarca de Ellwangen entendeu, por isso, que as considerações de Drey eram heréticas e o denunciou em uma carta dirigida ao Papa[8]. Apesar da tenaci-

---

tandes der Theologie. Ideen zur Geschichte des Katholischen Dogmensystems. Vom Geist und Wesen des Katholizismus. Mit anderen Frühen Schriften 1812-1819 sowie mit Dokumenten zur Gründungsgeschichte der Theologischen Quartalschrift (*Nachgelassene Schriften*, 4), Max Seckler (ed.), Tübingen, 2015, 347-361, aqui: 359.

7. Johann Sebastian Drey, "Dissertatio historico-theologica originem ac vicissitudines exomologeseos in ecclesia catholica ex documentis ecclesiasticis illustrans", in *Revision des gegenwärtigen Zustandes der Theologie. Ideen zur Geschichte des Katholischen Dogmensystems. Vom Geist und Wesen des Katholizismus. Mit anderen Frühen Schriften 1812-1819 sowie mit Dokumenten zur Gründungsgeschichte der Theologischen Quartalschrift* (*Nachgelassene Schriften*, 4), Max Seckler (ed.), Tübingen, 2015, 315-343.

8. Sobre a denúncia e as respectivas consequências, cf. Hubert Wolf, "Anzeigt, doch nicht verurteilt. Zum römischen Schicksal von Johann Sebastian Dreys 'Beichtschrift'",

dade das perguntas de Roma⁹, Drey não foi condenado nem a sua obra foi incluída no Índex. Mas só o rumor de que ele tinha um processo pendente em Roma – rumor que, por causa do modo obscuro de trabalhar da Congregação do Índex, não era fácil neutralizar – ameaçou deteriorar a sua reputação em círculos eclesiásticos[10]. Embora Drey não tenha sido condenado formalmente, não resta dúvida de que as suas manifestações suscitaram mal-estar em Roma. Em um breve de 26 de março de 1817, o Papa Pio VII queixa-se dos funestos erros dos catedráticos de Ellwangen, e o cardeal secretário de Estado, Ercole Consalvi, precisou no dia seguinte, em carta fechada dirigida ao provigário Keller, que essa crítica era dirigida sobretudo a Drey, "a quem apontou diversos erros contrários à confissão auricular", algo a que a vigararia geral – conforme teria sido o desejo de Consalvi – deveria "ter se oposto, reparando o escândalo causado" através de uma tomada de posição, "mediante revogação pública"[11].

No contexto desse ambiente fervilhante, Seckler situa o discurso sobre o crescimento dos dogmas cristãos, que Drey pronunciou provavelmente no verão de 1817 perante toda a assembleia plenária da Friedrich Universität de Ellwangen, como "a segunda parte sistemática da obra sobre o sacramento da Penitência, que se apresenta agora"[12], com o intuito de publicamente refutar, de modo eficiente, a suspeita de heresia. É de destacar que Drey não o faz relativizando os resultados da sua investigação histórica nem os minimizando dogmaticamente, mas sim mediante uma tese para os que já consideravam herético o texto sobre o sacramento da Penitência, não poderia deixar de parecer, pelo menos, inaudita: existe um "certo crescimento" (*incrementum*) dos dogmas cristãos que não só deve ser reconhecido de fato, porque é claramente manifesto, mas sobretudo por ter sido colocado

---

in Peter Neuner, Peter Lüning (ed.), *Theologie im Dialog* (F. S. Harald Wagner), Münster, 2004, 309-322.

9. Cf. Max Seckler, "Einleitung [Dissertatio de dogmatum christianorum incremento institutioni divinae haud adverso]", *in* Johann Sebastian Drey, *Revision des gegenwärtigen Zustandes der Theologie. Ideen zur Geschichte des Katholischen Dogmensystems. Vom Geist und Wesen des Katholizismus. Mit anderen Frühen Schriften 1812-1819 sowie mit Dokumenten zur Gründungsgeschichte der Theologischen Quartalschrift* (*Nachgelassene Schriften*, 4), Max Seckler (ed.), Tübingen, 2015, 265-315, aqui: 291-305.

10. Cf. Hubert Wolf, *Index. Der Vatikan und die verbotenen Bücher*, Munique, 2006, 94 s.

11. Carta de Ercoli Consalvi a Johann Baptist Keller, 27 de março de 1817, cit. por Max Miller, "Professor Dr. Johann Sebastian Drey als württembergischer Bischofskandidat (1882-1827)", in *Theologische Quartalschrift*, 114 (1933), 363-405, aqui: 368.

12. Max Seckler, *Einleitung [Oratio de dogmatum christianorum incremento]*, 348.

no cristianismo pelo seu divino fundador[13]. Mas esse crescimento não implica que o cristianismo seja desenvolvido a partir de uma história anterior deficitária até uma perfeição que ainda será alcançada. Drey se demarca no pensamento da perfeição mediante o qual, por exemplo, Semler – como referimos *supra* (Capítulo 2) – tratou de elaborar teologicamente os resultados da história dos dogmas. Drey parte não de um começo deficitário, mas de uma plenitude que se manifesta em Cristo e na sua pregação do Reino de Deus da qual todos os homens são tornados participantes. Para isso enviou Cristo os seus discípulos. Contudo, essa missão não alcançou todas as partes ao mesmo tempo, assinala o teólogo de Tübingen, porque a disposição para a acolher varia de uma cultura para outra. "Condições diferentes exigem meios de salvação diferentes; atitudes espirituais diferentes exigem luz diferente; necessidades diferentes exigem remédios diferentes"; Cristo "quis, criou e fundou a Igreja"[14] para que ela possa cumprir esses requisitos. O Espírito Santo, sublinha Drey, configura a Igreja de tal forma que permita a ela estar à altura da sua missão nas distintas épocas, garantindo ao mesmo tempo a ligação da Igreja à origem da sua missão. "Por isso não se deve temer o crescimento dos dogmas cristãos."[15]

---

13. Johann Sebastian Drey, "Oratio de dogmatum christianorum incremento institutioni divinae haud adverso]", in *Revision des gegenwärtigen Zustandes der Theologie. Ideen zur Geschichte des Katholischen Dogmensystems. Vom Geist und Wesen des Katholizismus. Mit anderen Frühen Schriften 1812-1819 sowie mit Dokumenten zur Gründungsgeschichte der Theologischen Quartalschrift* (*Nachgelassene Schriften* 4), Max Seckler (ed.), Tübingen, 2015, 362-368, aqui: 363.

14. *Ibidem*, 365.

15. *Ibidem*, 367. É interessante o fato de o texto de Drey adiar, ao ser publicado [*Archiv für die Pastoralkonferenzen in den Landkapiteln des Bisthums Konstanz*, 18.2,8 (1819), 89101] uma "nota da redação" escrita em alemão na qual a abordagem de Drey é suavizada, talvez até mesmo desfigurada. A nota afirma que a tese de Drey não pode "ser senão muito atrativa e instrutiva"; no entanto, deve ser entendida no sentido de que "não podem existir doutrinas de fé novas [...] que não tenham sido ensinadas pelo próprio Cristo". Isso é exatamente o contrário do que Drey entende por *incrementum dogmatum*, ou seja, que se deu um crescimento da doutrina da fé baseado em um esforço de acomodação que vai, porém, além das meras acomodações. A nota da redação remete, todavia, para Vicente de Lérins e para o seu *sempre ubique et ab omnibus*. Essa nota poderia ser um distanciamento motivado pela preocupação com a ortodoxia ou, como Seckler suspeita, "um apoio adicional previdente" de Wessenberg, que certamente esperava "poder tomar, com a impressão da *Oratio*, a frente em relação às autoridades romanas" (Max Seckler, *Einleitung [Oratio de Dogmatis Incremento]*, 345 s.), oferecendo a Drey a oportunidade de demonstrar a sua ortodoxia, que Wessenberg – para que o sensor romano também o entenda – volta a ratificar com linguagem simples no final do texto.

Drey está convencido de que o "desenvolvimento progressivo do cristianismo" é um "princípio fundamental" do catolicismo, que este deve assumir também reflexivamente "como uma das suas características principais"[16] frente ao princípio estático da Escritura do protestantismo. É preciso ligar esse aspecto ao que já foi dito sobre o conceito de sistema de Drey, que considera evidente que "as coisas só podem surgir de duas formas: ou nascendo umas das outras, inclusive através de uma evolução a partir de um núcleo e de um embrião interno; ou se sucedendo umas às outras de maneira puramente aleatória e sem conexão intrínseca no tempo"[17]. Que os dogmas da Igreja só se justaponham aleatoriamente não é, para Drey, uma possibilidade concebível. Eles constituem, antes, um sistema[18] e mantêm uma relação intrínseca entre si, por isso só podem ser entendidos a partir de um ponto unitário que os liga, os produz individualmente e os reúne em um todo. Drey distingue duas perspectivas a partir das quais pode ser considerado um sistema semelhante: como "meramente humano" ou como "concebido originariamente no intelecto eterno de Deus e comunicado parcialmente, passo a passo, à razão humana"[19]. O importante é que Drey – embora se expresse de forma pouco lisonjeira sobre o primeiro modo de ver – o meramente humano – afirma que ambas as perspectivas são legítimas e até necessárias. Mas devem se complementar mutuamente. Quem entende a história dos dogmas como simples produto humano não vê nela mais do que uma coleção de intenções afortunadas e desafortunadas, com sucessos ou fracassos no conhecimento da verdade, e a distingue do erro. A investigação crítica tratou de estudar o lado humano, demasiado humano da história dos dogmas, sem se deixar condicionar por diretrizes teológicas. Mas essa perspectiva deve ser ampliada, de acordo com Drey:

> Por outro lado, o esforço da razão adquirirá um aspecto muito distinto do que se pensava ao considerá-lo de um ponto de vista meramente humano.

---

16. Isso pode ser lido em uma nota de Drey de 24 de abril de 1816 que poderia ter servido de rascunho para a *Oratio de Dogmatis Incremento*: Johann Sebastian Drey, *Mein Tagebuch über philosophische, theologische und historische Gegenstände 1812-1817* (*Theologisches Tagebuch*), Max Seckler (ed.), (*Nachhgelassene Schriften*, 1), Tübingen, 1997, 339. Para o conceito de "evolução" ou "desenvolvimento" de Drey no contexto da sua filosofia da história e da sua ideia de educação, cf. Eberhard Tiefensee, *Die religiöse Anlage und ihre Entwicklung. Der religionsphilosophische Ansatz Johann Sebastian Dreys (1777-1853)* (*Erfurter Theologie Studien*, 56), Leipzig, 1988.

17. Johann Sebastian Drey, *Geschichte des Katholischen Dogmensystems*, 135.

18. Cf. Kant, *Kritik der reinen Vernunft*, B 860 (AA 3, 538s.).

19. Johann Sebastian Drey, *Geschichte des Katholischen Dogmensystems*, 138.

Uma vez que se chegou à convicção de que, para o desenvolvimento e a configuração supremos, isto é, religiosos, da razão, tornava-se necessário um ensinamento divino direto, uma revelação divina imediata, com isso deu-se também o passo seguinte até a segunda e ineludível convicção, ou seja, a convicção de que no desenvolvimento da revelação – porque se trata de uma só revelação que prossegue ocultamente – deve-se pressupor o mesmo plano divino, o mesmo concurso divino em sua origem. Sendo assim, a partir desse ponto de vista, não só o fundamento ou germe do nosso sistema dogmático, mas também todo seu desenvolvimento, aparece como obra de Deus e de seu Espírito e, com ele, abrem-se para o campo da história dos dogmas visões muito distintas das que são permitidas pela perspectiva que o considera simples produto da razão humana[20].

O que caracteriza uma consideração teológica da história dos dogmas radica, para Drey, no fato de ela ser mais do que uma simples *histoire scandaleuse*[21], algo que também pode ser, mas que não expressa suficientemente o seu significado teológico. O sistema dogmático da Igreja só se torna compreensível quando se presta atenção ao seu *punctum saliens*, ao seu "ponto vital"[22]. Como princípio vital da Igreja, Drey vê Deus, que se revelou em Jesus Cristo e vivifica a Igreja no seu Espírito. Com isso não se distorcem, através de premissas teológicas, os resultados da história crítica dos dogmas. "Todos os dados históricos conservam o seu valor"; entretanto, adquirem um determinado lugar no sistema global da fé. Sendo assim, por um lado, devem ser dogmaticamente considerados; mas, por outro, não podem adotar a forma de teorias dogmáticas. Drey acredita que essa posição permite receber os resultados da história crítica dos dogmas sem que eles sejam destrutivos para a tradição confessional da Igreja:

> Nisso, como já foi dito, a atividade humana continua a ser exatamente como a que foi apresentada no tempo e na história, mas fica sujeita a uma orientação divina superior; continuam a existir a liberdade e a arbitrariedade da investigação humana, mas regulamentadas e mantidas juntas através dos princípios secretos da razão divina, dos quais nem as investigações mais

---

20. *Ibidem*, 139.
21. A expressão *histoire scandaleuse* não é de Drey, mas de Möhler, que critica a historiografia do Iluminismo; mas o Drey do livro sobre a revisão da teologia poderia perfeitamente ter partilhado essa crítica. Cf. Michael Seewald, *Theologie aus anthropologischer Ansicht. Der Entwurf Franz Oberthürs als Beitrag zum dogmatischen Profil der Katholischen Aufklärung* (*Innsbrucker Theologische Studien*, 93), Innsbruck, 2016, 78-83.
22. Johann Sebastian Drey, *Geschichte des Katholischen Dogmensystems*, 136 s.

exuberantes nem os erros grosseiros podem se afastar irreparavelmente. A consideração usual dá conta de uma oscilação da opinião, de um avanço e um retrocesso aparentes; mas, no meio desses movimentos que se entrecruzam na luta e na mudança das opiniões, o Espírito invisível do cristianismo alcança o seu fim: uma implementação cada vez mais perfeita da revelação, um sistema da fé cada vez mais restritivo, cuja luz se projeta sobre todos os ramos do conhecimento humano[23].

Dessa forma, Drey parte da ideia de que os dogmas formam um sistema que é constituído por Deus e mantido unido pelo seu Espírito. Esse Espírito garante a evolução progressiva do sistema, que já no momento em que foi instituído por Cristo estava presente na sua plenitude, mas tinha de continuar a ser desenvolvido continuamente com o objetivo de fazer justiça à universalidade do seu propósito: conduzir todos os homens à salvação. Essa evolução acontece em dois planos, ambos de direito próprio: o plano humano, que geralmente transcorre de modo revoltante e escandaloso, e que deve ser revelado através da investigação histórica sem condescendências ou condicionamentos dogmáticos. Paralelamente, Drey vê um modo genuinamente teológico de consideração do sistema dogmático, entendendo-o a partir do seu princípio vital – o Espírito que atua nele – como *punctum saliens*. A partir desse ponto de vista, também os abismos da história dos dogmas aparecem como parte da história salvífica, na qual um Espírito vivo permite que a Igreja e os dogmas cresçam, ordenando-os de um modo que a Igreja se torna cada vez mais o que ao mesmo tempo já é: "a manifestação externa bem organizada da providência religiosa ou do Reino de Deus", e "o órgão da revelação divina como sistema corporizado que se forma e configura continuamente a partir do seu interior mediante o movimento de um Espírito invisível. Uma grande parte, a maior parte, da sua atividade secreta é revelada no desenvolvimento do sistema dos dogmas"[24]. Mas esse sistema, afirma Drey, depende de uma dialética na qual o verdadeiro só se expressa através do seu contrário, o falso; e a ortodoxia também por seu contrário, a heresia. Essa ideia, que torna imperativo o *topos* patrístico de uma "utilização providencial da heresia para o progresso cognitivo teológico"[25], será assumida e também aperfeiçoada e analisada por um discípulo de Drey: Johann Adam Möhler.

---

23. *Ibidem*, 139.
24. *Ibidem*, 141 s.
25. Fiedrowicks, *Theologie der Kirchenväter*, 327.

6.1.2. Johann Adam Möhler: conceitos mortos e vida divina

Ainda que Drey fosse quase 20 anos mais velho do que o seu discípulo Möhler, tinha muito mais experiência docente universitária do que ele, tendo continuado a evidenciar a Faculdade de Tübingen após a sua saída e sendo considerado, desde o início da década de 1830, a cabeça intelectual da Faculdade de Teologia. Em 1837, dois anos após a saída de Möhler para Munique, e um ano antes da sua morte, a Faculdade de Tübingen estava "sob o controle dos seguidores de Möhler"[26].

As ideias de Möhler sofreram, no decurso do seu trabalho teológico, alterações mais profundas do que as de Drey, tendo-se mantido, segundo todas as aparências, fiel ao programa sistemático que escreveu no início da sua atividade académica[27]. A obra de Möhler "A Unidade na Igreja, ou o princípio do catolicismo, apresentado no espírito dos Padres da Igreja dos três primeiros séculos", publicada em 1825, concebe a eclesiologia de um ponto de vista pneumatológico, algo insólito no contexto das concepções da Igreja daquela época, como o próprio Möhler se encarrega de mencionar no prólogo: o seu livro, diz, "começa pelo Espírito Santo; pode parecer estranho que não tenha começado antes por Cristo, o centro da nossa fé"[28]. Segundo Möhler, o Espírito precede a fé do indivíduo, suscita a fé em Cristo e habita logo na alma do fiel, em virtude do que o indivíduo se torna membro da Igreja que, animada pelo mesmo Espírito Santo, forma uma unidade. O Espírito é entendido como princípio vital da Igreja, mas, como tal, fica exclusivamente ligado a ela: nunca mais quererá "o Espírito abandonar os fiéis, nunca mais virá, antes estará sempre lá. O conjunto dos fiéis, a Igreja que o Espírito edifica é, precisamente, por ele ser a coluna, o tesouro inesgotável – em contínua renovação e rejuvenescimento – do novo princípio vital"; por isso que aqueles que "não são alimentados para a vida pelos seios da mãe", isto é, pela Igreja, também não são participantes do Espírito, afirma Möhler seguindo Ireneu de Lyon[29]. A tese funda-

---

26. Reinhardt, *Die Katholisch-theologische Fakultät Tübingen*, 26.
27. Para as modificações das ideias de desenvolvimento de Möhler, cf. o estudo monumental de Geiselmann, *Lebendiger Glaube aus geheiligter Überlieferung*, assim como – abreviadamente – *Die Katholische Tübinger Schule. Ihre theologische Eigenart*, Friburgo, 1964, 74-91.
28. Johann Adam Möhler, *Die Einheit in der Kirche oder das Prinzip des Khatolizismus, dargestellt im Geiste der Kirchenväter der drei ersten Jahrhunderte*, publicado, introduzido e comentado por Josef Ruppert Geiselmann, Colônia, 1956, Prólogo.
29. *Ibidem*, § 2 (8 s.).

mental da obra de Möhler sobre a unidade da Igreja é a de que o cristianismo não é "um conceito morto", mas sim "uma vida nova, divina, que é dada aos homens"; e, posto que é o marco organológico do pensamento de Möhler, a vida está sempre associada ao desenvolvimento, pelo que o cristianismo deve, da mesma forma, ser capaz de "desenvolvimento/evolução e formação":

> De modo algum, a identidade da consciência da Igreja nos diferentes aspectos do seu ser exige uma permanência mecânica dessa consciência: a unidade intrínseca de vida deve ser conservada pois, caso contrário, não seria todo tempo a mesma Igreja cristã, a mesma consciência a ser desenvolvida, a mesma vida a ser desdobrada sempre mais, a tornar-se cada vez mais determinada, cada vez mais clara para si própria; a Igreja deve alcançar a maturidade de Cristo. Essas formações são, portanto, autênticos desenvolvimentos vitais da Igreja, e a tradição contém esses sucessivos desenvolvimentos dos germes de vida superiores sem prejuízo da conservação da unidade intrínseca de vida[30].

Para comparação com a evolução do dogma, Möhler recorre ao organismo vivo, que já Vicente de Lérins – sobre cujo *Conmonitorio* Möhler ministrou um dos seus primeiros cursos e escreveu também alguns dos seus artigos anteriores[31] – tinha utilizado como comparação enquanto corpo humano. Mas Möhler imprime a essa imagem outro sentido: o primeiro plano não é para Möhler ocupado pela manifestação de partes do corpo já existentes, mas sim pela continuidade da consciência, que caracteriza os seres vivos de ordem superior. Ainda que experimente todo o tipo de mudanças corporais, o Homem permanece sempre o mesmo por força de uma consciência que institui a identidade. Por mais que, no que se refere ao corpo, a pessoa mais velha se diferencie fundamentalmente do que era quando jovem, ela continua a ser a mesma pessoa em virtude da mesma consciência, que se mantém ao longo de todas as transformações. Mais adiante regressaremos a essa ideia: a continuidade não é (só) uma questão material, mas também uma questão de consciência; é um fenômeno não só doutrinal, mas também eclesial.

Onde a Igreja de uma determinada época vive consciente de viver em continuidade com a Igreja de épocas passadas existe pelo menos uma certa

---

30. *Ibidem*, § 13 (43 s.).
31. Cf. Stefan Lösch, "J. A. Möhler und die Lehre von der Entwicklung des Dogmas", in *Theologische Quartalschrift*, 99 (1917-1918), 28-59 e 129-152, aqui: 129-131.

forma de continuidade capaz, inclusive, de salvar descontinuidades materiais. Mas, ao invés disso, é igualmente certo que não pode existir consciência sem matéria, sem vida. Por isso, também uma descontinuidade disruptiva terá como consequência o fim da consciência, que é possibilitada por um organismo. Assim se explica para Möhler a ligação exclusiva do Espírito à Igreja. Não tem outro lugar histórico além dela. Möhler utiliza "espírito" como sinônimo teológico da consciência ínsita na Igreja, que ele descreve por analogia com um organismo. Mas, para o jovem de Tübingen, a palavra "espírito" tem uma dupla acepção: "o espírito uno dos fiéis" é "efeito do Espírito uno divino"[32]. Por consequência, quando se fala de "espírito", o termo pode designar teologicamente tanto o Espírito Santo como o espírito que anima a Igreja. Segundo Jan Rohls, Möhler assume aqui "a ideia romântica do espírito do povo na versão que dela dá Schleiermacher quando fala do Espírito Santo como espírito comum"[33].

Para Möhler, esse espírito é, no duplo sentido comentado, a força motriz da evolução do dogma. O espírito forma a Igreja para si próprio: segundo a providência divina (Espírito Santo) e segundo a consciência dos membros da Igreja (espírito comum). Assim, a partir de um princípio espiritual explica o jovem tubinguês a formação dos ministérios eclesiásticos e da hierarquia. Isto é, que "a presença contínua do Espírito divino entre os homens" terá "começado com os apóstolos, que o experimentaram *diretamente*", o que constituirá o seu privilégio historicamente singular; porque no futuro o "princípio vital" a eles comunicado "será comunicado *a partir deles*" onde quer que "exista receptividade para tanto", de modo que "mais ninguém possa receber o mesmo que eles receberam diretamente", mas unicamente participar da "vida nova que *neles* aconteceu"[34]. Segundo Möhler, a origem do princípio espiritual que observa e vivifica a Igreja também é indispensável para entender o dogma. "A vida interior, espiritual dos cristãos, a obra do Espírito divino que vivifica os fiéis deve procurar expressão enquanto estiver presente, deve se abrir ao exterior e se manifestar", o que se produz em última análise através da "sábia expressão"[35] da doutrina eclesial, ou seja, através do dogma. Problemático na perspectiva atual, mas coerente na perspectiva de Möhler, é o fato de que, para ele, da

---

32. Johann Adam Möhler, *Die Einheit in der Kirche*, § 1 (8).
33. Jan Rohls, "Protestantische Theologie in der Neuzeit 1", *Die Voraussetzung und das 19. Jahrhundert*, Tübingen, 1997, 452.
34. Johann Adam Möhler, *Die Einheit in der Kirche*, § 3 (10).
35. *Ibidem*, § 8 (23 s.).

ligação exclusiva entre o Espírito e a Igreja resulta uma pretensão cognitiva exclusiva e, portanto, excludente: a verdade da doutrina da Igreja só pode ser efetivamente entendida na Igreja porque nas manifestações dogmáticas – a primeira das quais é, para Möhler, a formação do cânone neotestamentário – o Espírito só se encontra consigo mesmo. Mas uma realidade só pode ser conhecida por outra semelhante, *similis simili cognoscitur*, por isso as pessoas que estão fora da Igreja e por essa razão não são participantes do Espírito, não estão em condições de emitir qualquer opinião sobre a credibilidade do dogma. Sendo assim, quando se lê Möhler de forma consequente, o diálogo entre fiéis e não fiéis sobre a fé não é possível ou só é concebível se for mediado pelo Espírito Santo, que quer incorporar os não fiéis na unidade do seu corpo, a Igreja.

Simultaneamente, a ligação entre o Espírito e o dogma cumpre também uma função crítica em relação a este último, porque "os dogmas só têm valor na medida em que expressam o interior, por isso se presume disponível/presente"[36]. Para Möhler, uma doutrina que seja letra morta em vez de expressão da vida eclesial não pode ser um dogma. No entanto, não deixa lugar a qualquer dúvida de que também em uma Igreja dinamizada pelo Espírito devem existir dogmas. Se "a tradição não se tivesse corporizado ao mesmo tempo" na Escritura e na doutrina da Igreja, "não seria possível nenhuma consciência histórica, viveríamos em um estado onírico, sem saber como chegamos a ser o que somos; mais ainda, sem saber o que somos nem o que devemos ser"[37]. Em vista disso, o espírito no seu duplo sentido, o Espírito Santo e o espírito comum, reifica-se no dogma, conferindo vitalidade e energia à Igreja. Mas ao mesmo tempo estende-se uma vez mais além dessa objetivação... até uma catolicidade mais plena:

> Pode-se afirmar na verdade: os fiéis, no seu conjunto, nunca foram suficientemente cristãos para representar na vida, de forma pura, a ideia da Igreja Católica, de tão sublime que ela é. Mas também os fiéis nunca foram suficientemente não cristãos para fazer valer em plenitude a essência da heresia... Com efeito, cabe dizer: quando se realizar a ideia da Igreja Católica, o espírito terá superado o mundo[38].

O Espírito dado por Deus à Igreja procura continuamente converter a Igreja em uma realidade católica, isto é, uma realidade única e

---

36. *Ibidem*, § 13 (42 s.).
37. *Ibidem*, § 16 (52).
38. *Ibidem*, § 32 (104).

omniabrangente que, na história, se não pode realizar mais do que seminalmente. Para Möhler, o dogma é uma ajuda no caminho até à catolicidade da Igreja, o que confere a ele uma relevância inelidível; mas ao mesmo tempo é incompleto e permanece fragmentário, porque a catolicidade nunca pode ser alcançada no seu todo, sendo algo que sempre prosseguirá. Trata-se de uma catolicidade no seu devir. Quando a catolicidade da Igreja se realizar em sentido pleno, o Homem terá chegado ao Reino de Deus. O Espírito poderá então superar o mundo. Mas, enquanto isso não ocorrer, a catolicidade da Igreja deve se desenvolver e manifestar com maior nitidez em relação a – e delimitada frente a – seus contrários. Aqui recorre, assim como o seu mestre Drey, à ideia de um papel providencial da heresia: "É mesmo necessário que haja divisões entre vós" (1Cor 11,19). No que respeita à relevância exata da heresia no surgimento da ortodoxia, em que medida a catolicidade, o caráter omniabrangente da Igreja, toma forma por contraposição ao aspecto seletivo-particular da heresia, sendo que a consciência só se eleva no seu contrário, é matéria que, em Möhler, está sujeita a evolução[39]. Enquanto, ao receber um livro de Johann Theodor Katerkamp – historiador da Igreja de Münster descendente do círculo da princesa Gallitzin –, afirma que "o conceito da Igreja Católica é tão antigo como o cristianismo; foi elevado à consciência através do seu contrário, as heresias"[40], Möhler aperfeiçoou essa posição durante a redação do livro que escreveu sobre a unidade. Em um capítulo desse livro, escrito só posteriormente, sublinha que "não deveríamos ter classificado a heresia como oposição à Igreja, mas sim como contradição à Igreja"[41]. Para Möhler, – inspirando-se inegavelmente em românticos como Novalis ou em idealistas como Schelling[42] – a diferença entre oposição e contradição consiste no

---

39. Cf. Josef Rupert Geiselmann, "Zum Verständnis der Einheit", *in* Johann Adam Möhler, *Die Einheit in der Kirche oder das Prinzip des Khatolizismus, dargestellt im Geiste der Kirchenväter der drei ersten Jahrhunderte*, publicado, introduzido e comentado por Josef Ruppert Geiselmann, Colônia, 1956, 317-628, aqui: 619 s.

40. Anônimo, "Rez. Johann Theodor Katerkam. Des ersten Zeitalters der Kirchengeschichte erste Abtheilung. Die Zeit der Verfolgungen (Münster, 1823)", in *Theologische Quartalschrift*, 5 (1823), 484-532, aqui: 508 (nota). Até 1832, os contributos para a *Theologische Quartalschrift* eram publicados sem menção expressa do nome do autor. Stephan Lösch identifica Möhler como autor do resumo mencionado. Cf. Lösch, *Die Anfänge der Tübinger Theologischen Quartalschrift*, 82.

41. Josef Adam Möhler, *Die Einheit in der Kirche*, § 46 (155).

42. Cf. Christian Iber, *Das Andere der Vernunft als ihr Prinzip. Grundzüge der philosophischen Entwicklung Schelling mit einem Ausblick auf die nachidealistischen Philosophiekonzeptionen Heideggers und Adornos*, Berlim, 1994, 240 s.

fato de que a oposição à Igreja pode existir no seu seio e constitui como um motor dinâmico, enquanto em contradição com a Igreja deve situar-se fora dela, negando, em última análise, a sua catolicidade:

> Dado que é certo que a religião dá origem a diferentes perspectivas segundo as épocas, o nível das civilizações, as nações, as gerações, as famílias, os indivíduos – e mesmo nesses casos segundo seus desenvolvimentos heterogêneos – que só se manifestam por completo em uma infinidade de diferenças, essa variedade será possível na unidade na medida em que se apresente sob a forma de verdadeiras oposições [...]. Mas assim como são possíveis, essas verdadeiras oposições também devem poder se tornar reais, porque a vida verdadeira consiste, por sua vez, na interpretação do oposto. Por isso mesmo dissemos antes que em nenhuma heresia é possível verdadeira vida cristã porque nela não há oposições, e não há oposições porque não há unidade... Sendo assim, aquilo que dentro da Igreja tem a verdadeira natureza de oposição aparece sempre isolado fora dela e, por consequência, não mais como oposição/contrário, razão pela qual não pode viver, dado que não encontra nada que o complemente e, assim, autoconsome-se, por aflição, por raiva contida, e morre[43].

A dinâmica do Espírito que anima a Igreja se manifesta, na opinião de Möhler, pelo fato de dentro da Igreja existirem oposições/contrários que, na sua luta, produzem dogmas sem abandonar a unidade que os mantém ligados na sua diferença; se não o fizessem, se abandonassem essa unidade, iriam se converter em contradições. A linha divisória entre a oposição (contrários) e a contradição é, na opinião de Möhler, tênue: "mas o que por natureza tem vocação de oposição (de contrários) se converte, por causa do mal, em contradição"[44] e, com isso, em destruição da unidade que a oposição, através da dinâmica que desencadeia, deveria na realidade aprofundar.

A concepção de Möhler sobre a evolução do dogma consegue, graças ao seu conceito ambíguo de espírito, conjugar o aspecto divino e o aspecto humano dessa evolução. O fato de o espírito do cristianismo ser tanto o Espírito Santo como a consciência coletiva que os cristãos têm da sua própria união, a qual se revela, nas suas oposições, imersa em movimento, permite a Möhler fazer afirmações surpreendentes. Assim, não entende o ministério ordenado como instituído estaticamente por Cristo que nos diz

---

43. Josef Adam Möhler, *Die Einheit in der Kirche*, § 46 (154).
44. *Ibidem*, § 46 (157).

ter enviado o seu Espírito aos apóstolos. Mas esse Espírito configurou a estrutura da Igreja e os seus ministérios segundo as necessidades de cada época. A hierarquia eclesiástica (Möhler se ocupa de bispos e metropolitanos, do episcopado e do primado papal) não deve a sua existência a uma determinação pontual do Jesus histórico, mas à configuração efetuada na história pelo Espírito que, na crescente diferenciação do cristianismo, teria procurado também ministérios da unidade cada vez mais diferenciados. Mas esse modo de ver as coisas – que, para Möhler, está teocentricamente assegurado, porque o espírito que dá forma à Igreja é o Espírito Santo – permite ao teólogo tubinguês formular algumas teses que, do ponto de vista de uma dogmática estritamente ortodoxa (como a que Drey teve oportunidade de conhecer alguns anos antes nas polêmicas originadas pelo seu livro sobre o sacramento da penitência) não podem parecer, em uma consideração superficial, senão heresias. Möhler afirma, por exemplo, que o ministério episcopal é "um produto da comunidade"[45]. Com isso se move, segundo Roma, à beira do abismo. Porque a ideia – conhecida também como "teoria da transmissão" – de que os ministérios eclesiásticos surgiram, no interesse da ordem, em resposta às necessidades comunitárias e não se devem a uma instituição direta criada por Cristo (concepção esta denominada "teoria da instituição") era um dos motivos principais de controvérsia entre o catolicismo e o protestantismo[46]. Möhler considera, porém, que não existe contradição alguma entre a instituição divina – pneumatológica – do ministério e a ideia de que o ministério ordenado só se desenvolveu historicamente em resposta às necessidades das comunidades. Porque o princípio que vivifica a Igreja é um só espírito: o Espírito de Deus e o espírito do movimento dinâmico. Com isso se põe ao mesmo tempo em evidência e claramente o grande problema da concepção evolutiva de Möhler. Segundo Rudolf Reinhardt, o modelo organológico de Möhler, que parte da ideia de que a Igreja possui a todo o momento "a forma e a figura que lhe corresponde", subtrai a Igreja de toda a crítica:

> Apesar do desenvolvimento e da mudança exteriores, a Igreja permanece na sua essência sempre idêntica e fiel a si mesma. Por isso, nenhuma época do passado deve declarar que é o momento ideal. Na visão de Möhler, já

---

45. *Ibidem*, § 52 (182 s.).
46. Para a distinção entre a teoria da instituição e a teoria da transmissão, cf. Lohse, *Luthers Theologie in ihrer historischen Entwicklung und in ihrem systematischen Zusammenhang*, Göttingen, 1995, 305-315.

não é possível uma reforma eclesial *stricto sensu*; unicamente cabe a reforma dos membros individuais. O jovem teólogo tubinguês dá assim o passo decisivo da crítica da Igreja à construção da Igreja[47].

Essa tendência, que Reinhardt parece não constatar antes de *Symbolik*, manifesta-se em Möhler já no livro sobre a unidade na Igreja. Porque, ainda que essa obra de abordagem patrológica tome como modelo a Igreja dos três primeiros séculos, o estudo dos Padres da Igreja só serve para Möhler, em última análise, para extrair a sua tese sistemática: o Espírito dá forma em toda a época ao dogma da Igreja, a fim de a conduzir sem cessar até uma catolicidade cada vez mais plena. Möhler não contemplou a possibilidade de criticar o dogma eclesiástico, que está historicamente condicionado mas é obra do Espírito. Ele afasta a objeção de que nos primeiros séculos não existia na Igreja nenhum primado papal, porque essa crítica "não é possível em conformidade com a lei do desenvolvimento verdadeiro", já que o primado representa "o reflexo personificado da unidade de toda a Igreja", unidade que não pode converter "a si mesma em objeto mediante autointuição (*Selbstanschauung*)"[48] até que as diferentes Igrejas locais a tenham penetrado, o que, segundo Möhler, não era o caso na época primitiva da Igreja.

Essa tendência apologética se encontra também em *Symbolik*, ainda que nessa obra o aspecto pneumatológico apareça – em comparação com o livro sobre a unidade na Igreja – bastante atenuado. Möhler se torna mais convencional quando afirma que a certeza do ensinamento eclesiástico é "direta", posto que a Igreja "escutou o seu dogma dos lábios de Cristo e dos apóstolos", e o Espírito aparece simplesmente como aquele que recorda a Igreja desse dogma, que desde sempre foi evidente; pois "se a Igreja tivesse de alcançar o seu dogma mediante uma investigação erudita, iria se envolver na mais absurda contradição consigo mesma e iria se destruir"[49]. *Symbolik* elege um ponto de vista menos especulativo, mas também bastante mais convencional do que o livro sobre a unidade na Igreja, que no seu atrevimento impetuoso-romântico fundamentou a fama inicial do teólogo tubinguês, prematuramente falecido.

---

47. Reinhardt, *Die katholisch-theologische Fakultät Tübingen*, 24.
48. Möhler, *Die Einheit in der Kirche*, § 68 (230).
49. Johann Adam Möhler, *Symbolik oder Darstellung der dogmatischen Gegensätze der Katholiken und Protestanten nach ihren öffentlichen Bekenntnisschriften*, publicado, introduzido e comentado por Josef Ruppert Geiselmann, Colônia, 1958, § 42 (437).

6.2. John Henry Newman: "Aqui embaixo, viver é mudar, e ser completo é sinônimo de ter mudado muitas vezes"

Newman, querendo facilitar a vida aos seus leitores, termina torna-a difícil. Enquanto Drey e Möhler se caracterizam por argumentações ocasionalmente árduas e intrincadas e terminologias abstratas que o leitor, no entanto, ao se habituar a tal argumentação, agradece pela sua exatidão, Newman cultiva um estilo ensaísta e associativo que torna difícil extrair das suas ideias uma ordem clara. Contudo, não devemos desvalorizar a sua intervenção: a abordagem que faz é, no século XIX, sem igual, e ele é um dos teólogos dessa época que usufrui de maior aceitação na atualidade[50].

Assim como Möhler, que Newman menciona juntamente com Joseph de Maistre nos seus *Essays on the Development of Christian Doctrine*[51] (embora a influência do teólogo tubinguês sobre o erudito de Oxford seja um assunto controverso[52]), também Newman estuda a fundo a teologia patrística. Está persuadido de que a Igreja (supostamente) indivisa dos cinco primeiros séculos é a Igreja fundada por Cristo e que cresceu sob a direção dos apóstolos. As decisões doutrinais dos concílios da Igreja antiga não representam para ele, contrariamente ao que sugere a história protestante dos dogmas do século XVIII, nenhum problema caso encaradas a partir da conservação da continuidade em relação a Cristo e aos apóstolos. Newman parte do princípio de que, se ocorreu uma revelação divina, ela deve ter sido única, e de que essa revelação – realizada por Deus para a salvação dos homens – perdura época após época sob a providencial orientação divina e, em conformidade com o desígnio salvífico de Deus, deve estar acessível em todas as épocas sob a forma de "uma corporização autêntica, adequada e autoritária"[53]. Em vista disso, o eixo do pensamento de Newman pode ser sintetizado na questão de saber qual das múltiplas

---

50. Os artigos do manual de Ian Ker e Terrence Merrigan *The Cambridge Companion to John Henry Newman*, Cambridge, 2009 oferecem uma visão de conjunto sobre diversos temas e abordagens dos estudos sobre Newman.

51. John Henry Newman, *An Essay on the Development of Christian Doctrine*, Londres, 1845.

52. Para a possível relevância de Möhler para Newman, cf. Jan Hendrik Walgrave, *Newman. Le Développement du Dogme*, Tournai, 1957, 20. Por outro lado, Owen Chadwick, *From Bossuet to Newman. The Idea of Doctrinal Development*, Cambridge, 1957, 111 delineia a imagem de um pensador independente das correntes teológicas da sua época.

53. Peter Toon, *The Development of Doctrine in the Church*, Grand Rapids, 1979, 8.

Igrejas confessionais da sua época coincide com a Igreja (segundo a sua interpretação da história) una da Antiguidade e é, portanto, portadora da revelação protagonizada por Deus. Historicamente, Newman explica esse ponto da seguinte forma:

> O cristianismo, mais do que matéria de opinião, é um fato externo que irrompeu na história universal, realizou-se e é inseparável dela. Tem um domicílio corporal no mundo. É um *factum* perdurável, a mesma realidade desde o princípio até o fim, distinta de tudo o mais: ser cristão significa ser participante dessa realidade e se submeter a ela, e a pergunta simples era a seguinte: onde está o que é *nesta* época a realidade que na época *antiga* era a Igreja Católica?[54].

Para Newman, o cristianismo constitui uma realidade historicamente suscetível de expressão objetiva. A objetividade exclusiva do cristianismo na época patrística foi a Igreja antiga. Mas que Igreja é capaz de objetivar o cristianismo depois das múltiplas divisões que sofreu, em especial as que têm como raiz a Reforma do século XVI? Essa pergunta, segundo Newman, tornou-se obrigatória nas vésperas da sua conversão, depois do estado de ânimo pessoal e teológico de "crise"[55]. Após essa experiência de crise, Newman pôde responder à pergunta colocada anteriormente: "A resposta não pode ser negada: a Igreja que *hoje* se chama católica é, pela sua origem, a sua organização, os seus princípios, as suas posições, as suas relações exteriores, exatamente o que *anteriormente* se chamava a Igreja Católica"[56]. Na base dessa convicção, Newman tinha a impressão de que, como anglicano, fazia parte da Igreja que estava equivocada. Empenhar-se na reforma da Church of England, como há muitos anos continuava fazendo na sua qualidade de sacerdote anglicano, já não parecia a ele suficiente para avaliar devidamente a realidade, a "coisa" (a *thing* do cristianismo, como escreve com frequência). Antes disso, Newman tinha sido um dos principais iniciadores do tractarianismo, um movimento no qual distintos autores, nos chamados *Tracts for the Times* (tratados breves para o nosso tempo), tinham se pronunciado contra as ingerências do Estado

---

54. John Henry Newman, "Anglican Objections from Antiquity I", in *Characteristics from the Writings of John Henry Newman Being Selections Personal, Historical, Philosophical and Religious, from His Various Works, with the Approval of the Author*, ed. W. S. Lilly, Londres, 1876, 306-309, aqui: 308 (destaque do autor).
55. Ian Ker, *John Henry Newman. A Biography*, Oxford, 2009, 213.
56. John Henry Newman, *Anglican Objections from Antiquity*, I, 308.

nos assuntos eclesiásticos, que consideravam uma ameaça para a missão eclesial. O primeiro trato de Newman, publicado em 1833, e o sermão de John Kebles *National Apostasy* marcaram o início do chamado Movimento de Oxford[57], que, no princípio, tendo em conta o seu propósito de revitalizar a vida eclesial, obteve brevemente a aprovação de numerosos bispos em virtude das suas ideias sobre a estrutura sacramental da Igreja e o ministério em sucessão apostólica, foi criticado como demasiado catolicizante. No último desses tratos, que se ocupa da interpretação dos "Trinta e Nove Artigos", um texto determinante do credo anglicano, Newman afirma em 1841 que "entender os nossos credos reformados no sentido mais católico que eles permitam é algo que devemos à Igreja Católica e à nossa própria Igreja [a Igreja de Inglaterra – M.S.]; para com os autores desses credos não temos nenhuma obrigação"[58]. A exigência de Newman fez com que o episcopado anglicano e a Universidade de Oxford bradassem ao céu. As comissões diretivas dos *colleges* de Oxford condenaram o trato de Newman antes que ele pudesse se expressar e avançaram com a sua tomada de posição algumas horas antes da explicação de Newman, algo que ele considerou "um ato violento"[59] de zelo religioso, que seguramente impulsionou ainda mais o seu crescente distanciamento da Igreja Anglicana. Em 1843 pregou pela última vez como sacerdote anglicano, antes de se retirar de Oxford para Littlemore para refletir e se dedicar ao estudo intensivo.

Newman foi acolhido na Igreja Católica por um sacerdote italiano em 1845; um mês depois, foi publicado o seu *Essay on the Development of Christian Doctrine*, que explica a razão pela qual chegou à convicção de que a Igreja Católica da Antiguidade perdura na Igreja Católica de Roma, ainda que esta pareça divergir em tantas coisas da Igreja antiga. No Início do *Essay*, Newman formula a "hipótese" fundamental da sua teoria sobre a evolução do dogma, vendo-se nesse ponto em perspectiva coincidente com a de Möhler:

> o crescimento e a expansão do credo e do rito cristãos, assim como as diferenças que em alguns autores e Igrejas acompanharam esse processo de

---

57. Cf. Michael Seewald, "Die Postmoderne – aus der Sicht des Jahres 1914. Zum theologischen Kontext und der begriffsgeschichtlichen Relevanz einer Wortschöpfung von James Matthew Thompson", in *Münchener Theologische Zeitschrift*, 65 (2014), 229-252, aqui: 238-243.

58. John Henry Newman [Anônimo], *Tracts for the Times: Remarks on Certain Passages in the Thirty-Nine Articles*, Nova Iorque, 1841, 81.

59. Citação extraída de Ker, *John Henry Newman*, 219.

crescimento, são os concomitantes inevitáveis de toda a filosofia ou forma de governo (*polity*) que se apropria do intelecto e do coração humanos e desempenha neles um importante papel; a mente humana, pela sua natureza, necessita de tempo para compreender plenamente as grandes ideias e para as realizar; e as verdades mais elevadas e maravilhosas, ainda que tenham sido comunicadas ao mundo de uma vez por todas por mestres inspirados, não poderiam ser entendidas todas de uma só vez, mas que, dado que foram recebidas e transmitidas por espíritos e mediadores não inspirados, humanos, necessitaram de tanto mais tempo e reflexão para implantar a sua força de irradiação. A esses pressupostos podemos dar o nome de "teoria da evolução da doutrina"[60].

Newman não parte das características específicas da doutrina cristã da fé – quer seja o Espírito Santo, a noção de providência divina ou o ministério eclesiástico –, mas compara a fé infundida à Igreja a uma ideia que se encontra na mente humana. Exatamente como uma ideia importante que a pessoa carrega durante muito tempo e que trabalha, cresce, amadurece e se autocorrige na mente dessa pessoa, assim também a ideia do cristianismo cresceu e amadureceu ao longo do tempo, por vezes, inclusive, aperfeiçoando-se através de correções. A abordagem de Newman poderia ser caracterizada como transcendente-idealista. As estruturas e os processos da mente humana oferecem informação sobre as estruturas e os processos extramentais. Quem analisa como se desenvolve uma ideia na mente humana durante um período de tempo mais prolongado compreende como se desenvolveu a ideia do cristianismo na consciência da Igreja. No entanto, Newman não entende por "ideia" unicamente um objeto passivo que é concebido por um ser pensante, mas sim um princípio ativo que ordena, forma e transforma o pensamento daquele que o apreende: uma *living idea*[61], uma ideia viva que trabalha em segredo no ser humano, nem sempre de modo reflexivamente consciente. Na parte restante do processo argumentativo do *Essay*, Newman trata de esclarecer de que modo preciso uma ideia evolui na mente, com o intuito de obter critérios que ajudem a distinguir entre o desenvolvimento que assegura a continuidade, por um lado, e a desfiguração ou o desenvolvimento de uma ideia, por outro.

---

60. John Henry Newman, *An Essay on the Development of Christian Doctrine*, 27.
61. C. Michael Shea, *Newman's Early Roman Catholic Legacy 1845-1854*, Oxford, 2017, 5 s.

Newman apresenta alguns esclarecimentos terminológicos que terminam, todavia, por se justapor uns aos outros sem conexão sistemática. Alega que o conceito de "desenvolvimento/evolução" é classificado como "uma deficiência resultante da nossa linguagem", em três coisas distintas: em sentido descritivo, um processo ou o resultado de um processo; e, em sentido normativo, o bom resultado de um processo, ou seja, um desenvolvimento que "merece esse nome" e que se contrapõe a "corrupção (*corruption*)" entendida como "desenvolvimento errôneo ou que se tornou infiel"[62]. Newman distingue oito formas de desenvolvimento: matemático, físico, material, político, lógico, histórico, moral e metafísico. Não fica clara a relação exata contida nessas formas de desenvolvimento frente ao desenvolvimento da doutrina cristã da fé. No âmbito teológico, Newman só pode descartar o desenvolvimento matemático, que trata de derivações e equações: essas "não encaixam no nosso tema", porque nelas não pode existir "corrupção", dado que se baseiam na necessidade estrita e são, por isso, demonstrativamente certas. Mas o que interessa a Newman no seu *Essay* é elaborar critérios para distinguir entre desenvolvimentos de uma ideia que conservam a sua identidade e deformações ilegítimas dessa ideia. Nisso, chega a sete aspectos que, como é dito na primeira edição do *Essay* de 1845, oferecem uma "prova inequívoca" do reconhecimento de "desenvolvimentos legítimos"[63]. Em uma edição revista da obra publicada em 1878, Newman não chama mais os seus sete pontos de "provas" que põem em evidência uma univocidade criteriológica, mas unicamente "notas" que devem tornar verossímil *a posteriori* que o que a Igreja ensina também é *de fato* um desenvolvimento legítimo[64]. As considerações seguintes se referem à primeira edição do *Essay*.

Newman começa a sua criteriologia com a tese de que um desenvolvimento se distingue porque "conserva/mantém a ideia essencial ou o tipo" da sua forma originária[65]. Como exemplos negativos da perda da ideia originária Newman apresenta uma comunidade monástica que se corrompe caso elimine os votos que a constituem ou um juiz que se deixa subornar, ainda que o seu cargo o obrigue a fazer valer o direito. A segunda "prova" consiste para Newman na "continuidade dos princípios"[66]. Assim, por

---

62. John Henry Newman, *An Essay on the Development of Christian Doctrine*, 44.
63. *Ibidem*, 57 s.
64. Cf. Gerard H. McCarren, "Development of Doctrine", *in* Ian Ker, Terrence Merrigan (eds.), *The Cambridge Companion to John Henry Newman*, 118-136, aqui: 124 s.
65. John Henry Newman, *An Essay on the Development of Christian Doctrine*, 64.
66. *Ibidem*, 66.

exemplo, no princípio da Encarnação, a estrutura sacramental da Igreja já está prefigurada para Newman, embora na época dos apóstolos ainda não tenha sido plasmada do mesmo modo que se plasmaria em épocas posteriores. Ao terceiro critério Newman chama "capacidade de assimilação" de uma ideia, algo que explica por analogia com o desenvolvimento físico dos organismos vivos. O crescimento só será possível mediante a incorporação de materiais estranhos, que são elaborados e transformados de modo que o organismo possa se apropriar dos que se mantêm e acrescentam. A Igreja teria, em épocas diferentes, assimilado ideias culturais e filosóficas diferentes, apropriando-se delas como de uma parte sua. O pressuposto da "antecipação" de um desenvolvimento posterior[67] representa uma ruptura lógica com os três primeiros critérios. Historicamente, o observador pode encontrar vislumbres iniciais, embora obscuros e apenas apontados, do que mais tarde acabou por ser desenvolvido em plenitude. Esse *vaticinium* serve como critério da legitimidade dessa evolução. Aplicável apenas de forma histórica/retrospectiva é igualmente o quinto critério (pelo menos segundo a enumeração da primeira edição): "a coerência lógica"[68], expressão pela qual Newman entende não o avanço das premissas para as conclusões, mas, de um modo difuso, o regresso das conclusões às premissas. Assim, por exemplo, seria possível fazer derivar a prática penitencial da Igreja de uma compreensão mais profunda do batismo, a partir da qual teria se desenvolvido a penitência como restabelecimento da graça do batismo[69]. Como sexta nota do desenvolvimento autêntico, Newman exige que os complementos sejam de índole conservadora, não destruidora; por outras palavras, a descontinuidade deve estar sempre ao serviço de uma continuidade maior. Os complementos serão conservadores se "iluminarem em vez de obscurecerem, corroborarem em vez de corrigirem"[70]. O último critério que Newman menciona é o mais enigmático: "duração temporal". Enquanto "vivem na mente humana, as ideias são implementadas por um desenvolvimento cada vez mais inteiro; mas, caso sejam corrompidas, não serão tão duradouras como antes, porque a corrupção conduz à dissolução. Por isso que a corrupção não pode durar muito, porque a durabilidade é um critério adicional de um desenvolvimento que permanece fiel a si mesmo"[71].

---

67. *Ibidem*, 77.
68. *Ibidem*, 80.
69. Cf. Gerard H. McCarren, *Development of Doctrine*, 126.
70. John Henry Newman, *An Essay on the Development of Christian Doctrine*, 86 s.
71. *Ibidem*, 90 s.

Como se de uma lente convergente, essa tese mostra quão ensaístico é, em sentido literal, o texto de Newman que formula de modo acertado muitas coisas que intuitivamente parecem verossímeis, mas não são explicadas de forma convincente. Porque, se Newman tivesse razão em relação a seus sete critérios, seria um milagre que as Igrejas surgidas da Reforma protestante tivessem sobrevivido durante séculos, pois, do ponto de vista do Newman católico, não passarão de manifestações corruptas da ideia originária do cristianismo. Newman tampouco deixa ficar claro se os seus critérios devem ser aplicados sucessivamente – ou seja, só se considera um determinado critério quando aquele que o precede fracassou – ou se são válidos simultaneamente. Nunca chega a aplicar de forma coerente as suas ideias: é certo que no *Essay* apresenta com grande erudição centenas de páginas de exemplos patrísticos para ilustrar muitas coisas, mas em nenhum lugar mostra concisamente como se deve aplicar exatamente os seus critérios, que na primeira edição do *Essay* reclamam explicitamente para ele o caráter de *test*, de prova. Sendo assim, não se pode contradizer Newman quando ele afirma que "as sete provas para julgar um desenvolvimento" que ele esboça "têm níveis diferentes de solidez e independência"[72].

Bastante mais rigorosas do que o *Essay* são as ideias que Newman enviou por escrito em 1847, dois anos depois da sua conversão, para o teólogo romano Giovanni Perrone, com o propósito de apresentar para discussão o seu próprio pensamento – pouco familiarizado com a terminologia católica de escola da sua época – a um dos corifeus da teologia romana. Perrone fez uma série de anotações nas teses de Newman que mostram quão arbitrária e imprecisa parecia ao erudito professor do Collegium Romanum a terminologia de Newman – apesar de toda a sua benevolência em relação ao convertido e a sua motivação. Ao mesmo tempo, só na interação de Newman e Perrone se torna totalmente evidente a originalidade da abordagem do teólogo inglês que inunda todo o sistema[73]. Isso porque Newman, graças aos seus estudos patrísticos, está consciente de que não cabe partir de um depósito de dogmas que permanece constante e que é formulado de maneira mais ou menos explícita. Assim, por exemplo, afirma que a Igreja "não" podia estar "plenamente consciente [...] do que devia opinar sobre esse assunto" até ter vertido "em uma forma dogmática" o depósito a ela

---

72. *Ibidem*, 64.
73. Para uma análise do documento de Newman-Perrone-Papers, cf. Walter Kasper, *Die Lehre von der Tradition in der Römischen Schule (Gesammelte Schriften 1)*, Friburgo, 2011, 217-232.

confiado; por isso que é possível dizer – assinala Newman – que a Igreja, embora tenha estado desde sempre na posse do *depositum fidei*[74], "sabe hoje em teologia mais do que sabia nos séculos precedentes"[75]. Perrone comenta isso desaprovando-o, quase como fosse uma afirmação suspeita de heresia: "*Dicere non auderem*" – "Não me atreveria a dizer isso"[76]. Tampouco Perrone pode partilhar a tese de Newman de que, "depois de muitas dificuldades, nasce um novo dogma". E explica: "Não aparece nenhum dogma novo; antes, a antiga verdade é proposta explicitamente mediante uma nova definição para que seja acreditada"; isso pressupõe que "o dogma não cresce sozinho, mas sim *quoad nos*" no sentido de "uma compreensão mais precisa dos artigos que são definidos"[77]. Em suma: *Nulla veritas crescit*[78], nenhuma verdade cresce, mas é o que é; e isso, também, sempre e com independência de qualquer fator histórico.

Mesmo que a terminologia de Newman padeça de alguma imprecisão, a interação com Perrone mostra como são inovadoras as teses fundamentais do convertido de Oxford. Newman consegue pensar o cristianismo como um fenômeno cuja implementação, assim como a evolução de uma ideia, não está sujeita a contingências imponderáveis e superficialidades humanas, embora não se possa reduzir a tanto. Porque uma ideia, afirma Newman,

> não só muda o estado de coisas no que é formulado, mas também altera ou, pelo menos, é influenciada por ele e depende em inúmeros sentidos das circunstâncias que a rodeiam... Por maior que seja o risco de desfiguração que carregue, dada sua relação com o mundo que a rodeia, torna-se necessário correr esse risco caso pretenda realmente que a ideia seja entendida ou, mais ainda, que se manifeste na sua plenitude... Em determinadas ocasiões se diz que de onde mais claras correm as águas de um riacho ou de um rio a sua fonte está perto. Seja qual for o uso que dela se possa retirar, essa imagem não reflete a história da filosofia nem a de

---

74. Sobre a relação do conceito de "ideia", que desempenha um papel central no *Essay* de Newman, e as reflexões sobre o *depositum fidei* que o teólogo inglês redigiu para Perrone, cf. Jan-Christoph Vogler, *Nulla veritas crescit? Skizze zur Erstellung einer katholischen Dogmenentwicklungstheorie* (Münchener theologische Studien II, Systematische Abteilung, 65), St. Ottilien, 2004, 46 s.

75. "The Newman-Perrone-Paper on Development", publicado por Thomas Lynch in *Gregorianum*, 16 (1935), 402-447, aqui: 414 s.

76. *Ibidem*, 414.

77. *Ibidem*, 417 s.

78. *Ibidem*, 420.

uma corrente de fé que, muito pelo contrário, torna-se mais homogênea, pura e forte quanto mais profundo, amplo e inteiro é o seu canal. É possível que, em um mundo superior, as coisas sejam de outra forma, mas aqui embaixo, viver é mudar, e ser completo é sinônimo de ter mudado muitas vezes[79].

É quase um milagre que Newman não tenha atraído nenhuma censura eclesiástica com essas afirmações. Porque nelas exige nada menos que a Igreja assuma sempre todos os riscos necessários para fazer justiça à ideia nela implantada, mesmo com o custo de essa ideia ficar deformada ao se pretender dar a ela expressão atual. Dito de outra forma, nem toda a pretensão de configurar a doutrina da Igreja aos tempos atuais tem êxito. Mas "é preciso correr esse risco", afirma Newman. Com isso também concede, por outro lado, a possibilidade de autocorreção eclesiástica se a Igreja chegar à conclusão de que, na tentativa de formular o Evangelho para uma época determinada, tenha ido demasiado longe (ou tenha ficado limitada?). O que é autenticamente problemático para Newton é a circunstância de, em algumas matérias, haver a produção de desenvolvimentos errôneos (*corruptions*) que, por sua vez, criam espaço para novos desenvolvimentos. O letal, em sentido literal, para a Igreja é visto pelo erudito inglês em que a Igreja renuncie a tentar atualizar as suas ideias e caia em um anquilosamento que a faça chegar ao presente como uma relíquia museológica, mas já não experimentável como uma realidade abalada e, portanto, capaz de abalar os corações humanos. Porque "é possível que em um mundo superior as coisas sejam de outra forma, mas aqui embaixo viver é mudar, e ser completo é sinônimo de ter mudado muitas vezes". Dessa maneira, aquilo que não se transforma mais precisa de vida. Uma Igreja rígida não corre risco nenhum, mas sem dúvida, de outro modo, afirma Newman, encontra a morte. Teria algumas coisas a dizer sobre o tratamento histórico-político que a Igreja deu ao século XIX nos seus processos de canonização. Mas o fato de John Henry Newman ter sido apresentado como beato perante o trono da glória constitui, na ótica da teologia, uma decisão feliz.

6.3. O problema da evolução do dogma na neoescolástica

A ideia de que a historiografia se limita a apresentar o que aconteceu e de que a história da teologia não faz mais do que reproduzir o que

---

79. John Henry Newman, *An Essay on the Development of Christian Doctrine*, 37-39.

foi pensado teologicamente é ingênua. O que cada um encontra depende também daquilo que ele próprio procura. Uma apresentação interessada/ focada na questão do desenvolvimento dos dogmas reúne material relacionado com essa questão e deve deixar de ter outras coisas em consideração. Essa posição conduz, por vezes, a uma perspectiva desfigurada. Além de Möhler, que morreu prematuramente, os autores do século XIX que aqui apresentamos – Drey, Möhler e Newman – nunca deixaram de ser, se tivermos como critério o que se passava a conjuntura da teologia católica da sua época, pensadores marginais. A corrente teológica dominante do século XIX foi, sem dúvida, uma forma de escolástica em primeiro lugar pejorativamente apelidada pelos seus adversários de "neoescolástica", até que, com o passar do tempo, esse termo se converteu na sua autocaracterização[80]. A sua influência foi enorme devido à preferência que conferiu a ela o magistério e que cresceu consideravelmente sobretudo a partir do pontificado de Pio IX. Exigindo que a teologia fosse orientada por Santo Tomás de Aquino (cf. DH 4140), Leão XIII lhe atribuiu formalmente o monopólio de que de fato já disfrutava há algumas décadas.

A marginalização e a incriminação sem precedentes de outros tipos de obra teológica deram à neoescolástica certa má fama que foi sentida quando a teologia se libertou da sistematização neoescolástica durante o Concílio Vaticano II e no seu fim. As construções de história da teologia são complexas: enquanto a neoescolástica, sob a forma em que a esboça, por exemplo, Kleugten, reconhece-se como uma filosofia ou teologia "da Antiguidade" – que, por assim dizer, passa por cima da época iluminista, a qual é interpretada como "hostil" ao cristianismo[81], para se unir sem solução de continuidade à escolástica da Idade Média –, a teologia pós-conciliar, que se distancia da neoescolástica, assume com frequência a imagem histórica dos que tinham sido difamados no século anterior. O termo "neoescolástica" está envolto, na atualidade, em um rastro de má fama. A essa posição se associam "ideias de uso e abuso do poder para conseguir objetivos eclesiásticos, filosóficos e teológicos", assim como "caráter abstrato

---

80. Cf. Detlef Peitz, *Die Anfänge der Neuscholastik in Deutschland und Italien (1810-1870)*, Bonn, 2006, 10, nota 1; e Heinrich M. Schmindinger, "'Scholastik' und 'Neuscholastik' – Geschichte zweier Begriffe", *in* Emerich Coreth, Walter N. Neidl, Georg Pfligersdorfer (eds.), *Christliche Philosophie im katholischen Denken des 19. Und 20. Jahrhunderts*, vol. 2, *Rückgriff auf scholastisches Erbe*, Graz, 1988, 23-53, aqui: 48-52.

81. Cf. Kleugten, *Theologie der Vorzeit*, I, 3 s. Para o Iluminismo como ponto de discórdia da historiografia dogmático-teológica nos séculos XIX e XX, cf. Michael Seewald, *Theologie aus anthropologischer Ansicht*, 70-99.

[...] formalismo e, em especial [...] falta de trabalho bíblico e histórico", o que nesse tempo teria favorecido o isolamento da teologia católica, que "de modo algum podia satisfazer os critérios da ciência histórica e exegética do modo como havia se formado no século XIX"[82].

Por mais justificada que seja essa crítica e por mais insuficientes que sejam as soluções neoescolásticas para as problemáticas atuais, não se deve perder de vista que a neoescolástica era, em si mesma, uma corrente altamente heterogênea que – como acontece frequentemente na história da teologia – também foi capaz de formular ideias originais com aparência de restauração. No que se refere à questão da evolução do dogma, são importantes dois complexos temáticos do pensamento neoescolástico: a doutrina da tradição e a disputa sobre o valor da *conclusio theologica*.

6.3.1. Tradição: dom divino e limitação humana

Quando se fala de "tradição" no contexto teológico, é necessário distinguir entre *a* tradição no singular e as tradições em geral. No plural, "tradições" são pura e simplesmente usos ou costumes que surgiram no decurso da história da Igreja. As tradições são como são, mas também poderiam ser de outra forma, sem que a Igreja perdesse por isso a sua identidade. Diferentes são as coisas com o termo "tradição" no singular: designa o que é transmitido de modo vinculativo e cria continuidade entre a Igreja das origens e a Igreja nas épocas em mutação. É um engano da teologia neoescolástica do século XIX pensar de forma precisa sobre o conceito de tradição. Nesse contexto, refletiu-se também sobre o problema da evolução do dogma.

Johann Baptist Franzelin ocupa um lugar destacado nessa questão, influenciando consideravelmente, na opinião de Yves Congar, os manuais neoescolásticos, inculcando-lhes sensibilidade "para a relevância da evolução do dogma"[83], cujo tratamento, partindo de Franzelin, teria se convertido em um tema iniludível do trabalho teológico. Para Franzelin, tal tema encontra-se na Escola Romana, expressão que, naturalmente, poderia ser problematizada na mesma medida em que ocorre com a Escola de Tübingen. Designa o pensamento dos Jesuítas, a quem, 10 anos depois da

---

82. Peter Neuner, "Modernismus und Antimodernismus. Eine misslungene Antwort der Kirche auf die Herausforderungen der Moderne", *in* Karl Gabriel, Christoph Horn (eds.), *Säkularität und Moderne* (Grenzfragen, 42), Friburgo, 2016, 225-252, aqui: 229.

83. Yves Congar, *La Tradition et les Traditions. Essai Historique*, 1, Paris, 1960, 252.

restauração da sua ordem na Igreja Universal, ou seja, em 1824, confiou novamente a direção do Collegium Romanum[84]. Os representantes mais destacados dessa escola são o já mencionado Giovanni Perrone, Carl Passaglia, Clemens Schrader e Johann Baptist Franzelin. Em Franzelin, feito cardeal pelo Papa Pio IX, "as ideias dos seus mestres Passaglia e Schrader – assinala Walter Kasper – deixaram marca, tendo, ao mesmo tempo, encontrado uma expressão clássica acabada"[85]. O *Tractatus de Divina Traditione et Scriptura* de Franzelin é visto como a síntese da sua obra.

Franzelin nega um "crescimento objetivo" do depósito da fé confiado à Igreja (*objectivum incrementum depositi fidei*)[86], porque o ato da revelação, pelo qual foi entregue aos apóstolos esse depósito através de Cristo e no Espírito Santo, já está concluído e fechado. Uma "terceira economia", isto é, uma ação salvífica de Deus que vai além daquilo a que Franzelin chama a antiga aliança e do que caracteriza como a nova aliança, fica "excluída"[87]. As chamadas revelações privadas, com as quais Franzelin conta, considerando a fé em milagres que reinava então em Roma, e das quais se ocupa longamente[88], nada podem acrescentar ao depósito da fé da Igreja. Mas Deus poderia perfeitamente revelar ao Papa ou a certos "padres conciliares" o "verdadeiro significado de um dogma", com o que estaríamos perante um "modo extraordinário de definição dogmática"[89] – uma observação delicada caso fosse levado em conta que o tratado de Franzelin apareceu em 1870, durante o Concílio Vaticano I, no qual foi dada bastante atenção ao dogma da infalibilidade papal com argumentos a favor e argumentos contra, e que foi presidido por um Papa muito receptivo às intervenções sobrenaturais (ou àquilo que ele considerava serem essas intervenções)[90].

Apesar da tese sobre a constância e a absoluta imutabilidade do *depositum fidei*, Franzelin está consciente de que "as verdades reveladas" se

---

84. Para mais pormenores, cf. Karl-Heinz Neufeld, "'Römische Schule'. Beobachtungen und Überlegungen zur genaueren Bestimmung", in *Gregorianum*, 63 (1982), 377-397.
85. Walter Kasper, *Die Lehre von der Tradition in der Römischen Schule*, 94.
86. Joannes Batista Franzelin, *Tractatus de Divina Traditione et Scriptura*, Roma, 1870, Thesis 22 (228).
87. *Idem*, Thesis 22 (231).
88. Cf. Hubert Wolf, *Die Nonnen von Sant'Ambrogio. Eine wahre Geschichte*, Munique, 2013, 181 s.
89. Joannes Batista Franzelin, *Tractatus de Divina Traditione et Scriptura*, Roma, 1870, tese 22 (228).
90. Cf. Veronika M. Seifert, *Pius IX. – der Immaculata-Papst. Von der Marienverehrung Giovanni Mastai Ferrettis zur Definierung des Immaculata-Dogmas*, Göttingen 2013, 479-481.

diferenciam pelo objeto e pelo modo da sua proclamação. Por isso afirma que "o depósito objetivo da revelação" pode conter "verdades" que:

1) Nem sempre, nem em todas as partes, tenham estado contidas explicitamente no intelecto (*intellectus*) católico nem na pregação pública da Igreja, pelo que
2) Em nenhum momento foram questionadas, inclusive dentro da Igreja, sem serem consideradas como heresias, até o ponto de
3) Ser possível que existam verdades reveladas que tenham ficado obscurecidas em algum momento, mas não tanto que chegassem a impor um consenso contrário a elas, inclusive negando-as[91].

Franzelin desenvolve, com habilidade, a sua argumentação com a ajuda de dois conjuntos de termos contrapostos, cada um constituído por três elementos: explícito, claro e articulado/formulado (*dissertus*), por um lado; implícito, obscuro e menos articulado/formulado (*minus dissertus*), por outro[92]. O teólogo romano parte do pressuposto de que aquilo em que todos os cristãos devem acreditar para alcançar a salvação era e é conhecido, a todo o tempo, implícita e claramente e na forma articulada pela Igreja. Pelo contrário, as questões não incluídas no âmbito do que deve ser aceito explicitamente em todas as épocas, mas que não pertencem a "uma gnose ou sabedoria cristã"[93] avançada, só podem estar implicitamente contidas no depósito da fé transmitido, pelo que talvez pareçam confusas – obscuras – e não tenham sido formuladas ainda de modo vinculativo pela Igreja. Mas, se as "coisas" e "circunstâncias" assim o exigirem, assinala Franzelin, pode surgir uma explicitação do implícito, um esclarecimento do obscuro, uma formulação autoritária do não dito até esse momento – um processo que seria conduzido pelo Espírito Santo e levado ao fim pelo magistério. Com isso, Franzelin distingue três estágios no desenvolvimento dos dogmas: *explicatio, declaratio, praedicatio*; o que é idêntico à implementação teológica, esclarecimento concomitante do não dito até então e proclamação pela Igreja do recém-implementado e esclarecido[94]. É, sem dúvida, importante que Franzelin, de modo diferente de Drey, de Möhler e de Newman, afaste expressamente a aplicação do conceito de crescimento

---

91. Joannes Batista Franzelin, *Tractatus de Divina Traditione et Scriptura*, Roma, 1870, tese 23 (238).
92. Cf. *ibidem*, tese 23 (240 s.).
93. *Ibidem*, tese 23 (240).
94. *Ibidem*, tese 23 (241).

(*incrementum*) aos dogmas. Na sua opinião, o depósito de fé entregue à Igreja na revelação é, por si só, perfeito e imutável. De acordo com essa opinião, só a compreensão humana do que desde sempre esteve contido na fé da Igreja pode evoluir. Enquanto para Newman é fundamental que a fé cristã se encaixe na história humana – ainda que seja pelo preço de eventuais deficiências –, Franzelin se limita a subsumir a história sob duas "coisas" e "circunstâncias" externas que são mais ou menos úteis para reconhecer o que desde sempre esteve materialmente presente na tradição objetiva da Igreja.

O discípulo de Franzelin, Matthias Joseph Scheeben, também pensa no problema da evolução do dogma do ponto de vista do conceito de tradição, mas chega a uma avaliação bem mais dinâmica do processo de transmissão do que seu professor romano, porque dá mais peso ao elemento humano na transmissão da tradição. Scheeben parte do pressuposto de que "a tradição eclesiástica não é simplesmente humana e natural, mas está sobrenaturalmente organizada, animada e dirigida por Deus"; todavia, é "mediada e organizada por homens e pela atividade humana", por homens, em concreto, que "não estão tão repletos do Espírito Santo como estiveram os apóstolos". Por isso conclui o catedrático do Seminário Diocesano de Colônia:

> Os atributos que se supõe que a tradição tem na ideia divina, e que também são possibilitados pelo organismo da Igreja ordenado e guiado por Deus, são modificados na realidade por influência do elemento humano e não se manifestam necessariamente na sua perfeição ideal e absoluta. De acordo com isso, a tradição não possui necessariamente em todos os pontos do seu fluxo a perfeição plena ideal de determinação e resolução testemunhadora do depósito em toda a sua extensão e plena integridade, assim como se realizou nos apóstolos e como deve ser procurada também pela Igreja[95].

Posto que a continuidade e a universalidade com as quais o depósito da fé transmitido pelos apóstolos se faz presente na Igreja não são "absolutamente plenas" nem "tão invariáveis" que não conheçam "nenhuma mudança ou oscilação"[96], Scheeben parte do princípio de que a integridade da tradição só é de caráter negativo no sentido em que impede que a Igreja

---

95. Matthias Joseph Scheeben, *Handbuch der katholischen Dogmatik*, vol. 1: *Theologische Erkenntnislehre*, (*Gesammelte Schriften*, 3), Friburgo, 1948, n. 311 (153 s.).
96. *Ibidem*, n. 311 s. (154).

caia em erros grosseiros. Na implementação positiva do depósito da fé transmitido e na sua fixação dogmática Scheeben vê margens de atuação surpreendentes. A despeito de que se exclua

> a reformulação ou a mudança do dogma anterior [...], sempre fica espaço não só para a posterior declaração eclesiástica de verdades pertencentes de forma indireta à doutrina da fé, mas também para o aperfeiçoamento e o desenvolvimento – condicionado pela plasmação, a renovação e a configuração do depósito apostólico – da doutrina da fé ou do dogma eclesiástico *stricto sensu* como apresentação pública do *depositum* divino-apostólico[97].

Com isso, Scheeben não vai, por um lado, além das afirmações de Franzelin: o *depositum* continua a existir como realidade absolutamente estável na ideia divina. Mas, por outro lado, Scheeben outorga/concede às condicionantes históricas, sob as quais se transmite historicamente o depósito, maior peso do que Franzelin, na medida em que não limita essas condicionantes à "apropriação subjetiva" da fé pelo indivíduo, mas as estende à "proposição autoritária" do dogma pela Igreja[98]. O teólogo de Colônia desaprova tanto a compreensão do dogma – que qualifica de "progressista" – que acentua "inadequadamente o mutável e cambiante", como o ponto de vista – que qualifica de "reacionário" – que sobrevaloriza "o permanente e estático no desenvolvimento do dogma"[99]. Por isso, Scheeben entende exatamente as posições que Giovanni Perrone defendeu no diálogo com Newman, ou seja, que a Igreja sempre teve "a mesma consciência clara e plena de todas as doutrinas da fé"[100] e que se limitou a passar da sua aceitação implícita para a sua formulação explícita. Para Scheeben, essa posição contradiz a natureza e a história do desenvolvimento doutrinal da Igreja, que ele, sem o diminuir absolutamente, considera dirigido e assegurado pela providência divina, mas também mediado pela história humana, da qual o magistério não só é realidade primeira, contraposta, mas também parte. Matthias Joseph Scheeben é, portanto, um exemplo destacado da força inovadora latente em um movimento como a neoescolástica que se fixa, como meta a atingir, na conservação do depósito da fé, cujos grandes pensadores foram algo mais do que meros restauradores.

---

97. *Ibidem*, n. 597 (274).
98. *Ibidem*.
99. *Ibidem*, n. 602 (276).
100. *Ibidem*, n. 606 (277).

6.3.2. Lógica e progresso dogmático

O pensamento dedutivo procura relacionar entre si uma série de enunciados determinados, aceitos como verdadeiros, de modo que a partir deles se obtenham outros enunciados não determinados – pelo menos, não com evidência, mas igualmente verdadeiros. Poderia ser inquestionável que a teologia, quando se esforça para penetrar de forma racional e compreensível na fé da Igreja, não a pudesse resolver sem o pensamento dedutivo. Era controvertida, e continua a sendo, a questão de saber que grau de obrigatoriedade têm as conclusões teológicas para a fé da Igreja. E essa questão já havia sido discutida na Idade Média, como referimos em esboço *supra* (Capítulo 4). Alguns autores neoescolásticos viram nessas veneráveis discussões um instrumento aplicável à questão sobre a evolução do dogma que no século XIX se apresentou como da maior urgência. Assim, o fenômeno do progresso dogmático foi reduzido às "derivações racionais a partir das verdades reveladas originárias"[101], razão pela qual essas teorias são denominadas dialéticas, lógicas e intelectualistas. Entre os protagonistas dessa orientação no início do século XIX, conta-se também com o antagonismo dos dominicanos Reginald Schultes e Francesco Marín-Sola.

O ponto de partida de ambos é uma compreensão da revelação que, usando um termo inventado por Max Seckler, poderia ser caracterizado como teórico-instrutivo (*instruktionstheoretisch*), posto seu interesse ser unicamente "o conteúdo de informação doutrinal" das comunicações divinas[102]. Schultes afirma: "Uma revelação divina acontece através de proposições e de conceitos ou termos que se correspondem com o nosso conhecimento"[103]. Sempre que as proposições são, em última análise, o que se afirma como verdadeiro em um enunciado, Schultes pode relacionar os enunciados de fé da Igreja com os enunciados revelados. Segundo ele, uma coisa é qualificada como imediata ou formalmente revelada quando foi revelada "em si mesma", ou seja, "mediante a proposição ou os termos da proposição"; e como mediato ou virtualmente revelado se considera aquilo que foi revelado "nos seus princípios ou causas", deixando que seja o pensamento do receptor da revelação aquele que constrói proposições a partir

---

101. Hammans, *Die neueren katholischen Erklärungen der Dogmenentwicklung*, 119.
102. Max Seckler, "Der Begriff der Offenbarung", in Walter Kern, Hermann J. Pottmeyer, Mark Seckler (eds.), *Handbuch der Fundamentaltheologie 2: Traktat Offenbarung*, Tübingen, 2000, 42-81, aqui: 45.
103. Reginald-Maria Schultes, *Introduction in Historiam Dogmatum. Praelectiones*, Paris, 1922, 167.

desses princípios. Schultes divide o imediato e formalmente revelado, por sua vez, em *formaliter explicite* e *formaliter implicite*. Os primeiros designam de forma precisa e por virtude própria (*vis significationis propria*) o que designam, enquanto os segundos podem englobar da mesma maneira várias coisas. Como exemplos, alega Schultes: *formaliter explicite* foi revelado que Jesus procedia da estirpe de David, porque este enunciado pode ser lido tal qual no Novo Testamento (cf. Mt 1,1-18). Pelo contrário, *formaliter implicite* foi revelado que "Deus quer que N.N. seja salvo"[104]. Isso não consta em nenhum lugar da Bíblia (ao contrário, teria sido revelado *formaliter explicite*); mas, na medida em que N. é um ser humano, resulta necessariamente do enunciado que "Deus quer que todos os homens sejam salvos" (1Tm 2,4). Para Schultes, as verdades reveladas de modo formal-explícito e as reveladas de modo formal-implícito só diferem segundo a sua forma lógica. Para compreender o que foi revelado de modo formal-explícito é necessário entender os termos através dos quais foi revelado. Para compreender o que foi revelado de modo formal-implícito é necessário não só compreender os termos do que foi revelado dessa forma, mas também dispor ainda de certas faculdades de dedução. Contudo, a operação lógica que estabelece o vínculo entre o revelado de um e de outro modo formal é, segundo Schultes, um "silogismo impróprio (explicativo)", enquanto a obtenção de um enunciado revelado de modo mediato, *virtualiter*, requer um "silogismo próprio (ilativo)"[105]. O dito *virtualiter* não só expressa em outra forma lógica algo dito *formaliter*, mas também representa um ganho cognitivo.

Schultes aplica essas distinções ao problema da definibilidade dogmática das conclusões teológicas. O que interessa a ele é saber quais enunciados são suscetíveis de ser definidos como dogmas. Por "dogma", Schultes entende, no seguimento do Concílio Vaticano I, algo que foi revelado por Deus e que a Igreja apresenta para que seja acreditado como revelado por Deus, pelo que deve ser acreditado com fé divina (posto que foi revelado por Deus) e com fé católica (posto que é apresentado pela Igreja para que seja acreditado) (cf. DH, 3011). Os enunciados revelados *formaliter explicite* satisfazem essas condições sem problema; também os enunciados revelados *formaliter implicite* podem ser elevados a dogmas, já que unicamente representam outra forma lógica do conhecido de modo formal-explícito.

---

104. Cf. *ibidem*, 168.
105. Cf. *ibidem*, 184.

Objeto de polêmica é, por outro lado, se também os enunciados revelados *virtualiter* são suscetíveis de definição dogmática. Schultes responde pela negativa. Porque um dogma deve ser acreditado *fide divina*, isto é, em virtude da autoridade do Deus revelador. A atividade da Igreja, que fundamenta a *fides catholica*, limita-se a constatar que algo foi revelado. Mas se a Igreja participa naquilo que deve constatar sob a forma de um silogismo próprio ou ilativo – cuja vantagem radica na possível obtenção de novos conhecimentos, mas cuja desvantagem consiste em que uma *conclusio* também pode ser falsa –, então, segundo Schultes, vai além do papel que é destinado a ela no processo de formulação dos dogmas. Visto isso, a Igreja não pode reclamar como dogma uma *conclusio theologica quoad se*[106], mas unicamente uma *conclusio theologica quoad nos*, que, enquanto proposição revelada *formaliter implicite*, não é mais do que outra forma lógica de apresentação de uma doutrina revelada *formaliter explicite*[107].

O mais destacado oponente de origem suíça, mas catedrático em Roma, era um irmão da ordem espanhola que ensinava em Friburgo, Francisco Marín-Sola, que apresenta também três grupos de proposições[108], mas não as ordena como Schultes. Para Marín-Sola está, em primeiro lugar, o conteúdo de modo explícito na revelação, expressão sob a qual – de forma conceitualmente confusa – reúne aquilo que Schultes divide em *formaliter explicite*, por um lado, e enunciados revelados *formaliter implicite*, por outro. Mas, dado que uns diferem dos outros unicamente pela sua forma lógica, Marín-Sola julga que ambos estão explicitamente contidos na revelação. O segundo grupo de proposições é para Marín-Sola o formado por aquelas que estão contidas implicitamente na revelação e (todavia) não foram apresentadas pela Igreja como vinculativas. Este segundo grupo corresponde ao que Schultes chama enunciados revelados *virtualiter* ou mediatamente. Em terceiro lugar, Marín-Sola contempla enunciados implícitos declarados infalivelmente pela Igreja como contidos na revelação, pelo que no seu grau de obrigatoriedade se equiparam ao primeiro grupo

---

106. Cf. *ibidem*, 195: "conclusiones theologicae quoad se, i.e. doctrinae virtualiter tantum revelatae, tanquam dogma definiri nequeunt".

107. Cf. *ibidem*, 203: "conclusiones theologicae quoad nos tantum, quoad doctrinam in eis assertam, immo quoad modum et formulas quibus doctrina exprimitur, ut dogmata definiri possunt: non tamen prout reduplicative per syllogismum cognoscuntur, sed inquantum secundum iudicium Ecclesiae implicite in âmbito et comprehensione revelationis formalis continetur".

108. Francisco Marín-Sola, *L'Évolution Homogène du Dogme Catholique*, 2, Friburgo, 1924, n. 335 (86).

– na linguagem de Marín-Sola, aos enunciados explicitamente contidos na revelação; na linguagem de Schultes, aos revelados diretamente ou *formaliter* – e devem ser acreditados com fé divina e católica. Schultes nega esse extremo, ou seja, nega que a infalibilidade da Igreja possa se referir também à *conclusio theologica* do revelado virtualmente. É nessa avaliação, não tanto na terminologia divergente, que radica a sua diferença em relação a Marín-Sola. Sendo assim, trata-se, em última análise, da relação entre especulação teológica e magistério eclesiástico, assim como do alcance da infalibilidade da Igreja. Marín-Sola alarga o âmbito dessa infalibilidade. Está convencido, ao contrário de Schultes, de que:

> posto que a Igreja tem verdadeiramente o poder divino de explicar tudo o que está realmente implícito [isto é, o mediato-virtual – M.S.] no dado revelado, o valor da revelação implícita explicitada pela Igreja (terceiro meio) é o mesmo que a revelação explícita (primeiro meio), isto é, a autoridade explicada por Deus. A autoridade da Igreja é certamente menor do que a autoridade divina ou a autoridade apostólica no que se refere a novas revelações e inclusive às verdades não contidas implicitamente no dado primitivo, mas é igual à autoridade divina ou à autoridade apostólica em tudo o que está verdadeiramente implícito, dado que a explicação não exige uma nova revelação[109].

Para Marín-Sola, foi necessária uma autoridade divina para fundar a Igreja e entregar a ela o *depositum fidei*, inaugurando assim uma nova ordem salvífica. Mas parte dessa ordem salvífica implica que a autoridade da Igreja docente fique equiparada à autoridade de Deus, no sentido de que Deus exerce a sua autoridade instrumentalmente através da Igreja. Sendo assim, a palavra eclesial definidora de dogmas é também Palavra de Deus quando define algo que está contido na revelação só implícita (na linguagem de Marín-Sola) ou mediata-virtualmente (na linguagem de Schultes). Como resultado dessa posição, Marín-Sola não tem outro remédio que não seja afastar categoricamente a existência de uma *fides ecclesiastica*, ou seja, uma fidelidade que aqueles que creem mantêm perante a Igreja ainda quando esta ensina coisas que não se consideram imediatamente reveladas[110]. Tudo o que se define na Igreja deve ser aceito, segundo ele, *fide divina*, isto é, com a fidelidade devida a Deus.

---

109. *Ibidem*, n. 335 (87).
110. Cf. *ibidem*, n. 226 (402).

As consequências das abordagens de Schultes e de Marín-Sola são ambivalentes. Schultes consegue pôr limites à arbitrariedade eclesiástica na formação do dogma, colocando grandes obstáculos que devem ser superados para que uma opinião doutrinal possa ser definida dogmaticamente. No entanto, encontra dificuldades para explicar o que já foi definido de fato: vide o exemplo da Imaculada Conceição ou da infalibilidade papal. Ou se aceita que essas duas doutrinas foram reveladas *formaliter* e diretamente, para o que seria extremamente difícil aduzir alguma prova; ou seria necessário considerar esses dois dogmas *conclusiones theologicae* não definíveis dogmaticamente, algo que não faz. Inversamente, Marín-Sola não tem nenhum problema com o decurso factual da história dos dogmas, mas escancara as portas à possibilidade de poder ser definido dogmaticamente tudo que o magistério eclesiástico afirme, com autoridade divina, que se trate de uma doutrina de fé ou de costumes revelada, ainda que implicitamente. Nisso fica evidente que tanto um quanto outro, apesar da sua perspicácia, movem-se em um âmbito artificial-estéril do a-histórico, pelo que as suas abordagens dificilmente são utilizáveis do ponto de vista das abordagens atuais da questão.

Mas são exemplos excelentes da mudança drástica que a teologia católica sofreu durante o Concílio Vaticano II e no período pós-concílio. Se Herbert Hammans, na sua tese de doutorado, aceita em 1961, teve de assinalar que a "influência da extensa obra de Marín-Sola, por mais que se pondere, nunca será exagerada" e que "se deve dizer [...] que uma maioria crescente de teólogos considera dogmaticamente definível o virtualmente revelado"[111], hoje, mais de 50 anos depois do final do concílio, pouco fica desse debate[112]. Os esforços do Magistério sob o Papa João Paulo II para estender o conceito

---

111. Hammans, *Die neueren katholischen Erklärungen der Dogmenentwicklung*, 144 s.

112. Uma posição intermediária – unicamente sugerida, pouco clara em múltiplos aspectos – entre as teorias lógicas da evolução do dogma e a sua disputa sobre a *conclusio theologica*, por um lado, e a ideia do *sensus fidelium*, por outro, foi proposta no ano da abertura do concílio por Edward Schillebeeckx, dominicano como Schultes e Marín-Sola. "A conclusão teológica pode perfeitamente desempenhar um papel no processo do desenvolvimento dos dogmas, podendo ser, inclusive, necessária; no entanto, só a reação fundada na fé de toda a comunidade a essa verdade dedutiva pode determinar se realmente foi revelada por Deus e, em última análise, só o magistério eclesiástico tem poderes para garantir de modo infalível a autenticidade da reação da comunidade de fiéis" (Eduard Schillebeeckx, *Exegese und Dogmatik*, Mainz, 1962, 91-114, aqui: 110). Assim, Schillebeeckx parece afirmar a definibilidade da *conclusio theologica*, mas vê o seu fundamento cognitivo não tanto na derivação silogística a partir de enunciados revelados quanto na aceitação por parte da comunidade de fé, que deve ser verificada pelo magistério.

de dogma do que é revelado para o que é conectado com a revelação de maneira lógica ou histórica pertencem, de fato, à discussão conduzida por Schultes e Marín-Sola, mas não estão mais ligados às distinções discutidas na ocasião. Seu valor depende da partilha do pressuposto fundamental de que a revelação é uma comunicação de informações conceitualmente formuladas e preposicionalmente estruturadas. O Concílio Vaticano II colocou outros acentos tônicos. Ainda que as contraposições simplistas entre a compreensão da revelação do Vaticano I e a do Vaticano II não sejam sustentáveis – porque já na *Dei Filius* se fala também de que Deus se revela "a si mesmo" (cf. DH, 3004) –, o Vaticano II imprimiu uma reviravolta na autorrevelação de Deus; a revelação não é mais entendida como comunicação dos "decretos" da vontade divina, preposicionalmente formulados, mas como comunicação do "sacramento" (cf. DV, 2), ou seja, do acontecimento salvífico da dita vontade, que se implementa na história. Uma teoria da evolução do dogma deve levar em conta essa circunstância.

6.4. Ponto alto e fim provisório das teorias da evolução do dogma: a crise do modernismo

O magistério se vê na obrigação de rejeitar as heresias. Em determinadas ocasiões é tão criativo no exercício dessa função que constrói falsas doutrinas. O que o Papa Pio X descreveu em 1907 no decreto *Lamentabili Sane Exitu* e pouco depois na encíclica *Pascendi Dominici Gregis*[113] constitui uma dessas "invenções genuinamente romanas", porque "nunca ninguém defendeu com determinação o que circulava na Cúria como modernismo"[114]. A reação romana à pretensa ameaça do modernismo, o chamado antimodernismo, deslocou definitivamente o último resto de teologia não escolástica que tinha sobrevivido à progressiva marginalização durante o século XIX no âmbito de influência do potencialmente herético, pondo também com isso provisoriamente fim aos debates sobre a evolução do dogma. "A ficção de um sistema modernista", escreve Otto Weiss, "surge fundindo dois compromissos de modernismo", que são:

> Em primeiro lugar, um conceito "herético" de modernismo, delimitado com relativa clareza: em 1871, os modernistas eram, para o calvinista

---

113. Cf. *Ata Apostolicae Sedis*, 40 (1907), 193-650.
114. Klaus Müller, *In der Endlosschleife von Glaube und Vernunft. Einmal mehr Athen versus Jerusalem (via Jena und Oxford)*, (Pontes 50), Berlim, 2012, 32.

conservador Abraham Kuyper, os seguidores do agnosticismo e do "naturalismo" modernos; e de modo totalmente análogo em 1889, para o filósofo católico Carl Braig, os representantes de um subjetivismo e de um psicologismo gnosiológicos que negavam a possibilidade de uma fundamentação objetivo-racional da religião. Mas sempre existiu também outro conceito de modernismo... Esse conceito, que partia do sentido literal (segundo o qual modernista é sinônimo de inovador), utilizado já em 1769 por Rousseau, encontra-se, por exemplo, em 1881, em Charles Périn em uma obra dirigida contra Lamennais sob o título *Du Modernisme dans l'Église*. Todos aqueles que querem modernizar a igreja – em última análise, em seu detrimento – são considerados modernistas[115].

Por isso, modernista, no sentido do magistério romano, era considerada toda a abordagem na qual se supõe o desejo de desacomodar indevidamente a doutrina eclesiástica em relação ao espírito da época. A fim de ordenar a diversidade das posições assim incriminadas, individualizavam-se vários traços característicos da heresia modernista: agnosticismo, imanentismo, simbolismo e evolucionismo. Considerava-se que quem defendia uma tese relacionada com uma dessas palavras-chave aprovava também implicitamente as outras: era considerado como modernista. O que antecede representa "uma novidade na história da teologia", porque "o próprio magistério", afirma Claus Arnold, "foi o primeiro a trazer à luz uma heresia global, o próprio modernismo, apresentando-o no seu nexo estrutural"[116].

Uma das figuras mais dramáticas entre os numerosos teólogos caídos em descrédito como modernistas é Alfred Loisy. Esse teólogo francês publicou, com intenção católico-apologética, um contraprojeto à compreensão do cristianismo de Adolf von Harnack que trouxe a ele graves dificuldades com a Igreja. Harnack, o historiador protestante dos dogmas, tinha feito a distinção, nas suas lições sobre *A Essência do Cristianismo*, entre o Evangelho como objeto da pregação de Jesus e Jesus como objeto da pregação do Evangelho. O Evangelho que Jesus proclamou "de modo tão simples e ao mesmo tempo tão rico" desdobra-se unicamente em "três círculos" da sua pregação: "Em primeiro lugar, o Reino de Deus e a sua chegada; em

---

115. Otto Weiss, "Der Katholische Modernismus. Begriff – Selbstverständnis – Ausprägungen – Weiterwirken", *in* Hubert Wolf (ed.), *Antimodernismus und Modernismus in der Katholischen Kirche. Beiträge zum theologiegeschichtlichen Vorfeld des II. Vatikanums (Programm und Wirkungsgeschichte des II. Vatikanums*, 2), Paderborn, 1998, 107-139, aqui: 110.

116. Claus Arnold, "Absage an die Moderne? Pius X. und die Entstehung der Enzyklika 'Pascendi' (1907)", in *Theologie und Philosophie*, 80 (2005), 201-224, aqui: 203.

segundo lugar, Deus-Pai e o valor infinito da alma humana; em terceiro lugar, uma melhor justiça e o mandamento do amor"[117]. Harnack justapõe, a esse Evangelho primário de Jesus, um Evangelho secundário que transforma o anterior e no qual Jesus se converte ilegitimamente de sujeito em objeto da pregação[118]. "Não é o Filho, mas unicamente o Pai que é parte do Evangelho, assim como o anunciou Jesus."[119] No início das suas lições sobre *A Essência do Cristianismo*, Harnack assegura que vai lecioná-las unicamente na sua qualidade de historiador com a pretensão de examinar, ordenar e apresentar aos seus ouvintes o material das fontes. Mas em outros lugares deixa claro que liga a essa atividade uma intenção teológica. A história dos dogmas, na medida em que "expõe o processo de surgimento e desenvolvimento do dogma, proporciona o meio mais adequado para libertar a Igreja do cristianismo dogmático"[120]. A quintessência do cristianismo dogmático é claramente vista por Harnack na Igreja Católica. Alfred Loisy reage a esse desafio com uma apologia dos dogmas proclamados pela Igreja, une essa defesa *ad extra* a uma severa crítica da neoescolástica *ad intra*. Essa crítica talvez constitua, inclusive, a intenção primeira da sua obra, enquanto a controvérsia com Harnack poderia ter sido unicamente o motivo exterior que levou Loisy a publicar as suas ideias[121]. Seja como for, a boa intenção de Loisy não obteve reconhecimento intraeclesiástico: a sua obra sobre *O Evangelho e a Igreja* converteu-se na "carta magna do modernismo"[122].

Loisy concede a Harnack que o próprio Jesus não revelou nenhum dogma e que, por isso, a estrutura dogmática da Igreja não se reflete também no Evangelho, entendido como a pregação do Jesus histórico. "Mas disso não procede que o dogma não surja do Evangelho nem que o Evangelho não esteja vivo e sobreviva tanto no dogma como na Igreja", o que, formulado pela positiva, significa: o dogma se baseia no Evangelho e mantém o Evangelho, da mesma forma que a Igreja vive em todas as épocas, porque

---

117. Adolf von Harnack, *Das Wesen des Christentums. Sechzen Vorlesungen vor Studierender aller Fakultäten im Wintersemester 1899/1900 an der Universität Berlin gehalten*, publicado por Claus-Dieter Osthövener, Tübingen, 2012, 37.

118. Para a problemática do "duplo Evangelho", cf. Laurentius Cavallin, *Dogma und Dogmenentwicklung bei Adolf Harnck. Eine Frage an die neuere Theologie*, Volkach, 1976, 50-52.

119. Adolf von Harnack, *Das Wesen des Christentums*, 85.

120. Adolf von Harnack, *Dogmengeschichte*, Friburgo, 1893, 5.

121. Cf. Irmingard Böhm, *Dogma und Geschichte. Systematische Überlegungen zum Problem der Dogmenentwicklung in der Auseinandersetzung zwischen Alfred Loisy und dem Lehramt der katholischen Kirche*, Bad Honnef, 1987, 143-146.

122. Peter Neuner, *Der Streit um den katholischen Modernismus*, Frankfurt, 2009, 60 s.

"o ensinamento e a atividade de Jesus tinham de ser interpretados"[123]. Essa interpretação é feita pelo dogma, por assim dizer, à guisa de "comentário" do Evangelho realizado pela Igreja como comunidade de interpretação, sendo importante, segundo Loisy, a garantia de que tal comentário se desenvolva "homogeneamente", não "heterogeneamente"[124]. Com "homogeneidade", Loisy recorre a um termo que estava vertido na teologia da sua época, na qual ao desenvolvimento homogêneo se contrapunha a mudança qualificada de transformista. Francisco Marín-Sola, por exemplo, parte do mundo material, no qual todo o ente consta de dois elementos: "a matéria e a natureza específica", onde *natura* denota o conteúdo essencial de um objeto, conteúdo que está determinado pela forma. Uma evolução é homogênea se, apesar da transformação da matéria, conserva a "natureza específica"; e é transformista se, pelo contrário, modifica o conteúdo essencial de um objeto. Aplicando-se à doutrina da fé, "as palavras ou fórmulas" descrevem a matéria; "o seu sentido ou significado" descreve a natureza específica do ente[125]. Uma mudança de palavras ou de fórmulas que mantém idêntico o sentido descreve uma evolução homogênea; uma mudança das palavras ou fórmulas que modifica também o sentido revela uma mutação transformista. Loisy emprega uma terminologia um pouco diferente. Para ele, o constante é o *sense matériel*, pelo qual entende o contrário do que em Marín-Sola é designado como *la matière*; o sentido material é, para Loisy, o conteúdo central de uma doutrina, que se distingue da sua "formulação, da sua imagem exterior"[126]. Na opinião de Loisy, a constância homogênea deve prevalecer no âmbito do *sense matériel*, enquanto a *image extérieure* pode, inclusive deve, mudar. Assim, com a teologia escolástica da sua época, partilha a exigência de que a homogeneidade seja um critério da evolução do dogma, analisa um aspecto distinto dessa evolução. Enquanto, por exemplo, Marín-Sola entende como crise a possível mudança de "palavras e fórmulas" através da qual acontecem os desenvolvimentos, sendo necessário garantir que as "palavras e fórmulas" continuem a transportar sustentadamente o "sentido" e o "significado" antigos, Loisy considera que o perigo de uma evolução transformista ou – na sua terminologia – heterogênea pode proceder também de palavras e fórmulas que permanecem

---

123. Alfred Loisy, *L'Évangile et l'Église*, Paris, 1930, 169 s.
124. Cf. *ibidem*, 170.
125. Cf. Francisco Marín-Sola, *L'Évolution Homogène du Dogme Catholique*, 1, Friburgo, 1924, n. 18 s. (20 s.).
126. Loisy, *L'Évangile et l'Église*, 206.

invariáveis. Como exemplo ilustrativo cita a descida de Jesus aos infernos (*descendit ad inferos*), conhecida pelo símbolo apostólico, e a sua ascensão ao céu (*ascendit ad caelos*). Essas doutrinas só se tornam verossímeis perante a imagem antiga de um mundo estruturado em vários estratos ou níveis e, para tornar compreensível aos homens de épocas posteriores o seu constante sentido escatológico, devem ser reformuladas. Através das referidas mudanças das imagens nas quais se conserva o sentido,

> a Igreja prossegue com o que vem fazendo desde o princípio; adapta o Evangelho à capacidade de compreensão, sempre em mudança, do ser humano e o adéqua a sua vida. A autoridade da fé não tem de ser necessariamente imutável quando se trata da sua representação mental e da sua expressão verbal. Essa imutabilidade não se compadece com a natureza da mente humana. Até os conhecimentos mais seguros que extraímos da ordem da natureza e da ciência estão constantemente em movimento; são sempre relativos, sempre suscetíveis de melhoria. Com os elementos do pensamento humano não se pode construir um edifício eterno. Só a verdade é imutável; a sua imagem na nossa mente, não. A fé se refere a uma verdade imutável através de uma formulação necessariamente inadequada que está sujeita a melhorias e, por conseguinte, queiramos ou não, a mudança[127].

Loisy não defende uma posição relativista nem cética. Não afirma que não existe verdade nenhuma nem que a verdade permanece por princípio incognoscível, mas sim que inclusive aquilo que se conhece da verdade corretamente necessita de um aprofundamento e de uma melhoria que ele não entende como correção geradora de descontinuidade, mas sim como evolução homogênea, isto é, conservadora do sentido original.

O significado concreto do que antecede é esboçado por Loisy tanto se desligando de Harnack como opondo-se à neoescolástica. Assim, concede que a cristologia dogmática da Igreja antiga não teria sido concebível sem a apropriação da filosofia helenística. Nisso não vê, porém, uma mudança transformista da pregação de Jesus, como sugere a tese da helenização de Harnack, mas sim uma evolução homogênea, legítima, que brota da penetração intelectual da soteriologia cristã. Assim, Loisy pode afirmar: "O que criou esse dogma [o cristológico] foi uma ideia específica de redenção que se tornou prevalecente no século III"[128]. A soteriologia cristã se apropriou,

---

127. *Ibidem*, 207 s.
128. *Ibidem*, 173.

por assim dizer, da metafísica grega com o objetivo de descrever Jesus Cristo de forma que torne intelectualmente evidente a salvação que através dela fez participante o ser humano. Por isso que, na sua opinião, o dogma cristológico constitua, assim como a doutrina da graça, "uma interpretação da salvação messiânica e da teologia do Reino dos Céus" que se tornou necessária pelas "circunstâncias em que o Evangelho foi perpetuado" e "os problemas que a conversão dos pagãos originou". São esses desafios que a Igreja "teve de abordar se deixando inspirar mais pelo espírito de Jesus do que pelas suas declarações formais"[129]. Com isso pretende Loisy assegurar, demarcando-se de Harnack, a continuidade entre os dogmas proclamados pela Igreja, por um lado, e pelo Evangelho de Jesus, por outro; mas diverge também da apologética da neoescolástica, que partia de que Jesus se revelou a si mesmo *expressis verbis* como Filho de Deus, corroborando isso através dos seus atos milagrosos de poder: a "prova dos milagres"[130].

A concepção de Loisy é notoriamente dinâmica. "A total evolução do dogma trinitário e cristológico é uma manifestação vital, um grande esforço da fé e da razão que permite à Igreja conjugar a sua tradição e o conhecimento da época", assim como "fortalecer um ao outro"; o que teria possibilitado ao cristianismo, inclusive em circunstâncias que já não correspondem àquelas em que viveu o Jesus histórico, continuar a ser "a religião de Cristo"[131]. Loisy não poupa críticas às teorias neoescolásticas da evolução do dogma por serem centradas em questões de lógica formal e no alcance dos silogismos. A evolução factual dos dogmas "precisa de lógica e coerência racional"; com essas palavras Loisy não quer dizer que essa evolução tenha acontecido de forma totalmente irracional, mas sim que não resultou de deduções lógico-formais e que o seu rumo futuro tampouco poderá ser previsto com ajuda delas. Situa inclusive uma forma de compreensão – algo que é passível de incomodar a neoescolástica – no âmbito da heresia: "Não caberia dizer que todas as heresias nasceram de deduções coerentes que se caracterizam pelo fato de partir de um princípio da tradição ou da ciência que foi isolado do resto?"[132]. Para Loisy, a evolução homogênea requer uma referência – que pode ser refletida exaustivamente em

---

129. *Ibidem*, 198.
130. Cf. Franz-Josef Niemann, *Jesus als Glaubensgrund in der Fundamentaltheologie der Neuzeit. Zur Genealogie eines Traktats* (*Innsbrucker Teologischen Studien*, 12), Innsbruck, 1983, 62.
131. Cf. Loisy, *L'Évangile et l'Église*, 179 s.
132. *Ibidem*, 185.

silogismos – para a totalidade do Evangelho e para a totalidade da época à qual deve ser pregado e de cujos conceitos se deve servir para se tornar compreensível e, por conseguinte, credível. Loisy critica o magistério que a Igreja Católica não disponha de "qualquer teoria oficial que tenha por objeto a filosofia da sua própria história"[133]. Se existisse uma teoria assim, a Igreja não precisaria ter receio da ideia de que tampouco "os dogmas revelados são verdades caídas do céu"[134]. Porque, precisamente, essa ideia fundamenta para Loisy a necessidade da Igreja: posto que o Evangelho só pode sobreviver caso se manifestar de forma compreensível e credível sob a forma de dogma, a Igreja se torna indispensável como "mestra infalível"[135] para formular dogmas e para os propor aos fiéis.

A abordagem de Loisy deu origem a intensas controvérsias intelectuais e magistrais. Um dos mais destacados críticos de Loisy foi Maurice Blondel, que também se opôs à neoescolástica, que acusava de "extrinsecismo", mas criticou a abordagem de Loisy como pertencente a um problemático "historicismo"[136]. Um ano depois da publicação da primeira edição da obra *L'Évangile et l'Église*, o patriarca de Veneza, sobre quem se dizia que teria visto nessa obra "finalmente um livro teológico que não é enfadonho"[137], foi eleito Papa. Loisy – que tinha respondido longamente às críticas de heresia dirigidas contra ele[138], o que não fez senão piorar a situação – foi obrigado, por ordem pessoal de Pio X, a completa submissão. Nos anos seguintes, todas as abordagens que o Papa considerava excessivamente devedoras do espírito da época da Idade Moderna passaram a estar sob vigilância magistral. Em 1907, no decreto *Lamentabili Sane Exitu* e na encíclica *Pascendi Dominici Gregis*, essas abordagens foram fundidas pelos heresiólogos romanos na meta-heresia a que se deu o nome de "modernismo". Isso afetou também as teorias da evolução do dogma que, segundo Pio X, constituíam "a cabeça" do modernismo. Foi condenada a ideia de uma *intima evolutio dogmatis*, de uma "íntima evolução do dogma" (cf. DH, 3483), que pressupunha que a forma linguística do dogma experimenta mudanças, tese que

---

133. *Ibidem*, 203.
134. *Ibidem*, 200.
135. *Ibidem*, 214.
136. Cf. Maurice Blondel, *Geschichte und Dogma*, Regensburg, 2011, 32, 39. Para a correspondência entre Loisy e Blonder, cf. Andreas Uwe Müller, *Christlicher Glaube und historische Kritik. Maurice Blondel und Alfred Loisy im Ringen um das Verhältnis von Schrift und Tradition* (Freiburger Theologische Studien, 172), Friburgo, 2008, 150-225.
137. Neuner, *Der Streit um den katholischen Modernismus*, 72.
138. Cf. epistolário de Alfred Loisy, *Autour d'Un Petit Livre*, Paris, 1903.

o Papa evidentemente assimila à arbitrariedade, sem levar em conta as distinções de Loisy, contra quem seguramente foi dirigida essa declaração.

A sequela do antimodernismo papal foi um envenenamento sem precedentes do discurso intelectual na Igreja, que se prolongou durante décadas. Fomentou-se um clima de denúncia, cuja ponta de lança era um pequeno serviço secreto (*servizio informazioni*[139]) de nome Sodalitium Pianum, que estava organizado como uma seita e atuava sob a proteção de Pio X. As suas repercussões se fizeram sentir em toda a Igreja, sobretudo em seminários e faculdades, através de uma "obsessão por detectar hereges"[140] que levava a vigiar e denunciar as pessoas suspeitas. Peter Neuner fala da "mais grave crise da Igreja Católica desde a Reforma"[141]. Embora o ânimo antimodernista – que lutava contra uma heresia-fantasma que não defendia nada daquilo pelo que o magistério a condenou e que acusava os seus defensores de se camuflarem com tanta habilidade que estavam potencialmente em toda a parte – tenha se acalmado um pouco depois da eleição de Bento XV para Papa, as marcas da controvérsia continuaram visíveis durante décadas. O juramento antimodernista, que de 1910 a 1967 deveria ser feito por todos os clérigos, corporizava a ideia da "evolução do dogma" (*evolutio dogmatis*) como "invenção herética" (*commentum haereticum*) se por essa expressão fosse entendido que uma doutrina de fé passa "de um sentido a outro sentido, diverso do que em primeiro lugar foi mantido pela Igreja" (cf. DH, 35141). Ainda que ninguém – e ainda menos Loisy – o defendesse com a arbitrariedade que sugere Pio X, todos que a seguir se ocuparam da questão da evolução do dogma caminharam por terreno minado. Porque era exatamente nesse ponto que radicava o perigo da perseguição antimodernista: os critérios do modernismo não se aplicavam *realiter* a ninguém, e por isso podiam se converter *potentialiter* em perdição para todos que se ocupavam de temas considerados, mesmo que só embrionariamente, propensos ao modernismo. Por isso que a prudência aconselhou que se mantivessem longe desses temas e sobretudo da questão da evolução dos dogmas.

---

139. Cf. Roland Götz, "'Charlotte im Tannenwald'. Monsignore Umberto Benigni (1862-1934) und das antimodernistische 'Sodalitium Pianum'", in Manfred Weitlauf, Peter Neuner (eds.), *Für euch Bischof – mit euch Christ (FS Friedrich Kardinal Wetter)*, St. Ottilien, 1998, 389-438, aqui: 408.

140. Otto Weiss, *Der Modernismus in Deutschland. Ein Beitrag zur Theologiegeschichte*, Regensburg, 1995, 492.

141. Neuner, *Der Streit um den katholischen Modernismus*, 11.

CAPÍTULO 7
O século XX: da influência do antimodernismo à assimilação do Concílio Vaticano II

7.1. A necessidade de um novo começo: Maria, o Papa e um "neomodernismo" eclesiástico?

Embora a fase quente da chamada crise do modernismo tenha acabado com a eleição de Bento XV como novo pontífice, o estreitamento do diálogo imposto à Igreja por um magistério de orientação antimodernista sobreviveu, em grande parte, ao pontificado de Pio X. Sob a forma do juramento antimodernista, que só foi eliminado oficialmente em 1967, essa corrente marcou os debates teológicos até o Concílio Vaticano II. Por isso, as teorias do século XIX relativas à evolução do dogma, de elevado nível especulativo e inerente tendência apologética – porque queriam defender a legitimidade da doutrina católica frente às questões levantadas sobre uma história crítica dos dogmas que colocava o dogma sob uma radical suspeita de descontinuidade –, apenas encontraram o seu prolongamento na primeira metade do século XX. O caso de Alfred Loisy, como protótipo de teólogo convertido de apologista em herege, para terminar excomungado, vale como exemplo.

Em termos de ortodoxia diária, só as concepções de marca neoescolástica pareciam estar completamente isentas de problemas. Essas concepções não deverão, à luz de uma reflexão antiescolástica alargada de hoje, ser precipitadamente desacreditadas, porque elas também manifestam – como ficou demonstrado com o que foi exposto sobre Franzelin, Scheeben, Schultes e Marín-Sola – uma considerável diversidade. Assim, permanecem historicamente estéreis. Não sobem até às planícies de uma história que decorreu de modo demasiado ziguezagueante para que seja possível interpretá-las, sem mais, como um conhecimento que progride silogisticamente segundo leis lógicas. Na sua a-historicidade, as teorias neoescolásticas de evolução do dogma refletem o que também em outros âmbitos teológicos aconteceu em virtude do antimodernismo eclesiástico: um desacoplamento da teologia em relação a outras ciências, em particular à história crítica. Os seus métodos não poderiam de modo algum ser empregados pelos exegetas nem pelos historiadores da Igreja e do dogma católicos ou só poderiam sê-lo a troco de uma "des-teologização"[1] das suas disciplinas. A investigação histórica não era permitida a não ser onde essa investigação não se aproximava demasiado do dogma. Mas esse processo de "des-teologização" só podia ser conseguido por uma história da Igreja que, na sequência do Concílio Vaticano I, fosse, de qualquer modo e em grande medida, dogmaticamente irrelevante, conforme a expressão "O dogma deve superar a história", atribuída ao arcebispo Henry Edward Manning, que, segundo Ignaz von Döllinger, "era ouvida com frequência" em Roma na época do concílio[2]. Na época subsequente, a história da Igreja conseguiu, "virando-se para um trabalho positivo", libertar-se em grande medida de diretrizes dogmáticas e participar do "diálogo universal-histórico" da sua época a custo de uma "marginalização teológica"[3]. A exegese e a dogmática não tinham essa possibilidade de se voltar para o positivo; de fato, por *teologia dogmática positiva* não se entende tanto um trabalho orientado para as fontes históricas quanto um levantamento do que se considera fixado pela revelação, cuja interpretação dogmática se encontra, por sua vez, padronizada como antimodernista para o magistério que, na esteira do antimodernismo, não desejava uma investigação histórico-dogmática que contrariasse esses padrões, fora da simples abordagem doxográfica e que não pudesse, pelo menos, estabelecer uma teoria da evolução do dogma não limitada ao âmbito da lógica formal.

---

1. Cf. Hubert Wolf, "Der Historiker ist kein Prophet. Zur theologischen (Selbst-) Marginalisierung der katholischen deutschen Kirchengeschichtsschreibung zwischen 1870 und 1960", in *Die katholisch-theologischen Disziplinen in Deutschland 1870-1962. Ihre Geschichte, ihr Zeitbezug (Programm und Wirkungsgeschichte des II. Vatikanums*, 3), Paderborn, 1999, 71-93, aqui: 73.

2. Quirinus, *Römische Briefe vom Concil*, Munique, 1870, Brief, 37 (341). Para a tese de que o autor dessas cartas foi Döllinger, cf. Bischof, *Theologie und Geschichte. Ignaz von Döllinger (1799-1890) in der zweiten Hälfte seines Lebens. Ein Beitrag zu seiner Biographie* (*Münchener Kirchenhistorische Studien*, 9), Stuttgart, 1997, 202-210.

3. Cf. Wolf, *Der Historiker ist kein Prophet*, 93.

Teólogos como Henri de Lubac, que censurava às concepções neoescolásticas um "duplo estreitamento" – a "redução do desenvolvimento do dogma ao mecanismo das *conclusiones theologicae*" e a "redução do problema do desenvolvimento do dogma ao problema da simples lógica humana"[4] –, foram proibidos de ensinar (juntamente com Lubac, foram também alvo dessa proibição Jean Daniélou e Yves Congar, antes de os três terem sido mais tarde feitos cardeais. O padrão se repete: primeiro certos teólogos são silenciados, para mais tarde se louvar a sua perspicácia e a sua visão de futuro; são marginalizados e logo depois instrumentalizados como homens verdadeiramente católicos, que só se adiantaram um pouco ao seu tempo). De acordo com Henri de Lubac, a história do dogma católico "está bem longe de ser reduzida a uma história das conclusões extraídas por teólogos que, partindo de determinados princípios, refletiram sobre como eles deviam ser entendidos e que importância deveriam ter"[5]. Para Henri de Lubac, os dogmas são uma realidade histórica, todas as vezes que se trata de fórmulas especificamente humanas que refletem sobre a ação histórico-salvífica de Deus sem estarem as mesmas fora da história da salvação. Mas essa história tem gravada em si a "temporalidade" de tudo o que existe, pelo que os dogmas "guardam a mais íntima relação com o futuro"[6]. Para Pio XII, essa posição era inaceitável. Em seu discurso na 29ª Congregação Geral da Companhia de Jesus, censurou a *teologia nova*, expressão com que fez sua a marca *nouvelle théologie*, de conotações originariamente pejorativas. Caso fosse aceita essa nova teologia, que "é desenvolvida em consonância com as coisas que se desenvolvem sem cessar" (*cum universis sempre volventibus rebus, una volvatur*), "o que será então", pergunta o Papa, "dos dogmas católicos, que nunca mudam, e o que seria da unidade e da estabilidade da fé?"[7]. Dito de outra forma: posto que Pio XII entende o seu serviço à unidade sobretudo como um serviço à

---

4. Henri de Lubac, "Le problème du développement du dogme", in *Recherches de Science Réligieuse*, 35 (1948), 130-160, aqui: 140.
5. *Ibidem*, 139.
6. Winfried Schulz, *Dogmenentwicklung als Problem der Geschichtlichkeit der Wahrheitserkenntnis. Eine erkenntnistheoretische-theologische Studie zum Problemkreis der Dogmenentwicklung* (Analecta Gregoriana, 173), Roma, 1969, 54.
7. Pio XII, "Allocutio ad Padres Societatis Iesu in XXIX Congregatione Generali Electores", in *Ata Apostolicae Sedis*, 38 (1946), 381-385, aqui: 385. Para essa alocução de Pio XII e para o "sentimento de crise" que nela se expressa, cf. Christofer Frey, *Mysterium der Kirche – Öffnung zur Welt. Zwei Aspekte der Erneuerung französischer katholischer Theologie* (*Kirche und Konfession*, 14), Göttingen, 1969, 57-59.

estabilidade da Igreja, que se baseia na solidez dos dogmas imutáveis, uma construção que mina essa casa edificada sobre a rocha e pensa a doutrina cristã da fé como um fenômeno histórico e, por conseguinte, acontece no tempo e é mutável, torna-se perigosa e indesejada.

Mas, paradoxalmente, o próprio Pio XII ultrapassou os limites que uma teoria da evolução do dogma orientada simplesmente para os silogismos e conclusões impõe ao seu ministério. Porque nessas teorias o magistério se torna um "regulador formal-externo que apenas influencia a dinâmica da tradição e a evolução factual dos dogmas"[8]. No entanto, com a proclamação do dogma da assunção corporal de Maria ao Céu, abandonou o âmbito da *conclusio theologica* e definiu como dogma uma doutrina que considera revelada, parte "do depósito cristão de fé entregue à Igreja"[9], não porque resulte dedutivamente do que já antes tinha sido proclamado como dogma, mas porque crê constatar uma aprovação majoritária dessa doutrina tanto entre os bispos como entre os teólogos e os leigos. Posto que na Escritura e na teologia patrística não são encontrados pontos de apoio para essa doutrina (algo a que teremos de voltar várias vezes), o Papa eleva com isso uma dinâmica histórica a fundamento da decisão de proclamar de modo infalível um dogma com caráter de irreformabilidade. Em muitos dos que não instaram Pio XII, em "cruzadas de oração" (*contentio precum*)[10], a proclamar um novo dogma mariano, os propósitos do Papa suscitaram estranheza, para não dizer espanto.

Assim, por exemplo, a Faculdade de Teologia Evangélica da Universidade de Heidelberg se pronunciou nas vésperas da definição do novo dogma com um extenso parecer elaborado sob a direção de Edmund Schlink (que era considerado um teólogo ecumenicamente destacado e mais tarde seria o mestre acadêmico de Wolfhart Pannenberg) e com a participação, entre outros, de Hans von Campenhausen, que, como patrólogo, já tinha sido citado neste livro com o seu estudo "Die Entstehung der christlichen Bibel" ("O aparecimento da bíblia cristã") em relação com o problema da formação do cânone. A Faculdade de Heidelberg tentou derrotar o Papa com as suas próprias armas valendo-se das abordagens sobre a evolução do dogma reconhecidas pelo magistério. A ideia da *assumptio Mariae*, como

---

8. Schulz, *Dogmenentwicklung als Problem der Geschichtlichkeit der Wahrheitserkenntnis*, 121.

9. Pio XII, "Constitución Apostolica *Munificentissimus Deus*", in *Ata Apostolicae Sedis*, 42 (1950), 753-773, aqui: 755.

10. *Ibidem*.

se afirma no parecer, "não pode ser considerada doutrina apostólica"; além disso, "nenhum dos três critérios da fórmula de Vicente de Lérins" se aplica a essa doutrina: uma deficiência que tampouco "se pode sanar [...] com conclusões teológicas", que aqui não surtem efeito. Por isso, concluem os teólogos de Heidelberg, uma autoridade eclesiástica que eleva a dogma a doutrina da assunção de Maria ao Céu,

> longe de obedecer neste ato à autoridade da doutrina apostólica, mas se afastaria dela. Atuaria sem legitimidade apostólica e, por conseguinte, sem mandato divino: definiria por conta própria aquilo em que é necessário acreditar para se salvar. Ela se julgaria capaz de produzir, por si mesma, doutrina apostólica, quando o mandato que recebeu é o de conservar a pureza e interpretar a doutrina apostólica transmitida historicamente. Produziria fatos salvíficos quando só pode basear-se neles e confirmá-los. Estaria situando a si mesma acima dos apóstolos[11].

A crítica dificilmente poderia ser mais severa: o Papa se separa da doutrina apostólica e se coloca acima dos apóstolos; atua sem mandato divino e procura "produzir" uma doutrina pseudoapostólica, em vez de conservar na sua pureza a verdadeira doutrina apostólica. A tomada de posição dos teólogos evangélicos de Heidelberg mostra exemplarmente até que ponto o dogma mariano, sob nova nomenclatura, obrigou a teologia católica a propor uma teoria da evolução do dogma capaz de justificar essa nova doutrina. A variante neoescolástica-intelectualista, favorecida até então pelos Papas, já não parecia ser suficiente para tal fim. No seu lugar era necessário voltar a ampliar a margem de atuação estreitada pelo antimodernismo e permitir, inclusive, ideias que antes apenas tinham sido recebidas (pensemos em Newman) ou condenadas como modernistas (pensemos em Loisy). Por isso Friedrich Heiler acusou o magistério pontifício sob Pio XII de se entregar ao "neomodernismo". Posto que não era possível encontrar apoios bíblicos ou patrísticos para a ideia de uma assunção de Maria ao Céu, Heiler assinala que os teólogos romanos

> passam do conceito de tradição ao de evolução, introduzindo assim uma mudança decisiva na compreensão do surgimento dos dogmas. Recorre-se agora ao conceito histórico-dogmático de evolução – que o Papa Pio XII

---

11. "Gutachten der Theologischen Fakultät Heidelberg", in Friedrich Heiler (ed.), *Das neue Mariendogma. Im Lichte der Geschichte und im Urteil der Ökumene*, Munique, 1951, 80-85, aqui: 81 s.

criticou com toda a dureza na sua encíclica *Pascendi Dominici Gregis* – para justificar o novo dogma e proteger a infalibilidade papal do descrédito. Por isso, um teólogo capuchinho afirmou, sem rodeios e não sem razão, em referência à definição da *assumptio* como dogma: "O Papa apresenta a nós como modernista". Um dos princípios da compreensão modernista dos dogmas não só foi assumido de bom grado pela apologética católico-romana da noite para o dia como também se superou muito[12].

Na sua clivagem, a análise de Heiler contém alguma verdade: Loisy, vilipendiado como modernista, teria tido muito menos problemas com a assunção corporal de Maria ao Céu do que um neoescolástico que negasse a definibilidade da *conclusio theologica quoad se* ou do que um teórico da evolução do dogma que reduzisse o papel do magistério pontifício ao de um professor de Aritmética e só se interessasse pelos silogismos. Com teses como as que se encontram, por exemplo, na obra do dominicano Marcolinus Maria Tuyaerts, afirmando que "o limite das conclusões teológicas é também o limite da evolução do dogma e que essa evolução não pode englobar nada que não seja reduzível ao âmbito dessas conclusões"[13], pouco podem fazer argumentativamente os defensores da assunção corporal de Maria ao Céu. Disso resulta uma situação complexa e peculiar: pelo lado papal se deseja uma teoria da evolução do dogma que, através do que se caracteriza como "método regressivo" – "a teologia supõe a atual doutrina eclesial e procura demonstrá-la a partir das fontes da revelação"[14] – possa explicar a razão pela qual está justificado o dogma da *assumptio*. Com efeito, a teologia *devia* inclusive explicar que esse dogma está justificado porque a negação de uma doutrina de fé que foi proclamada solene e infalivelmente pelo magistério ordinário e é, por isso, irreformável constitui o mais grave delito de que um teólogo católico pode ser acusado. Contudo, paradoxalmente, as teorias da evolução do dogma reconhecidas acima de qualquer dúvida como ortodoxas – por exemplo, a de Tuyaerts – eram incapazes de fundar o dogma de modo convincente. Por outro lado, Henri de Lubac, que debochava da teoria de Tuyaerts porque "dificilmente podia

---

12. Friedrich Heiler, "Katholischer Neomodernismus. Zu den Versuchen einer Verteidigung des neuen Mariendogmas", *in* (id. ed.), *Das neue Mariendogma*, vol. 2, Munique, 1952, 229-238, aqui: 233.

13. Marcolinus Maria Tuyaerts, *L'Évolution du Dogme. Étude Théologique*, Louvaina, 1919, 192.

14. Hammans, *Die neuen katholischen Erklärungen der Dogmenentwicklung (Beiträge zur neueren Geschichte der katholischen Theologie,* 7), Essen, 1965, 6.

ser levada a sério"¹⁵, e cuja abordagem teria sido muito mais fecunda para justificar o novo dogma, encontrava-se, em 1950, o ano da proclamação desse dogma, afetado pela proibição de publicar a razão das suas opiniões sobre teologia da graça.

Em resumo, o novo dogma pôs em movimento a teologia e Pio XII, de forma indireta e presumivelmente contra a sua vontade, fez nascer uma nova vida para as teorias da evolução do dogma que iam além da neoescolástica e que, desde a crise do modernismo, tinham permanecido em estado latente.

7.2. Karl Rahner: estática da revelação proposicional e dinâmica da autorrevelação

Entre os teólogos que utilizam as suas reflexões sobre o desenvolvimento dos dogmas à luz do dogma da assunção de Maria, o mais destacado é, seguramente, Karl Rahner. Para o jesuíta alemão, a mariologia é, por assim dizer, uma "dogmática concreta"¹⁶, porque na figura da Mãe de Deus podem ser mostradas todas as questões que movem a teologia em geral. Rahner aproxima-se, certamente, do novo dogma com interesse apologético. "Um novo dogma obriga um teólogo católico e jesuíta a defendê-lo", sobretudo – assinala Rahner em um texto dirigido a um dos assistentes do geral da sua ordem – "quando o acolhimento do dogma, tanto antes como depois da sua definição, não foi tão piedoso e cordial" como na realidade "deveria ter sido"¹⁷. Aqui não podemos entrar nas implicações mariológicas dos estudos de Rahner sobre o dogma da assunção de Maria, ainda que as razões de fundo pelas quais o seu *texto* de 1951 *sobre a assunção* fosse vítima da censura romana dos Jesuítas (o censor critica, por exemplo, a mariologia de Rahner por ser "minimista"¹⁸ e não dignificar suficientemente o papel de Maria como corredentora) merecessem sem dúvida uma análise mais detalhada, já que mostram que nem toda a defesa do dogma era querida em Roma e nelas se põe em evidência que no processo de censura

---

15. Henri de Lubac, *Le Problème du Développement du Dogme*, 131.

16. Cf. Dominik Matuschek, "Konkrete Dogmatik. Die Mariologie Karl Rahners" (*Innsbrucker Theologische Studien*, 87), Innsbruck, 2012, 231. Cf. também Andreas Mayer, "Karl Rahners Mariologie im Kontext seines transzendentalsymbolischen Theologie" (*Studien zur systematischen Theologie, Ethik und Philosophie*, 2), Münster, 2015, 248-257.

17. Cit. por Regina Pacies Meyer, "Editionsbericht", in Karl Rahner, *Sämtliche Werke 9: Maria, Mutter des Herrn*, bearbeitet von Regina Pacies Meyer, Friburgo, 2004, XXIV.

18. Cit. in *ibidem*, XXXV.

não se distinguiu com suficiente nitidez a doutrina vinculante da Igreja e a opinião privada do autor da decisão. A consequência foi uma arbitrariedade interna orientada externamente por regras, sempre que a doutrina de Maria *corredemptrix* não está definida em nenhum lugar como verdade vinculante de fé, pelo que a sua ausência no texto de Rahner poderia ter convidado a uma confrontação teológica, mas não deveria ter levado a uma intervenção autoritária. A réplica de Rahner foi contestada pela Cúria Romana da ordem com uma *nota explicativa* com indicações sobre "que melhorias eram de fato necessárias, embora o censor, no seu conselho, tenha insistido unicamente na questão do desenvolvimento dos dogmas"[19]. Esse episódio demonstra que, apesar da pressão para oferecer explicações suscitada pelo dogma de *Maria assumpta*, o problema da evolução dogmática continuou a estar fortemente regulamentado.

Quando afirma que "o sentido, as possibilidades e os limites da evolução do dogma não podem [...] resultar, com as necessárias exatidão e nitidez, *unicamente* de considerações teológicas gerais", mas devem ser extraídas "dos fatos reais de uma história dos dogmas"[20], Rahner não expressa uma crítica fundamental, mas sim a opinião de que as teorias neo-escolástico-lógicas de evolução do dogma são insuficientes. Uma vez que "as leis da evolução de um ser vivo, inclusive as de uma vitalidade mental, de um processo de desenvolvimento mental, são conhecidas a partir da sua evolução factual"[21]. Para Rahner, só é possível uma teoria da evolução do dogma através de um olhar retrospectivo. Deve-se recorrer a um método regressivo[22] – como se chamava no tempo de Rahner – que, através da observação do que é dado, procure deduzir as leis que levaram à criação do existente. A virtude de uma metodologia como essa consiste em que pode, inclusive deve, submergir-se nos processos históricos, já que uma teoria da evolução do dogma só pode ser formulada a partir de conhecimentos acerca da história dos dogmas. Por outro lado, permanece um perigo: o método progressivo pode converter-se em um mero instrumento de legitimação adaptando a teoria a uma prática talvez questionável e privando-o desse modo da possibilidade de levantar objeções à referida prática. No caso concreto, essa abordagem não se interroga sobre se

---

19. Matuschek, *Konkrete Dogmatik*, 40.
20. Karl Rahner, "Die Assumptio-Arbeit von 1951 mit den Ergänzungen von 1959", in Karl Rahner, *Sämtliche Werke 9: Maria, Mutter des Herrn, bearbeitet von Regina Pacies Meyer*, Friburgo, 2004, 3-392, aqui: 20 s.
21. *Ibidem*, 21.
22. Cf. Hammans, *Die neueren katholischen Erklärungen der Dogmenentwicklung*, 6.

a elevação a dogma da assunção de Maria ao Céu está justificada ou não, mas aceita esse dogma proposto pela autoridade da Igreja como algo adquirido e se empenha em elaborar uma infraestrutura ou superestrutura teórica (conforme o caso) que justifique a sua existência. Disso resulta, por sua vez, a vantagem de que a história da fé pode ser concebida como um espaço não predeterminado, aberto ao futuro, que não se deixa reprimir por previsões lógicas em um envoltório de aparência lógico-iniludível portador de uma pretensão de necessidade absoluta. No entanto, quando considera possível a formulação de determinadas regularidades para uma "parte" do processo evolutivo, Rahner assinala que a "lei *completa* da evolução do dogma" só se evidencia

> quando todo o processo individual se conclui. Tendo em conta que se trata de uma verdadeira história – e, além disso, de uma história impulsionada pelo Espírito divino, que nunca fica inteiramente acessível às leis humanamente cognoscíveis –, esse processo nunca é a simples aplicação de uma fórmula e de uma lei fixadas por todas as partes. A tentativa de construir uma fórmula adequada a partir de tais características, para assim controlar inequivocamente o decurso da história e caracterizar os eventuais "desvios" como desenvolvimentos errados, revela-se *a priori* inadequada. A história da evolução do dogma não é mais do que o progressivo desvelamento do seu mistério[23].

A procura de uma fórmula universal para os dogmas não é considerada por Rahner uma meta razoável para uma teoria da evolução do dogma. Na sua opinião, o factual precede sempre ao teórico, e o teórico tem de compreender sempre o factual; o qual, por um lado, liberta a investigação histórica de regras dogmático-restritivas, mas, por outro lado, deixa sem resposta a questão de saber que "fato" foi levado ao fim. Se não quer ser uma ação cega, arbitrária, também a sua realização devem seguir certas regras existentes antes dela cuja aplicação ela mostrou ser defensável ou até mesmo necessária. Por isso, uma teoria da evolução do dogma, segundo Rahner, deve mostrar *a posteriori* não só *a razão pela qual* uma ação já realizada (ou seja, a definição de uma doutrina como um dogma) está justificada, mas também se estava justificada ou não. Se não o faz, corre o risco de se converter em uma teoria legitimadora[24].

---

23. Karl Rahner, *Die Assumptio-Arbeit von 1951 mit den Ergänzungen von 1959*, 21.

24. Essa tendência se torna patente, entre outros, na tese de Rahner: "Assim, se no desenvolvimento, por exemplo, da doutrina da *assumptio*, se evidenciaram formas e parti-

Rahner trata de neutralizar essa objeção com três argumentos. Em primeiro lugar, existem, diz o teólogo jesuíta, certas "partes" de leis evolutivas que são conhecidas e podem ser aplicadas como critérios de discernimento; em segundo lugar, o princípio do crescimento orgânico, segundo o qual o novo deve surgir do antigo, comporta uma "limitação das possibilidades de futuro"; em terceiro lugar, "o perigo procedente do homem continua a ser um perigo", mas "a promessa do Espírito, e só ela, faz com que o perigo sempre possível não se torne, em última análise, realidade"[25]. Rahner parte de que o dogma – em cuja formulação participam sempre o Homem, como é fenomenologicamente inegável, e Deus, como crê a Igreja – não é imune por princípio ao perigo da corrupção. O elemento humano implica essa possibilidade, mas a confiança no elemento divino fundamenta a esperança de que esse perigo não conduzirá à perda total do depósito da fé que foi entregue à Igreja.

Essa confiança na credibilidade do anunciado pela Igreja, baseada na ajuda do Espírito Santo, é imprescindível para Rahner. Ao mesmo tempo, esse Espírito e o futuro que ele abre à Igreja na história impedem, necessariamente, que em um momento concreto da história possam ser conhecidas todas as leis de desenvolvimento dos dogmas. Para poder nos dar uma ideia perfeita das suas regras e dos seus mecanismos, esse processo deve estar perante os nossos olhos como plenamente concluído em todos os seus detalhes. Isso, para Rahner, só será possível quando a história tiver alcançado a sua meta e a fé tiver se transformado em visão: um estado que se consumará no *éschaton*, mas não nas condições da existência terreno-imanente, que é sempre uma existência historicamente determinada, embora também seja aberta ao futuro, inacabada. O dogma como realidade histórica participa desse *status viatoris*, desse permanente estar-em-mudança da Igreja. Para Rahner é importante que a sua tese não seja entendida como "relativismo histórico", por isso acentua basear-se em que "todas as proposições humanas – mesmo aquelas com as quais a fé expressa a verdade salvífica divina – são proposições finitas"[26]. Essa ideia é

---

cularidades da evolução do dogma que não se pode demonstrar estarem presentes com a mesma clareza em outras fases e em outros âmbitos parciais dessa evolução, também, embora se constatassem formas e particularidades que não se compadecem com as ideias teológicas (não do magistério) até agora comuns nesse âmbito, isso não seria um indício de que aqui se dá um desenvolvimento errôneo, uma 'excrescência' da evolução doutrinal, mas sim, quando muito, um sinal de que o esquema teológico com que se costuma entender a referida evolução deve ser melhorado, matizado ou ampliado" (*ibidem*).

25. *Ibidem*, 22.
26. *Ibidem*, 22 s.

metafisicamente rica em pressupostos e só pode ser entendida no quadro da interpretação que Rahner faz de Santo Tomás de Aquino. Na sua obra filosófica *O espírito no mundo*, que não foi aceita como tese de doutorado, Rahner defende a opinião de que o Homem é "essencialmente ambivalente". "Remete sempre para o mundo e vai sempre além dele"[27]. O espírito humano possui um anseio de infinito que vai além dele e que dá origem, nele, a uma dialética entre estar orientado simultaneamente para o mundo e para a transcendência do mundo. Rahner esboça as consequências do que antecede para a filosofia da linguagem em uma conferência sobre "A verdade em Santo Tomás de Aquino":

> Para o homem, a verdade só acontece no juízo. O julgamento supõe abstração e autoconsciência: ambas só são possíveis em virtude do *a priori* transcendental do espírito, que é o que abre o horizonte do ser em geral. Sendo assim, um juízo particular verdadeiro sobre um ente só é possível através de uma apreciação implícita, ainda que formal, do ser em geral, só em uma compreensão do próprio ser e, por conseguinte, em última análise, em uma afirmação implícita do ser puro: o próprio Deus[28].

Um juízo é verdadeiro se aquilo que afirma sobre um *ente* de fato *se cumpre*. Sendo assim, um juízo dirige-se à essência, ao ser-assim [*So-Sein*] do ente, pelo que tem unicamente a ver com um aspecto parcial da realidade. Entretanto, na medida em que enuncia uma essência que pertence ao ente, fica além dele ao ser por excelência, de modo que na sua limitação tende a se rebaixar. Nisso é necessário ter em conta que, ao contrário, o ser não pode se plasmar na linguagem como ser por excelência, mas unicamente como *o ser-assim* (ser desse modo concreto, não de outro) do ente sob a forma de um juízo. Para o dogma como juízo vinculante da Igreja, isso significa o seguinte: na medida em que assegura enunciar aquilo que se requer para a salvação do Homem, o dogma se apresenta ao espírito humano, à mente humana, como uma frase finita que remete para lá do ser por excelência – Deus –, mas nunca pode apreender definitivamente esse ser como infinito sob a forma de um juízo; antes, o infinito só pode vertê-lo em uma forma finita, porque dele "nunca se diz *tudo*"[29]. Isso não

---

27. Karl Rahner, "Geist in Welt. Zur Metaphysik der endlichen Erkenntnis bei Thomas von Aquin", *in* Karl Rahner, *Sämtliche Werke 2: Geist in Welt bearbeitet von Albert Raffelt*, Friburgo, 1996, 5-300, aqui: 299.

28. Karl Rahner, "Die Wahrheit bei Thomas von Aquin", *in* Karl Rahner, *Sämtliche Werke 2: Geist in Welt bearbeitet von Albert Raffelt*, Friburgo, 1996, 305-316, aqui: 314.

29. Karl Rahner, *Die Assumptio-Arbeit von 1951 mit den Ergänzungen von 1959*, 21.

faz, esclarece Rahner, com que os dogmas sejam "um meio falso", mas sim com que continuem a ser totalmente verdadeiros. "Mas se alguém quisesse considerar esses enunciados de fé – posto que são totalmente verdadeiros – adequados em si à realidade aludida, isto é, caso se queira considerá-los uma enunciação exaustiva dela, então a verdade humana seria erigida enganosamente em saber simples e exaustivo de Deus sobre si mesmo e sobre tudo o que nele tem a sua origem."[30] Por essa razão, Rahner dá importância à distinção entre a verdade do dogma, no que nele *se enuncia* sobre Deus, e a verdade de Deus que simplesmente *é* e, consequentemente, entre o que a Igreja conhece de Deus na fé e o que Deus, no seu autoconhecimento, sabe sobre si mesmo. Rahner diz literalmente que, caso não tenha em conta essa diferença, o Homem arvora-se, através de mentiras, em Deus. Mas respeitar a diferença não é afirmar a falsidade do dogma, e sim reconhecer o fato de que uma fórmula de fé, "ainda que sem deixar de ser verdadeira", pode "ser superada, isto é, substituída ao menos em princípio por outra… que diga o mesmo, mas de forma mais matizada", na medida em que "faça ver a mesma realidade a partir de um ponto de vista, a partir de uma perspectiva, a partir do que até agora não tinha sido considerado ser o seu objeto"[31].

Dito de outra forma, do fato de a verdade divina imutável chegar de modo histórico (através da Encarnação e do envio do Espírito) ao Homem como ser histórico resulta uma dialética que produz frases verdadeiras cuja forma suprema e vinculante são os dogmas. Não obstante, essa verdade, que, apesar de estar encerrada no juízo, tende sempre a ir mais além, é para Rahner uma verdade em movimento. Mas o jesuíta alemão não quer entender esse movimento como "progresso" no sentido de que "se obtém, por assim dizer, um 'mais' quantitativo em termos de conhecimento (como se a Igreja se tornasse em certo sentido cada vez mais 'inteligente')"; antes, esse movimento consiste em "ver a mesma realidade e verdade, tal como correspondem exatamente a essa época da Igreja"[32]. Sendo assim, o que permanece constante para Rahner é a realidade à qual o dogma se refere. Mutável é, por outro lado, a perspectiva e, portanto, também a forma linguística que podem assumir os juízos sobre essa realidade. Por isso, Rahner parte da ideia de que um dogma é irreformável no que respeita ao conteúdo, mas pode ser reformulado no que respeita tanto à ótica a partir da

---

30. *Ibidem*, 23.
31. *Ibidem*.
32. *Ibidem*, 24.

qual se considera esse conteúdo, esse assunto, como à linguagem em que se expressa. Tese de grande importância cuja formulação exigia, além disso, no tempo de Rahner, uma grande coragem.

Rahner vê essa reformulação não só como um fenômeno de modas e de escolas teológicas em mudança, mas também como uma dinâmica que chega até o próprio acontecimento da revelação. "Não há apenas um desenvolvimento da teologia, mas também do dogma", que em última análise se baseia no fato de que "o respectivo modo historicamente condicionado de apropriação da revelação não se encontra fora dessa revelação"[33], mas faz parte de seu evento, contanto que isso não deva ser entendido apenas como reverberação (talvez não ouvida) de uma palavra divina, e sim como sua acolhida salvífica pelo ser humano. O jovem Joseph Ratzinger adotará a mesma ideia em sua tese de habilitação e a desenvolverá ainda mais. Rahner não considera que a sua proposta esteja em contradição com a doutrina proferida por Pio X contra o chamado modernismo, segundo a qual a revelação se concluiu com a morte do último dos apóstolos (cf. DH, 3421). Em Cristo, de quem os apóstolos dão testemunho, Deus prometeu aos homens a sua salvação de um modo insubstituível; segundo Rahner, depois dele já "não pode vir nada de novo: nenhuma época nova, uma eternidade, nenhum outro plano de salvação"; a revelação está "concluída", "fechada", mas "fechada porque se faz aberta à plenitude do Deus ocultamente presente em Cristo... Que a revelação esteja fechada é um enunciado positivo, não negativo: um puro se, uma conclusão, um fecho que tudo inclui"[34].

A revelação de Deus em Cristo não é um período no qual se possa pôr fim, trata-se do início de uma presença permanente de Deus no mundo e na Igreja, uma obra do Espírito através da qual Deus prossegue e consuma a obra salvífica que ganhou expressão em Cristo. Por isso que o Deus ativo na Igreja e no mundo é não só objeto, mas também sujeito da evolução do dogma: "Posto que o conhecimento da fé acontece na força do Espírito divino, mas este Espírito [...] é por um lado a realidade mesma em que se crê, o objeto da fé não é um objeto meramente passivo ao qual fica indiferente a posição que se adote perante ele, mas sim, simultaneamente, o princípio em virtude do qual o mesmo é apreendido como objeto"[35]. Rahner trata de encontrar um caminho intermediário entre a ideia, problemática para o magistério, de uma revelação contínua na história, por um lado, e

---

33. *Ibidem*, 25 s.
34. *Ibidem*, 27.
35. *Ibidem*, 29.

a ideia de uma mera *assistentia negativa* do Espírito, por outro. A ideia da assistência negativa implica que o Espírito se limita a preservar do erro a Igreja na formulação do dogma, mas sem dar a ela positivamente qualquer compreensão. Rahner parte do princípio de que o Espírito atua na Igreja também de forma positiva e comunicadora do conhecimento, não só de forma negativa, evitando o erro, mas supondo que o Espírito transcende a ordem salvífica manifestada em Cristo. Disso Rahner retira uma crítica às teorias lógicas da evolução do dogma. Não nega a validade da lógica e a sua imprescindibilidade para a teologia. Para ele, no entanto, quando "a força do "movimento"[36], em virtude da qual acontece essa evolução, está circunscrita à lógica e se descuida a atividade do Espírito que atua na Igreja e a conduz à verdade, está em ação um "naturalismo teológico". Essa dinâmica leva Rahner, por outro lado, a ampliar em alguma medida o âmbito do dogmaticamente definível. Formulada na linguagem da lógica, Rahner declara-se partidário da posição que no presente livro esboçamos à luz das ideias de Marín-Sola: também o que está contido na revelação só virtualmente é, segundo ele, objeto possível de um dogma que deve ser acreditado com fé divina, isto é, confiando na autoridade do Deus que se revela[37]. Essa ampliação do termo "dogma" é o preço do conceito dinâmico de desenvolvimento dogmático que Rahner sustenta. Sempre que ultrapassa metodologicamente os limites das teorias lógicas da evolução do dogma, o jesuíta alemão ultrapassa igualmente os limites materiais (relativos ao conteúdo) que essa classe de teorias da evolução do dogma permite traçar – como ficou evidente no exemplo de Reginald Schultes – frente à arbitrariedade eclesiástica, por um lado, e ao afã especulativo da teologia, por outro. Nos conceitos de Rahner de tradição e de desenvolvimento do dogma, esses limites são menos nítidos do que nas teorias lógicas de tipo restritivo.

No entanto, em contrapartida, Rahner propõe uma abordagem personalista que deveria se tornar orientadora para o futuro. Critica as teorias lógicas, dizendo que "situam sempre o ponto de partida de uma explicitação dogmática em uma proposição propriamente dita, mas é um pressuposto perfeitamente discutível que não exista exceção a isso"[38]. Rahner ilustra tal afirmação com o exemplo de uma pessoa apaixonada, a quem o seu amor concede uma compreensão profunda, que, porém, não é capaz

---

36. *Ibidem*, 31, 33.
37. Cf. *ibidem*, 35-37, 46-48.
38. *Ibidem*, 38 s.

de articular reflexivamente nem de expressar em frases adequadas. Por isso será necessário distinguir entre o "saber básico fundamental" e aquilo a que Rahner chama de "saber reflexivo". As teorias lógicas da evolução do dogma só podem partir do saber reflexivo, proposicionalmente formulado. Assim, o Homem, como interlocutor do Deus que sai ao encontro na história, tem desse Deus um conhecimento básico reflexivo, mas também um conhecimento simples, que, para Rahner, consiste não em uma comunicação de proposições, mas em uma "experiência global" que representa a "fonte inesgotável para a formulação e a explicitação da fé em proposições" e inclusive é "parte da revelação original"[39]. Uma compreensão da revelação vista dessa forma – que Rahner caracteriza com uma glosa do conceito de autorrevelação pensada em termos pessoais, embora sem a usar como tal[40] – implica outro tipo de aquisição de conhecimento teológico. Os dogmas não são, antes de tudo, o resultado de deduções lógicas; o que acontece é que o fiel compara "primeiro uma proposição que lhe é oferecida como expressão conceitual da experiência com a experiência original e, nessa comparação, considera-a correta. Mas essa experiência tem necessidade de dizer a si mesma o que saber", em virtude de que o dogma já não se limita a ser "explicitação proposicional lógica", mas passa a ser também "autoexplicação viva"[41]. Rahner não circunscreve esse acontecimento aos discípulos e às suas experiências com o Jesus histórico, mas o estende à Igreja da época pós-apostólica, à qual os apóstolos deixaram em legado não só proposições – ou seja, a sua palavra e a palavra de Jesus –, mas também o espírito: o seu espírito e o Espírito de Jesus. "Espírito e palavra constituem em conjunto a possibilidade permanentemente eficaz de uma experiência que é, em essência, a mesma que a dos apóstolos"[42], ainda que deva estar sempre referida a ela, tendo também que demonstrar isso no nível verbal mediante deduções logicamente corretas. Mas não se esgota nessa operação lógica, necessita da experiência do Espírito, que está vivo na Igreja e a ensina a "fazer ver... a mesma realidade de Deus... a partir de um ponto de vista, a partir de uma perspectiva, a partir do que

---

39. *Ibidem*, 40 s.
40. Cf. Magnus Lerch, "Selbsmitteilung Gottes. Herausforderungen einer freiheitstheoretischen Offenbarungstheologie" (*Ratio Fidei*, 56), Regensburg, 2015, 381: o conceito de autocomunicação "aparece já, no que diz respeito ao conteúdo, na primeira publicação de Rahner, que, na continuação, atravessa, como categoria hermeneuticamente orientadora, toda a sua obra".
41. Karl Rahner, *Die Assumptio-Arbeit von 1951 mit den Ergänzungen von 1959*, 41.
42. *Ibidem*, 42.

até agora não se tinha considerado como objeto"[43]. Para Rahner, isso não exclui a mudança daquilo a que se dedica especial estima nem a reformulação de fórmulas dogmáticas. A que se refere exatamente com isso, que doutrinas poderiam ser afetadas e quais não, em que poderia consistir uma reformulação são perguntas que ficam em aberto.

7.3. Joseph Ratzinger: um teórico da continuidade?

As reflexões de Ratzinger sobre o desenvolvimento dos dogmas já não se enquadram tão marcadamente no contexto do dogma da assunção como as de Rahner, dado que o futuro Papa era estudante universitário quando o novo dogma foi preparado e, portanto, não estava entre os teólogos que tiveram de se posicionar a esse respeito antes da definição nem entre aqueles que – como Rahner – se sentiram obrigados *a posteriori* a justificar e a aceitar pastoralmente esse dogma. Contudo, ao jovem estudante de Teologia não era indiferente o dogma. "Quando se preparava a definição como dogma da assunção corporal de Maria ao céu", refere retrospectivamente nas suas memórias, "também foi pedida a opinião das faculdades de Teologia do mundo inteiro. A resposta dos nossos professores foi categoricamente negativa"; também Gottlieb Söhngen, que mais tarde desempenhou um papel importante na carreira acadêmica de Ratzinger, se posicionou "taxativamente contra a possibilidade do dogma"[44]. Ratzinger atribui essa posição – talvez não no caso de Söhngen, mas no de outros adversários do dogma – a uma compreensão neoescolástica da história, na sua opinião demasiado estreita do ponto de vista teológico, por um lado, e à "unilateralidade de uma abordagem intelectual não só histórica, mas também historicista"[45], por outro. Ratzinger tem algumas dificuldades tanto com a a-historicidade neoescolástica como com a a-sistematicidade historicista. Sobretudo a distância em relação à neoescolástica o distingue claramente de Karl Rahner. Enquanto este procedia da tradição neoescolástica da sua ordem[46] que ele – por exemplo, na sua primeira obra, *O espírito no mundo* – queria renovar e modernizar através de um

---

43. *Ibidem*, 43.
44. Joseph Ratzinger, *Aus meinem Leben. Erinnerungen*, Munique, 1998, 65 s.
45. *Ibidem*, 65.
46. Cf. Karl Rahner, "Zur Rezeption des Thomas von Aquin. Karl Rahner im Gespräch mit Jan van den Eijnden", in id., *Sämtliche Werke 30, bearbeitet von Karsten Kreuzer und Albert Raffelt*, Friburgo, 2009, 772-790.

encontro com Kant, Hegel e sobretudo com a abordagem de Martin Heidegger, Ratzinger encarava, por princípio, com ceticismo as sistematizações neoescolásticas e rejeitava também a realização nelas de uma atualizadora "operação de *bypass*"[47]. Ao recordar os seus anos de estudante em Freising, Ratzinger admite "dificuldades para me interessar por Tomás de Aquino, cuja lógica cristalina me parecia demasiado fechada em si mesma, demasiado impessoal, demasiado acabada"; o "rígido tomismo, neoescolástico"[48] não lhe dizia teologicamente nada, e em seu lugar procurava uma forma alternativa de teologia. Nos seus estudos sobre a eclesiologia de Agostinho e sobre a teologia da história de Boaventura, um contemporâneo do Aquinate que representa com mais força que ele a corrente agostiniana da Idade Média, Ratzinger tratou de impulsionar uma dinamização do tratamento teológico da história que também se plasma na sua concepção do desenvolvimento do dogma.

No seu estudo sobre Boaventura, Ratzinger crê perceber no pensamento do franciscano um "antiescolasticismo profano", a que é inerente "uma dimensão histórica": "O pensamento especulativo (tanto filosófico como teológico) que agora está justificado será superado em uma etapa futura mais elevada e irá se tornar supérfluo"[49]. Ainda sem se apropriar diretamente dessa descoberta, a investigação sobre Boaventura alimenta em Ratzinger uma atitude básica de fazer teologia, crítica frente às especulações neoescolásticas e orientada para as circunstâncias históricas. Em vista disso não entende a revelação como um processo concluído de uma vez por todas, mas sim como um acontecimento historicamente sustentável que inclui o presente. Em Boaventura, a revelação é

> sempre um conceito referente a um ato: o termo caracteriza o ato no qual Deus se manifesta, não o resultado objetivo desse ato. E, porque é assim, também o sujeito receptor constitui sempre parte do conceito de "revelação": onde ninguém percebe a "revelação", não aconteceu nenhuma revelação, pois nada se manifestou. Da revelação faz parte, por definição, alguém que se apercebe dela. Essas ideias, fruto da leitura de Boaventura,

---

47. Hansjürgen Verweyen, *Josepf Ratzinger – Benedikt XVI. Die Entwicklung seines Denkens*, Darmstadt, 2007, 33.
48. Joseph Ratzinger, *Aus meinem Leben*, 49.
49. Joseph Ratzinger, "Die Geschichtstheologie des heiligen Bonaventura" (versão publicada em 1959), in *Gesammelte Schriften 2: Offenbarungsverständnis und Geschichtstheologie Bonaventuras*, Friburgo, 2009, 419-659, aqui: 642.

tornaram-se logo, durante a discussão conciliar sobre a revelação, sobre a Escritura e sobre a tradição muito importantes para mim[50].

A Michael Schmaus, catedrático de Teologia Dogmática, não parecia suficientemente ortodoxa essa compreensão da revelação. Enquanto não se conhecerem com exatidão as razões pelas quais rejeitou a tese de Ratzinger – já que as avaliações do júri não são tornadas públicas –, não se pode descartar a hipótese de Ratzinger de que Schmaus julgou detectar no jovem teólogo "um perigoso modernismo que só podia acabar na subjetivação do conceito de revelação"[51]. Se essa explicação é certa, Ratzinger terá sido uma vítima tardia do ambiente contaminado com o veneno antimodernista que tinha sido propagado na Igreja na sequência do pontificado de Pio X. Entretanto, ele não foi sujeito a isso por força de uma intervenção do magistério, mas sim sob a forma de uma autocensura teológica com a qual Schmaus possivelmente obsequiou a sua faculdade. É evidente que é totalmente a-histórico aproximar as posições de Ratzinger do modernismo; desperta, no entanto, a atenção a grande liberdade de espírito com que Ratzinger se confronta com – e rejeita abertamente – o antimodernismo, que até à suspensão do juramento antimodernista em 1967 foi "doutrina eclesiástica, embora não definida com rigor"[52]. Isso o diferencia, também por razões geracionais, de Rahner – mais ou menos 20 anos mais velho do que ele –, que, no que diz respeito à compreensão da revelação, defende uma tese muito parecida com a de Ratzinger; ou seja, que a teologia não "deve ser agrupada em torno de uma palavra revelada dita estaticamente para sempre", mas sim que "o modo de apropriação da revelação sempre condicionado historicamente" constitui parte do próprio acontecimento revelador, tendo em conta que "a compreensão real do que é revelado e sua apropriação existencial pelos homens" não pode sequer "transformar-se em decisão na situação real e historicamente condicionada do Homem"[53]. Rahner viu-se ainda obrigado a harmonizar essa tese com a estipulação antimodernista de Pio X de que a revelação tinha ficado fechada com a

---

50. Joseph Ratzinger, *Aus meinem Leben*, 84. Para a importância dessa passagem no entendimento de Ratzinger sobre a evolução do dogma, cf. Rudolf Voderholzer, "Dogmenentwicklung – Evolution der Wahrheit?", *in* Mariano Delgado, Oliver Krüger, Guido Vergauwen (eds.), *Das Prinzip Evolution. Darwin und die Folgen für die Religionstheorie und Philosophie* (Religionsforum, 7), Stuttgart, 2010, 29-45, aqui: 39-42.
51. Joseph Ratzinger, *Aus meinem Leben*, 84.
52. Karl Rahner, *Die Assumptio-Arbeit von 1951 mit den Ergänzungen von 1959*, 26.
53. *Ibidem*, 25 s.

morte do último apóstolo. Ratzinger prescinde dessa reserva e contradiz Pio X com arrojada clareza: o "discurso sobre o fechamento da revelação com a morte do último apóstolo" assim como é ensinado inequivocamente em *Lamentabili Sane Exitu* ao declarar anátema a sua discussão (cf. DH, 3421), "não só dificulta a razoável compreensão do desenvolvimento histórico do cristão, mas também contradiz os dados do testemunho bíblico"[54]. A doutrina de Pio X, afirma Ratzinger literalmente, "constitui uma reflexão insuficiente sobre a ligação entre revelação e história"[55]. Essa afirmação testemunha duas coisas: por um lado, a elevada originalidade teológica de Joseph Ratzinger; e, por outro, a mudança do clima de diálogo intraeclesial que se produziu durante o Concílio Vaticano II e a depois dele, em virtude da qual se tornou possível formular teses não convencionais sem temer intervenções do magistério, algo que (certamente) antes e (uma vez mais, ocasionalmente) depois teria sido problemático.

A conferência sobre "O problema da história dos dogmas a partir de uma perspectiva da teologia católica", proferida em 1965 perante o Fórum de Investigação de Renânia-Vestefália, predecessor da Academia das Ciências de Renânia-Vestefália, contém *in nuce* a abordagem de Ratzinger à questão do desenvolvimento dos dogmas[56]. Lamentavelmente, trata-se, como assinala Peter Walter, de um texto pouco acolhido[57]. Nele, Ratzinger afronta a problemática de que o presente – de modo diferente da Idade Média, em que toda a questão termina por ser teológica na forma de uma *reductio in theologiam* – conclui uma *reductio in historiam* única e conhece "o ser como 'em devir', o que significa que 'os produtos do devir histórico são despojados do absoluto que tinham até agora e inseridos no processo de evolução'"[58]. Para a teologia que convencionalmente guarda a relação com "mostrar a inalterável verdade divina", isso implica uma inversão do

---

54. Joseph Ratzinger, *Das problem der Dogmengeschichte in der Sicht der katholischen Theologie*, 18.
55. *Ibidem*, 10.
56. Para o lugar dessa temática no conjunto da obra de Ratzinger, cf. Ralf Weimann, *Dogma und Fortschritt bei Joseph Ratzinger. Prinzipien der Kontinuität*, Paderborn, 2012, 136-163.
57. Cf. Peter Walter, "Kontinität oder Diskontinuität? Das II. Vaticanum im Kontext der Theologiegeschichte", in *Syngrammata, Gesammelte Schriften zur Systematischen Theologie*, Thomas Dietrich, Michael Quisinsky, Ulli Roth, Tobias Speck (eds.), Friburgo, 2015, 316-334, aqui: 318.
58. Joseph Ratzinger, *Das Problem der Dogmengeschichte in der Sicht der katholischen Theologie*, 7.

ônus da prova, pois já não pode levar ao fim – como se fazia no recurso à história de marca neoescolástica – "a redução da transformação histórica à permanente verdade de Deus", mas ela deve ser olhada com "a redução da aparência de permanente no processo criador das transformações históricas"[59].

Para Ratzinger, o que antecede tem igualmente repercussões no conceito de dogma. Por isso a ideia transmitida da imutabilidade do dogma deve ser conciliada com a consciência recuperada da sua historicidade[60]. Para tanto é indispensável conjugar teologicamente identidade e mudança, constância e transformação:

> Só se pode falar em verdadeira história onde acontece essa identidade do que permanece invariável na transformação (caso contrário, estaria perante uma justaposição de fatos não conexos, o que ainda não constitui uma história); inversamente, só se pode falar de história onde acontecem um avanço e um desenvolvimento reais, posto que a simples identidade do que permanece idêntico a si mesmo não gera uma história[61].

O significado concreto do que antecede é ilustrado por Ratzinger no caso da cristologia. A confissão de fé em Jesus como o Cristo é uma "confissão de fé na ressurreição e na parusia", pelo que seria factível "contrapô-la a uma orientação exclusivamente retrospectiva". Porque "o processo da Encarnação, da apropriação do humano pelo divino, manifestado em Cristo começou, mas não foi concluído", e "o encontro da humanidade com o começo que representa Jesus de Nazaré continuará enquanto a humanidade existir; só no decurso desse encontro pode se desenvolver em todas as suas possibilidades"[62]. Como Rahner, também Ratzinger parte da ideia de que o Jesus histórico e o Espírito por ele enviado abrem o espaço em que o encontro com Deus é possível o tempo todo, não só retrospectivamente, mas também no presente. Isso inclui o âmbito da experiência religiosa individual, mas também a formulação doutrinal-dogmática desse encontro entre o Deus que se revela e o Homem que lhe responde, um encontro

---

59. *Ibidem*, 7 s.

60. Assim se descreve o problema em Joseph Ratzinger, "Zur Frage der Geschichtlichkeit der Dogmen", *in* Otto Semmelroth (ed.), *Martyria, Leiturgia, Diakonia* (F. S. Hermann Volk), Mainz, 1968, 59-70, aqui: 59.

61. Joseph Ratzinger, *Das Problem der Dogmengeschichte in der Sicht der katholischen Theologie*, 9.

62. *Ibidem*, 17.

que acontece na história sempre de novo e através do qual se constitui, na opinião de Ratzinger, o acontecer global da revelação. Como "o acontecimento que ainda se dá de uma nova relação entre Deus e o Homem", a revelação – que para Ratzinger nunca está terminada – necessita, enquanto ato perdurável, de uma reflexão dogmática perdurável que, longe de ser circunscrita às fórmulas do passado, deve se tornar também atual no que se refere ao seu conteúdo e a sua formulação:

> Encaradas sob esse ponto de vista, as fórmulas nas quais esse acontecimento é explicitado doutrinalmente já não são, na realidade, a revelação em si mesma, mas sim a sua explicitação no discurso humano. Sem dúvida, também aqui se dá o aspecto do concludente e exemplar; mediante o estabelecimento de um cânone oral e outro escrito (a *regula fidei* e as Sagradas Escrituras), a própria Igreja submeteu-se à norma permanente das explicações. Não obstante, não pode ser ela uma quantidade concludente e concluída de proposições reveladas fixas, mas constitui antes uma norma configuradora para a história inevitavelmente perdurável, contínua da fé[63].

A Escritura e a tradição constituem para Ratzinger normas de explicitação do que foi revelado. Mas não são, elas mesmas, revelação. Essa é uma distinção cuja importância, por mais que se pondere, nunca poderá ser exagerada: de acordo com Ratzinger, a Bíblia não é revelação nem palavra de Deus. Identificar as duas realidades seria um grave mal-entendido. Ratzinger desenvolve explicitamente essa tese em uma conferência que proferiu em Roma no dia 10 de outubro de 1962, na véspera da abertura do Concílio Vaticano II, aos bispos de língua alemã[64]. Quem caracteriza a Sagrada Escritura como revelação incorre em um "positivismo" e em um "escriturismo"; em vez disso, deveria ser claro "que a própria revelação é sempre mais do que o seu testemunho tratado na Escritura: é o vivo que engloba e implementa a Escritura"[65]. Em vista disso, Ratzinger reclama também que se altere o título do esquema sobre a temática da revelação elaborado pela

---

63. *Ibidem*, 19.
64. Cf. Rudolf Voderholzer, "Offenbarung und Kirche. Ein Grundgedanke von Joseph Ratzingers Habilitationsprojekt (1955/2009) und seine theologische Tragweite", *in* Marianne Schlosser, Franz-Xavier Heibl (eds.), *Gegenwart der Offenbarung. Zu den Bonaventura Forschungen Joseph Ratzingers* (*Ratzinger-Studien*, 2), Regensburg, 2011, 50-73, aqui: 58-61.
65. Joseph Ratzinger, "Bemerkungen zum Schema De Fontibus Revelationies", in *Gesammelte Schriften 7/1: Zur Lehre des Zweiten Vatikanischen Konzilz*, Friburgo, 2012, 157-174, aqui: 159.

Cúria já na fase preparatória do concílio. Em vez de *De Fontibus Revelationis*, seria mais adequado ser nomeado *Sobre a Revelação* ou *Sobre a Palavra de Deus*, porque a própria revelação não tem fontes "positivizáveis", mas designa um acontecimento entre Deus e o Homem. Dessa forma, "a própria revelação é a fonte da Sagrada Escritura e da tradição divina, não o contrário, ou seja, a tradição e a Sagrada Escritura não são as fontes da revelação"; pois "a relação entre essas duas realidades, a Escritura e a tradição, deve ser concebida subordinando ambas a uma terceira, que na realidade é a primeira: a própria revelação, que precede os seus testemunhos positivos e os envolve. A Escritura e a tradição são princípios de conhecimento e princípios materiais da revelação, não a própria revelação"[66].

Se a Escritura e a tradição já constituem espaços explicativos da revelação e não são revelação em si mesmas, a diferença entre dogma e revelação deve ser considerada ainda maior. Afinal, os dogmas não se encontram simplesmente na Escritura ou na tradição, sendo a explicitação linguística de um acontecimento revelador que deve se confrontar de novo com a Escritura e a tradição como normas. Mas isso significa que o dogma é duplamente dinâmico: primeiro, com o tempo, pode mudar o modo como o acontecimento revelador se formula em conformidade com a época; e, segundo, pode mudar o conhecimento da Escritura e da tradição que subjazem ao dogma como norma. Ratzinger se interroga retoricamente "não deveria existir não só uma história que leva ao dogma, isto é, uma pré-história do dogma" que se estende até que a proposição em questão seja elevada a dogma e, portanto, subtraída à mudança, mas também, depois da definição dogmática, "uma história do que já se converteu em dogma, isto é, uma autêntica história dos dogmas e uma autêntica historicidade do dogma"[67]? Ratzinger não especifica o que pode, concretamente, comportar o que antecede. É possível que em 1965, quando proferiu a conferência que comentamos, tenha tido, sobretudo, em vista a doutrina do primado jurisdicional e a infalibilidade do Papa. Em um clima de maiores esperanças ecumênicas, surgidas sobretudo entre a Igreja Oriental e a Igreja Ocidental durante o concílio, a intenção da *Lumen Gentium* de integrar com maior clareza a primazia jurídica e dogmática do Papa na colegialidade dos bispos (cf. LG, 22) foi entendida como um sinal amistoso para a ortodoxia. Por outro lado, a *nota explicativa praevia* (NEP), com a qual Paulo VI

---

66. *Ibidem*, 160.
67. Joseph Ratzinger, *Das Problem der Dogmengeschichte in der Sicht der katholischen Theologie*, 21.

quis dar ao texto conciliar uma interpretação autêntica que deixou intacto o exercício do primado, emprega o termo "colégio" em um sentido não estritamente jurídico (*non sensu stricte iuridico*) que não implica a igualdade dos seus membros (cf. LG, NEP, 1) e insiste que o Papa possa, livremente e a todo o momento (*omni tempore ad placitum*), exercer da forma como queira a sua posição primacial (cf. LG, NEP, 4). Sobre essa intervenção do Papa em novembro de 1964, escreve Joseph Ratzinger que "ninguém pode desejar uma repetição dos acontecimentos da referida semana de novembro. Pois, sem dúvida, mostraram que não ficou evidente a forma de exercício do primado (nem de formulação da doutrina do primado) que possa deixar claro, por exemplo, às Igrejas do Oriente que uma união com Roma não seria sinônimo de submissão a uma monarquia papal... Se os dias de novembro de 1964 trouxeram com eles uma conclusão que desiludiu, não foi senão porque os processos históricos requerem tempo"[68]. No mesmo ano em que escreveu essas linhas, Ratzinger proferiu também a sua conferência sobre a questão do desenvolvimento dos dogmas. Por isso que não é muito aventureiro conjecturar que, quando acentua a abertura ao futuro e à não conclusão do dogma e assinala que poderia inclusive acontecer "uma história do que já se tornou dogma", está a se referir à questão do primado, que, na sua opinião, não tinha sido suficientemente abordada pelo Concílio Vaticano II e, por consequência, requereria ainda uma elaboração teológica adicional.

Segundo Ratzinger, a história dos dogmas em seu sentido próprio, como a história do que já se tornou dogma, inclui um duplo movimento: a implementação, em que o definido deve ser melhor e mais profundamente compreendido, e a redução, que reduz um acontecimento originariamente vivo, mas anquilosado por causa das suas excrescências, ao seu núcleo vivo. Com base nessas reflexões, Ratzinger "atenua" a "definitividade total" do dogma:

> É inerente a qualquer fórmula dogmática uma dupla insuficiência: por um lado, a sua distância em relação à realidade que procura expressar; por outro lado, a sua participação no mundo historicamente determinado e historicamente relativo dos homens que expressaram nessa fórmula o seu conhecimento da fé. Isso atenua a definitividade total da fórmula sem

---

68. Joseph Ratzinger, "Ergebnisse und Probleme der dritten Konzilsperiode", in *Gesammelte Schriften 7/1: Zur Lehre des Zweiten Vatikanischen Konzilz*, Friburgo, 2012, 417-472, aqui: 446 s.

revogar a definitividade da realidade a que se refere, nem tampouco, portanto, a perdurável pretensão da fórmula, sempre que entendida sem falso verbalismo como sinal de caminho até à própria realidade, que linguisticamente nunca é plasmada de maneira exaustiva[69].

Ratzinger propõe aqui uma abordagem muito dinâmica da evolução do dogma. Evidentemente, está longe de converter os dogmas em uma massa arbitrariamente modelável. Mas relativiza o dogma a partir de uma dupla perspectiva: a do "mundo historicamente relativo dos homens", que em um dogma como fórmula antropogênica, como obra humana, expressa o seu "conhecimento da fé" historicamente concreto, contingente; e a da realidade até à qual o dogma deva "assinalar o caminho". Essa "realidade" do dogma é, em última análise, o Deus que se revela, a cuja luz o Homem pode conhecer o mundo e conhecer a si mesmo. Nele, a Escritura serve como norma dessa revelação, que se plasma no dogma, pelo que corresponde a ele, na opinião de Ratzinger, uma função hermenêutica na exegese bíblica. Mas o dogma, por outro lado, está posto na Escritura como norma; por isso, "o dogma, como aquele que interpreta, deve relido até à procura do interpretado e ser compreendido a partir disso"[70]. A referência do dogma à Escritura, como algo que deve se realizar continuamente, também deve considerar uma compreensão transformada da Escritura. Por isso, quem se apressa a delimitar o pensamento de Ratzinger sob a ótica da teoria da continuidade e apenas considera o aspecto conservador da sua teologia só percebe uma parte da sua abordagem e faz desse grande pensador um pensador menor do que na realidade é.

A questão é, todavia, saber que relação existe entre o jovem Joseph Ratzinger, aberto a sua época e crítico da autoridade, por um lado, e o posterior prefeito da Congregação para a Doutrina da Fé e, mais tarde, Papa Bento XVI, por outro. O seu discípulo Hansjürgen Verweyen conta que Ratzinger "já em 1966 em Münster e, a partir de 1968, em Tübingen, se julgava transportado para um mundo diferente"; todavia, tem a ideia de uma "reviravolta" no pensamento, sobretudo, para um "mito"[71]. Também no que se refere à questão do desenvolvimento dos dogmas é necessário

---

69. Joseph Ratzinger, *Das Problem der Dogmengeschichte in der Sicht der katholischen Theologie*, 25.

70. *Ibidem*, 27.

71. Verweyen, *Joseph Ratzinger*, 56, 39. Para as diferentes posições na bibliografia sobre a questão de saber se o pensamento de Ratzinger é marcado pela constância ou pela mudança, cf. Weimann, *Dogma und Fortschritt bei Joseph Ratzinger*, 27-31.

abordar o tema de outra maneira. Talvez não seja especular demasiado supor que na ampliação do conceito de dogma esboçado *supra* (Capítulo 2), embora levado ao fim formalmente sob a autoridade do Papa João Paulo II, desempenhou um papel essencial quem, na altura, era perfeito da Congregação para a Doutrina da Fé. Segundo o *Catecismo da Igreja Católica*, publicado em 1992, os dogmas são "verdades" formuladas pelo magistério que "obrigam o povo cristão a uma adesão irrevogável de fé" e que estão "contidas na revelação divina ou [...] *têm com elas* [com as verdades contidas na revelação] *um nexo necessário*" (CIC, 88). Com isso, o *Catecismo* dinamita a definição de "dogma" dos dois concílios vaticanos. Segundo uma estipulação do Concílio Vaticano I, eram definíveis dogmaticamente *stricto sensu* unicamente "aquelas coisas que *estão contidas* na palavra de Deus escrita ou recebida através da tradição" (DH, 3011), ou seja, o que faz parte da revelação. E também o Concílio Vaticano II ensina que a infalibilidade da Igreja, cuja forma suprema de representação é o dogma proclamado pelo magistério extraordinário, solene, estende-se tanto quanto é abarcado pelo "depósito da revelação" (LG, 25), o que *ex negativo* significa: não vai além da revelação, pelo que, para o concílio, as proposições não reveladas também não são definíveis dogmaticamente. O *Catecismo*, por outro lado, ultrapassa esse limite e estende o dogmaticamente definível ao âmbito secundário do não revelado que mantém com a revelação uma relação não específica, lógica ou historicamente (cf. DH, 5041). Essa evolução foi esboçada *supra* (Capítulo 2). Aqui iremos nos limitar a assinalar que a ampliação do dogmaticamente definível, como faz o *Catecismo,* não teria representado um grande problema para o pensamento do primeiro Joseph Ratzinger. Que a Escritura e a tradição sejam fontes materiais da revelação, como dá a entender a estipulação do Concílio Vaticano I (cf. DH, 3011), é uma tese que Ratzinger afasta liminarmente; e, no que se refere ao *depositum revelationis* de que fala o Concílio Vaticano II, não se entende apenas o que está expressamente plasmado na Escritura ou na tradição.

Nos seus comentários ao esquema *De Fontibus Revelationis*, afirma Ratzinger: "A história não pode nomear na prática nenhuma proposição que, não estando contida na Escritura, possa sequer ser rastreada com uma probabilidade historiográfica certa até os apóstolos"[72]. Ratzinger opõe-se à ideia de uma tradição não escrita que supõe que a tradição apostólica teria sido comunicada, por assim dizer, através de dois canais: de modo escrito

---

72. Joseph Ratzinger, "Bemerkungen zum Schema *De Fontibus Revelationis*", 161 s.

através do Novo Testamento e de um modo oral, do que apenas se pode dizer algo que seja "positivizável", porque nada se pôs por escrito. Essa compreensão – que, além do mais, levou muitos a rejeitar, nas vésperas da sua proclamação, o dogma da assunção[73], dado que nada pode ser encontrado sobre essa doutrina nos primeiros cinco séculos do cristianismo –, parece ser para Ratzinger muito restritiva, também do ponto de vista da evolução do dogma. "Se a tradição é assim entendida, o sentido do esforço histórico não pode ser nada senão demonstrar que tudo existiu sempre do mesmo modo e refinar cada vez mais uma demonstração como essa"[74], um processo que Ratzinger rejeita totalmente. Só por essa razão tende-se a desvalorizar a sua originalidade se ele for unicamente considerado como um teórico da continuidade. Pois o que Ratzinger faz não é mostrar que tudo foi, desde sempre como hoje se apresenta e que, portanto, assim deve continuar. Para ele, a Igreja não pode ficar apegada ao passado, nem sequer a um passado enobrecido pela Escritura e pela tradição; antes, a Igreja deve se perguntar, "na reflexão sobre o Espírito Santo ativo nela no meio das fadigas da história humana", como se deve verbalizar adequadamente no encontro com Deus que acontece na Igreja e através da Igreja; "esse círculo vivo no Espírito Santo é o processo do *tradere*, a tradição que vai além da Escritura e da sua letra"[75], uma tradição que não é passado, mas que se atualiza e acontece de novo a cada momento no encontro contínuo entre Deus e o Homem no espaço da Igreja. Com base nessa ideia de tradição, Ratzinger propõe a sua concepção de desenvolvimento do dogma, que inclui também correções e, consequentemente, descontinuidades, pois "a mera identidade do que permanece invariável não gera uma história"[76].

O dinamismo da abordagem de Ratzinger pode, por um lado, abrir diálogos com uma liberdade até agora insuspeita, mas, por outro lado,

---

73. Um destacado adversário do dogma foi Berthold Altaner, professor de Patrologia em Würzburg que, na sua crítica do novo dogma mariano, teve também a aprovação dos professores universitários de Ratzinger (cf. Ratzinger, *Aus meinem Leben*, 65 s.). Para a "atitude crítica e inflexível" de Altaner, cf. René Roux, "Berthold Altaner (1885-1964)", *in* Jörg Ernesti, Gregor Wurst (eds.), *Kirchengeschichte im Porträt. Katholische Kirchenhistoriker des 20 Jahrhunderts*, Friburgo, 2016, 27-43, aqui: 35-39.

74. Joseph Ratzinger, *Das Problem der Dogmengeschichte in der Sicht der katholischen Theologie*, 11.

75. Joseph Ratzinger, "Bemerkungen zum Schema *De Fontibus Revelationis*", 162.

76. Joseph Ratzinger, *Das Problem der Dogmengeschichte in der Sicht der katholischen Theologie*, 9.

também pode – no caso de se associar aos instrumentos de uma autoridade exigente com os diálogos – obstaculizar o diálogo livre. Pois se, para distinguir entre o que é revelado e o que não é, não cabe recorrer mais às fontes positivas da Escritura e à tradição, mas antes considerar que a revelação só acontece através do "círculo vivo no Espírito Santo" cujos critérios definidores não estão claros, como se chega a uma determinação universalmente compreensível do que foi revelado de fato – e, consequentemente, de forma vinculativa – ou do que conserva relação com a revelação? Essa problemática já foi referida por Friedrich Becker no discurso posterior à conferência acadêmica de Ratzinger, em 1965. Para Becker não está claro

> como pode o fiel ter a certeza do que é realmente revelação divina e do que não é. Deus não o ilustra de maneira direta; são outros homens quem diz que isto ou aquilo é revelação divina e deve ser acreditado. Sendo assim, no fundo não é a fé um simples acreditar na autoridade humana e, em conformidade, a incredulidade unicamente um não acreditar nela?[77].

Ratzinger não dá uma resposta inequívoca a essa pergunta, na qual vê concentrada "toda a questão em torno dos fundamentos da teologia e da fé", mas insiste que além da Escritura e da tradição materializada se dá "um fator acrescido, um mais" que, "segundo a convicção intrínseca da fé, pode-se fazer visível a quem se abre a ele"[78]. Ratzinger deixa em aberto a pergunta sobre saber como esse a mais concedido a "quem se abre a ele" desemboca de novo em uma formulação comum da Igreja, isto é, como as formas dogmáticas transmitidas, que têm "unicamente caráter mediador tendo em vista à realização do encontro"[79], podem ser reformuladas de modo a descreverem adequadamente esse encontro no presente; e a deixa deliberadamente em aberto porque várias das perguntas no debate

---

77. Intervenção de Friedrich Becker *in* Joseph Ratzinger, *Das Problem der Dogmengeschichte in der Sicht der katholischen Theologie* [Discussão].

78. Intervenção de Joseph Ratzinger in *Ratzinger, Das Problem der Dogmengeschichte in der Sicht der katholischen Theologie* [Discussão], 34 s.

79. Essa foi a resposta de Joseph Ratzinger à intervenção de Josef Pieper, que tinha criticado a recusa por Ratzinger de uma "teologia da identidade" sempre idêntica a si mesma, afirmando em vez disto que a "teologia da identidade" questionada pelo jovem catedrático pertence "essencialmente à essência da tradição, assim como à natureza da transmissão da revelação" (intervenção de Josef Pieper *in* Joseph Ratzinger, *Das Problem der Dogmengeschichte in der Sicht der katholischen Theologie* [Discussão], 37). Para a polêmica entre Ratzinger e Pieper, por exemplo, sobre o ministério presbiteral, cf. Karl-Heinz Menke, *Sakramentalität, Wesen und Wunde des Katholizismus*, Regensburg, 2012, 203-206.

acadêmico que se seguiu a sua conferência deram origem a uma base para abordar essa temática. Com isso se abre para a configuração exata da evolução do dogma uma ampla diversidade de interpretações possíveis. Assim, por exemplo, Johanna Rahner, na sua crítica à "contrarreformista – restauracionista – 'mentalidade de búnquer' eclesiológica, sublimemente ainda influente", e na sua tese de que "nenhuma estrutura eclesiástica surgida historicamente" deveria ser considerada "sacrossanta", já que "a utilização expressa das estruturas eclesiásticas pelo Espírito de Cristo supõe a necessária flexibilidade do lado visível da Igreja"[80], pode invocar sem problema Ratzinger. Mas a abordagem do teólogo da Baviera abre espaço também para a clausura e a fixação oficial do dinâmico acontecimento revelador; mais ainda, para a sua instrumentalização em termos de política do poder, o que, sem dúvida, não era a intenção do jovem Joseph Ratzinger. Mas, tendo em conta que para Ratzinger a Igreja, na sua apresentação do que foi revelado, não está mais ligada com rigor ao que de modo inequivocamente demonstrável, "positivizável", está contido na Escritura ou na tradição (uma visão que Ratzinger rejeita *expressis verbis* como excessivamente restritiva[81]), o magistério, a instância, em última análise, competente para interpretar a revelação eclesiástica de modo autorizado, pode proclamar como reveladas, também, coisas cujo caráter revelado não é necessariamente entendido dessa maneira por outros membros da Igreja. Essa possibilidade foi de novo facilitada através da ampliação do conceito de dogma efetuada no número 88 do *Catecismo da Igreja Católica*, porque agora também é suscetível de ficar sujeito a dogma qualquer âmbito secundário que, ainda sem constituir expressamente parte da revelação, seja entendido pelo magistério como associado a ela. Por consequência, o amplo conceito de revelação de Ratzinger, capaz de abrir um espaço de flexibilidade e de reforma, também é propenso, ao mesmo tempo, a instrumentalizações nas quais o poder da autoridade ameaça ser substituído à força dos argumentos, porque deles subtrai, por assim dizer, o material positivo no qual se apoiam e sobre cuja base poderiam afirmar que algo é revelado ou não. E se isso for pensado de forma consequente até o fim, a teologia como teologia já não teria sentido, um resultado que, sem dúvida, não pode ser o desejado pelo Papa Bento XVI.

---

80. Johanna Rahner, *Creatura Evangelii. Zum Verhältnis von Rechtfertigung und Kirche*, Friburgo, 2005, 557.

81. Cf. Joseph Ratzinger, "Bemerkungen zum Schema *De Fontibus Revelationis*", 161-165.

Joseph Ratzinger manteve-se fiel às linhas mestras do seu pensamento; pelo menos, é o que sugerem os esboços anteriores. Defende um conceito amplo de revelação, que abre uma margem espaçosa para a evolução do dogma. O jovem Joseph Ratzinger não diz como deve ser regulamentado esse espaço nem como deve ser utilizado. Mais tarde, como prefeito da Congregação para a Doutrina da Fé e como Papa Bento XVI, parece ter concretizado essa abertura minimizando o seu potencial de crítica da autoridade e maximizando o seu potencial de legitimação. Nada se pode objetar ao fato de uma tese anterior ser levada da sua ambiguidade inicial a uma univocidade posterior. É instrutivo, ainda assim, procurar as origens das univocidades posteriores nas suas ambivalências anteriores, porque são testemunho de uma amplitude que faz com que Joseph Ratzinger seja considerado, sem qualquer dúvida, pelos os maiores teólogos, entre os teólogos de maior envergadura que a Igreja conheceu nos últimos tempos.

7.4. Walter Kasper: dogma como serviço de amor à profissão de fé comum

Enquanto Rahner se move, quase por completo, muito perto da definição dogmática da *assumptio* e Ratzinger ainda faz, em parte, o mesmo nas suas teorias da evolução do dogma, Walter Kasper centra a sua atenção em algo distinto: "A palavra 'dogma' nos coloca uma questão que parece gravitar como uma pesada e inibidora mó de moinho sobre o diálogo e a abertura ao que decidiu a Igreja. O dogma dificulta o diálogo entre cristãos protestantes e católicos e também parece contraproducente para o encontro entre a Igreja e o mundo"[82]. Assim avalia Kasper a situação em 1965, na conclusão do Concílio Vaticano II. Intuía que a estrutura dogmática da Igreja Católica ia colocar grandes desafios tanto ao movimento ecumênico como ao encontro entre a Igreja e o mundo. O que talvez soe como uma evidência era, na época em que Kasper escreveu essas frases, um diagnóstico certeiro que supunha uma antecipação do futuro. Porque, embora no Vaticano II não tenham sido cumpridas todos os anseios dos grupos reformistas, na fase final do concílio reinava um ambiente de renovação esmagadoramente otimista. No dia 7 de dezembro de 1965, na última votação plenária, foi aprovada a constituição pastoral *Gaudium et Spes*, que advogava em um tom efusivo o encontro entre a Igreja e o mundo, tendo sido

---

82. Walter Kasper, *Dogma unter dem Wort Gottes*, 43.

lida uma declaração conjunta do Papa Paulo VI e de Atenágoras, o Patriarca de Constantinopla, que levantava a excomunhão recíproca do século XI[83]. Nos dois campos que Kasper vê gravados pelo dogma, o ecumenismo e a relação entre a Igreja e o mundo, pareciam progressos inauditos tangíveis. Kasper estava, evidentemente, consciente das dificuldades dogmáticas que não poderiam deixar de surgir tendo em vista as elevadas expectativas existentes. Com o intuito de não deixar que esse lastro se convertesse em um "fardo", elaborou a sua teoria da evolução do dogma. Vale a pena referir, embora em comparação com Rahner e Ratzinger, que Kasper não só afirma a historicidade do dogma, mas também a demonstra em detalhes. Trabalha de forma marcadamente semasiológica e analisa os diferentes contextos nos quais são historicamente empregados termos como "dogma", "verdade" ou "evangelho". À luz do que antecede, mostra, pela história da palavra "dogma", como a Igreja chegou a propor a obrigatoriedade da sua doutrina na forma que hoje se designa por essa expressão. Dessa problemática já nos ocupamos *supra* (Capítulo 2). Aqui o primeiro plano é ocupado pelas conclusões sistemáticas que Kasper retira.

Como Rahner e Ratzinger, Kasper também distingue o dogma como fórmula doutrinária do próprio acontecimento de revelação no qual tem lugar o encontro entre Deus e o Homem no âmbito da Igreja. Kasper expressa essa diferença – presumivelmente também por razões ecumênicas – com os termos "dogma" e "evangelho". O Evangelho, não como gênero literário, mas sim como "o poder do Senhor glorificado na Igreja e sobre a Igreja através da sua palavra viva", "não é uma realidade historiograficamente separável do processo dogmático da tradição", tampouco coincide com esse processo; por outro lado, o Evangelho se faz expressão "na profissão de fé"[84]. Com essa tese, Kasper rejeita a já esboçada visão de Harnack, muitíssimo influente no protestantismo liberal; segundo Harnack, o dogma da Igreja se contrapõe ao Evangelho de Jesus, que teria sido "tão simples e, todavia, tão rico", na medida em que englobava nada mais do que três coisas: "Em primeiro lugar, o Reino de Deus e a sua chegada; em segundo lugar, Deus-Pai e o valor infinito da alma humana; em terceiro lugar, a melhor justiça e o mandamento do amor"[85]. Por outro lado, o dogma

---

83. Cf. Peter Hünermann, "Die letzten Wochen des Konzils", *in* Giuseppe Alberigo (ed.), *Geschichte des Zweiten Vatikanische Konzils (1959-1965)*, vol. 5: *Ein Konzil des Übergangs*, edição alemã editada por Günther Wassilowsky, Ostfildern, 2008, 423-558, aqui: 546 s.

84. Walter Kasper, *Dogma unter dem Wort Gottes*, 57.

85. Harnack, *Das Wesen des Christentums*, 37.

da Igreja, afirma Harnack, desviou-se dessa pregação, contrapondo-se por isso ao Evangelho original. No entanto, segundo Kasper, o Evangelho do Jesus histórico quer continuar sendo "poder presente" em vez de se manter como um simples episódio do passado, e deve ser também formulado verbalmente no credo da Igreja para se tornar compreensível e, consequentemente, aceitável e digno de fé. Mas o Evangelho (e nisso Kasper coincide com as posições protestantes, evangélicas) nunca se esgota por completo no credo eclesiástico. Dito de outra forma, a palavra do dogma não é palavra de Deus, mas a palavra da Igreja que procura dizer vinculadamente a palavra de Deus à época a que foi enviada para anunciar o Evangelho. Essa distinção é elementar: no dogma, "a Igreja fica de uma vez por todas consciente da sua fé", sem que a palavra de Deus seja monopolizada ou sequer convertida em "posse exclusiva" da Igreja; antes está "acima da Igreja" e imprime-lhe permanentemente a sua marca[86]. Por isso, para Kasper, o dogma é

> um conceito funcional dinâmico: resultado da experiência vivida até agora pela Igreja na sua relação com o Evangelho e antecipação da experiência futura perante a qual a Igreja deve permanecer sempre aberta. Esse futuro não é, porém, depois da Páscoa, uma abertura vazia, mas sim um futuro decidido. Essa é a razão pela qual a antecipação da experiência dogmática tem a certeza de não estar condenada ao vazio. No entanto, isso não significa que a Igreja possa contar com o modo concreto de confirmação dos seus enunciados solenes de fé. Também esses estão sujeitos à reserva do mistério sempre maior do futuro de Deus[87].

O fato de aquilo que é afirmado como verdadeiro pela Igreja em um dogma estar ainda *stricto sensu* por ser confirmado, porque a verdade daquilo que se afirma como verdadeiro só ficará demonstrada quando Cristo voltar como garantia dessa verdade, impede, por um lado, que o dogma caia em um fixismo rígido. E o fato de o futuro estar aberto, mas não no ar – posto que o mesmo Jesus voltará, o que a Igreja confessa já como Cristo que veio – impede, por outro lado, que o dogma caia na arbitrariedade inconstante. O equilíbrio exigido pela "diferença teológica não objetivável entre o "já" e o "ainda não" que deixa a Cristo "a última palavra", mas contém ao mesmo tempo a certeza esperançosa da Igreja de que "não ficará

---

86. Walter Kasper, *Dogma unter dem Wort Gottes*, 60.
87. *Ibidem*, 108 s.

desautorizada" pelo regresso de Cristo, confere ao dogma "tanto definitividade como provisionalidade"[88]. Por isso que, para Kasper, a verdade do dogma não consiste na exatidão entendida como uma verdade enunciativa que descreve um estado de coisas objetivo, mas antes a "verdade" significa, segundo acredita que é possível extrair da Bíblia, "autoidentificação, autoverificação e autorratificação"[89]. Assim, o dogma da Igreja demonstrará que é verdadeiro quando o Senhor que regressa se manifestar como aquele que a Igreja confessa que é e ratificar aquilo em que a Igreja acredita acerca dele; certamente já não no espelho e na comparação da fé, mas sim na visão cara a cara (cf. 1Cor 13,12). "A Igreja e a sua pregação constituem um fenômeno escatológico. Nelas já resplandece a luz da verdade de Cristo no meio das trevas."[90] O dogma participa dessa *prolepsis* e, nessa medida, é – inclusive na oposição que suscita – parte da luz que resplandece nas trevas. Ainda assim, posto que é só antecipação do que virá, e não efetivamente do que está por vir; embora, dito de novo de forma bíblica, deve dar testemunho da luz sem ser ele mesmo a luz (cf. Jo 1,8), deve sempre se autorrelativizar na sua relevância; e isso em sentido literal, isto é, colocando-se em relação com o serviço que lhe corresponde realizar. Mas em que consiste exatamente esse serviço?

Como Ratzinger[91], Kasper parte de que a função principal do dogma é a *homologia*, ou seja, possibilitar uma profissão de fé comum da comunidade eclesiástica. No entanto, ele matiza essa tese com mais precisão graças aos seus estudos de história conceitual. Recorrendo ao teólogo protestante Edmund Schlink, que já escutamos como crítico severo do dogma da assunção de Maria, Kasper chama a atenção para certas movimentações terminológicas na autocompreensão dos concílios da Igreja antiga[92]. Enquanto o Concílio de Niceia e o seu credo, retomado logo no Concílio de Constantinopla, têm como base um credo batismal e servem, portanto, para a profissão de fé litúrgica comum da comunidade congregada, que justamente nessa fé professada em comum se constitui como Igreja, o Concílio

---

88. *Ibidem*, 127 s.
89. *Ibidem*, 71. Para a dimensão escatológica da eclesiologia, cf. Walter Kasper, "Warum noch Mission?", in *Gesammelte Schrifte II: Die Kirche Jesu Christi*, Friburgo, 2008, 352-369, aqui: 352-358.
90. Walter Kasper, *Dogma unter dem Wort Gottes*, 138.
91. Cf. Joseph Ratzinger, *Zur Frage nach der Geschichtlichkeit der Dogmen*, 66 s.
92. Cf. Edmund Schlink, "Die Struktur der dogmatischen Aussage als ökumenisches Problem", in *Der kommende Christus und die kirchlichen Traditionen. Beiträge zum Gespräch zwischen den getrennten Konfessionen*, Göttingen, 1961, 24-79.

de Calcedônia enfatiza de forma diferente. Nele o credo não se proclama mais a partir do comunitário "nós [ou seja, o conjunto da Igreja], *cremos*" (DH, 125), mas a partir do autoritário-doutrinário "nós [ou seja, os participantes no concílio] *ensinamos* que é preciso confessar" (DH, 301). Embora esteja consciente de que essa observação não deve ser sobrevalorizada, dado que também os símbolos batismais têm – ainda que seja só na catequese – caráter doutrinário, Kasper acredita que a distinção de Schlink reflete uma "deslocação da função do dogma":

> O símbolo e, de maneira correspondente, o credo tinham a função de ser um sinal reconhecível da fé no interior da Igreja, e também a de possibilitar a *homologia* do culto, a profissão de fé conjunta, e dar testemunho das verdades fundamentais da redenção de Cristo. Por outro lado, a formulação doutrinária tinha o propósito de proteger a pureza da doutrina da redenção e a sua interpretação teológica. Era cada vez mais apropriada para levantar barreiras dentro da fé em Cristo, comum e vinculativa, para todos. Por outras palavras, o dogma adquiriu uma função de construção confessional. A partir desse ponto de vista é importante valorizar sobretudo as decisões doutrinárias do Concílio de Trento e os seus anátemas de uma forma completamente distinta dos dogmas da Igreja antiga... O conceito de heresia da Bíblia e da Igreja antiga não deve ser aplicado às Igrejas [!] nascidas da Reforma. Por mais diferentes que sejam os respectivos credos, a Igreja não chama hoje hereges, mas sim, melhor, "irmãos separados", aos membros das Igrejas [!] nascidas da Reforma[93].

A função homológica básica do dogma – isto é, o serviço à profissão de fé comum que um dogma deve realizar na sua qualidade, como dizia Ratzinger, de ordem vinculativa de uma *regula loquendi*[94] – é também entendida por Kasper como serviço de amor, uma vez que o dogma deve estar comprometido com o "amor eclesial"[95], que mantém a Igreja unida enquanto comunidade em Cristo. Ao dogma como serviço de amor se opõe (esta é uma ideia de Karl Rahner) o fato de que, sem ser falso, ele pode ser formulado de modo "apressado", "altivo", "culposo", "tentador" e "impertinente", ou seja, algo de que se pode falar "pecaminosamente"[96] como

---

93. Walter Kasper, *Dogma unter dem Wort Gottes*, 77 s., em referência a UR3.
94. Cf. Ratzinger, *Zur Frage nach der Geschichtlichkeit der Dogmen*, 67.
95. Kasper, *Dogma unter dem Wort Gottes*, 146.
96. Karl Rahner, "Was ist eine dogmatische Aussage?", in *Sämmtliche Werke, vol. 12: Menschsein und Menschwendung Gottes. Studien zur Grundlegung der Dogmatik, der Chris-*

de tudo o que é humano, embora procure expressar o divino. Da determinação de que o dogma deve servir ao amor eclesial e da observação de que alguns dogmas não só não o fazem, mas até se contrapõem a esse amor, Kasper retira conclusões de grande alcance para o potencial da futura evolução do dogma:

> Se a Igreja tivesse detectado tais defeitos, poderia e deveria – em prol da verdadeira função do dogma – reformular a sua profissão de fé. Isso não implica uma revisão da aspiração fundamental nem um juízo negativo sobre uma fórmula que talvez fosse necessária na situação em que apareceu. Antes comporta uma afirmação da historicidade da Igreja e da sua pregação, assim como do caráter fragmentário do seu conhecimento (cf. 1Cor 13,9.12) [...] Os dogmas são *in actu confitendi*, no ato da confissão, acontecimentos espirituais na Igreja, mas também podem ser convertidos posteriormente em uma lei mortífera se forem entendidos como limites rígidos[97].

Em outras palavras, um dogma, segundo Kasper, deve ser passível de reformulação. Kasper enumera três critérios que devem ser cumpridos por essa reformulação. Em primeiro lugar, insiste, em consonância com a ideia da hierarquia de verdades (cf. UR, 11), em que "os dogmas e preceitos da Igreja" não são um fim, mas sim "ponte e bengala" até o credo único, ou seja, "que Deus, em Cristo e através do Espírito Santo, é o amor. Todos os outros dogmas só pretendem explicitar e assegurar essa profissão de fé", por isso se devem deixar medir também com ele no sentido de uma "retrotração e reintegração das verdades da fé no centro dela"[98]. Em segundo lugar, essa retrotração deve servir "o amor eclesial". Aqui, Kasper poderia estar pensando sobretudo na dimensão ecumênica do desenvolvimento dos dogmas. Porque, se o primado papal se entende, apoiando-se em uma formulação de Inácio de Antioquia, como "presidência no amor"[99], a sua consagração dogmática também se deve deixar medir por fazer justiça ou não

---

tologie, hehologischen Anthropologie und Eschatologie, Herbert Vorgrimler (ed.), Friburgo, 2005, 150-170, aqui: 153.

97. Walter Kasper, *Dogma unter dem Wort Gottes*, 147.

98. Walter Kasper, "Geschichtligkeit der Dogmen?", in *Gesammelte Schriften 7: Evangelium und Dogma. Grundlegung der Dogmatik*, Friburgo, 2015, 623-644, aqui: 642.

99. Kurt Koch, "Auf dem Weg zur Wiederherstellung der einen Kirche in Ost und West", in Dietmar Schon (ed.), *Dialog 2.0 – Braucht der orthodox-katholische Dialog neue Impulse? (Schriften des Ostkircheninstituts der Diözese Regensburg*, 1), Regensburg, 2017, 19-41, aqui: 36.

– e até que ponto – ao que Kasper denomina "amor eclesial". Desde logo, esse amor tem, como corresponde ao termo *ágape*, uma conotação sacramental *stricto sensu*, referida à eucaristia. Mas, justamente por isso, não se esgota na simples realização do acontecimento sacramental, engloba tudo o que possibilita essa unidade no sacramento, que pressupõe a unidade no credo. Uma forma dogmática da configuração do primado, contraposta a essa unidade e ao amor que a pressupõe, não seria aceitável para Kasper. Por isso que, em terceiro lugar, a estrutura dogmática da Igreja deva se deixar medir com o Evangelho e, conforme o caso, transformar-se por ele de um modo que, "à vista do mundo atual, infunda fé, esperança e amor", com o propósito de que a mensagem do Evangelho seja "realizável e compreensível no presente. A fé não existe da forma mais pura onde – em uma suposta confiança inabalável, mas na realidade com mera mentalidade de gueto – se ignoram os problemas atuais e simplesmente se resguarda atrás de portas fechadas, mas antes onde implica um verdadeiro confronto com a época em que se vive [...]. O fato de a nossa situação histórica ser determinada por uma transformação radical em todos os campos exige de nós, também no campo da fé, valentia e audácia para o que é novo"[100].

---

100. Walter Kasper, *Geschichtligkeit der Dogmen?*, 643.

CAPÍTULO 8

Visão de conjunto e perspectiva: um alcance maior do que se esperava

8.1. O possível, o impossível e o necessário

A tradição do pensamento teológico da qual – com a maior proximidade possível das respectivas fontes – apresentamos alguns exemplos marcantes inclui todo um tesouro de teorias da evolução do dogma que, em geral, permanece hoje latente e sem utilização. No entanto, em uma época em que a doutrina católica da fé está sujeita a uma pressão de mudança sem precedentes, poderíamos extrair algumas coisas; e, certamente, como é próprio da erudição teológica, "coisas novas e coisas velhas" (Mt 13,52): coisas velhas, porque a Igreja, se perder o contato com a sua tradição, já não será mais a Igreja; e coisas novas, porque a Igreja não é uma associação de trajes tradicionais que se possa permitir um anquilosamento museológico, mas antes uma associação à qual foi dada uma missão, ao serviço da qual se encontram ela (a Igreja), a sua estrutura e o seu dogma. Que relação existe entre o antigo, sem o qual a Igreja deixaria de ter raízes, e o novo, sem o qual a Igreja não poderia ter futuro, é a pergunta fundamental das teorias da evolução do dogma.

As respostas que tais teorias oferecem não substituem o discurso sobre os problemas e reformas concretos. Nenhuma das teorias que aqui esboçamos diz de forma concreta o que seria absolutamente necessário – sob qualquer conceito possível – em uma determinada situação histórica. Isso só pode esperar de uma teoria teológica de evolução dogmática quem concebe a história como sucessão de acontecimentos, programada de antemão, de um modo determinista, da qual se poderia extrair um conhecimento analisando o seu mecanismo. Os representantes das teorias da evolução dogmática aqui apresentados não partilham essa imagem da história. O que quer que seja exatamente aquilo que pode mudar na Igreja e o que deve permanecer inalterado será esclarecido através de discursos teológico-morais, dogmáticos e pastorais concretos extremamente complexos e, consequentemente, também, extremamente controversos. As teorias teológicas da evolução do dogma não oferecem fórmulas dogmáticas universais; antes têm a tarefa de manter em aberto o espaço do *possível* frente às suas duas negações: o supostamente *impossível* e o supostamente *necessário*.

8.2. Cinco acepções de "dogma", duas formas de evolução do dogma

É preciso distinguir cinco contextos nos quais, hoje, se emprega o termo "dogma" e esclarecer em que medida esses matizes de significado se devem a uma evolução recente (não recebida pelo magistério até o século XIX) que se estende inclusive até o passado mais recente.

1. Na acepção mais abrangente, "dogma" significa a totalidade da doutrina cristã da fé. Assim, fala-se de dogma "cristão" em referência não a uma doutrina especial nem a um conjunto confessionalmente específico de doutrinas, mas, antes, como simples referência à totalidade da fé cristã doutrinalmente manifestada. Nesse sentido, fala, por exemplo, Ferdinand Christian Baur, na sua resposta à *Symbolik* de Möhler, de "dogma cristão"[1] quando tematiza a forma doutrinal da fé cristã na Antiguidade. Mas no século XIX também foram colocadas perguntas sobre *O dogma cristão e a filosofia moderna*[2] com o intuito de determinar a relação entre a doutrina da fé, entendida como unidade, e outros fenômenos intelectuais. Sendo assim, no seu sentido mais amplo, "dogma" é um termo que, como coletivo singular, serve para entender as múltiplas doutrinas do cristianismo como *uma só* doutrina. Nesse sentido, o dogma uno é, nas palavras de Karl Barth, a "quintessência" dos múltiplos dogmas, pois "'dogma' designa a essência cujas manifestações são os dogmas"[3].

---

1. Cf. Ferdinand Christian Baur, *Der Gegensatz des Katholicismus und Protestantismus nach den Principien und Hauptdogmen der beiden Lehrbegriffe. Mit besonderer Rücksicht aud Herrn Dr. Möhler's Symbolik*, Tübingen, 1836, 550.

2. Franz Egerer, *Das christliche Dogma und die moderne Philosophie. Metalogische Studien*, Viena, 1855.

3. Karl Barth, *Die Lehre vom Wort Gottes. Prolegomena zur Kirchlichen Dogmatik (Kirchliche Dogmatik*, 1.1), Zollikon, 1952, § 7 (283). Aliás, pela distinção entre o dogma e os

2. Algo mais específico, mas ainda um substantivo coletivo unificador, é a expressão "dogma católico"[4], sintagma que engloba, no sentido confessional, todas as proposições doutrinárias que distinguem a Igreja Católica das outras confissões cristãs, sem se circunscrever à eclesiologia. Assim, por exemplo, Ferdinand Christian Baur considerava que fazem também parte do dogma católico as definições da teologia dos sacramentos, assim como a doutrina da transubstanciação ou os elementos mariológicos específicos do catolicismo.

3. Um princípio de estruturação já não confessionalmente específico, mas antes temático, subjaz à expressão "dogma cristológico". Condensa o que a Igreja crê em um determinado âmbito parcial da sua crença: nesse caso, sobre Jesus Cristo. Portanto, nessa acepção, o dogma é composto, por sua vez, por diversas doutrinas, por exemplo a doutrina da *homoousía* e a doutrina das duas naturezas.

4. Para uma dessas doutrinas aponta a definição de que, na sequência do Concílio Vaticano I, passou a ser determinante para a teologia católica; de acordo com ela, "dogma" designa "aquelas coisas que estão contidas na palavra de Deus escrita ou transmitida pela tradição e propostas pela Igreja para que nelas se acredite como tendo sido divinamente reveladas, quer de forma solene, quer através da sua forma ordinária e universal" (DH, 3011). Segundo esses critérios, um dogma deve estar contido no depósito da revelação confiado à Igreja e ter sido proposto autoritariamente por ela. Por isso deve ser acreditado como *fide divina*, confiando-se na autoridade do Deus que se revela; e *fide catholica*, confiando-se na autoridade da Igreja que o proclama. Se uma doutrina não cumpre um dos dois critérios – a referência à revelação ou a definição eclesiástica –, não é um dogma. Essa definição teve, em 1992, uma importante correção através do *Catecismo da Igreja Católica*, na medida em que um catecismo pode corrigir legitimamente um concílio ecumênico. O *Catecismo* flexibiliza a referência rigorosa à revelação de todo o dogma: não é indispensável que o que afirma um dogma seja considerado como revelado em si mesmo, bastando que possua "um vínculo necessário" com verdades reveladas (CCE, 88). Continua objeto de controvérsia saber em que consiste exatamente esse vínculo

---

dogmas, Barth conseguiu, ao contrário da dicção católico-magisterial, chegar à convicção de que o dogma no singular não pode "de modo algum ser a *veritas ab Ecclesia definita*, a verdade definida pela Igreja" (*ibidem*, 282).

4. Cf. Ferdinand Christian Baur, *Der Gegensatz des Katholicismus und Protestantismus*, 37.

e qual é a extensão do termo "dogma" nesse sentido mais amplo. João Paulo II fez distinção entre uma variante histórica e uma variante lógica desse vínculo (cf. DH, 5066). Mas também além das intenções de ampliação do conceito de dogma continua sendo certo que "até à data não existe uma lista oficial dos dogmas eclesiais nem isso pode, por razões tanto históricas como teológicas, existir"[5].

5. Inequivocamente constatáveis são unicamente os casos em que se aplica a acepção restritiva do termo "dogma": as doutrinas que foram propostas pelo magistério extraordinário, solene, cujo exercício pertence ao Papa na forma de uma decisão *ex cathedra* ou a um concílio ecumênico. Aqui só se enquadram três dogmas: a doutrina da Imaculada Conceição de Maria, a doutrina da infalibilidade e a doutrina da Assunção corporal de Maria ao Céu.

Essas dimensões distintas do termo "dogma", que não são encontradas sempre separadas com nitidez nos debates teológicos, tornam por um lado mais compreensível, por outro também menos abarcável tudo o que inclui a pergunta sobre *o dogma em evolução*. Determinemos primeiro *ex negativo*: não se trata de entregar o conceito de dogma à arbitrariedade e, muito menos, de o desautorizar na sua variante mais restritiva, que até agora foi plasmada unicamente em três decisões *ex cathedra*. Nada nega aqui a pertinência de o magistério proclamar solenemente dogmas. Pelo contrário, uma teoria da evolução do dogma começa pela observação historicamente inegável de que a Igreja não ensinou em todas as épocas – nem ensinou *de maneira vinculante* – o que hoje ensina. Essa obrigatoriedade não se refere necessariamente a dogmas em sentido restritivo ou no sentido mais restritivo de todos (como expusemos nos pontos 4 e 5). Há inúmeras coisas que pertencem ao núcleo íntimo da fé cristã, mas que nunca foram definidas em sentido formal. Pensemos na Ressurreição de Jesus de entre os mortos: não foi formulada sob a forma das categorias dogmáticas 4 e 5, mas constitui a base da mais antiga pregação da comunidade (cf. 1Cor 15,4). Assim, alguém que negue a Ressurreição de Jesus não viola o dogma no sentido das diferenciações 4 e 5, mas retira o cimento sobre o qual se ergue a edificação da Igreja. "Mas se Cristo não ressuscitou, é vã a nossa pregação, e vã é também a vossa fé" (1Cor 15,14). Nem tudo o que ocupa o lugar central na fé cristã está expresso *stricto sensu* em um dogma, ainda que – como a Ressurreição de Jesus – faça parte do dogma cristão. Sendo

---

5. Walter Kasper, *Dogma under dem Wort Gottes*, 70.

assim, quando se fala do *dogma em evolução*, como se faz neste livro, não se trata de colocar uma data de caducidade a um dogma concreto, mas sim de pensar a totalidade da doutrina cristã da fé no seu dinamismo histórico, em que sempre foi necessário conjugar continuidades e descontinuidades para que a necessária fidelidade à origem permaneça presente instaurando continuidade, sem renunciar a assumir também descontinuidades no âmbito da pregação contemporânea do Evangelho.

Poderia estar fora de questão que tenha acontecido uma evolução "conducente ao dogma, isto é, uma pré-história do dogma" e que se impõe a sensação de que também existe – nas palavras de Joseph Ratzinger – "uma história do que já se converteu em dogma, ou seja, uma autêntica história dos dogmas"[6]. A diversidade de projetos elaborados nos mais diferentes contextos históricos que esboçamos neste livro mostra que também essa segunda acepção de "evolução do dogma", isto é, uma história do que se tornou dogma, não representa só um acidente, porque é possível pensá-lo como acontecimento teologicamente legítimo. Karl Rahner, Joseph Ratzinger e Walter Kasper evidenciaram isso com perfeição. Contudo, esses autores deixam em aberto a questão de saber que consequências efetivamente se seguem a sua tese sobre que aspecto poderia apresentar a evolução seguinte do que já se tornou dogma, que, na opinião de Ratzinger, não pode consistir – por mais continuidade que exista – na simples "identidade do que permanece invariável"[7], tendo antes de incluir um elemento de descontinuidade. Isso não é, certamente, um acaso. Porque o dogma – nos cinco matizes mencionados – não é um campo de experimentação da criatividade teológica. Quem cultiva fantasias demasiado concretas sobre como pode mudar o dogma recebe imediatamente a censura de ser infiel a essa obrigatoriedade e, portanto, herege. Embora a situação da Igreja seja hoje muito mais precária do que nos anos posteriores ao Concílio Vaticano II – o que, mais do que a resignação, poderia estimular a reflexão e o pensamento –, a amplitude de discurso permitida pelo magistério, hoje, parece ser bastante menor do que no período pós-concílio. O que é lamentável, porque a Igreja nada teria a perder com um diálogo aberto: só teria a ganhar. Nem tudo o que os teólogos produzem merece acolhimento do magistério. Nenhum teólogo razoável terá dúvidas a esse respeito. Mas os teólogos formularem ideias, mostrando com isso a amplitude do que pode

---

6. Joseph Ratzinger, *Das Problem der Dogmengeschichte in der Sicht der katholischen Theologie*, 21.

7. *Ibidem*, 9.

ser debatido, seria um benefício para a Igreja, que se orgulha da sua disposição para o diálogo. Por isso, uma teoria da evolução do dogma não deve se deixar amedrontar pelo estreitamento da tradição autoritariamente decretado, mas, face a todo o bloqueio da reflexão e a toda a paralisação, deve se manter aberta a mudanças no espaço do *possível*, a fim de que os discursos especializados que ela não está em condições de substituir (porque, se estivesse, seria uma fórmula universal dogmática e uma teoria total teológica) possam de fato ser desenvolvidos.

8.3. Tipologia das teorias da evolução do dogma: onze diferenças

Para sistematizar a diversidade das abordagens sobre o desenvolvimento do dogma apresentada neste livro, deveremos estabelecer uma série de tipos ideais que, no entanto, são realmente tipos *ideais*: fazem a ordenação de relações completas segundo a ideia, mas nunca se apresentam de uma forma pura. Todas as teorias da evolução do dogma representam tipos mistos; de modo que um tipo real reúne em si vários tipos ideais. No entanto, em matéria de orientação, convém distinguir *idealiter* em relação a alguns tipos através de diferentes posicionamentos perante diversas problemáticas.

1. Em relação à mais básica de todas as questões, todas as teorias teológicas concordam sobre a evolução do dogma: elas reconhecem que a evolução é um fato que não pode ser negado. Mas, para não se limitar a aceitá-la descritivamente ou a desacreditá-la com a ajuda de um relato de decadência, todas as teorias teológicas sobre a evolução do dogma partem *per definitionem* da ideia de que uma certa classe de desenvolvimento do dogma é legítima. Para quem não partilha desse pressuposto não pode existir – usando a linguagem de Newman – nenhum *development*, mas unicamente *corruption* ou invariabilidade[8]. Mas quem vê invariabilidade em vez de mudança não tem necessidade de elaborar uma teoria da evolução do dogma. E quem não entende outra coisa que não seja decadência pode se dar por satisfeito com uma teoria da decadência do dogma e também não necessita de uma explicação positiva sobre o processo dogmático que – considerando pensar sempre em conjunto a descontinuidade e a continuidade – não pode se esgotar em diagnósticos de decadência. Sendo assim,

---

8. Cf. John Henry Newman, *An Essay on the Development of Christian Doctrine*, Londres, 1845, 44.

um elemento legitimador é inerente a todas as teorias sobre a evolução do dogma: elas não só tratam de entender um fenômeno, como estão também persuadidas de que devem ser encaradas como um fenômeno teologicamente legítimo. Divergem no modo de fundamentar os pormenores dessa legitimidade. O *locus classicus*, para o qual remete a maioria das teorias, é o que fala sobre o Paráclito o Evangelho de São João, no qual Jesus promete aos seus discípulos a assistência do Paráclito, do Espírito Santo que "ensinará tudo" (Jo 14,26) a eles, que há de guiá-los "para a Verdade completa" (Jo 16,13) e que dirá a eles muitas coisas que "não sois capazes de [...] compreender por agora" (Jo 16,12).

2. Na pergunta sobre a especificidade do termo "evolução" no contexto teológico, predomina, desde o século XIX, a ênfase no aspecto doutrinal. Por isso seria possível falar de um "tipo doutrinal". De acordo com esse princípio, a doutrina da fé evoluiu, tanto no sentido de que foram acrescentados novos ensinamentos, como no sentido de que as proposições existentes foram entendidas de outro modo (segundo o tipo teórico, essa alteridade só poderia ser concebida como aprofundamento).

3. Que o tipo doutrinal não precisa de alternativa é algo que poderia ter ficado claro graças às reflexões de Hugo de São Vítor. É bastante evidente que, no século XII, ele não tenha levado em conta a noção de descontinuidade doutrinal exposta pela historiografia crítico-iluminista dos dogmas a que tiveram de reagir as teorias do século XIX. Se, por um lado, essa noção contribuiu para dar precisão à temática, por outro também contribuiu para que ela se estreitasse. A distinção que Hugo faz entre *cognitio fidei* e *affectus fidei*, por um lado, e a sua diferenciação entre *substantia fidei* e *materia fidei*, por outro, permite-lhe abrir um plano de argumentação diferente. Porque a matéria da fé – enquanto doutrinas concretas de fé – é suscetível de mudança no sentido em que certas gerações têm por verdadeiras proposições cognitivamente consideradas que as gerações anteriores não tinham ainda por verdadeiras. Sendo assim, a matéria pode ter mudado e, portanto, também a *cognitio fidei*. Por outro lado, a substância da fé no sentido que é apontado pela Carta aos Hebreus – "a garantia das coisas esperadas", "*substantia sperandarum rerum*" (Hb 11,1) – não varia. Hugo, seguindo as pegadas de Agostinho, demonstra-o com a pergunta sobre a relação entre a fé de Israel antes da chegada de Jesus e a fé da Igreja. Mas a sua distinção também é, sem dúvida, elucidativa para a pergunta sobre as mudanças experimentadas pela fé dentro da Igreja e constitui um "tipo afetivo" de desenvolvimento do dogma distinto da abordagem puramente doutrinal.

4. Considerando que não se trata de um automatismo, o desenvolvimento da doutrina da fé necessita de um motivo ou incentivo que pode ser descrito positiva ou negativamente. Um *movens* negativo subjaz à ideia de que a evolução do dogma representa uma reação a heresias. Assim sendo, ao dogma implementado sem cessar, corresponde, principalmente, um caráter de salvaguarda que serve para a proteção do depósito da fé. Seria possível falar, por isso, de um "tipo defensivo".

5. Mas a evolução dogmática, vista positivamente, pode surgir também como resultado de uma reflexão humana mais profunda ou, inclusive, como manifestação de um plano pedagógico divino, como é proposto, por exemplo, por Gregório de Nazianzo. Essa abordagem poderia ser caracterizada como de "tipo exploratório". O incentivo negativo-defensivo e o incentivo positivo-implementador não se excluem, como mostra o caso de Johann Adam Möhler. Mas constituem duas derivações diferentes da evolução do dogma.

6. Considerando que a fé, segundo a sua autocompreensão, é vinculada a Deus e a sua revelação, coloca-se a pergunta sobre como pensar a relação de uma fé que evolui e, portanto, muda, com o seu objeto imutável. A resposta mais clara para essa questão encontra-se nas teorias neoescolásticas sobre a evolução do dogma, que partem de que a Igreja é portadora, ao longo das épocas, de um *depositum fidei* estável – um depósito da revelação que foi confiado a ela para sempre – sem estar consciente o tempo todo sobre o conteúdo completo do seu *depositorium*, do seu depósito divino, que a revelação encheu abundantemente. Segundo essa teoria, "evolução do dogma" designaria a explicitação do que a Igreja compreendeu implicitamente na fé desde sempre, mesmo que não em todas as épocas, de maneira reflexiva. Essas abordagens do desenvolvimento do dogma se enquadram no que poderíamos denominar "tipo depositário".

7. Fazendo frente ao exposto anteriormente, temos o "tipo atualista", que, em vez de partir de um depósito estático da revelação, postula que a revelação acontece sem cessar no espaço da Igreja, pelo que o desenvolvimento do dogma não pode ser regulamentado por recurso a um depósito fechado, acessível positivamente através de fontes (por exemplo, a Escritura ou os testemunhos da tradição). O representante mais destacado desse tipo é Joseph Ratzinger.

8. O tipo se atualista apresenta acompanhado de um ceticismo perante critérios fixos e objetivos que, em teoria, permitiriam determinar com nitidez e precisão as inovações que são um desenvolvimento legítimo da doutrina da fé e as que representam uma corrupção herética dela. A maioria

das teorias recentes renuncia a enunciar critérios precisos; em vez disso, oferece – como faz, por exemplo, Walter Kasper – pontos de orientação que não pretendem ter caráter probatório em sentido demonstrativo. No entanto, essas abordagens não supõem que a evolução do dogma acontece de modo arbitrário. Por isso é possível falar de "teorias guiadas por regras contextuais".

9. A elas se contrapõem as teorias guiadas por regras objetivas, que asseguram estar em condições de estabelecer "provas" (no sentido de ensaios ou testes) que sirvam como indicadores inequívocos de que uma determinada evolução é legítima ou não. A esse grupo pertence a primeira edição do *Essay* de Newman sobre o desenvolvimento da doutrina cristã, e na sua galeria de antepassados figura também Vicente de Lérins, que afirma ter apresentado com o seu cânone uma *regula* universalmente válida que permite a qualquer um distinguir entre *profectus* (progresso) e *permutatio* (mudança). Essa abordagem poderá ser designada como "tipo das teorias guiadas por regras objetivas".

10. Quanto mais uma teoria se orienta por regras – contextuais ou objetivas –, maior é a sua tendência para conceber a evolução do dogma como um processo acessível a uma análise e a um debate racionais. Por isso será possível falar de um "tipo cognitivista", dado que nele a questão do desenvolvimento do dogma é abordada a partir das regras universais do conhecimento e da argumentação.

11. O fato de isso não ser evidente é algo que se percebe pelo tipo o "tipo autoritário" que se contrapõe a ele e que pode ser encontrado na sua versão extrema, entre outros, em Adam Gengler e na sua crítica a Vicente de Lérins. De acordo com Gengler, a ideia de que o cristão individual não pertencente à hierarquia ordenada da Igreja se interesse, com o seu intelecto, pela questão do desenvolvimento dos dogmas não pode senão desembocar em um subjetivismo perigoso; por isso deve ser da competência exclusiva do magistério decidir sobre questões relativas à evolução do dogma. Essa é, sem dúvida, uma abordagem extrema, mas que em graus diferentes se encontra hoje cada vez com maior frequência: dá ao magistério não só uma competência decisiva externa, mas também – em virtude da assistência sobrenatural – maior competência objetiva.

A distinção de diversas teorias da evolução do dogma e a identificação de 11 tipos de teorias – legitimador, doutrinal, afetivo, defensivo, exploratório, depositário, atualista, guiado por regras contextuais, guiado por regras objetivas, cognitivista e autoritário – são o fruto sintetizado deste livro. Eles permitem compreender e ordenar o estado do debate. Já foram, anteriormente, realizadas tentativas de criação de tipologias no âmbito do desenvolvimento do dogma[9]. O que há de novo aqui, no entanto, é que são individualizados diferentes tipos ideais que se movem em planos diferentes e a partir dos quais se configuram os tipos reais. Por exemplo, o aspecto legitimador se encontra em todas as teorias, e o doutrinal na maioria delas. O elemento depositário não exclui o atualista, mas está em tensão com ele, da mesma forma que a insistência em que a evolução obedece a regras objetivas está em tensão com a determinação puramente contextual de pontos orientadores. A matriz cognitivista de uma teoria e a sua referência à autoridade não se excluem entre si – as teorias católicas provavelmente não podem ser fixadas sem ambos os elementos –, mas a sua relação tem proporções diferentes: quanto maior é o conteúdo cognitivo de uma teoria, menos necessária é a autoridade; e, quanto maior é a referência à autoridade, menor peso tem o aspecto cognitivo. Porque se algo é universalmente compreensível através do dom da razão humana, não é necessária autoridade alguma que proponha ser acreditado aquilo que todo o mundo vê. Ao contrário, a autoridade faz falta quando não se trata unicamente de sancionar o que é evidente para todos, mas sim de decidir sobre assuntos controversos, sem que isso signifique que a autoridade possa exercer irracionalmente a sua competência decisória. Sendo assim, entre a referência da fé à razão e a referência da fé à autoridade existe uma tensão irresolúvel, refletida também nas teorias da evolução do dogma.

8.4. Um olhar à frente

A partir da diversidade de abordagens que apresentamos neste livro é possível formular três pontos de vista como base para o debate sobre uma teoria da evolução do dogma para a nossa época.

---

9. Herbert Hammans, por exemplo, distingue entre abordagens históricas, intelectualistas e teológicas da evolução do dogma (cf. Hammans, *Die neueren katholischen Erklärungen der Dogmenentwicklung* (*Beiträge zur neueren Geschichte der katholischen Theologie*, 7), Essen, 1965, VII s.). Charles Dickinson distingue entre tipos lógicos, orgânicos e "histórico-situacionistas" da evolução do dogma (cf. Charles Dickinson, *The Dialectical Development of Doctrine. A Methodological Proposal*, Dearborn, 1999, 53-82). E Jan Hendrik Walgrave distingue as teorias lógicas das abordagens transformacionistas e teológicas (cf. Jan Hendrik Walgrave, *Unfiding Revelation. The Nature of Doctrinal Development*, Londres, 1972, VII).

8.4.1. Meios e fins, o penúltimo e o último

A afirmação de que os dogmas da Igreja não são um fim em si mesmos, mas cumprem uma função de serviço é, por um lado, uma afirmação perfeitamente normal, e por outro lado uma afirmação necessária. Nas concepções neoescolásticas se distingue entre *depositum fidei* e *dogma*, entre o que foi confiado à Igreja em *depositarium*, em depósito impossível de medir na sua totalidade, e o que ela, Igreja, é capaz de dizer a esse respeito. Para o Concílio Vaticano I, o termo "dogma", afirma Knut Wenzel, constitui "um instrumento definidor que se aplica ao *depositum fidei*"[10], mas que não é o *depositum fidei*, o qual só tem, efetivamente, em qualquer dos casos, um caráter instrumental, auxiliar. No sentido de Ratzinger e de Kasper, cabe distinguir entre revelação e dogma, palavra de Deus e dogma ou Evangelho e dogma. Em todos os casos, o dogma não é o último, mas sim o penúltimo: o seu objetivo é anunciar vinculadamente a revelação, a palavra de Deus ou o Evangelho, mas sem se converter jamais em revelação, palavra de Deus ou Evangelho.

O dogma e o Evangelho – considerando essa combinação de conceitos *pars pro toto* – são interdependentes, mas não idênticos. O Evangelho como mensagem do Deus eterno para a criatura mortal e, por consequência, sujeita a mudança temporal, anunciado por Cristo e nele irreversivelmente manifestado, necessita do dogma para se tornar enunciável, anunciável, compreensível e confessável pelo Homem. O Evangelho "não é uma realidade historicamente dissociável do processo da tradição", mas também não é "dogmaticamente idêntico a ele" – oferece "sempre expressão nova na confissão e no testemunho da Igreja, sem nunca se esgotar nessa confissão"[11]. Sendo assim, o Evangelho passa, por um lado, a estar referido no dogma, encontrando-se, por outro, frente ao dogma, na posição do seu mais severo crítico. O Evangelho é inseparável do dogma porque não existe nenhum conjunto de proposições fixas que descreva o Evangelho ou o *depositum fidei* à margem do dogma e possa ser colocado junto dele como medida de correção. Onde quer que se concretize como expressão assertória, o Evangelho é dogma. No entanto, ele é algo maior do que a sua mera expressão assertiva. É a efetiva comunicação de Deus com o

---

10. Knut Wenzel, "Die Identität der Glaubenswahrheit und die Transformationsprozesse der Moderne. Dogmenhermeneutische Sondierungen", *in* Georg Essen, Neil Jansen (eds.), *Dogmatisierungsprozesse in Recht und Religion*, Tübingen, 2011, 277-289, aqui: 284.

11. Walter Kasper, *Dogma under dem Wort Gottes*, 57.

mundo, sujeita à temporalidade dentro da qual a Igreja trata de articular conceitualmente essa doação divina. Dito de outra forma, mesmo quando o dogma assegura ser totalmente o Evangelho, o Evangelho nunca é inteiramente dogma, antes contém um excedente inabordável que concede ao Espírito de Deus e à graça um espaço não mensurável dogmaticamente. Por isso que o dogma deve ser orientado sempre para o fim do qual é um meio. Deve-se deixar questionar sobre se cumpre ou não a sua função de expressar o Evangelho em propostas compreensíveis – que são as que o tornam suscetível de assentimento ou recusa e, por consequência, credível – e, em caso de não a cumprir, se é capaz de evoluir. Porque "um dogma é o provisório que se torna acontecimento da verdade escatológico-definitiva de Cristo"[12]; não é essa verdade propriamente dita, mas parte do "caráter fragmentário" do conhecimento humano[13]. Esse fragmento só se converterá em um todo se a fé for transformada em uma visão, em um *veremos face a face* (cf. 1Cor 13,12). Mas então já não serão necessários dogmas, porque já não se acreditará confiando na autoridade, o conhecimento virá por conhecimento direto. No entanto, sempre que não se sabe por conhecimento próprio, mas se acredita, por causa da autoridade, *fide divina* e *fide catholica*, os dogmas fazem parte das coisas penúltimas, não das últimas, das coisas "pré-escatológicas" e, consequentemente, relativas da vida cristã, e não das coisas "escatológicas" e, consequentemente, absolutas[14].

Serão esses enunciados relativistas? Em termos gerais, sob a expressão "relativismo alético" agrupam-se as abordagens epistemológicas que partem de um enunciado que não pode ser verdadeiro em si e para si (porque nesse caso afirmaria como são as coisas objetivamente), mas que os enunciados só podem ser verdadeiros em relação a um determinado critério ou norma. Portanto, um mesmo enunciado poderá ser ao mesmo tempo verdadeiro e falso, segundo o critério utilizado. Nesse tipo de abordagem nada seria verdadeiro em si e para si; tudo se trataria unicamente de proposições que se poderia qualificar de *verdadeiras em relação a* um indicador de referência e, ao mesmo tempo, *falsas em relação a* outro indicador de referência diferente[15]. Com essa concepção de conhecimento, não só a

---

12. *Ibidem*, 139.
13. *Ibidem*, 147.
14. Para essa distinção, cf. Gunther Wenz, *Vollendung. Eschatologische Perspektive* (*Systematische Theologie*, 10), Göttingen, 2015, 90-92.
15. Para o problema do relativismo em uma perspectiva teológica, cf. Michael Seewald, "Was ist Relativismus? Zu den Konturem eines theologischen Schreckgespensts", in *Internationale Katholische Zeitschrift*, 45 (2016), 493-508.

teologia, mas também toda a ciência, estaria acabada. O progresso cognitivo já não seria possível; só caberiam transições de um indicador de referência para outro. Por isso que na filosofia atual se critique com razão as posições relativistas[16]. No entanto, a fobia perante a "ditadura do relativismo", que se estende a vários círculos, introduziu nessa argumentação uma dureza desnecessária, enriquecida por um relato de decadência impregnado de pessimismo cultural. Em vez de participar nos debates de crítica ao relativismo já existentes, do modo como se desenvolvem, por exemplo, no contexto do novo realismo[17], o relativismo foi estilizado em um fantasma teológico cujos contornos permanecem vagos e que, por consequência, ameaça-nos em toda a parte, inclusive quando se trata unicamente de diferenças que, no seu tempo, pertenciam ao patrimônio comum da teologia, como, por exemplo, a distinção entre meios e fins ou entre *uti* e *frui*, assim como a denomina Agostinho[18], ou seja, a diferença entre o uso instrumental das coisas e o gozo dessas coisas como fins em si mesmas. O dogma pertence ao âmbito dos meios, não ao dos fins, sempre que nos determos no que ensina o próprio *Catecismo da Igreja Católica*, isto é, que Deus é "infinitamente perfeito e bem-aventurado em si mesmo" e quer tornar o homem "participante da sua vida bem-aventurada" (CIC, 1). Por consequência, a comunhão com Deus é o fim de toda a criação e o sentido do *opus reparationis*, da ação salvífica divina, que pode ser objeto das definições dogmáticas da Igreja. A comunhão com Deus, para a qual, segundo a convicção cristã, toda a vida tende, não é, certamente, uma comunhão de arbitrariedade, mas sim uma comunhão na verdade. No entanto, essa verdade é a verdade feita *homem* em Jesus Cristo, que só é de fato *enunciado* no dogma, na medida em que o enunciado expressa proposicionalmente o acontecido em Cristo de um modo que o indivíduo o entenda como acontecimento salvífico, se posicione em relação a isso ora com fé, ora com incredulidade, e a Igreja enquanto comunidade o possa confessar. Se o dogma não consegue isso ou não consegue mais, ou seja, se coloca obstáculos ao Evangelho e o fecha em vez de o abrir, então deve evoluir tendo em vista o fim ao serviço do qual se encontra. Walter Kasper afirma: "Ao detectar esses

---

16. Cf. Paul Boghossian, *Angst von der Wahrheit. Ein Plädoyer gegen Relativismus und Konstruktivismus*, Frankfurt, 2015, 132-134.
17. Cf. Maurizio Ferrari, "Was ist der Neue Realismus?", *in* Markus Gabriel (ed.), *Der Neue Realismus*, Berlim, 2014, 52-75.
18. Cf. Jean M. Fontanier, "Sur l'analogie augustinienne 'honestum/utile//frui/uit'", in *Revue des Sciences Philosophiques et Théologiques*, 84 (2000), 635-642.

defeitos, a Igreja, no que à verdadeira função do dogma diz respeito, poderia e deveria reformular a sua atual profissão de fé"[19].

Essa tese é exatamente o contrário do relativismo, porque não se conforma com uma arbitrariedade dos critérios ou normas, mas leva a sério o Evangelho como norma última da doutrina eclesial. A meta do desenvolvimento do dogma deve ser, por isso, compreender o Evangelho cada vez *melhor* no decurso da história, o que inclui uma "reinterpretação a fim de reformular em continuidade e abundância, com a ajuda da compreensão aperfeiçoada dos testemunhos transmitidos, o que na atualidade não pode ser compreendido"[20]. Nesse esforço de cada presente histórico para compreender *melhor* o Evangelho radica o principal ponto antirrelativista da evolução do dogma, que, por um lado, não pode ser resolvido sem a autoexigência de compreender melhor e, por outro, não deve mostrar ser altivo em relação ao passado. Porque só a partir do passado a Igreja transmite ao presente o que ela trata de aprofundar de forma cada vez mais profunda e precisa – *melhor*. E todo o presente emergente, que no agora é futuro fará o mesmo: agradecer (espera-se) ao passado o que foi transmitido, bem como honrá-lo e ao mesmo tempo criticá-lo tentando compreender *melhor* o que foi transmitido. A evolução do dogma que é assim posta em marcha não exclui a correção do que existe. No entanto, essa correção não é uma antítese frágil que faz com que o antigo soe como falso, e sim um "movimento de redução" que, juntamente com o "movimento de implementação"[21], como diz Ratzinger, ocupa um lugar legítimo na evolução do dogma sempre que não nega o antigo considerando-o falso, mas o reconduz para o ser vivo que tentava expressar e que se pode ter se fossilizado com o tempo.

8.4.2. A continuidade: uma questão eclesial e não só doutrinal

O problema da evolução do dogma descreve (de acordo com a definição que está subjacente a este livro) o equilíbrio instável entre a continuidade e a descontinuidade. A simples descontinuidade seria o início de algo totalmente novo, sem qualquer relação com o antigo, e com o que também

---

19. Walter Kasper, *Dogma unter dem Wort Gottes*, 147.
20. Jürgen Werbick, *Einführung in die theologische Wissenschaftslehre*, Friburgo, 2010, 188.
21. Joseph Ratzinger, *Das Problem der Dogmengeschichte in der Sicht der katholischen Theologie*, 23.

poderia ser explicado como seu desenvolvimento. Por outro lado, a simples continuidade seria paralisação, estagnação, porque qualquer mudança inclui sempre um fator de descontinuidade. A Igreja – que, como comunidade dos discípulos de Jesus, se entende a si mesma como sucessora dos apóstolos – está, por outro lado, obrigada a manter uma certa continuidade com a sua origem histórica e deve conjugar, por outro lado, essa continuidade com o seu distanciamento, que cresce com o tempo, da referida origem. Por isso que, para não se perder, ela deve se certificar continuamente da sua conformidade com a origem e da sua identidade como Igreja de Jesus Cristo. Ao elemento doutrinal corresponde um papel importante intrínseco a ele, que, no entanto, não é o principal.

O Papa Bento XVI nos dá uma pista que ajuda a superar o estreitamento doutrinal do discurso da continuidade. Na sua mensagem para o Natal de 2005 à Cúria Romana, o Papa alemão não contrapôs hermenêutica da ruptura a hermenêutica da continuidade (como se lê algumas vezes); estabeleceu, sim, a diferença – pensando na interpretação do Concílio Vaticano II – entre uma "hermenêutica da descontinuidade e da ruptura" e uma "hermenêutica da reforma". Por consequência, a contraposição não se dá entre ruptura e continuidade, mas antes entre "ruptura e descontinuidade" (por um lado) e "reforma" (por outro lado), o que confere à distinção do Papa um sentido muito diferente[22]. A "hermenêutica da descontinuidade e da ruptura", adverte Bento XVI, implica "o perigo de uma ruptura entre a Igreja pré-conciliar e a Igreja pós-conciliar"[23]. Embora o Papa, hoje emérito, censure essa hermenêutica sobretudo a teólogos para os quais as reformas do concílio não foram suficientemente longe, a hermenêutica da ruptura parece apresentar a sua forma mais pura exatamente no outro extremo do espectro da política eclesial: no arcebispo Marcel Lefebvre. Dado que, durante o período pós-concílio, censurou como modernistas tanto os ensinamentos conciliares sobre as relações da Igreja com as outras confissões cristãs e as outras religiões, como a posição adotada frente à liberdade religiosa e

---

22. Uwe Michael Land salienta, aliás, que, no contexto da reforma litúrgica (não em relação à teologia dogmática), o Papa refere *expressis verbis* "a necessidade de uma hermenêutica da continuidade" (Uwe Michael Lang, "Zur Praxis der sakramentalen Konzelebration. Eine Neubesinnung und 'Sacrosanctum Concilium' in Kontinuität mit der liturgischen Überlieferung", in Markus Graulisch (ed.), *Zehn Jahre Summorum Pontificum. Versöhnung mit der Vergangenheit – Weg in die Zukunft*, Regensburg, 2017, 155-191, aqui: 157 s., nota 9).

23. Bento XVI, *Ansprache von Papst Benedikt XVI. an das Kardinalskollegium und die Mitglieder der Römischen Kurie bem Weihnachtsempfang*, 22, Dezembro de 2005 (Verlautbarungen des Apostolischen Stuhls, 172), Bonn, 2006, 11.

de consciência, é evidente que Lefebvre via uma ruptura entre a Igreja préconciliar e a Igreja pós-conciliar. No seu livro *J'Accuse le Concile*, uma mal dissimulada alusão à intervenção de Émile Zola no caso Dreyfus, Lefebvre queria "demonstrar que no concílio a Igreja deixou de ser a Igreja de Jesus Cristo"[24]. As razões alegadas por Lefebvre não são de natureza, por exemplo, litúrgica, mas sim doutrinal: o concílio esteve impregnado, na sua opinião, "de liberalismo e modernismo", pelo que ele opta por se ater unicamente ao que tinha sido "acreditado pela Igreja de todas as épocas antes da influência modernista do concílio"[25]. Sendo assim, a continuidade ou descontinuidade é decidida, para o arcebispo francês, unicamente na doutrina da fé, que o concílio terá supostamente corrompido. A essa tese de uma "descontinuidade de ruptura", o Papa não contrapõe a tese de uma "continuidade a-histórica"[26], mas antes uma "hermenêutica da reforma", entendida como "renovação dentro da continuidade do único sujeito-Igreja que o Senhor nos deu; a Igreja é um sujeito que cresce e se desenvolve no tempo, mas sempre permanece ela mesma, o Povo de Deus como único sujeito a caminho"[27].

O que garante uma continuidade subsistente na mudança das épocas não é aqui – como em Lefebvre – a doutrina da fé, mas a comunidade da Igreja. O dogma é, certamente, um aspecto importante da Igreja. Uma Igreja sem dogma seria uma congregação intelectualmente com pouca visibilidade ou desleal que não sabe em que acredita e, por conseguinte, não é capaz de comunicar isso aos outros. Como expressão proposicional da crença e, por conseguinte, também como explicação da fé que suscita censura ou aprovação, o dogma se torna imprescindível; por isso que um "cristianismo não dogmático"[28] não é desejável nem útil para o diálogo com aqueles que acreditam ou pensam de outra maneira. No entanto, a despeito da importância do dogma, a Igreja é muito mais do que a sua doutrina da fé e muito mais do que a questão de saber se a Igreja é mais do que a

---

24. Peter Neuner, "Antimodernismus des 19. und 20. Jahrhunderts. Eine historische Perspektive", *in* Magnus Striet (ed.), *Nicht ausserhalb der Welt. Theologie und Soziologie (Katholizismus im Umbruch,* 1), Friburgo, 2014, 61-92, aqui: 86.

25. Marcel Lefebvre, *Ich kalge das Konzil an*, Matigny, 1977, 74.

26. Cf. Kurt Koch, "Das Zwite Vatikanische Konzil zwischen Innovation und Tradition. Die Hermeneutik der Reform zwischen der Hermeneutik bruchhafter Diskontinuität und der Hermeneutik ungeschichtlicher Kontinuität", *in* Stefan Otto Horn (ed.), *Das Zweite Vatikanische Konzil. Die Hermeneutik der Reform*, Augsburg, 2012, 21-50.

27. Bento XVI, *Ansprache*, 11.

28. Título de uma recompilação de artigos de Otto Dreyer, *Undogmatisches Christentum. Betrachtungen eines deutschen Idealisten*, Brunswick, 1888.

sua doutrina da fé; e a pergunta sobre se a Igreja do presente é idêntica à Igreja da época anterior ao Concílio Vaticano II não pode ser respondida unicamente com base no dogma. Um discurso da continuidade de caráter simplesmente doutrinal impregna o clima eclesial do presente e faz com que até a mais cautelosa mudança pareça uma grande ruptura da Igreja consigo mesma e com o seu Senhor. O que antecede se torna manifesto, por exemplo, no debate que desencadeou a exortação pós-sinodal *Amoris Laetitia* do Papa Francisco. O Papa faz, nela, uma afirmação que se mantém em um plano extremamente geral:

> Por causa dos condicionalismos ou dos fatores atenuantes, é possível que uma pessoa, no meio de uma situação objetiva de pecado – mas subjetivamente não sendo culpável ou não o plenamente –, possa viver em graça de Deus, possa amar e possa também crescer na vida de graça e de caridade, recebendo para isso a ajuda da Igreja (AL, 305).

O Papa distingue entre uma situação vital que objetivamente não tem correspondência com a ética relacional da Igreja e que, portanto, se qualifica como "irregular", por um lado, e a avaliação dessa situação na consciência das pessoas afetadas, por outro. A percepção de uma mesma situação a partir de fora e a partir de dentro pode divergir, algo que do ponto de vista da Igreja – e do dos afetados, que se veem como membros da Igreja e querem ser aceitos – não é desejável, mas nem por isso separa os afetados da graça divina. O Papa precisa, com cautela, a afirmação de que também às pessoas que, do ponto de vista do magistério, vivem situações irregulares deve ser oferecida a ajuda da Igreja, assinalando em uma nota de rodapé que essa assistência "poderia ser também a ajuda dos sacramentos" (AL, 305, nota 351), posto que os sacramentos não são uma recompensa por uma conduta heroica, nem sequer simplesmente boa, mas antes remédios para os enfermos e alimento para os fracos. Quem pensa em encontrar nessa afirmação uma inaceitável "ruptura"[29] reduz a questão da continuidade e da descontinuidade a um aspecto parcial, o doutrinal, que, todavia, deve ser superado e englobado pelo eclesial.

Assim, como recorda Karl-Heinz Menke, o dogma se encontra o serviço "da encarnação vertical do Logos divino na encarnação horizontal

---

29. Citação de Robert Spaemann por *Stephan Goertz, Caroline Witting*, "Wendepunkt für die Moraltheologie? Kontext, Rezeption und Hermeneutik von *Amoris Laetitia*", in Amoris Laetitia. *Wendepunkt für die Moraltheologie?* (*Katholizismus im Umbruch*, 4), Friburgo, 2016, 9-94, aqui: 51.

na *christopraxis*"³⁰. Mas a *christopraxis*, isto é, o que mantém unida a Igreja como Corpo de Cristo, é algo mais do que o dogma instaurador de identidade e continuidade. A Igreja que, como comunidade, transcende a soma dos seus membros individuais se mantém unida – diz Johann Adam Möhler – pela identidade e a continuidade da consciência eclesial, na qual se experimenta como edificada e amparada "em uma unidade interior de vida" pelo Espírito de Deus:

> Sendo assim, a identidade da consciência da Igreja nos mais diversos momentos do seu ser nunca exige a persistência mecânica do mesmo: a unidade interior de vida deve ser conservada (caso seja, não se tratará mais da mesma Igreja cristã), mas a mesma consciência se desenvolve, a mesma vida se desenvolve cada vez mais, torna-se mais determinada, torna-se cada vez mais clara para si própria; a Igreja chega à idade adulta de Cristo. Essas formações são, portanto, autênticos desenvolvimentos vitais da Igreja, e a tradição contém esses desdobramentos sucessivos dos embriões superiores da vida ao mesmo tempo que conserva a unidade interior de vida³¹.

Caso seja tomada como base, como indicador de continuidade, a "identidade da consciência" apresentada por Möhler, o limite do tolerável em descontinuidades deveria se deslocar consideravelmente. Além de certas pequenas reformas que, em uma avaliação meramente doutrinal, alguns entendem já como uma ruptura, poderiam ser considerados horizontes distintos do todo. A amplitude que oferece um enquadramento eclesial da problemática da continuidade em comparação com o meramente doutrinal abre um amplo espaço ao *possível*, em que a Igreja poderia se desenvolver sem deixar, por isso, de ser idêntica à Igreja de Jesus Cristo.

8.4.3. A evolução do dogma entre a contingência histórica e a esperança do fiel

Apesar dos inúmeros aspectos dignos de serem levados em consideração, as abordagens guiadas por regras objetivas fracassaram na sua pretensão de determinar de forma inequívoca, através de regras e fórmulas, se uma mudança constitui uma evolução autêntica ou uma corrupção ilegítima. Já Vicente de Lérins, ao mencionar que "através de uma 'regra' era

---

30. Karl-Heinz Menke, *Macht die Wahrheit frei oder die Freiheit wahr? Eine Streitschrift*, Regensburg, 2017, 108.
31. Möhler, *Die Einheit der Kirche*, § 13 (43 s.).

possível resolver para sempre a difícil questão da distinção entre heresia e ortodoxia", teve de aceitar a censura de estar defendendo uma "convicção ingênua e distante da prática"[32]. Também John Henry Newman, em uma revisão posterior da obra, reduziu os critérios apresentados na primeira edição do seu *Essay on the Development of Christian Doctrine* como "provas" (no sentido de ensaios ou testes), cuja aplicação consequente nunca realizou, a "notas" que distinguem os desenvolvimentos autênticos, sem atribuir a elas um caráter criteriológico rigoroso de prova[33]. O fracasso das tentativas de singularizar regras e provas como indicadores inequívocos de desenvolvimento autêntico sugere que o desenvolvimento do dogma não decorre mecanicamente, o que permitiria, por analogia, por exemplo, com os métodos das ciências da natureza, se chegasse a descobrir e a apresentar como fórmulas as leis que regem esse mecanismo. Porque uma teoria da evolução do dogma *stricto sensu* só se torna necessária como base da conjectura de descontinuidade que formulou a *história* dos dogmas dos séculos XVIII e XIX. Por isso que se deve fazer justiça ao que é dado historicamente. Mas caso afirmemos, com Schelling, que "no processo existe mera necessidade, na história liberdade"[34], então nenhuma teoria da evolução do dogma pode iludir de novo essa liberdade de forma mecânico-determinista por meio de uma fórmula mágica que explique todo o desenvolvimento que já aconteceu e antecipe todo o desenvolvimento futuro.

Se isso fosse possível, já não se presumiria uma implementação do Evangelho no sentido da atualização do Filho de Deus encarnado, que uma vez se tornou homem e sempre permanece homem. Porque essa implementação histórica vive precisamente de que ela (a Igreja) anuncia a sua verdade tendo em vista culturas, línguas e imagens do mundo que mudam. O modo como isso funciona é algo que poderia ser ajustado de forma preditiva e reguladora caso já se conhecessem todos os contextos de manifestação futuros do Evangelho e se o ser humano pudesse crer *more geometrico*[35]. Mas isso exigiria uma perspectiva total que abarcaria da mesma forma o passado e o futuro e à qual deveria corresponder, portanto, um olhar integral sobre a história universal. Deus poderá assumir tal perspectiva, um teólogo não. A história "não pode, por princípio, ser

---

32. Sieben, *Die Konzilidee der Alten Kirche*, 169.
33. Cf. McCarren, *Development of Doctrine*, 124s.
34. Schelling, *Philosophie der Offenbarung*, 3.
35. Léonce de Granmaison, *Le Dogme Chrétien. Sa Nature, Ses Formules, Son Développement*, Paris, 1928, 267.

encerrada exclusivamente em leis extraídas da história anterior"[36]. Na sua visão omnisciente, perante a qual se estendem como um leque todos os tempos no sentido de uma *presentia nulla extensa*, de uma presença sem extinção, Deus pode conhecer, e inclusive ter planejado, sempre e quando se lhe reconheça esse atributo[37], todas as formas de manifestação futura do Evangelho. O ser humano, no entanto, não as conhece; por isso que não pode planejá-las ou determiná-las de antemão. Elas se apresentam ao ser humano como contingentes.

Não perder de vista esta distinção entre a ciência divina e a ciência humana é vital para a teologia como "ciência da fé", que não deveria ser uma "mistura de fé e de conhecimento para formar uma amálgama de meio-saber e meia-fé"[38]. Por um lado, como ciência da *fé* não pode prescindir do pressuposto de que o que diz sobre a Igreja e os seus dogmas não é tudo o que se pode dizer a esse respeito, porque na Igreja atua Deus, cujos planos nunca se desvelam totalmente ao ser humano. Por outro lado, a teologia, se quer continuar a ser *ciência* da fé, não pode deixar de limitar o que ela traz para a forma de saber científico ao que sabe de fato, ou seja, o que pode transmitir compreensivelmente e permanecer em diálogo com outras disciplinas. A partir desta chave, a teologia deve reconhecer que "todas as teologias – e até o magistério não oferece outra coisa senão teologia! –, com as suas ideias de Deus e as suas normatividades, representam unicamente interpretações antropogênicas do absoluto que necessariamente deve ser pensado", na medida em que "não são antes de tudo mais do que uma prestação interpretativa de atores sociais identificáveis no

---

36. Josef Finkenzeller, *Glaube ohne Dogma? Dogma, Dogmenentwicklung und kirchliches Lehramt* (*Schriften des Katholischen Akademie in Bayern*), Düsseldorf, 1972, 28.

37. Aqui não podemos discutir até que ponto se justificam as abordagens, cada vez mais disseminadas na teologia, que limitam a presciência divina porque consideram que está em tensão – ou que, inclusive, é incompatível – com a liberdade humana. Nesse lugar se trata unicamente de afirmar a inexistência de presciência humana, algo que talvez seja inquestionável, e deslindar a ciência humana da ciência maior divina. Para uma visão contraposta à tese aqui esboçada da omnisciência transtemporal divina, assim como a referida visão defende, por exemplo, no "manifesto fundamental" do chamado teísmo aberto, cf. Clark H. Pennock, "Systematic Theology", *in* Richard Rice, John Sanders, William Hasker, David Basinger (eds.), *The Openess of God. A Biblical Challenge to the Traditional Understanding of God*, Downers Grove, 1994, 101-125, aqui: 121-124.

38. Max Seckler, "Theologie als Glaubenswissenschaft", in *Glaubenswissenschaft und Glaube. Beiträge zur Fundamentaltheologie und zur Katholischen Tübinger Schule 1*, seleção e edição de Michael Kessler, Winfried Werner e Walter Fürst, Tübingen, 2013, 3-74, aqui: 18.

seio de uma comunidade de fé"[39]. Reconhecer isso é indispensável para a teologia como *ciência* da fé; mas, por sua vez, não é a última palavra para a teologia como ciência *da fé*. No modo da fé esperançada, não no modo do saber, a Igreja parte de que ela, como instituição divina à qual foi confiado o Evangelho, não se engana nos labirintos da história até o ponto de perder por completo o Evangelho. Dito de outro modo, o pressuposto de que o conhecimento da fé também se realiza "na força do Espírito Santo" – que não deixa que Deus seja "objeto meramente passivo, indiferente à posição que se adota perante ele", mas que o converte "ao mesmo tempo em princípio através do qual o mesmo é concebido como objeto"[40] – torna-se indispensável para qualquer pessoa que acredite na Igreja e com a Igreja. Contudo, essa esperança extraída da fé não pode ser inserida como parâmetro em uma fórmula teológica da evolução do dogma, pois, se isso fosse possível, a esperança deixaria de ser esperança, e a teologia, ciência.

---

39. Magnus Striet, "Ius divinum – Freiheitsrechte. Nominalistische Dekonstruktionen in konstruktivistischer Absicht", *in* Stephan Goertz, Magnus Triet (eds.), *Nach dem Gesetz Gottes. Autonomie als christliches Prinzip* (*Katholizismus im Umbruch*, 2), Friburgo, 2014, 91-128, aqui: 104 s.

40. Karl Rahner, *Die Assumptio-Arbeit com 1951 mit den Ergänzungen von 1959*, 29.

EPÍLOGO
Um "elogio fúnebre" à Igreja?

O presente livro começa com as palavras de Evelyn Waugh, a quem "nunca ocorreu pensar [...] que também a Igreja podia estar sujeita a mudança". Mas quando se deu conta dessa mudança, achou que devia escrever (ou ter escrito) um "elogio fúnebre"[1] à Igreja, como se faz quando morre uma pessoa cuja morte se lamenta. Será que a mudança traz com ela a morte da Igreja? Será que são as teorias da evolução do dogma, que se ocupam dessa mudança, os sinos que tocam por esta sagrada instituição?

Se assim fosse, esse toque de sinos não teria começado a ser ouvido apenas hoje, no Concílio Vaticano II, ou onde se queira identificar a "ruptura", mas deveria antes ter estado presente como música de fundo no decurso de toda a história da Igreja. Pois o lugar de repouso absoluto do desenvolvimento do dogma não é alcançável historicamente. A Igreja foi, desde o princípio, uma comunidade muito dinâmica que tentou anunciar o Evangelho em épocas de mudança para que ele fosse entendido como uma Boa-nova. Esse processo de transmissão que tratou de levar o Evangelho a um presente sempre novo atravessa, nos nossos dias, uma crise incomparável que deve modificar a forma social da Igreja – não só na Europa, mas em todo o mundo – e inclusive fazer com que ela desapareça em algumas regiões. Isso é motivo de preocupação, mas não de alarme. Trata-se de um apelo para que se pense nisso. Não cabe prescrever autoritariamente onde

---

1. Waugh, *Ohne Furcht und Tadel*, 9 s.

se encontra o limite entre o escândalo que a Igreja deve assumir, no que diz respeito ao Evangelho, e o escândalo que entorpece o anúncio desse mesmo Evangelho; só é possível descobri-lo através de uma abordagem destemida, sem proibições de pensamento, sem viseiras. Porque, se a Era Moderna, do Iluminismo em diante, trouxe consigo alguma mudança, foi o fato de que, perante a autoridade em que não se acredita com argumentos, o homem de hoje já não reage com fé, como espera essa autoridade quando é exercida, mas com ceticismo. O Homem não se volta com confiança para uma Igreja na qual a autoridade ameaça substituir a argumentação – afasta-se dela perturbado. E essa circunstância não deveria deixar a Igreja indiferente.

O que Gerhard Ebeling menciona como crítica, ou seja, que a Igreja Católica se apresenta marcada por "uma dupla tendência" – "um conservadorismo radical e um evolucionismo não menos radical"[2] – é, do ponto de vista católico, o mais belo elogio que se pode receber. Um são conservadorismo permite à Igreja, milênio após milênio, continuar a ser a mesma. Já um são evolucionismo permite que a Igreja se mantenha sempre jovem. Elogios fúnebres à Igreja já foram escritos muitos, mas a Igreja sobreviveu a todos os seus autores.

---

2. Ebeling, *Die Geschichtlichkeit der Kirche und ihrer Verkündigung als theologisches Problem*, 44.

Bibliografia

Fontes patrísticas e medievais

Clemente (cit. por *Die Apostolischen Väter*, Franz Xavier Funks e Karl Bihlmeyer (eds.), 1, Teil: *Didache, Barnabas, Klemens I und II, Ignatius, Polykarp, Papias, Quadratus, Diognetbrief* [Sammlung ausgewählter kirchen- und dogmengeschichtlicher Quellenschriften 2/1]), Tübingen, 1924.

Agostinho de Hipona, *De Doctrina Christiana*, cit. por *L'Istruzione Cristiana*, M. Simonetti (ed.), Milão, 1994.

_____, *In Iohannis Evangelium Tractatus* CXXIV (*in* CCSL 36, Radbodus Willems (ed.)).

Ambrósio de Milão, *De Fide (ad Gratianum Augustum)*, cit. por CSEL 78, Otto Faller (ed.).

Anselmo de Canterbury, *De Processione Spiritus Sancti* (cit. por *S. Anselmi Cantuariensis Archepiscopi Opera Omnia*, vol. 2, F. S. Schmitt (ed.)), Edimburgo, 1946.

Anselmo de Havelberg, *Anticimenon – Dialogi*, cit. *in* PL 188, Jean-Paul Migne (ed.).

Basílio de Cesareia, *Epístolas*, cit. in *Correspondance*, vol. 3, Lettres CCXIX-CCCLXIV, Yves Courtonne (ed.), Paris, 2003².

Carta de Barnabé, cit. in *Die Apostolischen Väter*, Franz Xavier Funks e Karl Bihlmeyer (ed.), 1. Teil: *Didache, Barnabas, Klemens I und II, Ignatius, Polykarp, Papias, Quadratus, Diognetbrief* (Sammlung ausgewählter kirchen- und dogmengeschichtlicher Quellenschriften 2/1), Tübingen, 1924.

Cipriano de Cartago, *Sancti Cypriani Episcopi Epistularium. Epistulae 58-81*, cit. *in* CCSL 3C, G. F. Diercks.

Clemente de Alexandria, *Stromata*, livros I-VI, cit. por GCS, Clemens Alexandrinus 2, Otto Stählin e Ludwig Früchtel (ed.), Berlim, 1985⁴.

Didachè, cit. in *La Doctrine des Douze Apôtres (Didachè)*, SC 248, Willy Rordorf e André Tuilier (eds.).

Epistolae Karolini Aevi 3 (*Monumenta Germaniae Historica, Epistolae 5*), Ernst Dümmler e Karl Hampe (ed.), Berlim, 1898.

Erich Klostermann (ed.), *Historia Ecclesiastica*, cit. por *Eusebius Werke*, vol. II/1-3: *Die Kirchengeschichte* (GCS Neue Fassung 6), Eduard Schwartz e Theodor Mommsen (ed.).

Eusébio de Cesareia, *Contra Marcellum*, cit. in *Eusebius Werke*, vol. 4: *Gegen Marcell. Über die kirchliche Theologie. Die Fragmente Marcells* (GCS 14).

Flávio Josefo, *Contra Apionem*, I, cit. pela ed. de Dagmar Labow na coleção "Beiträge zur Wissenschaft vom Alten und Neuen Testament", n. 167, Stuttgart, 2005.

Gregório Magno, *Homiliae in Hiezechihelem Prophetam*, cit. *in* CCSL, 142, M. Adriaen (ed.).

Gregório Nazianzeno, *Orationes Theologicae*, cit. *in* SC 250 [*Discours 27-31 (Discours Théologiques)*], Paul Gallay e Maurice Jourjon (ed.).

Hilário de Poitiers, *De Synodis*, cit. in *S. Hilarii Opera Omnia*, vol. 2 (PL 10), Jean-Paul Migne (ed.).

_____, *De Trinitate*, cit. *in* Hilarius Pictaviensis, *De Trinitate: Praefatio, Libri* I-VII (CCSL 62), Pieter Frans Smulders (ed.).

Hugo de São Vítor, *De Sacramentis Christianae Fidei*, cit. in *Hugonis de S. Victore Opera Omnia*, vol. 2 (PL 176), Jean-Paul Migne (ed.).

Inácio de Antioquia, *Die Apostolischen Väter*, Franz Xavier Funks e Karl Bihlmeyer (ed.), 1. Teil: *Didache, Barnabas, Klemens I und II, Ignatius, Polykarp, Papias, Quadratus, Diognetbrief* (*Sammlung ausgewählter kirchen- und dogmengeschichtlicher Quellenschriften*, 2/1), Tübingen, 1924.

Ireneu de Lyon, *Adversus Haereses*, I, cit. *in* SC 264, Adelin Rousseau e Louis Doutreleau (ed.).

_____, *Adversus Haereses*, III, cit. *in* SC 211, Adelin Rousseau e Louis Doutreleau (ed.).

Jerónimo de Estridão, *Altercatio Luciferiani et Orthodoxi*, cit. *in* CCSL 79B, A. Canellis (ed.).

_____, *Commentariorum in Matheum Libri IV*, cit. *in* CCSL 77, David Hurst e Marcus Adriaen (ed.).

Justino Mártir, *Apologia Maior*, cit. por *Iustini Martyris Apologiae pro Christianis* (*Patristische Texte und Studien*, 38), Miroslav Marcovich (ed.), Berlim, 1994.

_____, *Dialogus cum Tryphone Iudaeo*, cit. in *Dialogue avec Tryphon* (*Paradosis. Études de Littérature et de Théologie Anciennes*, 47, 1), Philippe Bobichon (ed.), Friburgo, 2003.

Nestório, *Epistula ad Caelestinum*, cit. in *Nestoriana. Die Fragmente des Nestorius*, coletânea, Friedrich Loofs (ed.), com artigos de Stanley A. Cook e Georg Kampffmeyer, Halle, 1905.

Orígenes, *Contra Celsum*, cit. *in* SC 136, Marcel Borret (ed.).

_____, *De Principiis*, cit. in *Vier Bücher von den Prinzipien* (*Texte zur Forschung*, 24), Herwig Görgemanns e Heinrich Karpp (ed.), Darmstadt, 1985².

Pedro Abelardo, *Super Topica Glossae*, cit. in *Scritti di Logica*, Mario Dal Pra (ed.), Florença, 1969².

_____, *Theologia Scholarium*, cit. in *Opera Theologica*, 3 (CCCM 13), Eligius M. Buytaert e Constant C. Mews (ed.).

Pedro Lombardo, *Sententiarum Libri Quatuor*, cit. *in* PL 192, Jean-Paul Migne (ed.).

Sacrorum Conciliorum Nova et Amplissima Collectio 29 (*Concilium Basiliense*), Joannes Dominicus Mansi (ed.), Paris, 1904.

Tertuliano, *Adversus Marcionem*, Livro IV, cit. *in* SC 456, Claudio Moreschini (ed.).

Tomás de Aquino, *Summa Theologiae*, II-II, q. 1-56, cit. in *Opera Omnia*, Editio Leonina, 8, Rom, 1895.

Vicente de Lérins, *Commonitorium*, cit. pela ed. de Michael Fiedrowicz e Claudia Barthold, Mühlheim/Mosel, 2011.

Bibliografia adicional

Aejmelaeus, Anneli, "Die Septuaginta als Kanon", *in* Eve-Marie Becker e Stefan Scholz (eds.), *Kanon in Konstruktion und Dekonstruktion. Kanonisierungsprozesse religiöser Texte von der Antike bis zur Gegenwart – Ein Handbuch*, Berlim, 2012, 315-328.

Aland, Barbara, "Marcion/Marcioniten", *in* TRE 22 (2000), 89-101.

_____, "Was heißt 'Kanonisierung des Neuen Testaments'? Eine Antwort für das zweite Jahrhundert", *in* Eve-Marie Becker e Stefan Scholz (eds.), *Kanon in Konstruktion und Dekonstruktion. Kanonisierungsprozesse religiöser Texte von der Antike bis zur Gegenwart – Ein Handbuch*, Berlim, 2012, 519-546.

Aner, Karl, "Die Historia dogmatum des Abtes Jerusalem", ZKg 10 (1928), 76-103.

_____, *Die Theologie der Lessingzeit*, Halle, 1929.

Arnold, Claus, "Absage an die Moderne? Pius X. und die Entstehung der Enzyklika 'Pascendi' (1907)", ThPh 80 (2005), 201-224.

Barth, Karl, *Die Lehre vom Wort Gottes. Prolegomena zur Kirchlichen Dogmatik* (*Kirchliche Dogmatik*, 1.1), Zollikon u. a., 1952.

Bauer, Walter, *Der Apostolos der Syrer in der Zeit von der Mitte des 4. Jahrhunderts bis zur Spaltung der syrischen Kirche*, Gießen, 1903.

Baur, Ferdinand Christian, *Der Gegensatz des Katholicismus und Protestantismus nach den Principien und Hauptdogmen der beiden Lehrbegriffe. Mit besonderer Rücksicht auf Herrn Dr. Möhler's Symbolik*, Tübingen, 1836.

_____, *Vorlesungen über neutestamentliche Theologie*, Ferdinand Friedrich Baur (ed.), Leipzig, 1864.

Becker, Eve-Marie e Stefan Scholz (eds.), *Kanon in Konstruktion und Dekonstruktion. Kanonisierungsprozesse religiöser Texte von der Antike bis zur Gegenwart – Ein Handbuch*, Berlim, 2012.

Becker, Karl J., "Dogma. Zur Bedeutungsgeschichte des lateinischen Wortes in der christlichen Literatur bis 1500", Greg, 57 (1976), 307-350 e 658-701.

Beer, Gillian, "Introduction", in Charles Darwin, *On the Origin of Species*, Gillian Beer (ed., intr. e notas) (*Oxford World's Classics*), Oxford, 2008, VII-XXV.

Bento XVI, *Discurso aos Cardeais, Arcebispos e Prelados da Cúria Romana na Apresentação dos Votos de* Natal, 22 de dezembro de 2005, in www.vatican.va.

Betz, Johannes, "Christus – Petra – Petrus", in Johannes Betz e Heinrich Fries (eds.), *Kirche und Überlieferung*, F. S. Joseph (sic), Rupert Geiselmann, Friburgo, 1960, 1-21.

Beumer, Johannes, "Der theoretische Beitrag der Frühscholastik zu dem Problem des Dogmenfortschritts", ZKTh 74 (1952), 205-226.

_____, "Die Anfänge der neuzeitlichen Kontroverstheologie. Die Regula fidei catholicae des Franciscus Veronius", Cath (M) 17 (1963), 25-43.

_____, "Theologischer und dogmatischer Fortschritt nach Duns Scotus", FranzSt 35 (1953), 12-38.

Bier, Georg, "Frauen weihen?", HerKorr 71/8 (2017), 45-47.

Bischof, Franz Xaver, *Theologie und Geschichte. Ignaz von Döllinger (1799-1890) in der zweiten Hälfte seines Lebens. Ein Beitrag zu seiner Biographie* (*Münchener Kirchenhistorische Studien* 9), Stuttgart, 1997.

Blank, Josef, *Krisis. Untersuchungen zur johanneischen Christologie und Eschatologie*, Friburgo, 1964.

Blondel, Maurice, *Geschichte und Dogma*, Albert Raffelt (ed. e intr.) e Hansjürgen Verweyen (trad. e coment.), Regensburg, 2011.

Boghoss ian, Paul, *Angst vor der Wahrheit. Ein Plädoyer gegen Relativismus und Konstruktivismus*, Frankfurt, 2015³.

Böhm, Irmingard, *Dogma und Geschichte. Systematische Überlegungen zum Problem der Dogmenentwicklung in der Auseinandersetzung zwischen Alfred Loisy und dem Lehramt der katholischen Kirche*, Bad Honnef, 1987.

Böhnke, Michael, "Kein anderer Glaube? Das Veränderungsverbot des nizänischen Glaubens in Spätantike und Frühmittelalter", in Georg Essen e Nils Jansen (eds.), *Dogmatisierungsprozesse in Recht und Religion*, Tübingen, 2011.

Bultmann, Rudolf, "Kirche und Lehre im Neuen Testament", in *Glauben und Verstehen*, 1, Tübingen, 19808, 153-187.

Buskes, Chris, "Das Prinzip Evolution und seine Konsequenzen für die Epistemologie und Erkenntnisphilosophie", in Mariano Delgado, Oliver Krüger e Guido Vergauwen (eds.), *Das Prinzip Evolution. Darwin und die Folgen für Religionstheorie und Philosophie* (*Religionsforum*, 7), Stuttgart, 2010, 177-192.

Campenhausen, Hans von, *Die Entstehung der christlichen Bibel*, epílogo de Christoph Markschies (*Beiträge zur historischen Theologie*, 39), Tübingen, 2003.

_____, "Marcion et les Origines du Canon Néotestamentaire", RHPhR, 46 (1966), 213-226.

Caruso, Amerigo, *Nationalstaat als Telos? Der konservative Diskurs in Preußen und Sardinien-Piemont 1840-1870* (Elitenwandel in der Moderne 20), Berlim, 2017.

Cassmann, Otto, *Psychologia Anthropologica Sive Animae Humanae Doctrina*, Hannover, 1594.

Chadwick, Owen, *From Bossuet to Newman. The Idea of Doctrinal Development*, Cambridge 1957.

Chrismann, Philipp Neri, *Regula Fidei Catholicae et Collectio Dogmatum Credendorum*, Kempten, 1792.

Congar, Yves, "Ecclesia ab Abel", in Marcel Reding (ed.), *Abhandlungen über Theologie und Kirche* (F. S. Karl Adam), Düsseldorf, 1952, 79-108.

_____, *La Tradition et les Traditions*, vol. 1: *Essai Historique*, Paris, 1960.

Congregatio pro Doctrina Fidei, "Professio fidei et iusiurandum fidelitatis in suscipiendo officio nomine ecclesiae exercendo", AAS, 81 (1989), 104-106.

Danz, Christian, *Grundprobleme der Christologie*, Tübingen, 2013.

Darwin, Charles, *On the Origin of Species by Means of Natural Selection or the Preservation of Favoured Races in the Struggle for Life*, Londres, 1859.

_____, *The Descent of Man and Selection in Relation to Sex*, vol. 1, Nova Iorque, 1871.

Deneffe, August, *Dogma. Wort und Begriff*, Schol 6 (1931), 381-400.

Dickinson, Charles, *The Dialectical Development of Doctrine. A Methodological Proposal*, Dearborn, 1999.

Diekamp, Franz, *Katholische Dogmatik nach den Grundsätzen des heiligen Thomas*, vol. 1 (*Lehrbücher zum Gebrauch beim theologischen Studium*), Münster, 1930[6].

Döllinger, Ignaz von, "Rede über Vergangenheit und Gegenwart der katholischen Theologie", *in* Pius Bonifacius Gams (ed.), *Verhandlungen der Versammlung katholischer Gelehrten [sic] in München vom 28. September bis 1. Oktober 1863*, Regensburg, 1863, 25-59.

Dörholt, Bernhard, *Über die Entwicklung des Dogmas und den Fortschritt in der Theologie*, Münster, 1892.

Drecoll, Volker Henning, *Die Entwicklung der Trinitätslehre des Basilius von Cäsarea. Sein Weg vom Homöusianer zum Neunizäner* (Forschungen zur Kirchen- und Dogmengeschichte 66), Göttingen, 1996.

Drey, Johann Sebastian, *Mein Tagebuch über philosophische, theologische und historische Gegenstände 1812-1817 (Theologisches Tagebuch)* (*Nachgelassene Schriften*, 1), Max Seckler (ed.), Tübingen, 1997.

_____, "Dissertatio historico-theologica originem ac vicissitudines exomologeseos in ecclesia catholica ex documentis ecclesiasticis illustrans", in *Revision des gegenwärtigen Zustandes der Theologie. Ideen zur Geschichte des Katholischen Dogmensystems. Vom Geist und Wesen des Katholizismus. Mit anderen frühen Schriften 1812-1819 sowie mit Dokumenten zur Gründungsgeschichte der Theologischen Quartalschrift (Nachgelassene Schriften*, 4), Max Seckler (ed.), Tübingen, 2015, 315-343.

_____, "Geschichte des Katholischen Dogmensystems", in *Revision des gegenwärtigen Zustandes der Theologie. Ideen zur Geschichte des Katholischen Dogmensystems. Vom Geist und Wesen des Katholizismus. Mit anderen frühen Schriften 1812-1819 sowie mit Dokumenten zur Gründungsgeschichte der Theologischen Quartalschrift (Nachgelassene Schriften*, 4), Max Seckler (ed.), Tübingen, 2015, 107-248.

_____, "Oratio de dogmatum christianorum incremento institutioni divinae haud adverso", in *Revision des gegenwärtigen Zustandes der Theologie. Ideen zur Geschichte des Katholischen Dogmensystems. Vom Geist und Wesen des Katholizismus. Mit anderen frühen Schriften 1812-1819 sowie mit Dokumenten zur Gründungsgeschichte der Theologischen Quartalschrift (Nachgelassene Schriften*, 4), Max Seckler (ed.), Tübingen, 2015, 362-368.

Dreyer, Otto, *Undogmatisches Christentum. Betrachtungen eines deutschen Idealisten*, Brunswick, 1888.

Ebeling, Gerhard, *Die Geschichtlichkeit der Kirche und ihrer Verkündigung als theologisches Problem (Sammlung gemeinverständlicher Vorträge und Schriften aus dem Gebiet der Theologie und Religionsgeschichte*, 207/208), Tübingen, 1954.

Egerer, Franz, *Das christliche Dogma und die moderne Philosophie. Metalogische Studien*, Viena, 1855.

Elze, Martin, "Der Begriff des Dogmas in der Alten Kirche", ZThK, 61 (1964), 421-438.

Engelhardt, Georg, *Die Entwicklung der dogmatischen Glaubenspsychologie in der mittelalterlichen Scholastik vom Abaelardstreit (um 1140) bis zu Philipp dem Kanzler (gest. 1236) (Beiträge zur Geschichte der Philosophie und Theologie des Mittelalters*, 30.4), Münster, 1933.

Ernst, Josef, *Anfänge der Christologie (Stuttgarter Bibelstudien*, 57), Stuttgart, 1972.

_____, *Die Briefe an die Philipper, an Philemon, an die Kolosser, an die Epheser (Regensburger Neues Testament)*, Regensburg, 1974.

Esser, Wilhelm, *Denkschrift auf Georg Hermes*, Colônia, 1832.

Falconet, Étienne Maurice, *Réflexions sur la Sculpture (Oeuvres Complètes d'Étienne Falconet*, 3), Paris, 1808.

Ferraris, Maurizio, "Was ist der Neue Realismus?", *in* Markus Gabriel (ed.), *Der Neue Realismus*, Berlin, 2014, 52-75.

Fidora, Alexander, "Die Verse des Römerbrief 1,19ff. im Verständnis Abaelards", PatMed, 21 (2000), 76-88.

Fiedrowicz, Michael, *Apologie im frühen Christentum. Die Kontroverse um den christlichen Wahrheitsanspruch in den ersten Jahrhunderten*, Paderborn, 2000.

_____, "Einleitung", in Vicente de Lérins, *Commonitorium*, com um estudo sobre a obra e a sua recepção, Michael Fiedrowicz (ed. e coment.), Claudia Barthold (trad.), Mühlheim/Mosel, 2011, 7-177.

_____, "Kommentar", in Vicente de Lérins, *Commonitorium*, com um estudo sobre a obra e a sua recepção, Michael Fiedrowicz (ed. e coment.), Claudia Barthold (trad.), Mühlheim/Mosel, 2011.

_____, *Theologie der Kirchenväter. Grundlagen frühchristlicher Glaubensreflexion*, Friburgo, 2010².

Filser, Hubert, *Dogma, Dogmen, Dogmatik. Eine Untersuchung zur Begründung und zur Entstehungsgeschichte einer theologischen Disziplin von der Reformation bis zur Spätaufklärung* (Studien zur systematischen Theologie und Ethik, 28), Münster, 2001.

Finkenzeller, Josef, *Glaube ohne Dogma? Dogma, Dogmenentwicklung und kirchliches Lehramt* (Schriften der Katholischen Akademie in Bayern), Düsseldorf, 1972.

Fontanier, Jean M., "Sur l'analogie augustinienne 'honestum/utile//frui/uti'", RSPhTh, 84 (2000), 635-642.

Frank, Karl Suso, "Vom Nutzen der Häresie. 1 Kor 11,19 in der frühen patristischen Literatur", *in* Walter Brandmüller, Herbert Immenkötter e Erwin Iserloh (eds.), *Ecclesia Militans*, vol. 1: *Zur Konziliengeschichte* (F. S. Remigius Bäumer), Paderborn, 1988, 23-35.

Frevel, Christian (ed.), *Biblische Anthropologie. Neue Einsichten aus dem Alten Testament* (Quaestiones Disputatae, 237), Friburgo, 2010.

Frey, Christofer, *Mysterium der Kirche – Öffnung zur Welt. Zwei Aspekte der Erneuerung französischer katholischer Theologie* (Kirche und Konfession, 14), Göttingen, 1969.

Frey, Jörg, *Die johanneische Eschatologie*, vol. 3: *Die eschatologische Verkündigung in den johanneischen Texten* (Wissenschaftliche Untersuchungen zum Neuen Testament, 117), Tübingen, 2000.

Freyer, Thomas, "Katholische Dogmatik nach den Grundsätzen des heiligen Thomas", *in* Michael Eckert, Eilert Herms, Bernd Jochen Hilberath e Eberhard Jüngel (eds.), *Lexikon der theologischen Werke*, Stuttgart, 2003, 432 s.

Fromherz, Uta, *Johannes von Segovia als Geschichtsschreiber des Konzils von Basel* (Baseler Beiträge zur Geschichtswissenschaft, 81), Basel, 1960. "Full Text and Explanatory Notes of Cardinals' Questions on 'Amoris Laetitia'", *National Catholic Register* (disponível em https://bit.ly/36T4kcd, acesso em 19 de janeiro de 2018).

Fürst, Alfons, "Origenes. Theologie der Freiheit", in *Von Origenes und Hieronymus zu Augustinus. Studien zur antiken Theologiegeschichte* (Arbeiten zur Kirchengeschichte, 115), Berlim, 2011, 3-24.

Geiselmann, Josef Rupert, "Dogma", *in* Heinrich Fries (ed.), *Handbuch theologischer Grundbegriffe*, vol. 1, Munique, 1962, 225-241.

_____, *Die Katholische Tübinger Schule. Ihre theologische Eigenart*, Friburgo, 1964.

_____, *Lebendiger Glaube aus geheiligter Überlieferung. Der Grundgedanke der Theologie Johann Adam Möhlers und der katholischen Tübinger Schule*, Mainz, 1942.

_____, "Zum Verständnis der Einheit", *in* Johann Adam Möhler, *Die Einheit in der Kirche oder das Prinzip des Katholizismus, dargestellt im Geiste der Kirchenväter der drei ersten Jahrhunderte*, Josef Rupert Geiselmann (ed., introd. e coment.), Colônia, 1956, 317-628.

Gemeinhardt, Peter, *Die Filioque-Kontroverse zwischen Ost- und Westkirche im Frühmittelalter* (*Arbeiten zur Kirchengeschichte*, 82), Berlim, 2002.

Gengler, Adam, "Ueber die Regel des Vincentius von Lirinum", ThQ, 15 (1833), 579-600.

Goertz, Stephan e Caroline Witting (eds.), "Wendepunkt für die Moraltheologie? Kontext, Rezeption und Hermeneutik von Amoris laetitia", in *Amoris laetitia. Wendepunkt für die Moraltheologie?* (*Katholizismus im Umbruch*, 4), Friburgo, 2016, 9-94.

Goethe, Johann Wolfgang von, "Nach Falconet und über Falconet", in *Poetische Werke. Kunsttheoretische Schriften und Übersetzungen* (*Berliner Ausgabe*, 19), Berlim, 1979, 65-70.

González Vigil, Francisco de Paula, *Defensa de la Autoridad de los Gobiernos y de los Obispos contra las Pretensiones de la Curia Romana*, 6 vols., Lima, 1848-1849.

Götz, Roland "Charlotte im Tannenwald". Monsignore Umberto Benigni (1862-1934) und das antimodernistische "Sodalitium Pianum", *in* Manfred Weitlauff e Peter Neuner (eds.), *Für euch Bischof – mit euch Christ* (F. S. Friedrich Kardinal Wetter), St. Ottilien, 1998, 389-438.

Grabmann, Martin, *Die Geschichte der scholastischen Methode*, vol. 2: *Die scholastische Methode im 12. und beginnenden 13. Jahrhundert*, Berlim, 1988.

Graf, Friedrich Wilhelm, *Missbrauchte Götter. Zum Menschenbilderstreit in der Moderne* (*Reden über den Humanismus*, 1), Munique, 2009.

Grandmaison, Léonce de, *Le Dogme Chrétien. Sa Nature, Ses Formules, Son Développement*, Paris, 1928.

Gruber, Siegfried, *Mariologie und katholisches Selbstbewusstsein. Ein Beitrag zur Vorgeschichte des Dogmas von 1854 in Deutschland* (*Beiträge zur Neueren Geschichte der katholischen Theologie*, 12), Essen, 1970.

Grupp, Georg, "Die Glaubenswissenschaft als Wissenschaft": ThQ 80 (1898), 618-628.

Guédron, Martial, "Le 'Beau Réel' selon Étienne-Maurice Falconet. Les Idées Esthétiques d'Un Sculpteur-Philosophe", *Dix-Huitième Siècle*, 38 (2006), 629-641.

Gussmann, Oliver, "Flavius Josephus und die Entstehung des Kanons heiliger Schriften", *in* Eve-Marie Becker e Stefan Scholz (eds.), *Kanon in Konstruktion und Dekonstruktion. Kanonisierungsprozesse religiöser Texte von der Antike bis zur Gegenwart – Ein Handbuch*, Berlim, 2012, 345-362.

"Gutachten der Theologischen Fakultät Heidelberg", in Friedrich Heiler (ed.), *Das neue Mariendogma. Im Lichte der Geschichte und im Urteil der Oekumene*, Munique, 1951, 80-85.

Haeckel, Ernst, *Anthropologie oder Entwickelungsgeschichte des Menschen, Keimes- und Stammesgeschichte*, vol. 1: *Keimesgeschichte oder Ontogenie*, Leipzig, 1910[6].

Halfwassen, Jens, "Proklos über die Transzendenz des Einen bei Platon", in *Auf den Spuren des Einen. Studien zur Metaphysik und ihrer Geschichte* (*Collegium Metaphysicum*, 14), Tübingen, 2015, 165-183.

Hammans, Herbert, *Die neueren katholischen Erklärungen der Dogmenentwicklung* (*Beiträge zur neueren Geschichte der katholischen Theologie*, 7), Essen, 1965.

Hanson, Richard P. C., *The Continuity of Christian Doctrine*, Joseph F. Kelly (introd.), Nova Iorque, 1981.

Harnack, Adolf von, *Das Wesen des Christentums. Sechzehn Vorlesungen vor Studierenden aller Fakultäten im Wintersemester 1899/1900 an der Universität Berlin gehalten*, ed. Claus-Dieter Osthövener, Tübingen, 2012[3].

_____, *Dogmengeschichte*, Friburgo, 1893[2].

_____, *Lehrbuch der Dogmengeschichte*, vol. 1: *Die Entstehung des kirchlichen Dogmas* (*Sammlung theologischer Lehrbücher*), Friburgo, 1888[2].

_____, *Lehrbuch der Dogmengeschichte*, vol. 2: *Die Entwicklung des kirchlichen Dogma* I (*Sammlung theologischer Lehrbücher*), Friburgo, 1888.

_____, *Lehrbuch der Dogmengeschichte*, vol. 3: *Die Entwicklung des kirchlichen Dogma* II-III (*Sammlung Theologischer Lehrbücher*), Friburgo, 1897[3].

_____, *Marcion. Das Evangelium vom fremden Gott*, Darmstadt, 1960.

Hausammann, Susanne, *Annäherungen. Das Zeugnis der altkirchlichen und byzantinischen Väter von der Erkenntnis Gottes*, Göttingen, 2016.

Heiler, Friedrich (ed.), "Katholischer Neomodernismus. Zu den Versuchen einer Verteidigung des neuen Mariendogmas", in *Das neue Mariendogma*, vol. 2, Munique, 1952, 229-238.

Hengel, Martin, "Der Sohn Gottes", in *Studien zur Christologie. Kleine Schriften*, vol. 4, Claus-Jürgen Thornton (ed.) (*Wissenschaftliche Untersuchungen zum Neuen Testament*, 201), Tübingen, 2006, 74-145.

_____, *Die vier Evangelien und das eine Evangelium von Jesus Christus. Studien zu ihrer Sammlung und Entstehung* (*Wissenschaftliche Untersuchungen zum Neuen Testament*, 224), Tübingen, 2008, 22-26.

Herms, Eilert, "'Neuprotestantismus'. Stärken, Unklarheiten und Schwächen einer Figur geschichtlicher Selbstorientierung des evangelischen Christentums im 20. Jahrhundert", NZSThR, 51 (2009), 309-339.

Hirscher, Johann Baptist, *Die christliche Moral als Lehre von der Verwirklichung des göttlichen Reiches in der Menschheit*, vol. 3, Tübingen, 1836.

Hofius, Otfried, *Der Christushymnus Philipper 2,6-11. Untersuchungen zu Gestalt und Aussage eines urchristlichen Psalms* (*Wissenschaftliche Untersuchungen zum Neuen Testament*, 17), Tübingen, 1991[2].

Hofmann, Michael, *Theologie, Dogma und Dogmenentwicklung im theologischen Werk Denis Petau's. Mit einem biographischen und einem bibliographischen Anhang* (Regensburger Studien zur Theologie, 1), Frankfurt, 1976.

Hogrefe, Arne, *Umstrittene Vergangenheit. Historische Argumente in der Auseinandersetzung Augustins mit den Donatisten* (Millennium-Studien, 24), Berlim, 2009.

Hoppe, Rudolf, "Die Apostelgeschichte – Der zweite Teil des lukanischen Doppelwerks", *in* Hoppe, Rudolf e Kristell Köhler (eds.), *Das Paulusbild der Apostelgeschichte*, Stuttgart, 2009, 236-259.

Horn, Friedrich Wilhelm, "Wollte Paulus kanonisch wirken?", *in* Eve-Marie Becker e Stefan Scholz (eds.), *Kanon in Konstruktion und Dekonstruktion. Kanonisierungsprozesse religiöser Texte von der Antike bis zur Gegenwart – Ein Handbuch*, Berlim, 2012, 400-422.

Hornig, Gottfried, "Der Perfektibilitätsgedanke", in *Johann Salomo Semler. Studien zu Leben und Werk des Hallenser Aufklärungstheologen* (Hallesche Beiträge zur Europäischen Aufklärung, 2), Tübingen, 1996, 195-209.

_____, "Dogmengeschichtsschreibung und Traditionskritik. Zur Analyse der Argumente und Kriterien", in *Johann Salomo Semler. Studien zu Leben und Werk des Hallenser Aufklärungstheologen* (Hallesche Beiträge zur Europäischen Aufklärung, 2), Tübingen, 1996, 123-135.

Horst, Ulrich, *Die Diskussion um die Immaculata Conceptio im Dominikanerorden. Ein Beitrag zur Geschichte der theologischen Methode* (Veröffentlichungen des Grabmann-Institutes zur Erforschung der mittelalterlichen Theologie und Philosophie. Neue Folge, 34), Paderborn, 1987.

Hünermann, Peter, "Die letzten Wochen des Konzils", *in* Giuseppe Alberigo (ed.), *Geschichte des Zweiten Vatikanischen Konzils (1959-1965)*, vol. 5: *Ein Konzil des Übergangs*, ed. alemã ao cuidado de Günther Wassilowsky, Ostfildern, 2008, 423-558.

Iber, Christian, *Das Andere der Vernunft als ihr Prinzip. Grundzüge der philosophischen Entwicklung Schellings mit einem Ausblick auf die nachidealistischen Philosophiekonzeptionen Heideggers und Adornos*, Berlim, 1994.

João Paulo II, exortação apostólica *Catechesi Tradendae*, 1277-1340.

Jolivet, Jean, "Sur Quelques Critiques de la Théologie d'Abélard", AhdlMA, 30 (1963), 7-51.

Kant, Immanuel, *Kritik der reinen Vernunft*, 2ª ed., 1787 (*Kants Werke. Akademie-Textausgabe*, 3), Berlim, 1968.

Kasper, Walter, *Die Lehre von der Tradition in der Römischen Schule* (Gesammelte Schriften, 1), Friburgo, 2011.

_____, "Dogma unter dem Wort Gottes", in *Ders., Gesammelte Schriften*, 7: *Evangelium und Dogma. Grundlegung der Dogmatik*, Friburgo, 2015, 43-150.

_____, "Ein Blick auf die Katholische Tübinger Schule", *in* Michael Kessler y Max Seckler (eds.), *Theologie, Kirche, Katholizismus. Beiträge zur Programmatik der*

Katholischen Tübinger Schule von Joseph Ratzinger, Walter Kasper und Max Seckler, Tübingen, 2003, 7-13.

_____, "Geschichtlichkeit der Dogmen?", in *Gesammelte Schriften*, 7: *Evangelium und Dogma. Grundlegung der Dogmatik*, Friburgo, 2015, 623-644.

_____, "Warum noch Mission?", in *Gesammelte Schriften*, 11: *Die Kirche Jesu Christi*, Friburgo, 2008, 352-369.

Kaufmann, Thomas, *Geschichte der Reformation in Deutschland*, Berlim, 2016.

Kelly, John N. D., *Altchristliche Glaubensbekenntnisse. Geschichte und Theologie*, Göttingen, 1993².

Ker, Ian, *John Henry Newman. A Biography*, Oxford, 2009.

Ker, Ian e Terrence Merrigan (eds.), *The Cambridge Companion to John Henry Newman*, Cambridge, 2009.

Kinzig, Wolfram, "Der Pontifex und die Patres Ecclesiae. Eine Skizze aus evangelischer Sicht", *in* Jan-Heiner Tück (ed.), *Der Theologenpapst. Eine kritische Würdigung Benedikts XVI*, Friburgo, 2013, 250-273.

Klausnitzer, Wolfgang, *Der Primat des Bischofs von Rom. Entwicklung – Dogma – Ökumenische Zukunft*, Friburgo, 2004.

Kleutgen, Joseph, *Die Theologie der Vorzeit*, vol. 1, Münster, 1867².

Koch, Kurt, "Auf dem Weg zur Wiederherstellung der einen Kirche in Ost und West", *in* Dietmar Schon (ed.), *Dialog 2.0 – Braucht der orthodoxkatholische Dialog neue Impulse?* (*Schriften des Ostkircheninstituts der Diözese Regensburg*, 1), Regensburg, 2017, 19-41.

_____, "Das Zweite Vatikanische Konzil zwischen Innovation und Tradition. Die Hermeneutik der Reform zwischen der Hermeneutik bruchhafter Diskontinuität und der Hermeneutik ungeschichtlicher Kontinuität", *in* Stephan Otto Horn (ed.), *Das Zweite Vatikanische Konzil. Die Hermeneutik der Reform*, Augsburg, 2012, 21-50.

Koselleck, Reinhart, "Historia Magistra Vitae. Über die Auflösung des Topos im Horizont neuzeitlich bewegter Geschichte", in *Vergangene Zukunft. Zur Semantik geschichtlicher Zeiten*, Frankfurt, 1979, 38-66.

Kothgasser, Alois M., "Dogmenentwicklung und die Funktion des Geist-Parakleten nach den Aussagen des Zweiten Vatikanischen Konzils", Sal 31 (1969), 379-460.

Kriegbaum, Bernhard, *Kirche der Traditoren oder Kirche der Märtyrer? Die Vorgeschichte des Donatismus* (*Innsbrucker Theologische Studien*, 16), Innsbruck, 1986.

Kultermann, Udo, *Geschichte der Kunstgeschichte. Der Weg einer Wissenschaft*, Munique, 1996.

Kustermann, Abraham Peter, "'Katholische Tübinger Schule'. Beobachtungen zur Frühzeit eines theologiegeschichtlichen Begriffs", Cath (M) 36 (1982), 65-82.

Lachner, Raimund, "Zur Schriftargumentation in der Dogmatik des 20. Jahrhunderts. Dargestellt am Beispiel der Trinitätstheologie", *in* Georg Steins e Franz

Georg Untergassmair (eds.), *Das Buch, ohne das man nichts versteht. Die kulturelle Kraft der Bibel* (Vechtaer Beiträge zur Theologie, 11), Münster, 2005, 114-129.

Landgraf, Artur Michael, "Sporadische Bemerkungen im Schrifttum der Frühscholastik über Dogmenentwicklung und päpstliche Unfehlbarkeit", in *Dogmengeschichte der Frühscholastik. Erster Teil: Die Gnadenlehre*, 1, Regensburg 1952, 30-36.

Lang, Berthold, "Veronius", LThK2, 10, 729 s.

Lang, Uwe Michael, "Zur Praxis der sakramentalen Konzelebration. Eine Neubesinnung auf 'Sacrosanctum Concilium' in Kontinuität mit der liturgischen Überlieferung", *in* Markus Graulich (ed.), *Zehn Jahre Summorum Pontificum. Versöhnung mit der Vergangenheit – Weg in die Zukunft*, Regensburg, 2017, 155-191.

Larcher, Gerhard, "Religion aus Malerei? Spurensuche in Moderne und Gegenwart", *in* Reinhard Hoeps (ed.), *Religion aus Malerei? Kunst der Gegenwart als theologische Aufgabe*, Paderborn, 2005, 49-73.

Lees, Jay T., *Anselm of Havelberg. Deeds into Words in the Twelfth Century* (Studies in the History of Christian Thought, 79), Leiden, 1998.

Lefebvre, Marcel, *Ich klage das Konzil an*, Martigny, 1977.

Leibniz, Gottfried Wilhelm, *Theodicee, das ist, Versuch von der Güte Gottes, Freyheit des Menschen und vom Ursprunge des Bösen*, Johann Christoph Gottsched (ed.), Hannover, 1744^4.

Leppin, Volker e Dorothea Sattler (eds.), *Reformation 1517-2017 – Ökumenische Perspektiven*, ed. por encomenda do Grupo de Trabalho de Teólogos Evangélicos e Católicos (Dialog der Kirchen, 16), Friburgo, 2014.

Lerch, Magnus, *Selbstmitteilung Gottes. Herausforderungen einer freiheitstheoretischen Offenbarungstheologie* (Ratio Fidei, 56), Regensburg, 2015.

Lessing, Gotthold Ephraim, *Die Erziehung des Menschengeschlechts*, Berlim, 1839^9.

Lipps, Michael Adolf, *Dogmengeschichte als Dogmenkritik. Die Anfänge der Dogmengeschichtsschreibung in der Zeit der Spätaufklärung* (Basler und Berner Studien zur historischen und systematischen Theologie), Berna, 1983.

Lobsien, Verena Olejniczak, "Retractatio als Transparenz. Rekursive Strukturen in Spensers 'Fowre Hymnes'", *in* Verena Olejniczak Lobsien e Claudia Olk (eds.), *Neuplatonismus und Ästhetik. Zur Transformationsgeschichte des Schönen* (Transformationen der Antike, 2), Berlim, 2007, 117-138.

Löhr, Winrich A., "Das antike Christentum im zweiten Jahrhundert – neue Perspektiven seiner Erforschung": ThLZ 127 (2002), 247-262.

Lohse, Bernhard, *Luthers Theologie in ihrer historischen Entwicklung und in ihrem systematischen Zusammenhang*, Göttingen, 1995.

Loisy, Alfred, *Autour d'Un Petit Livre*, Paris, 1903^2.

_____, *L'Évangile et l'Église*, Paris, 1930^5.

Lösch, Stephan, *Die Anfänge der Tübinger Theologischen Quartalschrift (1819-1831). Gedenkgabe zum 100. Todestag Joh. Ad. Möhlers*, Rottenburg, 1938.

⎯⎯⎯, "J. A. Möhler und die Lehre von der Entwicklung des Dogmas", ThQ, 99 (1917/1918), 28-59 e 129-152.

Lubac, Henri de, "Le problème du développement du dogme", RSR, 35 (1948), 130-160.

Lüdecke, Norbert, "Also doch ein Dogma? Fragen zum Verbindlichkeits anspruch der Lehre über die Unmöglichkeit der Priesterweihe von Frauen aus kanonistischer Perspektive", TThZ, 105 (1996), 161-211.

⎯⎯⎯, *Die Grundnormen des katholischen Lehrrechts in den päpstlichen Gesetzbüchern und neueren Äußerungen in päpstlicher Autorität* (*Forschungen zur Kirchenrechtswissenschaft*, 28), Würzburg, 1997.

Lutero, Martinho, "Assertio omnium articulorum M. Lutheri per bullam Leonis X. novissimam damnatorum", *in* WA, 7, 91-151.

⎯⎯⎯, "Sendschreiben an die zu Frankfurt am Main (1533)", *in* WA, 30.3, 554-571.

Lynch, Thomas (ed.), "The Newman-Perrone Paper on Development", Greg 16 (1935), 402-447.

Marcus, Wolfgang, *Der Subordinatianismus als historiologisches Phänomen. Ein Beitrag zu unserer Kenntnis von der Entstehung der altchristlichen Theologie und Kultur unter besonderer Berücksichtigung der Begriffe Oikonomia und Theologia*, Munique, 1963.

Marín-Sola, Francisco, *L'Évolution Homogène du Dogme Catholique*, 1-2, Friburgo, 1924².

Markschies, Christoph, "'Hellenisierung des Christentums'? Die ersten Konzilien", *in* Friedrich Wilhelm Graf e Klaus Wiegandt (eds.), *Die Anfänge des Christentums*, Frankfurt, 2009, 397-436.

⎯⎯⎯, *Hellenisierung des Christentums. Sinn und Unsinn einer historischen Deutungskategorie* (*Forum Theologische Literaturzeitung*, 25), Leipzig, 2012.

Marquard, Odo, "Zur Geschichte des philosophischen Begriffs 'Anthropologie' seit dem Ende des achtzehnten Jahrhunderts", *in Schwierigkeiten mit der Geschichtsphilosophie*, Frankfurt, 1973, 122-144.

Matuschek, Dominik, *Konkrete Dogmatik. Die Mariologie Karl Rahners* (*Innsbrucker Theologische Studien*, 87), Innsbruck, 2012.

Mayer, Andreas, *Karl Rahners Mariologie im Kontext seiner transzendentalsymbolischen Theologie* (*Studien zur systematischen Theologie, Ethik und Philosophie*, 2), Münster, 2015.

McCarren, Gerard H., "Development of Doctrine", *in* Ian Ker e Terrence Merrigan (eds.), *The Cambridge Companion to John Henry Newman*, Cambridge, 2009, 118-136.

McDonald, Lee Martin, *The Biblical Canon. Its Origin, Transmission, and Authority*, Grand Rapids, 2007.

_____, *The Formation of the Biblical Canon*, vol. 1: *The Old Testament – Its Authority and Canonicity*, vol. 2: *The New Testament – Its Authority and Canonicity*, Londres, 2017.

Meinhold, Peter, *Luthers Sprachphilosophie*, Berlim, 1958.

Menke, Karl-Heinz, *Macht die Wahrheit frei oder die Freiheit wahr? Eine Streitschrift*, Regensburg, 2017.

_____, *Sakramentalität. Wesen und Wunde des Katholizismus*, Regensburg, 2012.

Merz, Aloysius, *Frag, ob der berühmte Herr Abt Jerusalem, Hofprediger zu Braunschweig, nicht eben so schwach in der lutherischevangelischen, als in der katholischen Theologie sey*, Augsburg, 1773.

Meyer, Regina Pacis, "Editionsbericht", *in* Karl Rahner, *Sämtliche Werke*, vol. 9: *Maria, Mutter des Herrn*, Regina Pacis Meyer (ed.), Friburgo, 2004.

Milburn, Robert L., *Auf daß erfüllt werde. Frühchristliche Geschichtsdeutung*, Munique, 1956.

Miller, Max, "Professor Dr. Johann Sebastian Drey als württembergischer Bischofskandidat (1822-1827)", ThQ, 114 (1933), 363-405.

Möhler, Johann Adam [anônimo], "Rez. Johann Theodor Katerkamp, Des ersten Zeitalters der Kirchengeschichte erste Abtheilung. Die Zeit der Verfolgungen (Münster, 1823)", ThQ, 5, (1823), 484-532.

_____, *Die Einheit in der Kirche oder das Prinzip des Katholizismus, dargestellt im Geiste der Kirchenväter der drei ersten Jahrhunderte*, Josef Rupert Geiselmann (ed., introd. e coment.), Colônia, 1956.

_____, *Symbolik oder Darstellung der dogmatischen Gegensätze der Katholiken und Protestanten nach ihren öffentlichen Bekenntnisschriften*, Josef Rupert Geiselmann (ed., introd. e coment.), Colônia, 1958.

Müller, Andreas Uwe, *Christlicher Glaube und historische Kritik. Maurice Blondel und Alfred Loisy im Ringen um das Verhältnis von Schrift und Tradition* (*Freiburger theologische Studien*, 172), Friburgo, 2008.

Müller, Klaus, *In der Endlosschleife von Glaube und Vernunft. Einmal mehr Athen versus Jerusalem (via Jena und Oxford)* [*Pontes*, 50], Berlim, 2012.

Neufeld, Karl-Heinz, "Römische 'Schule'. Beobachtungen und Überlegungen zur genaueren Bestimmung", Greg 63 (1982), 377-397.

Neuner, Peter, "Antimodernismus des 19. und 20. Jahrhunderts. Eine historische Perspektive", *in* Magnus Striet (ed.), *"Nicht außerhalb der Welt". Theologie und Soziologie* (*Katholizismus im Umbruch*, 1), Friburgo, 2014, 61-92.

_____, *Der Streit um den katholischen Modernismus*, Frankfurt, 2009.

_____, *Döllinger als Theologe der Ökumene* (*Beiträge zur Ökumenischen Theologie*, 19), Paderborn, 1979.

_____, "Modernismus und Antimodernismus. Eine misslungene Antwort der Kirche auf die Herausforderungen der Moderne", *in* Karl Gabriel e Christoph Horn (eds.), *Säkularität und Moderne* (*Grenzfragen*, 42), Friburgo, 2016, 225-252.

Newman, John Henry [anônimo], *Tracts for the Times: Remarks on Certain Passages in the Thirty-Nine Articles*, Nova Iorque, 1841.

———, *The Philosophical Notebook*, vol. 2, Edward Sillem (ed.), Louvaina, 1970.

———, *An Essay on the Development of Christian Doctrine*, Londres, 1845.

———, "Anglican Objections from Antiquity I", in *Characteristics from the Writings of John Henry Newman. Being Selections Personal, Historical, Philosophical, and Religious, from His Various Works, with the Approval of the Author*, William Samuel Lilly (ed.), Londres, 1876³, 306-309.

Niemann, Franz-Josef, *Jesus als Glaubensgrund in der Fundamentaltheologie der Neuzeit. Zur Genealogie eines Traktats* (*Innsbrucker Theologische Studien*, 12), Innsbruck, 1983.

Nietzsche, Friedrich, "Unzeitgemäße Betrachtungen II: Vom Nutzen und Nachtheil der Historie für das Leben", in *Die Geburt der Tragödie. Unzeitgemäße Betrachtungen I-III (1872-1874)* (*Kritische Gesamtausgabe*, III.1), Berlin, 1972.

Oberthür, Franz, *Biblische Anthropologie*, 4 vols., Münster, 1807-1810.

Örsy, Ladislas, "Von der Autorität kirchlicher Dokumente. Eine Fallstudiezum Apostolischen Schreiben 'Ad tuendam fidem'", StdZ, 216 (1998), 735-740.

Parent, Jean-Marie, "La Notion de Dogme au XIIIe Siècle", en *Études d'Histoire Littéraire et Doctrinale du XIIIe Siècle. Première Série*, Paris, 1932, 141-163.

Paul, André, "Entstehung und Aufkommen der christlichen 'Heiligen Schrift'", in Jean-Marie Mayeur *et al.* (eds.), *Die Geschichte des Christentums. Religion – Politik – Kultur 1: Die Zeit des Anfangs (bis 250)*, Friburgo, 2003, 717-807.

Peitz, Detlef, *Die Anfänge der Neuscholastik in Deutschland und Italien (1810-1870)*, Bonn, 2006.

Perkams, Matthias, "Rationes necessariae – rationes verisimiles et honestissimae. Methoden philosophischer Theologie bei Anselm und Abaelard", *in* Giles E. M. Gasper e Helmut Kohlenberger (eds.), *Anselm and Abelard. Investigations and Iuxtapositions* (*Papers in Medieval Studies*, 19), Toronto, 2006, 143-154.

Pinnock, Clark H., "Systematic Theology", *in* Richard Rice, John Sanders, William Hasker e David Basinger, *The Openness of God. A Biblical Challenge to the Traditional Understanding of God*, Downers Grove, 1994, 101-125.

Pio IX, "Syllabus Complectens Nostrae Aetatis Errores", AAS, 3 (1867/1868), 168-176.

Pio XII, "Allocutio ad Patres Societatis Iesu in XXIX Congregatione Generali Electores", AAS, 38 (1946), 381-385.

———, constitutio apostolica *Munificentissimus Deus*, AAS, 42 (1950), 753-773.

Plümacher, Eckhard, "Bibel II: Die Heiligen Schriften des Judentums im Urchristentum", *in* TRE, 6 (1980), 8-22.

Pottmeyer, Hermann J., "Auf fehlbare Weise unfehlbar? Zu einer neuen Form päpstlichen Lehrens", StdZ, 217 (1999), 233-242.

Pröpper, Thomas, "Freiheit als philosophisches Prinzip theologischer Hermeneutik", in *Evangelium und freie Vernunft. Konturen einer theologischen Hermeneutik*, Friburgo, 2001, 5-22.

Quirinus, *Römische Briefe vom Concil*, Munique, 1870.

Rademacher, Arnold, *Der Entwicklungsgedanke in Religion und Dogma* (*Rüstzeug der Gegenwart*, 2), Colônia, 1914.

Rahner, Johanna, *Creatura Evangelii. Zum Verhältnis von Rechtfertigung und Kirche*, Friburgo, 2005.

Rahner, Karl, "Die Assumptio-Arbeit von 1951 mit den Ergänzungen von 1959", in *Sämtliche Werke*, vol. 9: *Maria, Mutter des Herrn*, Regina Pacis Meyer (ed.), Friburgo, 2004, 3-392.

_____, "Die Wahrheit bei Thomas von Aquin", in *Sämtliche Werke*, vol. 2: *Geist in Welt*, Albert Raffelt (ed.), Friburgo, 1996, 305-316.

_____, "Geist in Welt. Zur Metaphysik der endlichen Erkenntnis bei Thomas von Aquin", in *Sämtliche Werke*, vol. 2: *Geist in Welt*, Albert Raffelt (ed.), Friburgo, 1996, 5-300.

_____, "Was ist eine dogmatische Aussage?", in *Sämtliche Werke*, vol. 12: *Menschsein und Menschwerdung Gottes. Studien zur Grundlegung der Dogmatik, der Christologie, Theologischen Anthropologie und Eschatologie*, Herbert Vorgrimler (ed.), Friburgo, 2005, 150-170.

_____, "Zur Rezeption des Thomas von Aquin. Karl Rahner im Gespräch mit Jan van den Eijnden", in *Sämtliche Werke*, vol. 30, Karsten Kreutzer e Albert Raffelt (eds.), Friburgo, 2009, 772-790.

Rahner, Karl e Karl Lehmann, "Geschichtlichkeit der Vermittlung", *in* Johannes Feiner e Magnus Löhrer (eds.), *Mysterium Salutis. Grundriss heilsgeschichtlicher Dogmatik*, vol. 1: *Die Grundlagen heilsgeschichtlicher Dogmatik*, Einsiedeln, 1965, 727-787.

_____, "Kerygma und Dogma", *in* Johannes Feiner e Magnus Löhrer (eds.), *Mysterium Salutis. Grundriss heilsgeschichtlicher Dogmatik*, vol. 1: *Die Grundlagen heilsgeschichtlicher Dogmatik*, Einsiedeln, 1965, 622-707.

Ratzinger, Joseph, *Aus meinem Leben. Erinnerungen*, Munique, 1998.

_____, "Bemerkungen zum Schema 'De fontibus revelationis'", in *Gesammelte Schriften 7/1: Zur Lehre des Zweiten Vatikanischen Konzils*, Friburgo, 2012, 157-174.

_____, *Das Problem der Dogmengeschichte in der Sicht der katholischen Theologie* (*Arbeitsgemeinschaft für Forschung des Landes Nordrhein-Westfalen*, 139), Colônia, 1966.

_____, "Die Geschichtstheologie des heiligen Bonaventura [1959 veröffentliche Fassung]", in *Gesammelte Schriften*, vol. 2: *Offenbarungsverständnis und Geschichtstheologie Bonaventuras*, Friburgo, 2009, 419-659.

_____, "Ergebnisse und Probleme der dritten Konzilsperiode", in *Gesammelte Schriften*, vol. 7/1: *Zur Lehre des Zweiten Vatikanischen Konzils*, Friburgo, 2012, 417-472.

_____, "Schlußwort zur Debatte mit Pater Örsy", StdZ, 217 (1999), 420-422.

_____, "Stellungnahme", StdZ, 217 (1999), 169-171.

_____, "Zur Frage nach der Geschichtlichkeit der Dogmen", *in* Otto Semmelroth (ed.), *Martyria, Leiturgia, Diakonia* (F. S. Hermann Volk), Mainz, 1968, 59-70.

Reinhardt, Rudolf, "Die katholisch-theologische Fakultät Tübingen im ersten Jahrhundert ihres Bestehens. Faktoren und Phasen der Entwicklung", in *Tübinger Theologen und ihre Theologie. Quellen und Forschungen zur Geschichte der Katholisch-Theologischen Fakultät Tübingen* (*Contuberniumi*, 16), Tübingen, 1977, 1-42.

Reiser, Marius, "Die Prinzipien der biblischen Hermeneutik und ihr Wandel unter dem Einfluß der Aufklärung", in *Bibelkritik und Auslegung der Heiligen Schrift. Beiträge zur Geschichte der biblischen Exegese und Hermeneutik* (*Wissenschaftliche Untersuchungen zum Neuen Testament*, 217), Tübingen, 2007, 219-276.

Ricken, Friedo, "Das Homousios von Nikaia als Krisis des altchristlichen Platonismus", *in* Bernhard Welte (ed.), *Zur Frühgeschichte der Christologie. Ihre biblischen Anfänge und die Lehrformel von Nikaia* (*Quaestiones Disputatae*, 51), Friburgo, 1970, 74-99.

Riem, Andreas, *Fortgesetzte Betrachtungen über die eigentlichen Wahrheiten der Religion oder Fortgang da, wo Herr Abt Jerusalem stillstand*, vol. 2, Berlim, 1794.

Ritschl, Albrecht, *Fides implicita. Eine Untersuchung über Köhlerglauben, Wissen und Glauben, Glauben und Kirche*, Bonn, 1890.

Rohls, Jan, *Protestantische Theologie in der Neuzeit*, vol. 1: *Die Voraussetzungen und das 19. Jahrhundert*, Tübingen, 1997.

Roloff, Jürgen, *Der erste Brief an Timotheus* (*Evangelisch-Katholischer Kommentar zum Neuen Testament*, 15), Zurique, 1988.

Roukema, Riemer, "La Tradition Apostolique et le Canon du Nouveau Testament", *in* Anthony Hilhorst (ed.), *The Apostolic Age in Patristic Thought* (*Supplements to Vigiliae Christianae*, 70), Leiden, 2004, 86-103.

Roux, René, "Berthold Altaner (1885-1964)", *in* Jörg Ernesti e Gregor Wurst (eds.), *Kirchengeschichte im Porträt. Katholische Kirchenhistoriker des 20. Jahrhunderts*, Friburgo, 2016, 27-43.

Sand, Alexander, *Kanon. Von den Anfängen bis zum Fragmentum Muratorianum* (*Handbuch der Dogmengeschichte*, 3a–1), Friburgo, 1974.

Schaeffler, Richard, *Philosophische Einübung in die Theologie*, vol. 1: *Zur Methode und zur theologischen Erkenntnislehre*, Friburgo, 2004.

Schatz, Klaus, *Allgemeine Konzilien – Brennpunkte der Kirchengeschichte*, Paderborn, 2008².

Scheeben, Matthias Joseph, *Handbuch der katholischen Dogmatik*, vol. 1: *Theologische Erkenntnislehre* (*Gesammelte Schriften*, 3), Friburgo, 1948.

Scheffczyk, Leo, "Katholische Dogmengeschichtsforschung: Tendenzen – Versuche – Resultate", *in* Werner Löser, Karl Lehmann e Matthias Lutz-Bachmann (eds.), *Dogmengeschichte und katholische Theologie*, Würzburg, 1985, 119-147.

Schelling, Friedrich Wilhelm Joseph, *Philosophie der Offenbarung* (Sämtliche Werke 2.4), Stuttgart, 1858.

Schillebeeckx, Eduard, "Exegese, Dogmatik und Dogmenentwicklung", *in* Herbert Vorgrimler (ed.), *Exegese und Dogmatik*, Mainz, 1962, 91-114.

Schlink, Edmund, "Die Struktur der dogmatischen Aussage als ökumenisches Problem", in *Der kommende Christus und die kirchlichen Traditionen. Beiträge zum Gespräch zwischen den getrennten Konfessionen*, Göttingen, 1961, 24-79.

Schmidinger, Heinrich M., "'Scholasti' und 'Neuscholastik' – Geschichte zweier Begriffe", *in* Emerich Coreth, Walter N. Neidl e Georg Pfligersdorffer (eds.), *Christliche Philosophie im katholischen Denken des 19. Und 20. Jahrhunderts*, vol. 2: *Rückgriff auf scholastisches Erbe*, Graz, 1988, 23-53.

Schmidt, Heinrich, *Geschichte der Entwicklungslehre*, Leipzig, 1918.

Schmidt-Biggemann, Wilhelm, "Geschichte der Erbsünde in der Aufklärung. Philosophiegeschichtliche Mutmaßungen", in *Theodizee und Tatsachen. Das philosophische Profil der deutschen Aufklärung*, Frankfurt, 1988, 88-116.

Schmitt, Alois, *Katholizismus und Entwicklungsgedanke* (*Katholische Lebenswerte*, 9), Paderborn, 1923.

Schneemelcher, Wilhelm, "Bibel III: Die Entstehung des Kanons des Neuen Testaments und der christlichen Bibel", *in* TRE 6 (1980), 22-48.

Schnelle, Udo, *Paulus. Leben und Denken*, Berlim, 2014².

Schottroff, Luise, *Die Gleichnisse Jesu*, Gütersloh, 2005.

Schreiber, Daniel J., "Die Kunst der sozialen Erinnerung. Über Nicola Samorì", in *Nicola Samorì. Fegefeuer – Purgatory*, Tübingen, 2012, 13-39.

———, "Fegefeuer", in *Nicola Samorì. Fegefeuer – Purgatory*, Tübingen, 2012, 7-10.

Schröter, Jens, *Jesus und die Anfänge der Christologie. Methodologische und exegetische Studien zu den Ursprüngen des christlichen Glaubens* (Biblisch-Theologische Studien, 47), Neukirchen-Vluyn, 2001.

Schröter, Marianne, *Aufklärung durch Historisierung. Johann Salomo Semlers Hermeneutik des Christentums* (Hallesche Beiträge zur Europäischen Aufklärung, 44), Berlim, 2012.

Schultes, Reginald Maria, *Fides Implicita. Geschichte der Lehre von der fides implicita und explicita in der katholischen Theologie*, vol. 1: *Von Hugo von S. Viktor bis zum Konzil von Trient*, Regensburg, 1920.

———, *Introductio in Historiam Dogmatum. Praelectiones*, Paris, 1922.

Schulz, Hans-Joachim, *Bekenntnis statt Dogma. Kriterien der verbindlichkeit kirchlicher Lehre* (Quaestiones Disputatae, 163), Friburgo, 1996.

Schulz, Winfried, *Dogmenentwicklung als Problem der Geschichtlichkeit der Wahrheitserkenntnis. Eine erkenntnistheoretisch-theologische Studie zum Problemkreis der Dogmenentwicklung* (Analecta Gregoriana, 173), Roma, 1969.

Searle, John R., *Sprechakte. Ein sprachphilosophischer Essay*, Frankfurt, 1983.

Seckler, Max, "Der Begriff der Offenbarung", *in* Walter Kern, Hermann J. Pottmeyer e Max Seckler (eds.), *Handbuch der Fundamentaltheologie*, vol. 2: *Traktat Offenbarung*, Tübingen, 2000², 42-81.

_____, "Einleitung [*Dissertatio historico-theologica originem ac vicissitudines exomologeseos in ecclesia catholica ex documentis ecclesiasticis illustrans*]", *in* Johann Sebastian Drey, *Revision des gegenwärtigen Zustandes der Theologie. Ideen zur Geschichte des Katholischen Dogmensystems. Vom Geist und Wesen des Katholizismus. Mit anderen frühen Schriften 1812-1819 sowie mit Dokumenten zur Gründungsgeschichte der Theologischen Quartalschrift* (Nachgelassene Schriften 4), Max Seckler (ed.), Tübingen, 2015, 265-315.

_____, "Einleitung [*Oratio de dogmatum christianorum incremente institutioni divinae haud adverso*]", *in* Johann Sebastian Drey, *Revision des gegenwärtigen Zustandes der Theologie. Ideen zur Geschichte des Katholischen Dogmensystems. Vom Geist und Wesen des Katholizismus. Mit anderen frühen Schriften 1812-1819 sowie mit Dokumenten zur Gründungsgeschichte der Theologischen Quartalschrift* (*Nachgelassene Schriften*, 4), Max Seckler (ed.), Tübingen, 2015, 347-361.

_____, "Theologie als Glaubenswissenschaft", in *Glaubenswissenschaft und Glaube. Beiträge zur Fundamentaltheologie und zur Katholischen Tübinger Schule*, vol. 1, Michael Kessler (sel. e ed.), Winfried Werner e Walter Fürst, Tübingen, 2013, 3-74.

Seewald, Michael, "Das 'filioque' – gedeutet als christologisches Axiom. Ein Versuch zur ökumenischen Verständigung ausgehend von Tertullians 'Adversus Praxean'", MThZ, 62 (2011), 303-328.

_____, "Die Postmoderne – aus der Sicht des Jahres 1914. Zum theologischen Kontext und der begriffsgeschichtlichen Relevanz einer Wortschöpfung von James Matthew Thompson", MThZ, 65 (2014), 229-252.

_____, "Erkenntnis woher? Der Wandel von Autoritätsbezug und Philosophiebegriff in der Intellektlehre Sigers von Brabant", ThPh, 85 (2010), 481-500.

_____, *Theologie aus anthropologischer Ansicht. Der Entwurf Franz Oberthürs als Beitrag zum dogmatischen Profil der Katholischen Aufklärung* (*Innsbrucker Theologische Studien*, 93), Innsbruck, 2016.

_____, "Was ist Relativismus? Zu den Konturen eines theologischen Schreckgespensts", IKaZ, 45 (2016), 493-508.

Seifert, Veronika M., *Pius IX. – der Immaculata-Papst. Von der Marienverehrung Giovanni Maria Mastai Ferrettis zur Definierung des Immaculata-Dogmas*, Göttingen, 2013.

Semler, Johann Salomo, *Beantwortung der Fragmente eines Ungenannten, insbesondere vom Zweck Jesu und seiner Jünger*, Halle, 1780.

_____, *Versuch einer freiern theologischen Lehrart. Zur Bestätigung und Erläuterung seines lateinischen Buchs*, Halle, 1777.

Shea, C. Michael, *Newman's Early Roman Catholic Legacy 1845-1854*, Oxford, 2017.

Sieben, Hermann Josef, *Die Konzilsidee der Alten Kirche* (Konziliengeschichte B: Untersuchungen), Paderborn, 1979.

_____, "Einleitung", *in* Anselmo de Havelberg, *Anticimenon. Über die eine Kirche von Abel bis zum letzten Erwählten und von Ost und West*, Hermann Josef Sieben (intr., trad. e coment.) (*Archa Verbi Subsidia*, 7), Münster, 2010, 13-38.

Söding, Thomas, "Theologie mit Seele. Der Stellenwert der Schriftauslegung nach der Offenbarungskonstitution Dei Verbum", *in* Jan-Heiner Tück (ed.), *Erinnerung an die Zukunft. Das Zweite Vatikanische Konzil*, Friburgo, 2013², 491-516.

Söll, Georg, *Dogma und Dogmenentwicklung* (Handbuch der Dogmengeschichte 1.5), Friburgo, 1971.

Spehr, Christopher, *Aufklärung und Ökumene. Reunionsversuche zwischen Katholiken und Protestanten im deutschsprachigen Raum des späteren 18. Jahrhunderts* (*Beiträge zur historischen Theologie*, 132), Tübingen, 2005.

Spörl, Johannes, "Das Alte und das Neue im Mittelalter. Studien zum Problem des mittelalterlichen Fortschrittsbewußtseins", HJ, 50 (1930), 297-341.

Steimer, Bruno, *Vertex traditionis. Die Gattung der altchristlichen Kirchenordnungen* (*Beihefte zur Zeitschrift für die neutestamentliche Wissenschaft und die Kunde der älteren Kirche*, 63), Berlim, 1992.

Stock, Konrad, *Die Theorie der christlichen Gewissheit. Eine enzyklopädische Orientierung*, Tübingen, 2005.

Striet, Magnus, "Ius divinum – Freiheitsrechte. Nominalistische Dekonstruktionen in konstruktivistischer Absicht", *in* Stephan Goertz E Magnus Striet (eds.), *Nach dem Gesetz Gottes. Autonomie als christliches Prinzip* (*Katholizismus im Umbruch*, 2), Friburgo, 2014, 91-128.

Stubenrauch, Bertram, *Dialogisches Dogma. Der christliche Auftrag zur interreligiösen Begegnung* (*Quaestiones Disputatae*, 158), Friburgo, 1995.

Sweene e Eileen C., "Hugh of St. Victor: The Augustinian Tradition of Sacred and Secular Reading Revised", *in* Edward D. English (ed.), *Reading and Wisdom. The De Doctrina Christiana of Augustine in the Middle Ages*, Notre Dame, 1995, 61-83.

Theissen, Gerd, *Die Religion der ersten Christen. Eine Theorie des Urchristentums*, Gütersloh, 2000.

_____, "Wie wurden urchristliche Texte zur heiligen Schrift? Kanonizität als iteraturgeschichtliches Problem", *in* Eve-Marie Becker e Stefan Scholz (eds.), *Kanon in Konstruktion und Dekonstruktion. Kanonisierungsprozesse religiöser Texte von der Antike bis zur Gegenwart – Ein Handbuch*, Berlim, 2012, 423-448.

Theissen, Gerd e Annette Merz, *Der historische Jesus. Ein Lehrbuch*, Göttingen, 2011⁴.

Thyen, Hartwig, "Der Heilige Geist als parakletos", in *Studien zum Corpus Iohanneum* (*Wissenschaftliche Untersuchungen zum Neuen Testament*, 214), Tübingen, 2007, 663-688.

Tiefensee, Eberhard, *Die religiöse Anlage und ihre Entwicklung. Der religionsphilosophische Ansatz Johann Sebastian Dreys (1777-1853)* (*Erfurter Theologie Studien*, 56), Leipzig, 1988.

Toon, Peter, *The Development of Doctrine in the Church*, Grand Rapids, 1979.

Troeltsch, Ernst, "Die Bedeutung des Protestantismus für die Entstehung der modernen Welt", in *Schriften zur Bedeutung des Protestantismus für die moderne Welt (1906-1913)*, Trutz Rendtorff (ed.) em colaboração com Stefan Pautler (*Kritische Gesamtausgabe*, 8), Berlim, 2001, 199-316.

Tugendhat, Ernst e Ursula Wolf, *Logisch-semantische Propädeutik*, Stuttgart, 1989.

Ulrich, Jörg, *Die Anfänge der abendländischen Rezeption des Nizänums* (*Patristische Texte und Studien*, 39), Berlim, 1994.

Unterburger, Klaus, "Internationalisierung von oben, oder: Schleiermacher, Humboldt und Harnack für die katholische Weltkirche? Das päpstliche Lehramt und die katholischen Fakultäten und Universitäten im 20. Jahrhundert", *in* Claus Arnold e Johannes Wischmeyer (eds.), *Transnationale Dimensionen wissenschaftlicher Theologie* (*Veröffentlichungen des Instituts für Europäische Geschichte Mainz. Abteilung für Abendländische Religionsgeschichte*, 101), Göttingen, 2013, 53-68.

_____, *Vom Lehramt der Theologen zum Lehramt der Päpste? Pius XI, die Apostolische Konstitution "Deus scientiarum Dominus" und die Reform der Universitätstheologie*, Friburgo, 2010.

Van der Pot, Johan Hendrik Jacob, *Sinndeutung und Periodisierung der Geschichte. Eine systematische Übersicht der Theorien und Auffassungen*, Leiden, 1999.

Veronio, Francisco, *Règle Générale de la Foy Catholique*, Lyon, 1674.

Verwe yen, Hansjürgen, *Joseph Ratzinger – Benedikt XVI. Die Entwicklung seines Denkens*, Darmstadt, 2007.

Voderholzer, Rudolf, "Dogmenentwicklung – Evolution der Wahrheit?", *in* Mariano Delgado, Oliver Krüger e Guido Vergauwen (eds.), *Das Prinzip Evolution. Darwin und die Folgen für die Religionstheorie und Philosophie* (*Religionsforum*, 7), Stuttgart, 2010, 29-45.

_____, "Offenbarung und Kirche. Ein Grundgedanke von Joseph Ratzingers Habilitationsprojekt (1955/2009) und seine theologische Tragweite", en Marianne Schlosser y Franz-Xaver Heibl (eds.), *Gegenwart der Offenbarung. Zu den Bonaventura-Forschungen Joseph Ratzingers* (*Ratzinger-Studien*, 2), Regensburg, 2011, 50-73.

Vogler, Jan-Christoph, *Nulla veritas crescit? Skizze zur Erstellung einer katholischen Dogmenentwicklungstheorie* (*Münchener Theologische Studien. II. Systematische Abteilung*, 65), St. Ottilien, 2004.

Walgrave, Jan Hendrik, *Newman. Le Développement du Dogme*, Tournai, 1957.

_____, *Unfolding Revelation. The Nature of Doctrinal Development*, Londres, 1972.

Walter, Peter, "Kontinuität oder Diskontinuität? Das II. Vaticanum im Kontext der Theologiegeschichte", in *Syngrammata. Gesammelte Schriften zur Systematischen Theologie*, Thomas Dietrich, Michael Quisinsky, Ulli Roth e Tobias Speck (eds.), Friburgo, 2015, 316-334.

Wanke, Gunther, "Bibel I: Die Entstehung des Alten Testaments als Kanon", in TRE, 6 (1993), 1-8.

Waugh, Evelyn, *Sword of Honour*, Londres, Penguin, 2001.

Weimann, Ralph, *Dogma und Fortschritt bei Joseph Ratzinger. Prinzipien der Kontinuität*, Paderborn, 2012.

Weiss, Otto, "Der Katholische Modernismus. Begriff – Selbstverständnis – Ausprägungen – Weiterwirken", in Hubert Wolf (ed.), *Antimodernismus und Modernismus in der Katholischen Kirche. Beiträge zum theologiegeschichtlichen Vorfeld des II. Vatikanums* (*Programm und Wirkungsgeschichte des II. Vatikanums*, 2), Paderborn, 1998, 107-139.

_____, *Der Modernismus in Deutschland. Ein Beitrag zur Theologiegeschichte*, Regensburg, 1995.

Wenz, Gunther, *Vollendung. Eschatologische Perspektiven* (*Systematische Theologie*, 10), Göttingen, 2015.

Wenzel, Knut, "Die Identität der Glaubenswahrheit und die Transformationsprozesse der Moderne. Dogmenhermeneutische Sondierungen", in Georg Essen e Nils Jansen (eds.), *Dogmatisierungsprozesse in Recht und Religion*, Tübingen, 2011, 277-289.

Werbick, Jürgen, *Einführung in die theologische Wissenschaftslehre*, Friburgo, 2010.

Wiles, Maurice, *The Making of Christian Doctrine. A Study in the Principles of Early Doctrinal Development*, Cambridge, 1967.

Wolf, Hubert, "'Wahr ist, was gelehrt wird' statt 'gelehrt wird, was wahr ist'? Zur Erfindung des ordentlichen Lehramts", in Thomas Schmeller, Martin Ebner e Rudolf Hoppe (eds.), *Neutestamentliche Ämtermodelle im Kontext* (*Quaestiones Disputatae*, 239), Friburgo, 2010, 236-259.

_____, "Angezeigt, doch nicht verurteilt. Zum römischen Schicksal von Johann Sebastian Dreys 'Beichtschrift'", in Peter Neuner e Peter Lüning (eds.), *Theologie im Dialog* (F. S. Harald Wagner), Münster, 2004, 309-322.

_____, "Der Historiker ist kein Prophet. Zur theologischen (Selbst-) Marginalisierung der katholischen deutschen Kirchengeschichtsschreibung zwischen 1870 und 1960", in Hubert Wolf (ed.), *Die katholischtheologischen Disziplinen in Deutschland 1870-1962. Ihre Geschichte, ihr Zeitbezug* (*Programm und Wirkungsgeschichte des II. Vatikanums*, 3), Paderborn, 1999, 71-93.

_____, *Die Nonnen von Sant'Ambrogio. Eine wahre Geschichte*, Munique, 2013.

_____, *Index. Der Vatikan und die verbotenen Bücher*, Munique, 2006^2.

_____, "Katholische Aufklärung?", in Albrecht Beutel e Martha Nooke (eds.), *Religion und Aufklärung. Akten des Ersten Internationalen Kongresses zur Er-*

forschung der Aufklärungstheologie (Colloquia Historica et Theologica, 2), Tübingen, 2016, 81-95.

Zahn, Theodor, *Geschichte des Neutestamentlichen Kanons*, vol. 1: *Das Neue Testament vor Origenes*, Leipzig, 1888; vol. 2: *Urkunden und Belege zum 1. und 3. Band*, Erlangen, 1892.

Ziegenaus, Anton, *Kanon. Von der Väterzeit bis zur Gegenwart* (Handbuch der Dogmengeschichte 3a–2), Friburgo, 1990.

Edições Loyola

editoração impressão acabamento
Rua 1822 nº 341 – Ipiranga
04216-000 São Paulo, SP
T 55 11 3385 8500/8501, 2063 4275
www.loyola.com.br